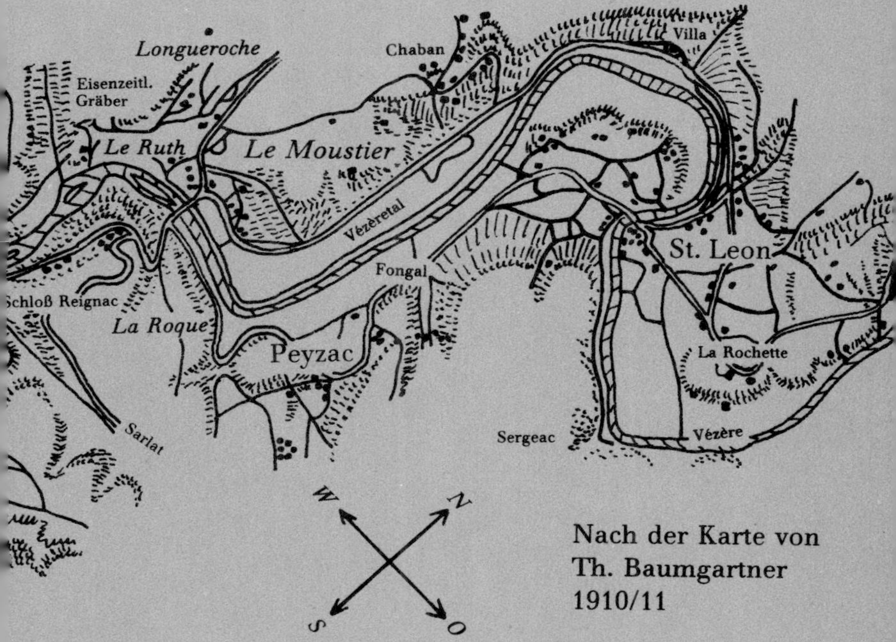

Longueroche

Chaban

Villa

Eisenzeitl.
Gräber

Le Ruth

Le Moustier

Vézèretal

St. Leon

Schloß Reignac

La Roque

Fongal

La Rochette

Peyzac

Sarlat

Sergeac

Vézère

W

N

S

O

Nach der Karte von
Th. Baumgartner
1910/11

OTTO HAUSER

1911

Rudolf Drößler

Flucht aus dem Paradies

LEBEN, AUSGRABUNGEN
UND ENTDECKUNGEN
OTTO HAUSERS

MITTELDEUTSCHER VERLAG
HALLE-LEIPZIG

ISBN 3-354-00168-2

© Mitteldeutscher Verlag Halle · Leipzig 1988
Lizenz-Nr. 444-300/6/88 · 7001
Printed in the German Democratic Republic
Gesamtausstattung: Bernd-Michael Dehnert
Gesamtherstellung: Karl-Marx-Werk Pößneck V 15/30
Best.-Nr. 639 324 1

01430

INHALT

Unseren Kindern Antje und Helge gewidmet

Ich erinnere mich, daß ich während meiner Schulzeit einen Aufsatz zu dem Thema »Bücher machen nicht gut oder schlecht, aber besser oder schlechter machen sie doch« schreiben mußte. Was ich damals dazu aufs Papier gebracht habe, weiß ich nicht mehr. Aber daß Bücher entscheidende Anstöße vermitteln können, ist mir im Laufe der Zeit sehr bewußt geworden.

Zu solchen Büchern gehörten für mich die von Otto Hauser, einem 1874 in Wädenswil am Zürichsee geborenen Schweizer Archäologen. Begeistert las ich sein Buch »Leben und Treiben zur Urzeit« mit dem imperativen Untertitel »Das unsere Jugend kennen sollte«, 1921 veröffentlicht. Dann stieß ich auf Hausers bekannteste Publikation »Der Mensch vor 100 000 Jahren«, 1917 erschienen, und schließlich auf »Ins Paradies des Urmenschen« aus dem Jahre 1920.

Hauser schilderte seine Tätigkeit als Ausgräber in Südwestfrankreich, seine berühmtesten Funde, die Schwierigkeiten, mit denen er zu kämpfen hatte, und die Auseinandersetzungen mit seinen Gegnern. Im Umgang mit wirklichen und vermeintlichen Widersachern war er nicht zimperlich, und er verstand es, die eigenen Erfolge und Verdienste ins beste Licht zu rücken. Mich faszinierte, wie lebendig er von Grabungen und Funden berichtete, wie geschickt er in schwierige Probleme und Sachverhalte einführte und sie durch Auflösung in Handlung miterlebbar machte. Ich kenne nicht wenige, die sich, durch Hausers Bücher angeregt, der Archäologie, der »Lehre von den Uranfängen«, oder, populärer gesprochen, der »Wissenschaft des Spatens«, zuwandten. Manche Gelehrte hielten ihn jedoch für einen Antiquitätenhändler, einen gerissenen Geschäftsmann und skrupellosen Ausbeuter gewinnträchtiger Fundstellen. Den Gründen dafür nachzuspüren, reizte mich schon deshalb, weil er mir einen so wirkungsvollen Impuls vermittelt hatte, aber auch, weil sich in seinem Leben und seiner Tätigkeit ein bedeutsames und brisantes Stück Zeit- und Forschungsgeschichte spiegelt. Ein besonders lebhaftes und widersprüchliches Echo riefen die Entdeckungen Hausers in Frankreich hervor, wo lange das Hauptfeld seiner Tätigkeit lag, aber auch im damaligen Deutschland und in der Schweiz. Seine Flucht aus Frankreich beim Ausbruch des ersten Weltkrieges Anfang August 1914 und die Beschlagnahme aller seiner mobilen und immobilen Habe durch amtliche französische Stellen führten zu diplomatischen Verwicklungen mit den Schweizer Behörden und zu einer Pressefehde, die in Frankreich wie im kaiserlichen Deutschland hohe Wellen schlug. Unter den Fachgelehrten ging der Streit weiter, als Hauser in einer Reihe von Büchern und Broschüren seine Grabungen erläuterte und kühne Hypothesen zu urgeschichtlichen Entwicklungen und Kulturen entwarf. Die meisten seiner Veröffentlichungen erschienen in der sozialistischen Thüringer Verlagsanstalt in Jena, was ihm Ärger von seiten erzkonservativer Kreise bescherte. In wachsender Reizbarkeit und Verbitterung legte er sich nun mit den meisten Prähistorikern an, gewann jedoch zahlreiche Anhänger unter interessierten Laien, denen er viel Zeit und Aufmerksamkeit widmete. Als er 1932, durch ständige Querelen und finanzielle Nöte zermürbt, in Berlin verstarb, war es schließlich still um ihn geworden. Während der nationalsozialistischen Willkür- und Terrorherrschaft bestand kein Interesse mehr an ihm, und nach dem Kriege waren zunächst ganz andere Probleme zu bewältigen.

Dennoch, vergessen wurde Otto Hauser nicht. Zahlreiche urgeschichtliche Funde sind noch immer mit seinem Namen verbunden. In Vorlesungen über Archäologie, in der Fachliteratur sowie in mehr oder weniger populären Büchern ist er weiterhin präsent. Der frühere Direktor des Museums in Herne (Westfalen), Karl Brandt (1898–1974), würdigte seinen einstigen Lehrer in dem Lebensbericht »Otto Hauser – Tragik eines Urgeschichtsforschers«.

Veröffentlichungen von und über Otto Hauser, soweit sie in Büchern und wissenschaftlichen Zeitschriften vorlagen, auch in solchen aus der Schweiz und Frankreich, vermochte ich nach und nach aufzutreiben. Sehr viel schwieriger war das bei Artikeln in der Tagespresse dieser Länder, die zum Teil vor rund neunzig Jahren erschienen sind. Während der Lektüre des gedruckt vorliegenden Materials wurde jedoch klar, daß darauf allein keine überzeugende Darstellung von Leben und Werk Hausers zu gründen war. Zudem hatte es wenig Sinn, die alten Argumente für oder gegen ihn aufzuwärmen und daraus eine scheinbar neue Beurteilung zu basteln. Ich mußte noch unbekannte Quellen aufspüren, um wirklich weiterzukommen. So vermittelte mir der langjährige stellvertretende Direktor des Landesmuseums für Vorgeschichte in Halle, Dr. Volker Toepfer, Briefe und Postkarten von Otto Hauser und beriet mich bei der schwierigen Suche nach Originaldokumenten. Ein entscheidender Durchbruch gelang, als ich im September 1981 nach Bremen fuhr, um im dortigen Focke-Museum den wissenschaftlichen Nachlaß Hausers (Fotoplatten, Briefe, Funde und anderes) zu sichten. Ermöglicht wurden mir diese Studien durch das Entgegenkommen des Landesarchäologen Dr. Karl Heinz Brandt, der, ganz im Sinne seines Vaters, des erwähnten Hauser-Schülers Karl Brandt, weiter für Hauser wirkte und meine Arbeit großzügig unterstützte. Die Kenntnis dieser Hauser-Materialien war eine entscheidende Voraussetzung für meine weitere Arbeit. Sie wurde ebenfalls durch den jüngsten Sohn Hausers aus dritter Ehe, Herrn Friedrich Hauser, und durch dessen Sohn Clemens gefördert.

Die wichtigste Unterstützung wurde mir dann durch zwei andere Schweizer zuteil, die selbst nach Hauser-Spuren fahndeten. Vom Beruf her mit kriminalistischen Recherchen vertraut, gelang es Herrn Peter Schwab, mir mit Findigkeit, Glück und Ausdauer noch völlig unbekannte Quellen zu den verschiedensten »Hauseriana« zu erschließen und Herrn Heinz Bächler in Sankt Gallen, Sohn des bekannten Schweizer Archäologen Emil Bächler

(1868–1950), für mein Vorhaben zu gewinnen. Emil Bächler war eine Zeitlang mit Otto Hauser eng verbunden gewesen, hatte diesen an seinen Ausgrabungsstätten in Südwestfrankreich besucht und viel mit ihm korrespondiert. Alle Zeugnisse darüber stellte mir Heinz Bächler zur Verfügung. Auch er unternahm für mich umfangreiche Nachforschungen.

Hausers Leben ist untrennbar mit seinen Ausgrabungen und mit den wissenschaftlichen, weltanschaulichen und politischen Auseinandersetzungen seiner Zeit verbunden, in der sich die Lehre von der Entwicklungsgeschichte des Menschen endgültig von religiösen Dogmen und Fesseln befreite und Herkunft, Gestalt und Lebensweise unserer Urahnen erkundete. Dazu lieferte Hauser wichtige Beiträge. Seine Rolle in diesem archäologischen, anthropologischen, weltanschaulichen und politischen Prozeß versuche ich auf Grund zahlreicher, bisher unbekannter authentischer Unterlagen in neuer Sicht darzustellen und dabei auch ein positiveres Bild von dem umstrittenen Leben und Werk Otto Hausers zu vermitteln.

SCHATTEN ÜBER DER KINDHEIT

Der Zürichsee ist eine Perle der an landschaftlichen Reisezielen reichen Schweiz. Vierzig Kilometer lang und bis zu vier Kilometer breit, erstreckt er sich sichelförmig etwa von Nordwest nach Südost. An seinem westlichen Ende liegt Zürich, die Hauptstadt des gleichnamigen Kantons, der den größten Teil des Sees umfaßt. Von dessen Ufern steigt das umgebende Land meist sanft an. Über die Hänge breiten sich Obstgärten und Weinberge aus; weiter oben löst sie Wald ab. Zahlreiche Villen und Landhäuser umgeben den See ebenso wie rund zwei Dutzend Orte, die zu den schönsten und wohlhabendsten der Schweiz zählen. Nicht ohne Grund gilt das Gebiet des Sees als Vorort von Zürich, der beherrschenden Metropole.

In dieser Landschaft der deutschsprachigen Schweiz waren Eltern und Großeltern Otto Hausers ansässig. Die Orte, in denen sie wohnten, liegen so nahe beieinander, daß man bequem von einem zum anderen wandern oder sie über den See hinweg schnell erreichen kann. Hans Rudolf Hauser, der eine Großvater, entstammte nach den Worten des Enkels einer 150jährigen »Schulmeisterdynastie«[1]. Offenbar ist er Lehrer in Gossau gewesen, einem Ort rund achteinhalb Kilometer nördlich vom Ufer des Zürichsees. Seine Frau Margaretha war eine geborene Bosshard, die am 11. April 1840 in Esslingen bei Gossau den Sohn Eduard zur Welt brachte.

Eduard Hauser brach mit der Tradition und wurde Kaufmann statt Lehrer. Seine Frau Susanna holte er sich aus Männedorf am Nordufer des Zürichsees. Am 15. Oktober 1846 als Kind der Familie Meier geboren, war sie fast sechs Jahre jünger als ihr Mann. Beide heirateten am 27. Juni 1871 in Thalwil und ließen sich im nur wenige Ki-

---

[1] *Anmerkungen siehe Anhang am Schluß des Bandes*

lometer entfernten Wädenswil am Südufer des Sees nieder, Männedorf direkt gegenüber.

Wädenswil bot für einen aufstrebenden Kaufmann günstige Möglichkeiten. »Brockhaus' Konservations-Lexikon« aus dem Jahre 1898 rühmt den »stattlichen Ort«, nach Zürich den größten am See, mit seiner Dampferstation und der deutsch-schweizerischen Obst-, Wein- und Gartenbauschule im ehemaligen Schloß der Freiherren von Wädenswil. Als bemerkenswert zählt das Lexikon auf: »Landhäuser und Hotels, große Schule, Armen- und Waisenhaus, Gasbeleuchtung, elektrische Kraft- und Lichtanlage, Wasserleitung; Seiden- und Wollindustrie, Fabrikation chemischer Produkte, Acker-, Weinbau und Handel.« Für ein bürgerliches Gemeinwesen der damaligen Zeit stellte das eine erstaunliche Vielzahl an Einrichtungen sowie Erwerbs- und Arbeitsmöglichkeiten dar.

Die Hausers zogen in den »Eisenhammer«, ein dreistökkiges, 1864 errichtetes Gebäude, das heute der Stadt Wädenswil gehört. Als kunsthistorisch wertvolles klassizistisches Wohnhaus der Schönenbergstrasse sowie als ihr dominierendes Gebäude ist es unter Schutz gestellt worden. Das Steingewände um den Eingang an der Nordseite trägt die Inschrift »Zum Eisenhammer«. Sie erinnert an die Schmiede, die 1907 bei einer Korrektur der Schönenbergstrasse und im Hinblick auf ein geplantes Feuerwehrgebäude abgerissen wurde.

»Zum Eisenhammer« war ein Haus für Leute, die repräsentieren wollten und konnten. Vielleicht weilten die Hausers bereits dort, als Frau Susanna am 16. Mai 1872 mit einem Knaben niederkam – es war eine Totgeburt. Fast zwei Jahre später, am 27. April 1874, gebar sie wieder einen Jungen, der in der evangelischen Taufe die Vornamen Rudolf *Otto* erhielt: Rudolf sicher zu Ehren des Großvaters väterlicherseits, der wohl sein Pate war.

Was läßt sich aus solchen Angaben schließen? Eigentlich nur, daß die Hausers eine bürgerliche Familie gründeten, die sich ohne Besonderheiten in den gesellschaftlichen Rahmen einpaßte. Aber Otto Hauser, ihr einziges Kind, bereitete seinen Eltern schon als Kind viel Kummer.

Bereits in den ersten Lebensjahren wurde er schwerkrank, mußte zweimal operiert werden und (nach Karl Brandt) »bis über sein zehntes Lebensjahr hinaus«[2] das Bett hüten. Trotz der Operationen blieb er zeitlebens gehbehindert.

Otto Hauser erwähnte seine Erkrankung, ohne sie näher zu kennzeichnen. Verschiedene Indizien sprechen für eine Hüftgelenkentzündung, damals kein seltenes Leiden. Die Entzündung trat vor allem bei Kindern im Alter von drei bis zehn Jahren auf, gewöhnlich als Tuberkulose der Knochen und Gelenkkapseln, häufig mit eitriger Zerstörung oder Versteifung des Hüftgelenks, was eine Verkürzung des erkrankten Beins und deutliches Hinken zur Folge hatte. Da es Antibiotika als Gegenmittel noch nicht gab, war absolute Ruhe für das entzündete Hüftgelenk das Mittel der Wahl: monatelanges Liegen in einem Gipsverband oder in einer Vorrichtung, welche die kranken Gelenkenden vor Druck bewahrte. Bei Vereiterungen schnitt man in die Hüfte ein, damit der Eiter abfließen konnte. War das Schlimmste überstanden, bedurfte der Kranke noch lange der größten Schonung. Mit Hilfe von Krücken mußte er wieder das Laufen lernen und wegen des verkürzten Beines einen orthopädischen Schuh tragen.

Hat das Otto Hauser ebenfalls erlitten? Und welches Bein hatte die Krankheit geschädigt? Die Lösung des Rätsels gelang mir durch eine Entdeckung im Focke-Museum in Bremen. Dort befindet sich eine Originalfotoplatte, die Hauser, auf dem Bauche liegend, zeigt. Beide Beine erscheinen völlig normal. Sein rechter Schuh ist jedoch durch übermalte Grasbüschel verdeckt worden. Als ich die Retusche entfernte, kam ein orthopädischer Schuh mit dicker Sohle zum Vorschein! Diese Kaschierung ist aufschlußreich. Otto Hauser wollte sich nicht mit seinem kürzeren Bein darstellen lassen. Vermutlich steckte nicht nur Eitelkeit dahinter. Früher wurden körperliche Mängel anders beurteilt als heute. Häufig galten sie als Makel oder als Strafe für die Sünden der Vorfahren. Daher war man bemüht, sie zu verbergen.

Das Erlebnis der Krankheit ist für Otto Hauser schicksalsbestimmend gewesen und hat tiefe Schatten nicht nur auf seine Kindheit, sondern auf sein gesamtes Leben geworfen. Es läßt sich leicht ausmalen, was über einen Jungen während des geschilderten Krankheitsverlaufs hereinbricht. Er muß völlig still liegen, einmal wegen des Gipsverbandes und zum anderen wegen der Schmerzen, die eine Hüftgelenkentzündung verursacht. Wirre Fieberphantasien quälen den Patienten und stürzen ihn in Furcht und Schrecken. Wenn nicht immer jemand bei ihm sitzt, wächst das Gefühl des Alleinseins, der Einsamkeit bis ins Unerträgliche. Besonders schlimm wird es im Krankenhaus, fern von der gewohnten Umgebung und den vertrauten Menschen, in angstvoller Ungewißheit, was alles mit einem gemacht wird. Dazu kommen der Brechreiz bewirkende Chloroformgeruch, die bedrückende Machtfülle von Ärzten und Schwestern, das Essenmüssen, obwohl man gar nicht mag ... Ist es da ein Wunder, wenn diese Erlebnisse ein Trauma bleiben? Wenn die eingebrannte Angst, die Furcht vor dem Unvorhersehbaren, das Gefühl, von Mißhelligkeiten verfolgt zu werden, sich nie wieder verlieren, sondern unter ungünstigen Umständen sogar verstärkt zurückkehren? Mit zunehmendem Alter hat sich Hauser immer mehr benachteiligt, ungerecht behandelt, falsch beurteilt, bedroht und verraten geglaubt.

In der Krankheitssituation, in der sich der kleine Otto Hauser befand, waren alle, die täglich mit ihm Umgang hatten, stark gefordert, besonders die Mutter. Wahrscheinlich stand ihr eine Hausgehilfin oder eine Pflegerin zur Seite. Dennoch ist sie durch das kranke Kind bestimmt stark in Anspruch genommen worden, physisch wie psychisch. Schon allein durch das enge, krankheitsbedingte Zusammensein wird sich zwischen Mutter und Sohn eine intensive Beziehung entwickelt haben. Bei dem Versuch, sie genauer zu charakterisieren und in ihren Auswirkungen abzuschätzen, begibt man sich allerdings auf den unsicheren Boden der Spekulation. Jürg Willi, ein Landsmann von Hauser, beschreibt in seinem Buch »Die Zweierbeziehung. Spannungsursachen, Störungsmuster,

Klärungsprozesse, Lösungsmodelle« narzißtische Charaktere, zu denen allem Anschein nach auch Hauser gehörte.

Ein Narziß liebt nur sich selbst und macht sich zum Maß aller Dinge. Daher, meint Willi, ist er in seinen kritischen Äußerungen auch kompromißlos gegen andere, während er selbst »überempfindlich auf jede Kritik oder Weigerung«[3] reagiert, »ihn zu bewundern und zu idealisieren«. Als Arzt und Psychotherapeut führt Jürg Willi derartige Persönlichkeitsstrukturen auf den Einfluß narzißtisch veranlagter Mütter zurück. Nach seinen Erfahrungen nimmt eine solche Mutter ihr Kind meist nur als Teil ihres eigenen Selbst wahr und ist bemüht, ihm »Eigenschaften und Verhaltensweisen zuzusprechen, die nur zur Vorstellung passen, welche die Mutter sich zurechtgelegt hat«[4]. Es soll erreichen, »was die Mutter selbst in ihrem Leben nicht realisieren konnte«[5]. Immer steht die übermächtige Mutter im Hintergrund und fordert Liebe, Respekt und Gehorsam. Dadurch erschwert sie es dem zum Narziß Gewordenen, andere Menschen zu lieben und eine glückliche Ehe zu führen.

Aufschlußreich ist, daß Hauser in seinen Erinnerungen die zwar liebe- und respektvolle, jedoch stereotyp wiederholte Bezeichnung »meine gute Mutter« verwandte. Das klingt wie die formelhafte Anrede einer Person, der er sich stets verbunden und verpflichtet fühlte. Seine Mutter interessierte sich sehr für Geschichte, insbesondere für die frühe Vergangenheit ihres Heimatlandes. Infolge ihres großen Einflusses auf den Sohn prägte sie auch dessen Neigungen und Gefühlswelt. Bald richteten sich seine Gedanken und Träume auf historische Ereignisse und Großtaten sowie auf abenteuerliche Geschehnisse und Entdeckungen:

»Ich weiß mich noch genau zu erinnern, welchen unauslöschlichen Eindruck es auf mich, den Fünfzehnjährigen, machte, als meine gute, nun schon längst verstorbene Mutter an dem runden Tisch unserer Wohnstube im alten ›Eisenhammer‹ zu Wädenswil mir zum erstenmal aus Schliemanns Trojawerk von den seltsamen Funden dieser grauen Vorzeit, von Priamos' Goldschmuck, vom Heldengrab des Achilles, von der ganzen großen, unsterblichen Welt Homers ergriffen vorlas. An meiner Phantasie nahm das alles buntestes Leben an ... Die ganze Größe der versunkenen Vorwelt stand mir nie so eindrucksvoll vor Augen, als wenn ich dann in mein Stübchen ging und den Blick über den alten Friedhof zu Füßen hinaus in die Ferne wandern ließ, wo die schneebedeckten Gipfel der Glarner Alpen im glühenden Abendrot herabsahen, als Zeugen der Stärke, die die arme kleine Welt daneben überdauert. Damals nahm ich mir vor: auch ich will wie Schliemann Helden aus den Gräbern zum Leben erwekken, Städte wie Ilion wieder erstehen lassen, und was so der Jugendträume nach solcher Lektüre mehr sind!«[6]

In solchem Vorsatz lag bereits sein Lebensziel begründet. Es ist im wesentlichen auf die Mutter zurückzuführen. Da er sie nicht enttäuschen wollte, setzte er alle seine Kraft ein, um es zu erreichen. Offenbar stachelte die Mutter seinen Ehrgeiz an, als Gehbehinderter nicht vor den völlig Gesunden zu kapitulieren, sondern mehr zu leisten als sie. Schliemanns anfängliche Behinderung war die Armut. Wie hatte er sich trotzdem darüber hinweggesetzt, was hatte er dennoch nicht alles geleistet, zu welchem Ruhm war er gelangt! Weshalb sollte er, Otto Hauser, durch Ausgrabungen nicht gleichfalls hohes Ansehen gewinnen? Auf dem Gebiet der Frühgeschichte gab es noch viel zu tun. Hier vermochte sich ein strebsamer junger Mann zu bewähren und Lorbeeren zu sammeln.

Als in der nahen Kirche eine Heizung gelegt wurde, kamen alte Gräber zum Vorschein, die ihn aufs höchste interessierten. Er staunte über die Münzen und vergilbten Papiere in einer Kugel des Wetterhahns, den man zur Reparatur von der Spitze des Kirchturms herabgeholt hatte. Unweit von Wädenswil stand ein mittelalterlicher Wachtturm, und am anderen Ufer des Sees waren bei Obermeilen schon 1854 Gefäßscherben, Steinbeile und Bronzegeräte in den Resten von Pfahlbauten entdeckt worden. So boten sich Otto Hauser für die von der Mutter geweckten Neigungen viele Objekte zum Schauen und Sinnen.

Prägenden Einfluß übte auch der Vater seiner Mutter auf ihn aus, »ein prächtiger, konservativer Herr, den ich über alle Maßen schätzte und liebte« und der »mein Interesse an alten Dingen«[7] mitbestimmte. Schon Großvater Meiers Großvater wohnte am Zürichsee, wo sein Haus von den Soldaten Napoleons geplündert wurde. Ebenso wichtig wie die Verbundenheit der Familie mit ihrer engeren Heimat waren für den Enkel Meiers weltanschauliche und politische Ansichten, die Überzeugungen und Verhalten des Heranwachsenden nachhaltig formten. Anscheinend lehnte der alte Herr vor allem die Jesuiten und deren politisch-religiöse Tätigkeit entschieden ab. Als Erwachsener verhielt sich Otto Hauser ganz genauso. Sein Großvater berichtete ihm vom »Zürcher Putsch« nach Berufung des theologischen Schriftstellers David Friedrich Strauß als Professor für Dogmatik und Kirchengeschichte an die dortige Universität. Ein unorthodoxes Buch über das »Leben Jesu« hatte Strauß die Stellung am theologischen Seminar in Tübingen gekostet, und nun revoltierten gegen ihn aufgewiegelte Bauern unter Führung des Pfarrers Bernhard Hirzel aus Pfäffikon. Am 6. September 1839 drangen sie in Zürich ein, stürzten die Regierung und etablierten eine neue unter Herrschaft der konservativ-reaktionären und kirchlichen Partei, deren Einfluß sich nur allmählich abschwächte.

An einem anderen blutigen Ereignis der Schweizer Geschichte hatte der Großvater selbst teilgenommen: dem Sonderbundkrieg im November 1847. Um die Interessen und Belange des Jesuitenordens und der katholischen Kirche zu schützen, war von sieben Kantonen 1845 der sogenannte Sonderbund geschlossen worden, den die anderen Kantone gewaltsam niederwarfen. Damit war der Weg für liberale bürgerliche Maßnahmen und Vorstellungen geebnet; 1848 wandelte sich die Schweiz aus einem Staatenbund in einen Bundesstaat um.

Der Großvater hat diesen Veränderungen sicher mit ganzem Herzen zugestimmt. »In mir, seinem einzigen Enkel«, betonte Otto Hauser, »sah er ein Glied einer neuen Zeit, und die Schilderungen des Siebzigjährigen waren so recht dazu angetan, mich die historische Vergangenheit unseres Landes würdigen zu lernen.«[8] Dazu trug die Ausrüstung des ehemaligen Wachtmeisters bei, die er für den Enkel hervorholte: Säbel und Tschako, den Hafersack für das Pferd und das Feuersteingewehr. Unter Anleitung seines Großvaters machte der Vierzehnjährige den schweren Vorderlader zum Schuß bereit, legte den Feuerstein auf, und stolz stand der alte Meier daneben, »wenn der Enkel ohne Zagen das Gewehr an die Backe riß und losknallte, daß des Nachbars Scheiben in Scherben gingen«[9]. Er schenkte Otto auch eine Armbrust, deren Sehne dieser mit der Ladebrücke kaum zu spannen vermochte. Als Besitzer eines derartigen Schießgerätes gründete der Junge einen Schützenverein und tat sich so unter seinen Kameraden hervor. Merkwürdig ist, daß Otto Hauser seinen Vater in den mir vorliegenden schriftlichen Zeugnissen nie erwähnt hat. Vielleicht deutet das auf kein sehr gutes Verhältnis zwischen beiden hin.

Seine schwere Erkrankung während der Kindheit überwand er nicht nur dank der Fürsorge der Mutter. Er entdeckte eine Möglichkeit, sich allein in ferne Zeiten und Erdteile zu flüchten und auf diese Weise die langen Stunden seines Schmerzenslagers zu verkürzen. Den Weg dazu öffneten ihm Bücher. Bereits vor dem schulpflichtigen Alter lernte er lesen. »Geschichtliche Erzählungen und historische Großtaten«[10] halfen ihm über Leid und Verzweiflung hinweg. Daher umfaßte der weihnachtliche Wunschzettel »alljährlich nur Bücher, Bücher«[11]. Bis zu seinem 16. Lebensjahr wanderte Hauser »oft über den Berg ins Zürcher Oberland«, »nur die einzige Begierde im Herzen, in der eine Dachkammer anfüllenden Bibliothek des verstorbenen großväterlichen Dorfschulehrers zu stöbern«[12]. Um dorthin zu gelangen, mußte der Junge über den See nach Männedorf fahren und von da zum ca. zehn Kilometer entfernten Gossau laufen. Trotz seiner Gehbehinderung vermochte er nun solche Strecken zu bewältigen und einen Packen Bücher über »Geschichte«, »kühne Seefahrererlebnisse und dergleichen«[13] mit zurückzuschleppen. Eines Tages brachte er auch eine alte

Geige von Gossau mit nach Hause. Die Liebe zu den Büchern blieb, die Geige aber legte er bald wieder zur Seite.

Es waren also ganz bestimmte Veröffentlichungen, denen seine Vorliebe galt. Sie verstärkten und vertieften das
von der Mutter entfachte Interesse an historischen Ereignissen und abenteuerlichen Unternehmungen. Wohl im
Bewußtsein daran, in welchem Ausmaß ihm solche Literatur intellektuelle und emotionale Anstöße vermittelt
hatte, schrieb er dann selbst Bücher.

Ohne trockene Gelehrsamkeit popularisierte er in
ihnen Archäologie und Urgeschichte und setzte dabei,
wenn auch auf anderer, weitreichenderer Ebene, die Leh-
rertradition seiner Vorfahren väterlicherseits fort. Volks-
bildnerische Absichten lagen ebenfalls seinen Vorträgen
und den Zirkeln für »Laienarchäologen« zugrunde. Alles
das wurzelte letztlich in den Erlebnissen und Erfahrungen
seiner Kindheit und Jugend.

Während der Schulzeit waren ihm jene Fächer, in denen über die Vergangenheit gesprochen wurde, am liebsten. Der Lehrer einer Privatschule versicherte, »ich
werde, wenn ich erst einmal in seine Klasse eintrete, von
meinem Namensvetter, Otto dem Großen, hören . . . Und
der Tag kam wirklich, wo ich mit dem Eintritt in die
vierte Klasse Weltgeschichte zu hören bekam. Die Freude
an den historischen Begebenheiten verließ mich nie wieder . . .«[14] Im Lebenslauf zu Hausers Promotion im Jahre
1916 steht, er habe in Wädenswil »während neun Jahren
die Volks- und Sekundarschule« besucht und anschließend zweieinhalb Jahre »die obersten Klassen der dem
Gymnasium entsprechenden Abteilung des Instituts
Dr. Bodmer-Ryffel in Stäfa am Zürichsee«. Wahrscheinlich erhielt er seit seinem siebenten Lebensjahr systematischen Unterricht, aber zu diesem Zeitpunkt müßte er noch
bettlägerig gewesen sein. Im wörtlichen Sinne ist er daher
wohl nicht in die Volksschule gegangen. Eher haben ihm
die Eltern zu Hause Privatunterricht zuteil werden lassen;
darauf spielt die Bemerkung über den Geschichtslehrer
»unserer Privatschule« an. Was die »Sekundarschule« betrifft, fehlt jedoch Hausers Name in den betreffenden

Schülerverzeichnissen! Sind seine Angaben in dem Lebenslauf ungenau? Mit 16 Jahren jedenfalls wechselte er in das Institut nach Stäfa über. Damit begann ein neuer Abschnitt in seinem Leben.

FRÜH ÜBT SICH ...

Stäfa, reichlich halb so groß wie Wädenswil, liegt am
nördlichen Ufer des Zürichsees. Zu Hausers Zeit gab es
dort Seidenwebereien und -zwirnereien, Gerbereien und
Färbereien, Schlauchfabriken sowie Viehzucht, Acker-,
Obst- und Weinbau. Aus Stäfa stammte Johann Heinrich
Meyer, der Maler, Kunstschriftsteller und Freund Goe-
thes, den dieser während der dritten Schweizer Reise
1797 in seinem Heimatort aufsuchte.

Jahrzehntelang ist die Gemeinde durch das »Institut-
Ryffel in der Zehntentrotte«[1] mitgeprägt worden. Es muß
eine hervorragende Lehranstalt gewesen sein, die der »In-
stitutor« Heinrich Ryffel seit 1861 leitete. Gut organisiert,
mit tüchtigen Lehrern, zweckmäßig eingerichteten Räumen und Turnplätzen versehen, bereitete sie ihre Schüler
auf die kaufmännische Laufbahn und auf die verschiedenen Zweige des Polytechnikums und der Universitäten
vor.

Nach zeitgenössischen Berichten war Heinrich Ryffel
eine imponierende Persönlichkeit »von großem Wuchs«,
mit »schönen Augen«[2], hoher Stirn und gepflegtem Voll-
bart. Er war nicht nur Lehrer, sondern auch vorbildlicher
Erzieher, auf den man über die Landesgrenzen hinaus
aufmerksam wurde. Deshalb kamen aus Frankreich, Italien, Belgien, England, Rußland, ja sogar aus Brasilien
und Argentinien Söhne wohlhabender Eltern in sein Institut, um sich hier ihr Rüstzeug für das praktische Leben zu
holen. Unter die Schar der ausländischen Gäste mischte
sich eine größere Zahl von Schülern aus Stäfa und den
umliegenden Gemeinden.

Im »Institut Ryffel« erwarb sich Hauser eine gediegene
Bildung. Außer Griechisch und Latein lernte er Franzö-

[1] *Anmerkungen siehe Anhang am Schluß des Bandes*

23

sisch. Sein Lieblingsfach war freilich wieder das historische. Darüber erzählte er: »Wir hatten einen tempera-
mentvollen, aber etwas knurrigen Geschichtsprofessor,
der glänzend vortrug, aber dafür auch unsere ungeteilte
Aufmerksamkeit verlangte. Von einer Griechischstunde
her stand ich mit ihm auf etwas gespanntem Fuße, während er mir in Geschichte immer die beste Zensur erteilen
konnte. Wir behandelten gerade irgendeinen fesselnden
Abschnitt aus der Alten Geschichte, der meine ganze Aufmerksamkeit in Anspruch nahm. Ich zog verstohlen
meine Uhr und wurde sofort hart angefahren: ›Wenn es
dir zu langweilig ist, kannst du ja gehen.‹ ›Im Gegenteil,
Herr Professor, ich bin betrübt, daß die Stunde schon bald
zu Ende geht‹ – und Professor und Schüler wurden gute
Freunde.«[3]

1892 legte Otto Hauser im »Institut Ryffel« die Matura
ab (nach österreichischem und Schweizer Sprachge-
brauch die Reifeprüfung). Konsequent verfolgte er danach
seinen Weg weiter und ließ sich zum Wintersemester 1892
an der Universität Basel als Student der Altphilologie, Geschichte und Archäologie immatrikulieren. Basel schien
ihm als Studienort besonders geeignet. Dessen 1460 von
Papst Pius II. gegründete Universität wurde wegen ihrer
mustergültigen Einrichtungen von zahlreichen Studenten
bevorzugt. Die Stadt galt als traditionsreiche Schutzherrin
für Wissenschaften und Künste. Sie bot Hauser viele Möglichkeiten, seinen Interessen nachzugehen und Jugendträume zu verwirklichen. »So wurde ich Archäologe, und
das Kolleg des Basler Historikers Burckhard-Finsler, der
im Nebenbau der alten Barfüßerkirche begeistert und be-
geisternd uns allwöchentlich die Neuerwerbungen des
Basler Historischen Museums zeigte und erklärte, fachte
solche Glut zu heller Flamme.«[4]

In diesem Museum widmete er sich kirchlichen und
profanen Bauteilen und Skulpturen, der Waffensamm-
lung, Zimmereinrichtungen aus verschiedenen Stilepo-
chen, den Freskenbruchstücken des berühmten Basler To-
tentanzes, den Kleinodien in der Schatzkammer, alten
Trachten, Glasgemälden, Maßen und Gewichten. Nach

Stunden anstrengender Besichtigung lockte die Hardt, eine ausgedehnte Waldfläche nördlich der Stadt am linken Ufer des Rheins. Während langer Spaziergänge erkundete er Hügelgräber, Reste römischer Straßen und Ansiedlungen sowie die Ruinen mittelalterlicher Burgen, Kirchen und Ortschaften. Nicht weniger anregend für seine historischen Ambitionen waren die Relikte der römischen Kolonie Augusta Rauracorum und ihres Amphitheaters unweit des am Rhein gelegenen Dorfes Kaiseraugst.

Aber völlig unbeschwert verlief die Zeit in Basel bis zum Ende des Sommersemesters 1894 nicht, verzeichnet doch das Familienregister von Wädenswil, daß Otto Hauser am 4. Januar 1894 Vater eines Sohnes wurde. Die Mutter des Kindes, Anna Seline Brändli, stammte ebenfalls aus Wädenswil. Sie war fast 5 Jahre älter als ihr zukünftiger Mann. Aus welchen sozialen Verhältnissen kam Anna Seline? Suchte Hauser in der älteren Frau das mehr Mütterliche? Oder ist Jürg Willi zuzustimmen, daß sich narzißtisch veranlagte Menschen meist einen Partner wählen, »der keine eigenen Ansprüche stellt«, von dem sie jedoch »bedingungslos verehrt und idealisiert«[5] sein möchten?

Hausers Offenbarung, er würde Vater, hat seine Eltern vermutlich schockiert. Die Verhältnisse waren noch nicht so, daß man bei derartigen Ereignissen ohne viel Aufhebens zur Tagesordnung überging. Wegen eines solchen »Fehltritts« ins Gerede zu kommen, war mehr als peinlich. Vielleicht quälten Susanna Hauser auch Gefühle der Eifersucht und Bitterkeit, weil ihr eine andere Frau den Sohn wegnahm. Anscheinend wurde die Affäre zunächst vertuscht; Anna Seline gebar ihr Kind im weit entfernten Burghalden im Oberelsaß. Es erhielt seine Vornamen nach Vater, Groß- und Urgroßvater: Otto als Rufname, Eduard und Rudolf als Beifügungen. Das zweite Kind, Friedrich Richard, wurde am 27. November 1895 in Zürich geboren.

Die Eheschließung von Otto und Anna Seline fand erst am 23. März 1895 in Wädenswil statt. Bereits als Student zu heiraten, ohne eigene Existenzgrundlage, war damals ungewöhnlich. Offenbar sorgten Hausers Eltern für den Unterhalt der jungen Familie, die wahrscheinlich in Zürich wohnte. Dort setzte Otto sein Studium bis 1898 fort. Er gehörte zur Philosophischen Fakultät der Universität, belegte aber auch Vorlesungen über Kulturgeschichte und Geologie an der Eidgenössischen Technischen Hochschule.

Die Geologie führte Hauser zur Urgeschichte. Beide Disziplinen ergänzen sich, wobei geologische Bestimmungen von Fundschichten deren chronologische Einordnung ermöglichen beziehungsweise erleichtern. Ein »lichtvolles Kolleg des Geologen Albert Heim« war für Hauser in dieser Beziehung besonders bedeutsam. Sicher verehrte Hauser den Professor als berühmten Geologen und weitgereisten Fachmann, der bei seinen Forschungen das Risiko nicht scheute. Während der Beobachtung eines Vesuvausbruchs wäre Heim 1872 beinahe ums Leben gekommen. Im Jahre 1897 unternahm er mit dem Ballon »Wega« einen abenteuerlichen Flug über die Alpen und die Berge des Jura – ein Erlebnis, das er zwei Jahre später in einem Buch schilderte. Außerdem bereiste er Skandinavien und Neuseeland, verfaßte viele Werke über die Alpen und entwarf Karten und Reliefs. Dieser Mann mußte den Studenten durch Persönlichkeit und Wissen imponieren.

In Zürich konnte Hauser auch spezielle Vorlesungen über Archäologie besuchen, die zu dieser Zeit an den Universitäten noch eine Ausnahme bildeten. Er hörte sie bei Jakob Heierli (1853–1912), der sich vom Primar- und Secundarlehrer bis zum Privatdozenten für »Prähistorische Archäologie« an der Philosophischen Fakultät der Universität emporgearbeitet hatte, die ihn in Würdigung seiner Verdienste mit der Ehrendoktorwürde auszeichnete.

Jakob Heierli, ein Kind der Appenzeller Berge, groß und hager von Gestalt, unermüdlich in seiner Arbeitskraft und Ausdauer, ist als eine seltsame Mischung von kindlicher Treuherzigkeit und scharf abweisendem Wesen geschildert worden. In akademischen Kreisen sah man ihn wegen seines Bildungsweges nicht immer als »vollwertig« an. Allmählich wurde er aber durch seine vielfältige Tätigkeit und seine Veröffentlichungen auch über die Grenzen der Schweiz hinaus bekannt. Er hatte zahlreiche Freunde und nicht weniger Feinde, für die es Gründe genug gab, ihm aus wissenschaftlichen und persönlichen Belangen gram zu sein. Otto Hauser war ihm zunächst eng verbunden, doch ihr Verhältnis kühlte sich rasch ab und schlug in bittere Feindschaft um. Die Erfolge anderer erregten bei Heierli offenbar häufig Neid. Hauser wurde ihm wohl bald zu selbständig und aufsässig, und schließlich trat der Schüler sogar als Konkurrent gegen seinen Lehrer auf, was dieser ihm nie verzieh. Er hat Hauser durch Unterstellungen und negative Urteile schwer geschadet. Um so merkwürdiger ist, daß Heierlis Name nicht in Veröffentlichungen Hausers auftaucht, im Gegensatz zu dem anderer Widersacher, die er offen und ohne Scheu angriff. Ein Satz aus einem Brief Hausers an Emil Bächler (23. Juli 1912) läßt ein seltsam zwiespältiges Verhältnis zu dem am 18. Juli Verstorbenen erkennen: »Heierli plagt uns also nicht mehr; so sehr er mir geschadet, ich dummer Kerl habe doch gestern schmerzlich bewegt an ihn gedacht, ich bin wohl entweder zu gut oder zu dumm.«

Am wichtigsten wurde für Hauser während seiner Studentenzeit ein ungewöhnlicher Mann, der gar nicht zum Lehrkörper der Züricher Universität gehörte, von dem ihm aber schon in seiner Kindheit berichtet worden sein könnte. Die persönliche Bekanntschaft vermittelte wahrscheinlich Albert Heim, der mit Studenten regelmäßig Exkursionen zum nördlich vom Zürichsee gelegenen Pfäffiker See unternahm. Nahe an dessen Südufer, nur eine Stunde Fußmarsch von Gossau entfernt, wohnte in dem Dorfe Robenhausen Jakob Messikommer (1828–1918). 1858 war er im Robenhausener Ried auf Spuren von Pfahlbauten gestoßen. Sie faszinierten ihn so, daß er sich immer stärker der Erkundung der jungstein- und bronzezeitlichen Ufersiedlungen verschrieb. Infolge der konservierenden Eigenschaften des Torfes sind in ihm zahllose leicht vergängliche Überreste erhalten geblieben: Knochen von Haus- und Jagdtieren, Samen und Früchte, Getreidekörner, Gewebe und Geflechte, Holzgeräte sowie Gefäße und Werkzeuge. Aus der Fülle der Funde erstanden die ehemaligen Pfahlbaudörfer zu neuem Leben. Jakob Messikommer stellte es in vielen Artikeln einprägsam dar. Obwohl er aus ganz einfachen Verhältnissen stammte und ohne höhere Schulbildung aufwuchs, wurde er bekannt und berühmt. In- und ausländische Gesellschaften und Institutionen wählten ihn zum Ehren- und zum korrespondierenden Mitglied, und schließlich verlieh ihm die Philosophische Fakultät der Universität Zürich 1893 den Ehrendoktortitel.

Der Aufstieg Jakob Messikommers vollzog sich Hand in Hand mit der Begeisterung, mit der die Öffentlichkeit während der zweiten Hälfte des 19. Jahrhunderts Bloßlegung und Erforschung der Pfahlbauten verfolgte. Nach und nach kamen diese an verschiedenen Schweizer Seen zum Vorschein, aber die Umgebung von Robenhausen galt als eigentlicher Wallfahrtsort für Tausende Besucher aus der Schweiz sowie aus anderen europäischen und überseeischen Ländern. Wer die dortigen Entdeckungen nicht selbst gesehen hatte, durfte sich nicht zu den Gebildeten zählen.

Mit diesem Enthusiasmus verband sich eine fast romantische Verklärung der Funde und der sie dokumentierenden einstigen Lebensweise. Sogar Malerei und Dichtung nahmen sich der Pfahlbausiedlungen an. Noch immer amüsant zu lesen ist zum Beispiel die Erzählung »Der Besuch. Eine Pfahldorfgeschichte«, die Friedrich Theodor Vischer, ein deutscher Professor für Ästhetik und Literatur, seinem Roman »Auch einer. Eine Reisebekanntschaft« (1879) einfügte und in der auch Messikommer als handelnde Person auftrat.

Der berühmte »Laienarchäologe« in Robenhausen wurde Otto Hauser zum väterlichen Freund. Es ist kaum zufällig, daß sich zwischen »Altmeister Dr. Messikommer« und ihm eine Reihe bemerkenswerter Parallelen ziehen lassen. Um Pfahlbauten aufspüren und erschließen zu können, mußte der Landwirt darauf bedacht sein, möglichst viele Funde zu verkaufen: an Museen, Besucher und sonstige Interessenten. Der finanzielle Gewinn aus Feld- und Obstbau reichte für seine Forschungstätigkeit nicht aus. Zunächst hat niemand solche Verkäufe als ehrenrührig oder als für die Wissenschaft schädliches Gewinnstreben betrachtet. Eine staatliche oder kommunale Unterstützung von Ausgrabungen gab es noch nicht. Deshalb war Ferdinand Keller (1800–1881), der eigentliche Begründer der Schweizer Urgeschichtsforschung, dem von ihm hochgeschätzten Jakob Messikommer bei der Vermittlung von Käufern behilflich, um eine Weiterführung der Pfahlbauforschungen sicherzustellen.

Als Otto Hauser seine umfangreichen Grabungen ausführte, hatten sich die Zeiten jedoch geändert. Die Ärchäologie war nun als Lehrfach an den Universitäten verankert, und ihre Vertreter sahen meist mißtrauisch und hochmütig auf alle Außenseiter herab, die nicht die akademische Laufbahn eingeschlagen hatten. Durch Ausgrabungen und den Verkauf von Funden seinen Lebensunterhalt zu bestreiten, schien eines seriösen Wissenschaftlers nicht mehr würdig. Wer das tat, galt als Antiquitätenhändler und zählte nicht zur wissenschaftlichen Zunft. Andererseits waren die an Archäologie und Urgeschichte interessierten Gelehrten darauf erpicht, wertvolle Sammlungsstücke zu erwerben, und guten Geschäften dabei durchaus nicht abgeneigt.

Es war Messikommers Stolz, daß ihm viele Museen in seiner Heimat und in Europa Funde aus den Pfahlbauten bei Robenhausen abkauften. Er konnte sich schmeicheln, auf diese Weise der Forschung zu dienen und wichtiges Anschauungsmaterial zur Verfügung zu stellen. Das gleiche empfand Otto Hauser später beim Verkauf eigener Funde. Sie machten ihn und seine Tätigkeit bekannt. Wie bedeutsam Lob und Anerkennung für ihn waren, spürt man an jenen Stellen in seinen Büchern, an denen er Urteile von bekannten Persönlichkeiten über seine Arbeiten zitiert. Bei Jakob Messikommer lernte er die Anziehungskraft von Ausgrabungen auf Menschen unterschiedlichen

Herkommens und Bildungsstandes kennen. Daß solche Besuche in vielerlei Hinsicht für den Ausgräber nützlich waren, ist ihm rasch aufgegangen. Fast jeder, der sich im Zusammenhang mit alter Geschichte, Archäologie, Geologie und Abstammungslehre einen Namen gemacht hatte, ist bei Messikommer gewesen, auch Heinrich Schliemann, der Entdecker Trojas. Gabriel de Mortillet (1821–1898), der berühmte französische Pionier der Urgeschichtsforschung, mit dessen Sohn Adrien Otto Hauser bekannt wurde, hat Messikommers Arbeit ebenfalls an Ort und Stelle studiert und unter dem Eindruck der Funde die Jungsteinzeit als »Époque Robenhausienne« klassifiziert.

Messikommer nahm den noch unerfahrenen Studenten zu Grabungen mit und führte ihn in deren Methoden und Techniken ein. Er beschränkte sich nicht auf das Gebiet um Robenhausen, sondern wanderte durch das gesamte Züricher Oberland, um Kiesgruben und alte Grabhügel zu inspizieren und nach allen möglichen Spuren der Vergangenheit Ausschau zu halten. Seine Einzelfunde gingen im Laufe der Jahre in die Hunderte.

Aus solchen Exkursionen zog Hauser seine Lehren. Bald trieb es ihn zu eigenen Unternehmungen. Dabei wollte er nicht aufs Geratewohl, sondern ganz gezielt nach historischen Zeugnissen forschen. Zu diesem Zweck verfuhr er wie Jakob Heierli, der auf Grund von Fundmeldungen archäologische Karten der Schweizer Kantone entwarf. Doch Hauser ahmte dessen Verfahren nicht einfach nach; er bewies auch hier Selbständigkeit, Einfallsreichtum und organisatorisches Talent: »In den drei Landessprachen ließ ich Fragebogen drucken, in denen um Auskunft gebeten war über das Vorkommen irgendwelcher Funde im betreffenden Gebiet. Die Fragestellung erklärte zugleich die Natur der wichtigsten Bodenfunde und lenkte die Aufmerksamkeit auf Flurnamen und besonders auffallende Wald- und Feldbezeichnungen. Viele Tausende von Lehrern, Notaren und Gemeindeschreibern wurden mit diesen Zusendungen beglückt und erhielten als Honorar außer den verauslagten Postspesen noch je

50 Centimes bis 2 Franken zugestellt. Aus der ganzen Schweiz liefen mehrere Hundert sehr brauchbarer Antworten ein, zum Teil waren sie begleitet von Situationsplänchen und erklärenden Zeichnungen. Ich war dadurch in der Lage, mir für meinen eigenen Gebrauch archäologische Karten anzulegen und bekam eine gute Übersicht über die Siedlungsverhältnisse aus prähistorischer Zeit.«[6]

Nach den Antworten wählte er die Gegenden aus, die ihm lohnend erschienen, und durchstreifte im Sommer 1895 als 21jähriger Student die Täler des Kantons Aargau. Kurz vorher hatte er geheiratet. Seine Frau war im fünften oder sechsten Monat schwanger und mußte sich um den anderthalbjährigen Eduard Rudolf Otto kümmern. Trotzdem ließ sich der junge Ehemann nicht halten und ging wochenlang seinen Interessen nach.

Allerdings ließ er sich dabei von sehr ehrgeizigen Plänen leiten, denn er traute sich zu, in großem Maßstab die Ur- und Frühgeschichte seiner Heimat zu erforschen. Deshalb suchte er auch abgelegene Gegenden auf, in denen man von Archäologie kaum etwas wußte. Es ist nicht verwunderlich, daß man ihn dort für einen Schatzgräber hielt und seinem Anliegen mit Unverständnis und Zweifeln begegnete. So war es in Sarmenstorf am Halwilersee, wo er sich im Gasthaus einquartierte. Aber bereits der junge Hauser verstand es, andere für sich zu gewinnen und von seinen Vorhaben zu überzeugen. Um seine Ziele zu erreichen, sparte er nicht mit Geld. Damals hatte ihn die Mutter offenbar reichlich mit den nötigen finanziellen Mitteln versehen. Für den Sohn und dessen Absichten waren ihr keine Kosten zu hoch.

Taktisch geschickt brachte er in Sarmenstorf zuerst »des Wirtes Töchterlein«, »ein kluges Ding«, das »recht hübsche Verse«[7] schrieb, auf seine Seite. Als Student aus der Großstadt wurde er von ihr »gebührend bewundert und beneidet«[8]. Sie empfahl ihm geeignete Arbeitskräfte und machte ihn mit dem Förster bekannt, der ihn zu den Resten römischer Siedlungen und zu Hügelgräbern im Wald Murimooshau begleitete. Großartige Beigaben entdeckte er in ihnen freilich nicht. Der Besitzer einer Kiesgrube wies ihn jedoch auf »ein ziemlich wohlerhaltenes Grab der Bronzezeit« hin, aus dem er »zwei Glasperlen und eine schön ziselierte Armspange aus prächtig patinierter Bronze«[9] zu bergen vermochte. Enttäuschend verliefen dagegen seine Sondierungen in den Resten ehemaliger römischer Wohnstätten. »In früheren Jahrzehnten war hier aber schon übel gewühlt worden«[10], gab er als Grund für das magere Ergebnis an. Das stimmte vermutlich, doch er benutzte, wie andere Ausgräber, solche Formulierungen häufig. Den Arbeiten von Vorgängern Anerkennung zu zollen, war nicht üblich.

Ein respektabler Erfolg krönte seine Tätigkeit in der Umgebung von Sarmenstorf also nicht. Manche lachten über den »Dummen aus der Stadt«[11], »die Weisen des Dorfes« schüttelten über ihn und seine »Gelehrtenschrulle« die Köpfe und »bedauerten die Kosten des nutzlosen Unterfangens«[12]. Doch für ihn war seine »erste Ausgrabung wenigstens vom wissenschaftlichen Standpunkte aus recht erfolgreich«. Sie hatte ihn »gleich in die Praxis eingeführt, mit drei verschiedenen Kulturabschnitten« und »auch mit den materiellen Schwierigkeiten solcher Unternehmungen vertraut«[13] gemacht. Deshalb »ward des jungen Studenten erste Begeisterung nicht zuschanden, und der moralische Erfolg berechtigte vollauf den Wunsch, weiterzufahren in der Erforschung der heimatlichen Urgeschichte«[14].

Eine Episode aus dieser Zeit scheint mir für Hauser aufschlußreich. Für einen Ausflug an einem Feiertag lieh er sich vom Müller des Dorfes Pferd und Wagen. Der Mann gab ihm von seinen zwei Pferden »den bissigen Schlager und Durchgänger«, vielleicht in der Hoffnung, wenn es schiefginge, als Schadenersatz einen neuen Wagen und ein besseres Pferd fordern zu können. Die Ausfahrt verlief ohne Unglücksfall, war er doch »der Pferdetücken seit jungen Jahren schon Herr«[15]. Mit dieser Begebenheit strich er heraus, daß er Schwierigkeiten und Gefahren zu meistern verstand und sich vorzusehen wußte. Im Laufe der Zeit verstärkte sich diese Renommiersucht beträchtlich.

Im Sommer 1895 grub Hauser nicht nur bei Sarmenstorf, sondern auch an anderen Orten des Aargaus wie
Meilen, Wettingen, Dättwyl und Horgen sowie in Nie-
derwyl bei Frauenfeld im Kanton Thurgau. Dort untersuchte er zusammen mit Jakob Messikommer und dessen
Sohn einen »merkwürdigen Packwerkbau« in einer früheren Pfahlsiedlung. »Da waren floßartig mehrere Fußbö-
den übereinander versenkt; wenn die alte Stube mit Wasser und Schlamm derart durchtränkt war, daß sie unterzu-
gehen drohte, wurde eine neue Diele aufgelegt, und über
ihr lagen dann auch immer die einschlägigen Funde an
Steinbeilen, Töpfereien, Resten von gewobenen Stoffen,
Früchten und allerlei sonstigen Kleinkram.«[16]
   Allmählich baute er sich aus solchen Objekten eine
reichhaltige Sammlung auf. Ihren Grundstock bildeten
Funde vom Neuenburger See, wo nach Begradigung des
Aare-Bettes und einer damit verbundenen Senkung des
Seeniveaus Dutzende ehemaliger Ufersiedlungen mit un-
gezählten Kulturüberresten auftauchten, die nach Belie-
ben von jedem Interessierten aufgelesen werden konnten.
Außerdem kaufte er Fundstücke von Jakob Heierli (der
Geschäften dieser Art durchaus nicht abgeneigt war) und
sicher auch vom alten Messikommer. Von seinen Kommi-
litonen wird kaum einer im Besitz einer prähistorischen
Sammlung gewesen sein. Sie verlieh Hauser eine Sonder-
stellung. Stolz überließ er sie »den Professoren zu Demon-
strationszwecken«[17]. Er konnte es sich sogar leisten, einen
»Dienstmann« zu bezahlen, der jede Woche eine Kiste mit
den besten Sammlungsobjekten in das kulturgeschichtli-
che Kolleg von Prof. Dr. Wilhelm Oechsli trug. »Hier
empfing ich denn auch die ersten Anregungen und persönlichen Ermunterungen zu meinen großen Arbeiten auf
dem Felde der alten Vindonissa.«[18] Prof. Oechsli brachte
damit einen Stein ins Rollen, der Hausers Leben grundle-
gend veränderte und alle Pläne über weitere Grabungen
in seiner Heimat über den Haufen warf.

DER KAMPF UM VINDONISSA

Einer der Orte im Kanton Aargau, von dem Hauser erfuhr, daß sich dort Spuren einstigen römischen Lebens
fanden, war die kleine Stadt Baden am linken Ufer der
Limmat. Die Römer hatten hier ihr Aquae Helveticae gegründet und im 47 °C warmen Wasser der chlornatrium-
und schwefelhaltigen Quellen Heilung von Krankheiten
und Gebrechen gesucht.

Auf einem »Hasel« genannten weiten Feld zeigten sich
während des trockenen Sommers 1892 lange Streifen mit
welken Pflanzen. Sie deuteten auf im Boden verborgene
Mauerreste hin. Notar Meyer und Ständerat Kellersber-
ger, die Eigentümer des Geländes, gingen der Sache auf
den Grund und stießen beim Ausheben von Probelö-
chern auf Ziegel und Tonscherben aus der Römerzeit.
Daher entschlossen sie sich zu einer systematischen Ausgrabung; Verlauf und Ergebnisse hielt Notar Meyer in
Tagebüchern und Plänen fest. Von diesen Notizen und
den zahlreichen Funden ließ sich Otto Hauser zu einem
Artikel inspirieren, der im Dezember 1896 im »Wochenblatt des Bezirkes Meilen« erschien. Die Schilderung der
dreijährigen Grabungskampagne rief anscheinend so
großen Widerhall hervor, daß sie 1897 auch als »Separat-
druck« in der »Buchdruckerei E. Gull in Stäfa« unter
dem Titel »Ein römisches Militär-Hospiz« herauskam. Es
war Hausers erste Publikation überhaupt, in der er bereits seine Fähigkeit zur detailreichen und packenden
Darstellung archäologischer Sachverhalte demonstrierte.
Wie ein routinierter Journalist sprach er die Leser direkt
an:

»Wir Bürger vom fin de siècle brauchen uns nun aber
gar nicht einzubilden, wir seien diejenigen Auserkorenen,
die allein mit unserm Verstand und Spürsinn ausfindig
machen könnten, wo der leidenden Menschheit ein hei-

lender Quell zu erschließen wäre, oder in welchen Lagen der edle Wein am besten gedeihe. Nein mein Freund, lange, lange Zeit ehe wir den nie endenden Kampf ums Dasein aufnahmen, hat es Völker mit ebenso hoher Kultur, mit gleichen Tugenden und gleichen Leidenschaften, mit denselben Zwecken und Idealen gegeben, wie sie noch jetzt die Menschen einander mit Liebe oder Haß begegnen lassen. Vom großen Schauplatz der Weltgeschichte will ich den Lesern des ›Wochenblattes‹ nur einen kleinen, nichtsdestoweniger aber hochinteressanten Ort vor Augen führen, da wir uns zurückversetzt sehen in die Kultur der zweitausend Jahre hinter uns liegenden Zeit der Römerherrschaft in der Schweiz.«[1]

Das Interesse für den Artikel über das »Militär-Hospiz«, den von Notar Meyer gezeichnete Abbildungen medizinischer und chirurgischer Instrumente illustrierten, erklärt sich aus der Situation während der letzten Jahrzehnte vor der Jahrhundertwende. Der Schweizer Bundesstaat hatte sich gefestigt. Seine Bürger waren nationalbewußter geworden und wollten sich nicht mehr nur im gegenwärtigen Geschehen auskennen, sondern auch wissen, wer in ferner Vergangenheit in ihrem Land gewohnt und regiert hatte. Hausers Vorliebe für alte Geschichte folgte also einem Zug der Zeit.

Nördlich der heute überbauten Hasel verläuft die Brugger Straße nach Westen zum Städtchen Brugg und in Richtung des einstigen Legionslagers Vindonissa. Als erfahrene Strategen und Festungsbauer hatten die Römer den Platz für dieses »Standquartier« ihrer Truppen an einer günstigen Stelle ausgewählt: auf einem Hochplateau über dem trichterförmigen Zusammenfluß von Reuß und Aare. Hier war es durch die Natur des Ortes nach Norden, Osten und Süden gut geschützt. Es beherbergte mindestens 10 000 Soldaten, die während des ersten Jahrhunderts unserer Zeitrechnung die Verbindungswege nach Italien und zwischen den Armeen an Rhein und Donau sicherten. Nachdem die Grenzen des Imperiums wei-

---

[1] *Anmerkungen siehe Anhang am Schluß des Bandes*

ter nach Norden vorgeschoben worden waren, verlor das Legionslager vorübergehend an Bedeutung. Doch als die Alemannen in der zweiten Hälfte des dritten Jahrhunderts in das Gebiet einbrachen und es ausplünderten, wurde Vindonissa erneut mit Truppen belegt, bis es in den Kriegswirren des vierten Jahrhunderts unterging. Danach teilte das Lager das Schicksal vieler anderer römischer Gründungen: Es diente als Steinbruch für die Umgebung, insbesondere für den Aufbau der Orte Windisch, Brugg und Altenburg sowie für den des Klosters Königsfelden. Allmählich verschwand es völlig von der Erdoberfläche.

Wenn irgendwo auf dem Plateau gebaut wurde, förderten Hacke, Schaufel und Spaten Überreste aus der Römerzeit zutage. Zu einer systematischen Grabung kam es jedoch nicht. Anfang der neunziger Jahre des vorigen Jahrhunderts begann Jakob Heierli, Materialien über Vindonissa zusammenzutragen, und der Jahresbericht der Landesmuseumsdirektion Zürich für 1894 bekundete die Absicht, das frühere »Standquartier« zu untersuchen. Aber vorläufig blieb es bei dieser Erklärung. Die Heimatfreunde aus der Umgebung Vindonissas fühlten sich finanziell zu schwach, die Forschungen selbst in die Hand zu nehmen, denn, wie man freimütig bekannte: »Die Lösung der Aufgabe erforderte die aufopfernde Arbeit mehrerer für die Sache eingenommener Männer und viel Geld.«[2]

Da jedoch das Interesse an Ur- und Frühgeschichte immer stärker geworden war, zeigten sich die dafür zuständigen Behörden nun bereit, archäologische Forschungen tatkräftiger zu fördern. Ganz in diesem Sinne regte Jakob Heierli am 9. Januar 1897 in Brugg die Gründung einer Antiquarischen Gesellschaft an. Sein Vorschlag wurde begeistert aufgenommen, und schon am 15. März traten geschichtsbewußte Männer zur konstituierenden Generalversammlung der Gesellschaft zusammen. Sie wählten Rektor Samuel Heuberger zu ihrem Präsidenten, Weinhändler Geiger zum Kassierer, Pfarrer Pettermand aus dem Dorf Windisch zum Vizepräsidenten und Bezirkslehrer Dr. Eckinger zum Konservator für die Funde. Mit allen diesen Herren geriet Hauser sehr bald in Streit.

Um den Hinweisen von Prof. Wilhelm Oechsli nachzugehen, nutzte er im Sommer 1896 seinen Aufenthalt bei Notar Meyer in Baden, das Gelände des ehemaligen Legionslagers Vindonissa zu besichtigen und sich bei den Landbesitzern zu erkundigen, ob sie gegen gute Bezahlung Ausgrabungen auf ihren Äckern gestatten würden. Den Eigennutz anderer wußte er richtig einzuschätzen und für seine Belange auszunutzen.

Als Hauser am 28. Oktober Prof. Oechsli von seinen Erkundungen in Windisch und Umgebung berichtete, machte ihn dieser darauf aufmerksam, daß die »Schweizerische Gesellschaft für Erhaltung historischer Kunstdenkmäler« beziehungsweise ihre »Subkommission für römische Forschungen« auf dem Gebiete Vindonissas Untersuchungen plante. Wegen finanzieller Schwierigkeiten suchte man einen Grabungsleiter, der sich kostenlos zur Verfügung stellte. Eigentlich wollte Hauser privat und auf eigene Rechnung in Vindonissa tätig werden; er behielt sich das auch weiterhin vor. Für die staatliche Kommission zu wirken, bot jedoch einige wesentliche Vorteile. Zwar erhielt er dann für seine Dienste keine Entlohnung, aber der Auftraggeber mußte natürlich die Grabungskosten bestreiten. Hauser konnte also viel Geld sparen, denn ein rein privates Unternehmen war sehr teuer. Außerdem wurden ihm auch Ländereien zugängig, die dem Staat gehörten und die ihm sonst für archäologische Forschungen versperrt blieben. Als Angestellter der Subkommission befand er sich zugleich im Status offizieller Anerkennung und durfte hoffen, künftige Grabungen gleichfalls zu leiten. Hatte er Erfolg, woran er nicht zweifelte, erwarb er sich Ansehen und kam seinem Ziel, Archäologie treiben und die Vergangenheit des Heimatlandes erhellen zu können, leichter ein großes Stück näher. Daher bewarb er sich mit Hilfe Oechslis sofort um die Führung der geplanten Ausgrabungen in der Gegend von Windisch.

Auf Grund dessen forderte ihn der Präsident der Schweizerischen Gesellschaft, Dr. K. Stehlin in Basel, auf, er solle zunächst »einen möglichst vollständigen Bericht über den gegenwärtigen Stand der Erforschung der römischen Vindonissa ... unter Herbeiziehung alles gedruckten, handschriftlichen und topographischen Materials«[3] einreichen. Nach Prüfung dieser Unterlagen würde erwogen, ihn »mit einer versuchsweisen selbständigen Grabung auf dem Boden von Vindonissa zu betrauen«[4]. Hauser widmete sich umgehend der gewünschten Zusammenstellung, machte sich Notizen aus »ca. 300 größeren und kleineren Veröffentlichungen« und legte seine Ergebnisse schließlich auf »19 Folioseiten« Wilhelm Oechsli und dem »Zürcher Rechtslehrer Professor Schneider«[5] zur Begutachtung vor. Die Arbeit wurde gebilligt und der übergeordneten Schweizerischen Gesellschaft überreicht.

Nachdem sich so lange niemand um Vindonissa gekümmert hatte, ergab sich nun im Rahmen allgemeiner Hinwendung zur vaterländischen Vergangenheit eine konfliktreiche Situation. Offenbar ohne Wissen voneinander bemühten sich auf einmal drei verschiedene Parteien, die Spuren des ehemaligen Römerlagers zu enthüllen. Was die Brugger Antiquarische Gesellschaft betraf, wollte sie das am liebsten ganz allein in eigene Regie nehmen. Deshalb verhielt sie sich reserviert gegenüber der Absicht der Subkommission, auf Vindonissas Fluren einen von den Bruggern unabhängigen Grabungsleiter einzusetzen. Das Geld, das die Kommission für die Forschungen aufwenden mußte, benötigte die Antiquarische Gesellschaft dringend selbst; da ihr ein Mäzen fehlte, standen ihr für die eigenen Pläne nur die Mitgliedsbeiträge zur Verfügung. Aus diesem Grunde versuchten die Brugger Heimatfreunde, die staatlichen Institutionen auf ihre Seite zu ziehen, um mit deren materieller und ideeller Unterstützung die Ausgrabung des Legionslagers umfassender in Angriff nehmen zu können. Otto Hauser störte die Mitglieder der Antiquarischen Gesellschaft dabei. Für sie war er ein Fremder, ein Eindringling aus einem anderen Kanton, der sich ungebeten in ihre Angelegenheiten mischte. Als er tatsächlich mit Grabungen begann, gaben sie ihrer Empörung offen Ausdruck: »Wer erlaubt sich, in unserer unmittelbaren Nähe im Boden zu wühlen? Wehe dem Fremdling, der die Toten nicht ruhen läßt. Wir, die wir schon Jahrhunderte lang die Schätze des klassischen Bodens gehütet, wir sind allein berechtigt, sie zu heben.«[6]

In dieser Situation wäre es für ihn ratsam gewesen, sich beizeiten zurückziehen und sein Glück an anderer Stelle zu versuchen. Aber kampflos aufzugeben, ging ihm gegen den Strich. Er strebte nach Durchsetzung und Bewährung und nicht nach Kapitulation. Widerstandslos zu weichen, hätte er als feige Flucht, als Verrat an seinen Zielen und als Selbstaufgabe angesehen. Dramatisch schienen sich die Ereignisse vorerst auch nicht zu entwickeln. Bis Anfang Mai 1897 hatte er Grund zu der Hoffnung, die Subkommission würde ihn zum Leiter der Ausgrabungen ernennen. Dann besaß er den nötigen Rückhalt gegenüber den Bruggern, denen er sich nicht unterordnen und fügen wollte.

Bei der Schweizerischen Gesellschaft und ihrer Subkommission bestanden darüber, wie am besten zu verfahren sei, anscheinend geteilte Meinungen. War es sinnvoll, im eigenen Auftrag Grabungen ausführen zu lassen, wenn die Brugger solche ebenfalls vornehmen wollten? Kam es da nicht zu einer Überschneidung und Zersplitterung der Kräfte? Konnte und durfte man überhaupt einem Studenten wichtige archäologische Arbeiten überlassen? Die Entscheidung fiel den beamteten Herren schwer und zog sich deshalb hin, viel zu lange nach Ansicht Hausers, der zur Eile mahnen mußte, da ihm die Antiquarische Gesellschaft mit ihren Plänen zuvorzukommen drohte. Vom Studiosus Hauser so gedrängt zu werden, verdroß jedoch die Verantwortlichen. Über Prof. Schneider ließ er ihnen am 14. und 20. April mitteilen, er würde in Kürze »privatim« mit den Ausgrabungen beginnen, wenn man sich nicht zu seinen Gunsten entschlösse. Eine Antwort erhielt er aber nicht.

Nun gerieten sowohl die Brugger wie ihr Kontrahent in Zugzwang. Dr. Eckinger, Heuberger und Pettermand begaben sich zu Hauser, um ihm auf den Zahn zu fühlen und zu fragen, ob er mit ihrer Gesellschaft gemeinsam vorgehen und seine Funde ihrer Sammlung übergeben würde. Nach Aussage Heubergers erklärte sich Hauser »ganz damit einverstanden. Sobald er von der Schweizerischen Gesellschaft die definitive Zusage habe, daß sie die Kosten seiner Ausgrabungen übernehme, überlasse er ihr alle Fundgegenstände, und sie könne sie ja dann der Brugger Sammlung einverleiben.«[7] Anderenfalls würde er jedoch seine Untersuchungen als Privatmann aufnehmen und alle Funde behalten.

Um Hauser Paroli zu bieten, ließ sich der Vorstand der Antiquarischen Gesellschaft auf einen Wettlauf um das Gelände des ehemaligen Amphitheaters von Vindonissa ein. Dessen Lage war durch schriftliche und mündliche Überlieferungen ungefähr bekannt. Knapp zehn Minuten südlich vom Bahnhof Brugg hieß eine große elliptische Bodenvertiefung im Volksmund »Bärlisgrub« (»Bärengelaßgrube«), wohl in Erinnerung daran, daß hier einst wilde Tiere gefangengehalten und in der Arena auf Menschen gehetzt wurden.

Pfarrer Pettermand als Abgesandter des Vorstands seiner Gesellschaft und Hauser versuchten etwa gleichzeitig, mit den Eigentümern dieses Geländes Pachtverträge abzuschließen. Wegen ihrer Finanznot hätte die Antiquarische Gesellschaft vorerst gar keine umfassenden Nachforschungen anstellen können, aber sie wollte sich den Grund und Boden erst einmal sichern. Hauser schnappte ihr jedoch Ende des ersten Maidrittels die Grabungsrechte vor der Nase weg. Wahrscheinlich hatte er den Landbesitzern mehr Geld geboten. Jetzt merkten die Brugger, daß sie einen geschickten und hartnäckigen Gegner vor sich hatten. Jakob Heierli als geistigen Vater der Antiquarischen Gesellschaft erzürnte das Verhalten seines früheren Schülers besonders. Er nahm wohl auch übel, daß sich Hauser mehr dem alten Messikommer anschloß, mit dem er vermutlich gleichfalls keinen guten Faden spann. Wahrscheinlich schwärzte Heierli den Studenten Hauser, der sich nicht geschlagen geben wollte, bei den für Vindonissa zuständigen staatlichen Stellen an. Später räumte er ein: »Es war ganz selbstverständlich, daß bei dieser Sachlage nicht ein bloßer Wettkampf entstand, sondern wirklicher Streit, der z. T. in Zeitungen geführt wurde.«[8]

Sowohl für die Brugger Heimatfreunde wie für Hauser stand dabei viel auf dem Spiel. Bereits kurz nach ihrer Gründung geriet die Antiquarische Gesellschaft durch die Auseinandersetzungen um das Legionslager in eine gefährliche Bewährungsprobe. Mußte sie vor Otto Hauser das Feld räumen, blieb ihr eigentlich nur die Selbstauflösung übrig. Viele angesehene Leute hätten das als schandbare Niederlage und als persönliches Versagen aufgefaßt. Öffentlicher Hohn und Spott wären nicht ausgeblieben. Auf der anderen Seite bedeutete der Kampf um die Grabungen auf dem Gelände Vindonissas für Hauser sowohl ein Ringen um Selbstbehauptung als auch die Verteidigung einer Aufgabe, die er als eigentlichen Sinn seines Lebens betrachtete. Scheiterte er in dem Streit, erlitt sein Bemühen um die Erforschung der Schweizer Frühgeschichte einen schweren Rückschlag.

Was die Sache betrifft, strebten beide Seiten aus ihrer Sicht das Beste an. Aber aus unterschiedlichen Gründen verbanden sie mit den Grabungen so viel persönliches Prestige, daß die erbittert geführte Auseinandersetzung die ungestörte Untersuchung des Römerlagers beeinträchtigen und bei allen Beteiligten schmerzhafte Wunden schlagen mußte. Der sich entwickelnde tragische Konflikt entfesselte die Leidenschaften und trieb sie ins Menschlich allzu Menschliche: zu Verdächtigungen, Unterstellungen, Beschuldigungen und Beleidigungen. In Zeitungsartikeln machten sich die Gegner Hausers allerdings schärfer, bissiger, unversöhnlicher, rücksichtsloser Luft – ein Zeichen dafür, wie stark sie sich von dem Studenten aus Zürich und seinen Freunden herausgefordert, gekränkt und verletzt fühlten.

Lange zu zögern, war Hausers Sache nicht. Bereits vor dem Gerangel um die »Bärlisgrub« legte er am 4. Mai zusammen »mit einem schon bei früheren prähistorischen und römischen Ausgrabungen bewährten Arbeiter« einen Probegraben an zum Zeichen, daß er Ernst machte. Eine weitere Besprechung mit seinen Kontrahenten lehnte er ab, was diesen sicher nur recht war. Denn nun vermochten sie ihn zu bezichtigen, er sei der Quertreiber, er verhindere eine Zusammenarbeit, ihm gehe es gar nicht um wissenschaftliche Untersuchungen, sondern nur um einträgliche Geschäfte mit den Funden. An Dr. Stehlin schrieb man, daß »in Folge seither eingetretener Vorfälle ein Zusammenwirken mit Otto Hauser absolut ausgeschlossen« sei, und Stehlin teilte daraufhin den Vorstandsmitgliedern der Gesellschaft mit, daß »auf Grund Ihrer Darlegungen«[9] die Verhandlungen mit dem Studenten abgebrochen worden wären. Die Brugger hatten ihren verhaßten Konkurrenten bei der Schweizerischen Gesellschaft und der Subkommission ausmanövriert.

Trotzdem bedeutete die Entscheidung für Hauser auch etwas Positives. Sie ließ ihm endlich freie Hand. Durch den Probegraben war er unmittelbar auf römisches Mauerwerk, einige Münzen und Topfscherben gestoßen. Demnach befand er sich auf der richtigen Spur. Wegen der Kosten brauchte er sich keine Sorgen zu machen: »Meine für alles, was mit Wissenschaft zusammenhing, begeisterte, gute Mutter bewilligte mir sofort die nötigen Mittel, um die Ausgrabungen in Vindonissa aufnehmen zu können.«[10]

Um auf einmal viele Verträge zu erhalten, vollbrachte er ein diplomatisches Meisterstück. Eines Sonntagnachmittags lud er die betreffenden Bauern in den Saal der »Sonne« ein. Zur Überraschung für seine Gäste hatte er sich etwas Besonderes ausgedacht: »Bei ihrem Eintritt fanden sie die Tische vorsorglich mit Rot- und Weißweinlitern beladen und zwischendurch dampften Schüsseln mit lieblich duftenden Würsten.« Er selbst saß ruhig dabei und sah vergnügt zu, wie man mit Freuden schmauste. Dann stand er auf, hielt den Leuten eine Rede über die Geschichte ihres Dorfes sowie über seine eigenen Absichten. Schließlich bat er, ihm ihre Felder zeitweise zu verpachten. Der Nutzen, versicherte er ihnen, wäre ganz auf ihrer Seite, da »sie bei der Bestellung ihres Landes oft behindert seien durch die schon in geringer Tiefe aufsteigenden Gemäuerüberreste«, über denen »sie in trockenen

Jahren sehr wenig ernteten, weil über den alten Mauern zu wenig Humus lag«. Außerdem wies er »sie darauf hin, welch große Bedeutung für die Fruchtbarkeit ihrer Felder das Heraufholen von Kohle, Asche und jungfräulicher Erde aus einer Tiefe von 1 bis 2 m bedeutete«. Als er »den von Natur aus mißtrauischen Bauern noch versprach, sie nicht nur gut zu entschädigen«, sondern die Arbeiten »auch ganz nach der Bestellung ihrer Äcker und Wiesen zu richten, war das Eis gebrochen«. Zufrieden trank man »auf gute Nachbarschaft«, und im Nu waren die »bereitgehaltenen 30 Verträge rechtskräftig unterzeichnet«. Damit war er zum Pächter großer Ländereien »und gleichzeitig zum unbeschränkten Besitzer aller etwa zu machenden Funde geworden«[11]. Bald hatte er sogar 60 Pachtabschlüsse zusammen, für die er eine Menge Geld investierte. Ob sich das jemals auszahlen würde, konnte zu diesem Zeitpunkt niemand wissen.

Während der Ausgrabungen in Vindonissa zeigte sich zum ersten Male, daß Hauser über die erstaunliche Fähigkeit verfügte, nahzu unfehlbar wertvolle Funde aufzuspüren. Sein Beobachtungs- und Einfühlungsvermögen, aber auch so etwas wie ein »sechster Sinn« führten ihn oft direkt in die Mitte ehemaliger Ansiedlungen. Das Finderglück war ihm vor allem auf der »Breite« hold, einem Plateau zwischen dem früheren Kloster Königsfelden und der Kirche in Windisch. Überall lagen hier unter der Erdoberfläche römische Überreste. Allerdings zerbröckelten die Fundamente meist, sobald sie freigelegt wurden. Hausers Gegner behaupteten jedoch, er hätte sie zerstört, ohne vorher von ihnen exakte Grundrisse aufgenommen zu haben. Nur bei einem der früheren Gebäude waren die Grundmauern wegen ihrer Mächtigkeit besser erhalten. Nach Meinung Hausers stellte das Bauwerk einst einen Marstempel dar. Dennoch blieben ihm die Mauerreste in mancher Beziehung rätselhaft. Seinen Nachfolgern bei den Grabungen ging das lange ebenso. Sie hielten das Gebäude für den kultischen Mittelpunkt des Lagers, der in enger Verbindung mit dem Praetorium, dem Palast des Lagerkommandanten, gestanden hätte. Doch 1929 stellte sich heraus, daß die komplizierte Anlage ein mehrmals umgebauter Bäderkomplex war!

Nicht nur der vermeintliche Marstempel war eine glückliche Entdeckung, auch die zahlreichen Gegenstände innerhalb seiner Mauerzüge beeindruckten Laien wie Sachkenner. Sechs kleine Bronzebleche mit eingepunzten Inschriften regten die Fachleute zur Entzifferung und Erläuterung an, waren es doch Votivtäfelchen, die über ihre Stifter Auskunft gaben. An den Seiten durchlocht, hatte man sie an Weihegeschenken befestigt, zu denen kunstvolle Bronzelampen zählten. Dann fanden sich Steine mit Inschriften, ein Waffenarsenal sowie Maurerkellen, Schlüssel, Äxte und Hufeisenbeschläge. Andere Baukomplexe enthielten Gewandnadeln, »hübsch geschnittene Gemmen in schwarzer, roter und blauer Farbe, Glas- und Emailleperlen, chirurgische Instrumente, Fingerringe in Bronze und Silber, Glocken, Gewichte, Gürtelschnallen, Gläser«[12], Firstziegel, Gefäße und Tonlämpchen mit figürlichen Wiedergaben.

Bald hatte sich über die Grenzen des Kantons Aargau die Nachricht verbreitet, daß man auf dem Gelände des Legionslagers überraschende Schätze entdeckte. Das lockte nicht nur Schaulustige an. Kenner römischer Kultur wollten sich ebenfalls von den Ergebnissen der Grabungen überzeugen. Bereitwillig führte sie Hauser durch den Saal des Gasthauses »Sonne«, in dem er seine Funde ausgestellt hatte, und später durch die Räume des alten Schulhauses, die er zur Unterbringung der verschiedenen Objekte mit in Anspruch nehmen mußte. Und schließlich kam seine »gute Mutter zu Besuch und freute sich herzlich ebenso so sehr über die Erfolge, wie auch darüber, daß sie nun mit eigenen Augen Dinge schauen konnte, von denen sie aus Büchern und Zeitschriften so viel gelesen und ihrem einzigen Kinde erzählt hatte«[13].

Vermutlich glaubte Susanna Hauser, daß ihr Sohn eine große Zukunft vor sich habe und ein berühmter Ausgräber wie Heinrich Schliemann würde. Sie wird daher weitere Gelder für die Arbeit auf Vindonissas Terrain zur Verfügung gestellt haben, was auch dringend nötig war. Zeitweilig beschäftigte Hauser 28 Mann, um an mehreren Stellen gleichzeitig voranzukommen. Schon allein die Tagelöhne summierten sich zu hohen Beträgen. Dazu kamen die Kosten für Arbeitsgeräte, Pachten, Mieten, Versicherungen, Transporte usw. usw. Es war vorgeschossenes Geld, denn von den Funden hatte er noch nichts verkauft. Organisation, Grabungsleitung, Verantwortung und Ausgaben bedrückten ihn bald so sehr, daß er im August 1897 zur Verteilung der Lasten mit den Messikommers und Notar Meyer die private Gesellschaft »Pro Vindonissa« gründete.

Die Brugger verfolgten diese Entwicklung mit zunehmender Bitterkeit. In vieler Hinsicht standen sie mit dem Rücken zur Wand. Der Elan und das Organisationstalent ihres Konkurrenten hatten Vindonissa über Nacht ins helle Licht der Öffentlichkeit gerückt. Ein wachsender Strom von Besuchern durchzog Windisch und Umgebung, aber die Antiquarische Gesellschaft ließ er vermutlich links liegen. Sie hatte zunächst kaum etwas zu bieten. Hinweise auf die eigenen Leistungen klangen deshalb eher rechtfertigend und beschwörend als überzeugend. Auf Wunsch der Schweizerischen Gesellschaft hatte man sich darauf konzentriert, die Umfassungsmauer des Legionslagers aufzuspüren. Tatsächlich gelang es, ein Teilstück am nördlichen Rande des Hochplateaus bloßzulegen. Bei dieser Gelegenheit wurden die Fundamente eines römischen Gebäudes entdeckt. Von allem nahm man Pläne auf und sandte sie mit einem Bericht an die Schweizerische Gesellschaft, die zum Dank dafür 407 Franken zur Verfügung stellte. Darüber freuten sich die Brugger natürlich, doch viel anfangen konnten sie mit dieser Summe nicht.

Statt dessen hoben sie ihre Uneigennützigkeit und vaterländische Gesinnung hervor. Aus ihrer Tätigkeit zogen sie keinen materiellen Gewinn; im Interesse der Sache vollbrachten sie ihr Werk ehrenamtlich. Die Funde waren unveräußerliches Eigentum der Gesellschaft. Als ihr Präsident polemisierte Samuel Heuberger am 25. Januar 1898 im »Aargauer Tagblatt« gegen Pro Vindonissa: »Da aber zugegeben ist, daß zur Hauserschen Kompagnie ein

46

Antiquitätenhändler gehört und da die Gesellschaft bereits bei der zuständigen Behörde Schritte getan hat, um sich ins Handelsregister eintragen zu lassen, so wird wohl niemand den wahren Charakter dieser Genossenschaft verkennen.«

»Antiquitätenhändler« – schon vorher hatte Heuberger das abwertende Wort in die Debatte geworfen. Wahrscheinlich meinte er damit den alten Messikommer. Den verdienstvollen Mann zu diffamieren, war ebenso unsachlich wie die Behauptung: »Die Brugger Gesellschaft, die für öffentlichen Nutzen arbeitet, steht dem Studiosus Hauser und seinen Genossen, die für ihren Privatvorteil arbeiten, durchaus im Wege und soll um jeden Preis tot gemacht werden.«

Aber Pro Vindonissa hielt fest zusammen und ließ sich nicht beirren. Am 4. August 1897 setzte man den Spaten in der »Bärlisgrub« an, wo Hauser bis zu 16 Tagelöhner beschäftigte. Überraschend schnell förderten die Probegräben und -schächte Mauerwerk und schließlich den südwestlichen Eingang des gesuchten Amphitheaters zutage. Es hatte zunächst aus Holz bestanden, bis es in einer Feuersbrunst unterging. In der zweiten Hälfte des 1. Jahrhunderts wurde es daher erneuert – der Unterbau mit Steinen, der Oberbau mit Holz. Es zeugt von der Bedeutung des Militärlagers, daß sein Amphitheater eines der größten überhaupt war. Der äußere Durchmesser des Ovals beträgt noch 110 mal 98,5 Meter, der Durchmesser der Arena 64 mal 51 Meter. Nach dem Abzug der Legionäre im 4. Jahrhundert wurde die Anlage von Steinräubern geplündert. Schließlich versank sie unter Schutt und Erde, und der Pflug ging über sie hinweg. Bei der Ausgrabung mußten viele tausend Kubikmeter Abraum beseitigt werden. Am 15. Dezember, als die Arbeiten eingestellt wurden, waren jedoch bereits die wesentlichsten Teile der Innen- und Außenmauern sowie verschiedene Räume freigelegt.

Der in diesem Ausmaß nicht erwartete Erfolg brachte die Mitglieder von Pro Vindonissa in Verlegenheit. Das Amphitheater war zwar ruinös, aber nicht so verfallen wie das Legionslager. Im Gegenteil: Auch als Ruine machte die Anlage noch einen so imposanten Eindruck, daß sich die Frage aufdrängte, ob man wirklich, wie es die Pachtverträge vorsahen, die den Ackerbau störenden Teile abtragen und das Ganze wieder zuschütten sollte. Bewahrte man das Bauwerk dagegen als Zeugnis ehemaliger Römerherrschaft, mußten die Bauern für ihren Grund und Boden entschädigt werden. Wer würde da einspringen, die Kosten tragen und sich künftig um das Monument kümmern? Pro Vindonissa war in dieser Beziehung überfordert. Eine Lösung aus dem Dilemma bot sich nur, wenn man staatliche Stellen für die Erhaltung der Anlage zu interessieren vermochte.

Das nun folgende Hin und Her um Kauf und Erhaltung des Amphitheaters kann man nur als Trauerspiel bezeichnen, in dessen Verlauf alle Beteiligten um die Wette pokerten und in der Presse heftig gegeneinander zu Felde zogen. Vielfach waren die persönlichen Anwürfe an Schärfe kaum noch zu überbieten. Welche Beschuldigungen zutrafen und welche nicht, läßt sich nur feststellen, wenn man den Streit um die gewaltige Ruine chronologisch und im einzelnen verfolgt, was hier übrigens, wie die Darstellung des Kampfes um Vindonissa, nach fast 90 Jahren zum ersten Male geschieht.

Am 30. Oktober 1897 erschien in der »Neuen Zürcher Zeitung« ein Korrespondentenbericht, der auf die Ausgrabung der ehemaligen Kampfstätte hinwies und den Bund aufforderte, sich für die Sicherung des historischen Denkmals einzusetzen. Vielleicht hatte Pro Vindonissa den Artikel angeregt, um die Öffentlichkeit auf das Problem aufmerksam zu machen und seinen eigenen Vorschlägen Nachdruck zu verleihen. Am 2. November wandten sich nämlich Hauser und seine Freunde schriftlich an Dr. Zeller-Werdmüller, ein Vorstandsmitglied der Schweizerischen Gesellschaft, und baten ihn, bei der Bewahrung des Amphitheaters mitzuhelfen. Mit dem gleichen Anliegen traten sie an den Präsidenten der Gesellschaft, Dr. Stehlin, heran. Sie teilten ihm mit, sie seien »nochmals von den Landeigentümern ersucht worden, entweder bis

Mitte Dezember das in Frage kommende Terrain käuflich zu erwerben, oder aber dasselbe bis Ende Januar wieder in seinen ursprünglichen Zustand zu bringen«[14]. Dr. Stehlin lud Hauser deshalb am 4. November zu einer Sitzung der Subkommission ins Landesmuseum in Zürich ein und fragte, ob Pro Vindonissa dieser das Amphitheater bedingungs- und entschädigungslos übergeben und auch nichts gegen die Fortführung der Grabungen durch eine andere Gesellschaft einwenden würde. Eigentlich war das eine Zumutung, und daher unterbreitete Pro Vindonissa nach eingehender Beratung Gegenvorschläge. Die Schweizerische Gesellschaft sollte das Gelände des Monuments erwerben, verauslagte Pacht zurückerstatten, Hauser zum Leiter künftiger Grabungen bestellen und ihm jährlich eine Entschädigung von 1 000 Franken zahlen.

Darauf ließ sich Dr. Stehlin nicht ein. Er empfahl, in Verhandlungen mit Prof. Dr. Schneider einen Kompromiß auszuhandeln, der schließlich am 4. Dezember zustande kam. Pro Vindonissa machte dabei die größeren Zugeständnisse. Das Konsortium stimmte der Übergabe des Amphitheaters an andere zu und erhob »auf alles, was Geld und Geldeswert bedeutete«, keinen Anspruch mehr. Die weitere Erforschung der Ruine sollte dafür »unter der Leitung von Otto Hauser vor sich gehen und soweit unentgeltlich geleistet werden, als er auf ein Taggeld verzichtete«[15]. Die Kosten der neuen Ausgrabungen hätte die Schweizerische Gesellschaft zu tragen.

Hauser mochte zufrieden sein, wenn er auf diese Weise sein Ziel, im Auftrage einer staatlichen Institution als Grabungsleiter tätig zu sein, doch noch erreichte. Aber sein Verlangen stieß auf nicht weniger große Schwierigkeiten als die Aufbringung des Kaufpreises für das Monument. Man wollte sich dabei auch jetzt nicht festlegen und in bezug auf einen Studenten schon gar nicht. Dazu kam, daß sich die Mitglieder der Subkommission über Zufüllung oder Erhaltung des Amphitheaters uneins waren. Den größeren Wert legte man anscheinend auf eine Vermessung und fotografische Abbildung des Bauwerks. Unter solchen Umständen schwanden die Hoffnungen auf eine gütliche Einigung, und ein Verfüllen des Monuments schien die unausweichliche Folge.

Mit dieser resignierenden Feststellung wandte sich die »Neue Zürcher Zeitung« am 22. 12. 1897 an ihre Leser. Die kurze Mitteilung, mit M. unterzeichnet, könnte von einem der beiden Messikommers stammen. Dr. Zeller-Werdmüller nahm am 30. 12. in der gleichen Zeitung ebenfalls Stellung. Ohne Umschweife gestand er ein, daß die Bemühungen der amtlichen Stellen um den Kauf des Amphitheaters bisher »an den alles Maß übersteigenden Ansprüchen der Bauern«, die man »dem eidgenössischen Departement des Innern gegenüber nicht zu befürworten wagte«, gescheitert waren, während, wie er hervorhob, »mit dem Ausgrabungskonsortium [Pro Vindonissa] eine Verständigung gesichert ist«. Er fand es »anerkennenswert, daß Herr Stud. phil. Hauser trotz wenig gewinnbringenden Funden die Abdeckung der Mauerreste des Amphitheaters bis zu Ende führte«, und schloß mit dem Wunsche, daß dennoch »Mittel und Wege gefunden werden können, dieses merkwürdige Denkmal zu erhalten«.

Für Pro Vindonissa waren jedoch die Weichen gestellt. Nachdem es gelungen war, die Kampfspielstätte aufzuspüren, zu vermessen und zu fotografieren, hatte das Konsortium seine Aufgabe erfüllt. Als Leiter künftiger Arbeiten war Hauser der Schweizerischen Gesellschaft und ihrer Subkommission unerwünscht. Ein Kauf des Geländes durch staatliche Institutionen schien höchst ungewiß. Den Verträgen gemäß mußte die Anlage bis Ende Januar 1898 verfüllt werden. Das hätte rund 2000 Franken gekostet, zusätzlich zu den bis dahin verauslagten 5000 Franken. Um das Amphitheater als Denkmal zu bewahren und damit gleichzeitig das Geld für die Zufüllung zu sparen, konnte man vielleicht noch ein letztes Mal versuchen, den amtlichen Stellen eine Entscheidung zugunsten des Monuments abzuringen.

An dessen Erhaltung war die Antiquarische Gesellschaft ebenfalls sehr interessiert. Bei der restlichen Ausgrabung und der Pflege des Bauwerks würde sich für sie ein lohnendes Tätigkeitsfeld ergeben. Völlig freigelegt und restauriert, bildete das Amphitheater einen Anziehungspunkt für Besucher aus nah und fern. Was die »Hausersche Kompagnie« an Vorarbeiten dazu geleistet hatte, vermochte man selbst gut zu nutzen, ohne dafür eine Entschädigung zahlen zu müssen. Alles in allem konnte die Antiquarische Gesellschaft durch einen Kauf der »Bärlisgrub« nur gewinnen.

Deshalb forderte sie Pro Vindonissa Ende Dezember 1897 auf, mit dem Verfüllen der Ruine einen Monat zu warten, in der Hoffnung, daß der Erwerb des Geländes bis dahin zustande käme. Aber das Konsortium hatte die Geduld verloren. Das ungewöhnlich warme, trockene Winterwetter war für die Zudeckungsarbeiten bestens geeignet. Man teilte daher der Antiquarischen Gesellschaft mit, daß man ihr »im Einverständnis mit den Grundbesitzern« und »in Anbetracht der Verpflichtung zur Bezahlung von Landentschädigungen für ein weiteres Jahr« nur »eine Frist bis zum Abend des zweiten Januar 1898« gewährte. Bis dahin wollte man erfahren, ob die Brugger »für alle Folgen, die durch die zu späte Eindeckung entstehen könnten, sich haftbar erklären«[16] würden. Als sich herumsprach, daß ein Unternehmer am 4. Januar 1898 mit der Verfüllung der Anlage beginnen sollte, war das ein letztes Alarmsignal. Jakob Heierli berichtete darüber:

»Nachdem vorläufige Verhandlungen mit den Grundeigentümern zu keinem greifbaren Resultat geführt hatten, fand am 2. Januar 1898 in Königsfelden eine Versammlung von Vertretern der Antiquarischen Gesellschaft Brugg, der h. Regierung des Kantons Aargau und der eidgenössischen Behörden statt, welche sofort Anstalten traf, jeden Eingriff in den Bestand des alten Denkmals zu verhindern und welche die Verhandlungen einleitete zum definitiven Ankauf des Amphitheaters durch die Eidgenossenschaft. Der Kauf kam bald zustande und so ist denn wieder ein Denkmal alter Zeit gesichert.«[17]

Erst im allerletzten Augenblick rafften sich also die dafür Zuständigen zu einem entscheidenden Schritt auf! Er überraschte auch die Mitglieder von Pro Vindonissa, die sich sehr wunderten, daß am Nachmittag des 4. Januar der mit den Zudeckungsarbeiten beauftragte Unternehmer »vom Platz gewiesen« wurde. Die Verpächter hatten beschlossen, »an uns eine rechtliche Kundgebung ergehen zu lassen, die uns untersagte, Veränderungen an dem ausgegrabenen Baudenkmal vorzunehmen«[18].

Erstaunlich war die plötzliche Sinnesänderung der Bauern nicht. Wegen der Beschlüsse vom 2. Januar konnten sie jetzt sicher sein, daß ihr Grund und Boden gekauft wurde. Damit stand ihnen ein glänzendes Geschäft in Aussicht; ihre Forderungen hatten sie schon vorher hoch genug geschraubt. Sie schwenkten deshalb um und verhinderten, was sie vorher fristgemäß verlangt hatten: die Verfüllung des Monuments!

Dieser Sorge war nun auch Pro Vindonissa ledig. Allerdings wird es dem Konsortium bitter geschmeckt haben, das Amphitheater sang- und klanglos an die Brugger abtreten zu müssen. Daher lag ihm daran, die eigenen Verdienste gewürdigt zu sehen. Vielleicht erklärt sich daraus ein mit A. F. signierter Korrespondentenbericht vom 9. Januar 1898 in der »Neuen Zürcher Zeitung«. Er war voll des Lobes über Hausers Aktivitäten und Erfolge in den Windischer Fluren, während die Antiquarische Gesellschaft wegen ihrer feindseligen Haltung gegenüber dem Studenten und wegen ihrer spärlichen Arbeitsergebnisse spöttisch belächelt wurde. Am 21. Januar hob Notar Meyer im »Aargauer Tagblatt« Hausers Verdienste ebenfalls hervor und nahm ihn gegen die Angriffe der Brugger in Schutz, »die sich«, wie er höhnisch bemerkte, »nie mit Altertumskunde beschäftigt haben und denen daher das anhaltende und dauernde Interesse an der Erhaltung der vaterländischen Altertümer vollständig abgeht«.

So etwas zu behaupten, war arrogant und töricht und provozierte böse Reaktionen. Samuel Heuberger attackierte Hauser am 25. Januar 1898 im »Aargauer Tagblatt« als bequemste Zielscheibe mit noch schlimmeren Tiefschlägen und schmähte den Studenten, »der zwar schon eine Familie gegründet, aber noch kein Examen bestanden hat«. Anderen Leuten mit abgeschlossenen Prüfungen werfe er vor, »sie verständen nichts, ihre geistige Kapazität sei der gestellten Aufgabe gar nicht gewachsen«. Das erdreiste er sich »ohne jeglichen wissenschaftlichen Ausweis«, als »ein Mensch, der nicht einmal im Stande« wäre, »seine Sache selber zu verfechten, sondern einen Zeitungsschreiber (A. F.) und einen Fürsprech (Dr. Meyer) anstellen« müsse. Die Antiquarische Gesellschaft hätte das Amphitheater »vor dem Untergange« bewahrt, »den ihm Hausers Hände bereiten wollten«.

Die Brugger als Retter des Monuments und Hauser als der auf seine Zerstörung abzielende Übeltäter – mit dieser Behauptung wertete man sich selbst auf und drängte den Gegner in die Rolle des Sündenbocks. Auf diese Weise ließen sich die eigenen Schwächen, Versäumnisse und Fehlschläge am besten vernebeln. Sogar Dr. Zeller-Werdmüller stieß in dieses Horn, obwohl er den Tatbestand Ende Dezember noch ganz anders dargestellt hatte. Die wochenlangen Verhandlungen zwischen der Schweizerischen Gesellschaft und Pro Vindonissa wären nämlich ergebnislos geblieben, weil ihr »Vorstand die maßlosen Forderungen des Herrn Hauser beim Bundesrat nicht hätte in empfehlendem Sinne vorbringen können«. Den Vogel in der Verkürzung und Verdrehung des Sachverhalts schoß aber Jakob Heierli ab:

»Da ging im Spätherbst des Jahres 1897 das Gerücht um, Hauser wolle die Mauern des Amphitheaters teilweise wegsprengen. Zuerst hielt man das einfach für undenkbar, daß ein Mann, der sich zu den Gebildeten zählte, so etwas wirklich zu tun imstande wäre, aber bald hieß es sogar, es sei vertraglich festgesetzt, daß die zu nah der Erdoberfläche liegenden Mauerteile weggeschafft werden sollen. Alles war darüber einig, daß das unbedingt verhindert werden müsse.«[19] Andere, die Hauser ebenfalls ins Unrecht setzen wollten, haben sich gern auf die Heierlische Interpretation der Ereignisse um das Amphitheater berufen, ohne die Vorgänge näher zu kennen oder sie genauer zu erläutern.

Der so Beschuldigte teilte die Ergebnisse bei der Ausgrabung der Anlage im Januar 1898 in einer kleinen Schrift (»Das Amphitheater Vindonissa. Verfaßt als erste,

vorläufige Publikation der Gesellschaft ›Pro Vindonissa‹ «)
mit. Und schließlich gab das Konsortium im März dessel-
ben Jahres eine Antwort auf die Attacken ihrer Gegner
unter der Überschrift »Der Kampf um Vindonissa. Aktenmäßige Darstellung« heraus. Wie sich Hauser und seine
Freunde dabei verteidigten, war nicht ungeschickt. Sie
konnten auch auf Anhänger und Sympathisanten verwei-
sen. Die »Neue Zürcher Zeitung« stand Hausers Plänen
und Arbeiten aufgeschlossener gegenüber als denen der
Antiquarischen Gesellschaft, was von dieser kritisch vermerkt wurde. Hauser dankte ausdrücklich »den Herren
Prof. Dr. Oechsli und Prof. Dr. Hartwich«, die »dem An-
fänger manchen guten Rat erteilten«[20]. Prof. Dr. Schneider hatte sich ihm gegenüber ebenfalls aufgeschlossen
und entgegenkommend verhalten. Offenbar gab es einflußreiche Leute in der Subkommission, die bei der Antiquarischen Gesellschaft Brugg zu viel Lokalpatriotismus
und Antipathie gegen die »Züricher« verspürten und deshalb von »Kirchturmspolitik« sprachen.
Sobald das Amphitheater mit staatlichen Mitteln gekauft worden war, bemühten sich die Mitglieder der Antiquarischen Gesellschaft um seine völlige Bloßlegung und
Restaurierung. In seiner eigenen Vindonissa-Veröffentli-
chung 1904 äußerte Hauser darüber seine Genugtuung,
enthielt sich aber nicht eines bissigen Seitenhiebes: Wenn
das Amphitheater »nun auch, in nichts weniger als nach-
ahmenswerter Methode, mit Zement übergossen und
Teile ergänzt und hinzugefügt wurden, die niemals in
einen innern Zusammenhang mit dem Ursprünglichen zu
bringen sind, so wird das große Baudenkmal doch der
Nachwelt erhalten. Es wird ein Zeichen dafür sein, daß
auf dem historisch hochbedeutsamen Boden Vindonissas,
wo jahrhundertelang niemand den Spaten gerührt, eine
gute Arbeit durchgeführt worden ist.«[21]
Noch heute bildet das Amphitheater eine Sehenswür-
digkeit ersten Ranges. Die freie Fläche rings um die »Bärlisgrub« ist inzwischen bebaut. Man hatte, wie mir Friedrich Hauser mitteilte, am Eingang des Denkmals eine Tafel mit dem Namen seines Vaters und dazugehörigen Da-

ten angebracht. Später wurde die alte Tafel durch eine neue ersetzt, diesmal ohne den Namen Otto Hausers. »Merkwürdig«, kommentierte sein jüngster Sohn. In der Tat: merkwürdig.

Von den in Privathand befindlichen Ländereien hatte Hauser die fundverdächtigsten Flächen gepachtet und durchforscht. Neue Pachtverträge abzuschließen, wäre für ihn schwieriger und teurer geworden als anfangs. Der dem Staat gehörende Boden blieb ihm verwehrt. Doch gerade hier, insbesondere auf dem Gelände des ehemaligen Klosters Königsfelden, lagen vielversprechende Fundplätze. Vor allem auf sie bezog sich ein vom Regierungsrat des Kantons Aargau und der Antiquarischen Gesellschaft Brugg am 15. Juni 1898 unterzeichneter Vertrag, der künftige archäologische Unternehmungen zur Erschließung Vindonissas regelte. Die Arbeiten sollten unter Aufsicht einer Dreierkommission erfolgen, die jährlich einen Grabungsplan und einen Kostenvoranschlag einzureichen hatte. Mitglieder dieser Kommission waren jeweils ein Vertreter der Antiquarischen Gesellschaft, des Kantons Aargau und der Schweizerischen Gesellschaft. Bei der Konstitution der Kommission am 27. August in Brugg wählte man Dr. Jakob Heierli zum Aktuar und Archivar.

Bemerkenswerterweise benannte sich die Antiquarische Gesellschaft von Brugg und Umgebung am 12. März 1906 in »Pro Vindonissa« um. Sie okkupierte damit den Namen der einstigen Rivalin und dokumentierte auch auf diese Weise den Sieg über »Hausers Kompagnie«.

Der viel geschmähte »grimmige Konkurrent«[22] (so hatte ihn Heierli gescholten) stand 1898 »zu Beginn des besseren Frühjahrswetters« noch einmal »auf den Feldern Vindonissas«, um die »Arbeiten zum Abschluß zu bringen«[23]. Zank und Streit wegen seiner Ausgrabungen verfolgten ihn aber weiterhin, auch beim Verkauf der geborgenen Objekte. Er schrieb zwar: »Über das spätere Schicksal all der schönen Römerfunde machte ich mir keine Sorgen; denn ich nahm es als ganz selbstverständlich an, daß die Schweiz, und vornehmlich das neugegründete Nationalmuseum, alle die Funde als ein geschlossenes Ganzes,

weil aus ein und derselben Arbeit hervorgegangen, übernehmen würde.«[24]

In Wirklichkeit dachten weder das Museum noch
irgendeine andere staatliche Institution daran, ihm den
großen Sammlungskomplex abzukaufen. Soweit wollte
man der »Gesellschaft von Antiquitätenhändlern« nicht
entgegenkommen. Nach Hausers Angaben wurde »die
überaus reiche Sammlung«, die vom 3.–15. Dezember
1898 viele Besucher ins »Helmhaus« in Zürich lockte, aus
»nicht näher zu erläuternden Gründen durch Verkauf in
alle Winde zerstreut«[25]. Ein Teil gelangte ins Züricher
Landesmuseum, ein anderer in die Bestände der Antiquarischen Gesellschaft Brugg.

Über seine Entdeckungen veröffentlichte Hauser 1904
ein reich bebildertes Buch mit dem Titel »Vindonissa.
Das Standquartier römischer Legionen«. Alle darin ent-
haltenen Fotos hatte er selbst aufgenommen; ihre Wieder-
gabe stellte damals eine drucktechnische Spitzenleistung
dar. Allein deswegen werden manche Kunstliebhaber und
Altertumsfreunde diese Publikation erworben haben.
Spöttische Resonanz fand dagegen Hausers Ankündi-
gung, sein Werk sei »gewissermaßen ein Lehrbuch römischer Kultur«[26]. Dafür war es vom Textumfang her zu
schmalbrüstig. Was der Verfasser hier vorlegte, war eher
eine Erläuterung der beigegebenen Tafeln.

Auf sie nahmen andere Autoren öfters Bezug. Dennoch
erlebte Hauser mit seinem »Tafelwerk« kaum Freude. Jakob Heierli bezeichnete es abschätzig als »sehr summari-
schen und wissenschaftlich unbedeutenden Bericht«[27] und
zitierte, offensichtlich mit großer Genugtuung, die Kritik
eines bekannten Forschers an Hauser selbst. In dessen
»Lehrbuch römischer Kultur« lautet nämlich ein merkwürdig polemisch gefaßter Abschnitt: »Mitten im Dorfe
Windisch fanden wir in absolut neuer Schicht, kaum
30 cm unter der Oberfläche, Skelette samt Schädel von
zwei durch den mittlerweile verstorbenen Grundeigentümer Meier verscharrten Hunden; die Schädel wurden,
trotz unserer ausdrücklichen Hinweise auf die Fundumstände, von einem Zürcher Gehrten mit viel Scharfblick

56

zur schon lange vermissten Übergangsstufe vom antiken zum modernen Hund proklamiert und als eminent wichtiges Material der Mit- und Nachwelt überliefert!«[28]

Diese beiläufige Bemerkung wäre nicht erwähnenswert, wenn sie Hauser nicht so geschadet und in ein schiefes Licht gebracht hätte. Sie zielte auf Prof. Dr. Conrad Keller, einen anerkannten Paläontologen, der sich insbesondere mit der Abstammung der Haustiere befaßte. Zu Beginn der Grabungen in Vindonissa hatte er Hauser gebeten, ihm alle Knochenfunde und Abbildungen von Haustieren zu Forschungszwecken zu überlassen, und dieser verschaffte ihm auch wertvolles Material. Zwischen beiden kam es aber offenbar zu persönlichen Differenzen, die so nachhaltig gewesen sein müssen, daß sie Hauser zu dem Seitenhieb auf Keller verleiteten. Dafür rächte sich Conrad Keller durch »Kritische Bemerkungen zur neuesten Vindonissa-Publikation« im Feuilleton der »Neuen Zürcher Zeitung« vom 12. Januar 1905. Nicht Hauser habe ihn, Keller, auf die Fragwürdigkeit der beiden Hundeschädel aufmerksam gemacht, sondern es wäre gerade umgekehrt gewesen. Aus den Schädeln hätte er auch keine wissenschaftlichen Schlußfolgerungen gezogen. »Wohl aber wurden jene beiden verdächtigen Schädel von mir übernommen, sie sind sogar in den Sammlungen des Polytechnikums aufgestellt – als w a r n e n d e s B e i s p i e l, wie sehr man gegenüber gewissen ›Archäologen‹ auf der Hut sein muß. Diese rein pädagogische Absicht hat natürlich O. Hauser in seiner Einfalt nicht gemerkt!«

Hat Hauser die Ausstellung im Polytechnikum selbst gesehen, oder ist ihm darüber nur berichtet worden? War die Aufstellung der Schädel im Sinne Kellers wirklich ganz eindeutig? Konnte man daraus einen Angriff auf Hauser ablesen? Fühlte sich dieser dadurch zu der Polemik herausgefordert? Sein Ausfall gegen den Paläontologen war ohne Zweifel unklug. Über das Echo brauchte er sich nicht zu wundern. Die Mahnung Kellers, »der junge Mann« solle sich »ein für allemal gesagt sein lassen, daß W a h r h e i t s l i e b e und a b s o l u t e E h r l i c h k e i t die unentbehrlichsten Grundlagen für die Forschung bilden«, wog schwer. Sie weckte den Verdacht, Hauser sei nicht zu trauen, und lieferte noch viele Jahre später Wasser für die Mühlen seiner Gegner.

Argwohn und Mißgunst machten Hauser auch beim Verkauf seines kostbarsten Fundes schwer zu schaffen. Es war eine etwa ein Kilogramm schwere »Silberpfanne«, die sein »Unteraufseher Schmied« (auch Schmid oder Schmidt geschrieben) am 10. August 1897 entdeckte. Das Kleinod hatte die Zeiten unbeschädigt überdauert und bestach durch die künstlerische Qualität der Ausführung. Sein oberer Durchmesser betrug 18,3, der untere 10,3 Zentimeter, die Tiefe 8,7 und die Länge des Griffes 12 Zentimeter. Auf der Oberseite war der Stiel mit Reliefs verziert. Der Künstler hatte den Kriegsgott Mars mit Helm und Panzer dargestellt, als Brustbild aus einem Fruchtgewinde herausragend. Darunter saß, nackt wiedergegeben, der Gott Merkur, der Schutzpatron der Kaufleute, durch Schlangenstab und Beutel charakterisiert. Zu seinen Füßen befanden sich zwei Hähne, neben ihm eine kleine Statuette, eine Herme, und ganz unten Bock, Ziege und zwei Stiere, die auf je einen Altar zuliefen.

Das Prachtstück lag auf einem Mauervorsprung am Südwesteingang des Amphitheaters »unter einem ziemlich großen Stück Tuff, den Boden nach oben gekehrt«[29] und schief gestellt, mit den Reliefs nach unten, um sie vor Druck zu schützen. Art und Weise seiner Lage und Entdeckung wurden jedoch mehr oder weniger offen angefochten. Auch Jakob Heierli griff die Verdächtigungen auf, als er über die »Silberpfanne« schrieb: »Sie wurde dem Landesmuseum mehrmals zum Kauf angetragen. Es kam aber kein solcher zustande, vielleicht weil die Fundortsverhältnisse, die in besonderer Untersuchung erwogen wurden, nicht zweifellos waren.«[30] Damit spielte Heierli auf ein Protokoll an, das von Heuberger, Geiger und Hauptmann Fels verfaßt und mit dem Titel »Über die Auffindung der Hauser'schen Silberpfanne im Amphitheater zu Windisch« versehen worden war.

Die drei Unterzeichneten hatten Schmied am 12. Mai

1900, also fast drei Jahre nach der Entdeckung des Kleinods, über die Fundumstände befragt und 14 Tage später seine Angaben protokolliert. Konkrete Verdachtsmomente über »nicht zweifellose Fundortsverhältnisse« bietet das anderthalbseitige Schriftstück nicht. Es ist aber so formuliert, daß es bei dem Leser Mißtrauen wecken kann. Am 10. August 1897 begleitete Hauser die beiden Messikommers, Meyer sowie den Ingenieur Huber, der bei den Vermessungen und Plänen behilflich war, nach dem Mittagessen zum Amphitheater, wo an diesem Tage nur Schmied und ein Knecht des »Sonnenwirtes« arbeiteten. Dieser wurde, nachdem sich die Herren alle wieder entfernt hatten, mit Erlaubnis Hausers zu einer anderen Tätigkeit abberufen, und Schmied blieb allein. »Etwa eine Viertelstunde nach dem Weggange des Knechtes fand er die Silberpfanne, nicht, wie man etwa erzählte, unter den Steinplatten, welche die Mauern beim Westeingang begrenzen, sondern ca. 1 m von der Mauer in Gesteinsschutt.« Nach dem Abendessen brachte Schmied seinen Fund zu Hauser in die »Sonne«, der ihm aus Freude darüber 15 Franken Trinkgeld gab.

Hauser ahnte, daß er sich wegen dieser Entdeckung besonders absichern mußte. »Ich telephonierte an meine Freunde, die sich folgenden Tages um den Fund scharten, und das zuständige Gericht nahm auf meine Veranlassung ein amtliches Protokoll über die Fundumstände und die eidliche Aussage des Finders auf.«[31]

Wegen des außerordentlichen Interesses, das die »Pfanne« im Ausland erregte, zeigte sie der englische Generalkonsul Angst als Vertreter des Schweizerischen Landesmuseums in Zürich »einer Versammlung internationaler Museumsdirektoren«. Hauser mußte in der Zwischenzeit anderthalb Stunden auf dem Korridor warten, obwohl er bei der »Demonstration« dabeisein sollte. Schließlich verlor er die Geduld und machte sich »durch energisches Klopfen bemerkbar. Der Herr Assistent erschien und fragte erstaunt, was ich denn hier wünsche. ›Meine Silberschale will ich zurück haben, und zwar unverzüglich.‹ Etwas verdutzt wurde mir das wertvolle Ob-

jekt noch ›handwarm‹ gebracht, und ich zog ab, nicht ah-
nend, daß dem Stück mittlerweile auf nichtswürdige
Weise die Poesie zu rauben versucht worden sei.«[32]

Was tatsächlich geschehen war, erfuhr Hauser später
von Kekulé von Stradonitz. Auf Wunsch seines ehemaligen Schülers, Kaiser Wilhelms II., war von Stradonitz
1889 aus Bonn nach Berlin übergesiedelt und dort Professor an der Universität, Direktor der Antikenabteilung
und des Antiquariums der Museen sowie Mitglied der
Akademie der Wissenschaften geworden. Durch Ausgrabungen und Veröffentlichungen vermochte er die Entwicklung der modernen Archäologie wesentlich zu be-
einflussen. Dieser Mann also stellte die Silberschale aus
und gab Hauser über die Verdächtigungen bei der Direk-
torenversammlung im Zürcher Museum Auskunft: »Sie
hätten das Objekt in Neapel gekauft und dann in Vindonissa wieder vergraben; ich habe festgestellt, daß dem
nicht so sein kann; dann wurde behauptet, das Stück sei
falsch, ich aber kenne die Technik römischer Silber- und
Goldschmiede zu genau und kann für die Echtheit und
Unantastbarkeit der Opferschale einstehen, aber um das
Stück erwerben zu können, müssen wir einige Zeit ver-
streichen lassen.«[33]

Daß »Hauser und Kompagnie« die »Schale« am südwestlichen Eingang des Amphitheaters versteckt haben
könnten, damit Schmied sie dort finden sollte, wird zwischen den Zeilen in dem Protokoll von Heuberger, Geiger
und Fels angedeutet. Wahrscheinlich hängt das mit der
Legende zusammen, das Prachtstück wäre in Neapel erworben worden. Hauser müßte demnach während des
Streites um Vindonissa oder vorher in Italien gewesen
und bis Neapel gekommen sein. Hatte ihn seine Hoch-
zeitsreise dorthin geführt? War er in Neapel, um von dort
aus die Grabungen in den antiken Städten Pompeji und
Herculaneum zu besuchen? Er selbst hat darüber nichts
verlauten lassen.

Wie man mit ihm und seinem kostbarsten Fund um-
ging, war weder korrekt noch fair. Ein Jahr nach dem
Treffen der Museumsdirektoren rief Baron Edmond de

Rothschild, ein Sproß der bekannten Bankiersfamilie, Hauser zu sich nach Paris. Als leidenschaftlicher Sammler bekundete er Interesse an dem ungewöhnlichen Objekt. Am Abend vor seiner Abreise unterrichtete Hauser Generalkonsul Angst, daß er es möglicherweise an den Bankier verkaufen würde. Angst beschwor ihn, auf keine Vereinbarung einzugehen, ohne sich vorher noch einmal mit ihm in Verbindung gesetzt zu haben.

Der Baron war von der »Silberpfanne« entzückt und wollte sofort einen Kaufvertrag abschließen. Aber Hauser fühlte sich an sein Versprechen gebunden und sagte daher nicht gleich zu, was Rothschild so verärgerte, daß er auf die »Pfanne« verzichtete. Wieder in Zürich, erlebte Hauser die nächste Enttäuschung, denn Angst bot ihm für das einzigartige Stück nur 4000 Franken, obwohl es wesentlich mehr wert war. Hauser reagierte in für ihn typischer Weise: »Ich gab meiner Empörung offen Ausdruck, worauf der Herr Direktor mir die Hand bot und meinte, wir wollten doch als Freunde auseinander gehen. ›Ich brauche Ihre Freundschaft nicht‹, war meine Antwort.« [34]

Nach diesen Erfahrungen gab er es auf, in der Schweiz für seinen Fund einen Käufer zu finden. Statt dessen wurde er mit dem Pariser Sammler Guilhou handelseinig, »dessen Kollektion nur römische Silber- und Goldfunde allererster Qualität enthielt«. Von ihm bekam er 24 000 Franken »und damit nicht ganz dreiviertel meiner eingesetzten Kapitalien«. Diese Bemerkung stimmt nachdenklich. Trifft sie zu, hätte Hauser für seine Arbeiten in Vindonissa rund 32 000 Franken ausgegeben. Selbst wenn man alle Unkosten vom Sommer 1896 bis zum Sommer 1898 in Rechnung stellt, erscheint das als eine zu hohe Summe. Welchen finanziellen Beitrag die anderen Konsortiumsmitglieder leisteten und wie der Erlös aus der großen Vindonissa-Sammlung aufgeteilt wurde, ist mir nicht bekannt, ebensowenig, ob die Messikommers und Meyer einen Anspruch auf das Geld für die »Silberpfanne« hatten. Insgesamt ist Hauser finanziell wohl gar nicht so schlecht weggekommen, abgesehen von allem Ärger und Verdruß.

Nach dem Tode des französischen Eigentümers wurde das Kleinod auf einer Auktion am 18. März 1905 für 30 100 Francs von einem Agenten John Pierpont Morgans erworben und mit nach New York genommen. Als einer der reichsten Männer der damaligen Welt war Morgan auch ein passionierter Kunst- und Büchersammler. Was nach seinem Tod 1913 mit der »Silberpfanne« geschah, ist nicht überliefert.

In bezug auf Anerkennung und Würdigung des umstrittenen Fundes wurde Hauser noch eine späte Genugtuung zuteil. Prof. Dr. Oskar Bohn, einer der besten Kenner griechischer und römischer Haus- und Küchengeräte, veröffentlichte 1925 im »Anzeiger für Schweizerische Altertumskunde« eine Beschreibung und Erläuterung des prächtigen Objekts, wobei er bisherige Deutungen korrigierte. Es handelte sich nicht um eine Pfanne oder Schale, sondern um ein Tafelgerät, eine Schöpfkelle, mit der Wein aus großen Mischkrügen, den Krateren, in die Trinkbecher gefüllt wurde. Die lateinische Inschrift auf der Unterseite des Stiels hatte Otto Hauser mit »Die Werkstätte des Calvus, des Kaufmanns, dem Antonius Saloninus«[35] übersetzt. Oskar Bohn bemerkte dazu: »Hausers Lesung der Inschrift ist durchaus unrichtig und kommt nicht in Betracht.« Es müsse heißen: »Eigentum des Gaius Calvius Mercator in der Hundertschaft des Anteius Saloninus.«[36] Ein einfacher Soldat hatte das Prunkstück durch die Inschrift als seinen Besitz gekennzeichnet. Die Silberkelle war Kriegsbeute, und als der Soldat wahrscheinlich erneut zum Kampf auszog, verbarg er sie an dem bereits ruinösen Eingang des Amphitheaters, wo niemand einen Schatz vermutete.

Auf die Verdächtigungen gegen den Fund ging Oskar Bohn nicht näher ein. Seine Anmerkung ist jedoch aufschlußreich:

»Die Gründe, welche das Stück ins Ausland zwangen, und weshalb es im ›Fremdenführer‹ des Amphitheaters (3. Auflage 1920) nicht einmal erwähnt wird, bleiben hier unerörtert. Gebilligt habe ich sie nie.«[37]

Wenn Otto Hauser seine umfangreichen und teuren Grabungen in Vindonissa 5 oder 10 Jahre früher hätte beginnen können, wäre er sicher nicht mit den Heimatfreunden von Brugg und Windisch in Konflikt geraten. Sein Name würde dann in Ehren als der des ersten Erforschers von Vindonissa genannt werden. Da sich aber auf einmal viele darum bemühten, das ehemalige Römerlager wieder ans Licht zu bringen, entstand ein Konkurrenzkampf, bei dem auch Neid und Mißgunst eine unheilvolle Rolle spielten. Außer den unbestreitbaren Erfolgen, die Hauser vorzuweisen vermochte, bewirkte seine Tätigkeit auf Windischs Fluren zugleich, daß die Erkundung von deren alter Geschichte rascher in Gang kam und schneller voranschritt, als selbst Optimisten zu hoffen wagten. Denn Hausers Ausgrabungen zwangen die Antiquarische Gesellschaft und die amtlichen Stellen, ihrerseits alle Kräfte aufzubieten und sie auf die Erschließung des Legionslagers und des Amphitheaters zu richten.

Der Versuch, sich staatlichen Stellen als Grabungsleiter zu empfehlen und auf diese Weise den Grundstein für eine erfolgreiche Zukunft als Archäologe in der Schweiz zu legen, mißlang jedoch völlig und schlug sogar ins Gegenteil um. Sowohl die Schweizerische Gesellschaft wie deren römische Subkommission wollten nichts mehr von ihm wissen. Es war zu befürchten, daß sie ihm Schwierigkeiten bereiten würden, wenn er irgendwo in einem anderen Kanton erneut zu graben begänne. Deshalb rückte sein Ziel, die alte Geschichte seines Heimatlandes zu erhellen, in unerreichbare Ferne. Dazu kam noch ein anderer schwerwiegender Grund. Auch die Eltern Hausers waren durch den Streit um Vindonissa so tief in ihrem Ehrempfinden verletzt, daß sie sich weigerten, »vaterländischer Undankbarkeit weitere Gelder zu opfern«[1].

Vor allem die Mutter wird durch die scharfen Reaktionen auf Tätigkeit und Verhalten des Sohnes empört, enttäuscht und schmerzlich berührt gewesen sein. Ihre Hoffnungen waren ebenso zerstört wie die Ottos. Was das Scheitern seiner Pläne für ihn bedeutete, vermochte sie wohl am besten zu ermessen. »Von dem Tage aber kam Bitteres in mein Leben, zum ersten Male merkte ich, daß, wenn man auch Gutes will, der Weg dazu nicht unbedingt eben sein muß«[2], schrieb Hauser später. Er hatte eine Erfahrung gemacht, die im Laufe des Lebens wohl niemandem erspart bleibt und mit der jeder auf eigene Weise fertig werden muß. Doch ihn traf sie besonders hart. Mit einem solchen Ausgang des Kampfes um Vindonissa hatte er nicht gerechnet. Was ihm hier geschah, weckte alte Anfälligkeiten aus den Kindheitstagen: Furcht vor unerwartetem Unglück und vor Bedrohung durch feindliche Mächte. Solche Ängste konnte er nach langer Übung zwar abwehren und zurückdrängen, aber sie setzten ihm dennoch zu und verstärkten seine Reizbarkeit und sein Mißtrauen gegen alle, von denen er nichts Gutes erwartete. Als Selbstschutz kehrte er schließlich Rechthaberei und Aggressivität hervor und bot seinen Feinden dadurch erst recht leicht verwundbare Blößen.

Nach den Auseinandersetzungen um das Römerlager ergab sich für ihn eine weitere ernüchternde Erfahrung. »Die Zunft derer, die auf Stempelpapier die Befähigung zu wissenschaftlichen Ausgrabungen mit sich tragen, machten mir fortan das Leben sauer . . .«[3] In Verbindung mit dem Aufschwung der Archäologie trat diese »Zunft« allmählich immer stärker in den Vordergrund. Ein Ausgräber, der nicht als Akademiker Karriere gemacht hatte, wurde von ihr als Außenseiter betrachtet. Für alle, die weiterhin als Privatleute auf eigene Rechnung nach Zeugnissen der Vergangenheit gruben, trat erschwerend hinzu, daß staatliche Stellen solche Unternehmungen am lieb-

---

[1] *Anmerkungen siehe Anhang am Schluß des Bandes*

sten überwachen und dabei nationale Interessen gewahrt wissen wollten. Doch das war eine Entwicklung, die sich erst anbahnte und die Hauser in allen ihren Folgen nicht voraussehen konnte. Er blieb seinen Jugendidealen treu und eiferte ihnen, wenn auch nicht in der Schweiz, unbeirrt weiter nach. So waren die Konflikte, in die er 10 bis 15 Jahre später geriet, bereits vorgezeichnet. Dann aber erhielten sie einen internationalen Rahmen und nahmen ein Ausmaß an, gegen das der Kampf um Vindonissa fast wie eine harmlose Episode erscheint.

Obwohl ihm Vorwürfe und Beschuldigungen der Kontrahenten »die Freude an heimatlicher Vorgeschichtsforschung vergällt«[4] hatten, war Hausers Tatendrang ungebrochen. Außerhalb der Schweiz lockte ihn in Südwestfrankreich nun ein anderes Tätigkeitsfeld. Es lag im Departement Dordogne, wo sich die Vézère, ein Nebenfluß des Stromes, nach dem dieser Verwaltungsbezirk benannt wurde, ein tiefes schlangenförmiges Bett in mächtige Kalksteinablagerungen genagt hat. Die Ufer des Flusses säumen zahlreiche Grotten und Halbhöhlen mit oft weit vorspringenden Felsdächern als Zeugen jahrhunderttausendelanger Einwirkung von Wasser, Wind und Wetter. Während der verschiedenen Eiszeiten, in denen gewaltige Eismassen große Teile der Nordhalbkugel unserer Erde bedeckten, herrschte hier wegen der Nähe zum Ozean ein gemäßigtes Klima. Im Vézèretal fanden unter solchen Bedingungen nicht nur zahllose Tiere, sondern auch viele Jägersippen Nahrung und Schutz. Es war, wie Hauser verklärend sagte, ein »Paradies der Urzeit«.

Seine Wiederentdeckung verdankte dieses »Paradies« einem glücklichen Zufall und einer für derartige Ereignisse nun aufnahmebereiten Zeit. Schon lange hatte Abel Laganne, ein Trüffelsucher und Sonderling, die Täler der Vézère und ihrer Nebenflüsse durchstreift, als er eines Tages in einer kleinen Höhle auf angekohlte Tierknochen stieß. Erstaunlicherweise schienen sie ihm so bemerkenswert, daß er sie sammelte und einem Antiquitätenhändler in Paris schickte. Dieser zeigte sie dem Rechtsanwalt

Edouard Lartet (1801–1871), weil er wußte, daß der Jurist auch etwas von Relikten aus der Urzeit verstand, und Lartet identifizierte die Gebeine als fossile Renknochen. Er spürte ihrer Herkunft nach und suchte Anfang der sechziger Jahre des vergangenen Jahrhunderts den Fundort auf. Ihm schloß sich dabei der reiche englische Hutfabrikant Henry Christy an, der sich aus Liebhaberei mit Geologie sowie menschlicher Entwicklungsgeschichte befaßte und Lartets Forschungen auf diesem Gebiet finanziell unterstützte.

Was die beiden Reisenden in den Eingängen der Grotten und unter den Felsdächern des Vézèretales entdeckten, überstieg bei weitem ihre kühnsten Erwartungen. An manchen Stellen kamen eine ungeheure Fülle an Werkzeugen und Waffen aus Feuerstein, Knochen und Geweih sowie zahllose Reste der einstigen Jagdbeute zum Vorschein. Noch aufregender war, daß sich unter den Knochen des erbeuteten Wildes auch solche von Mammuten, Höhlenbären und wollhaarigen Nashörnern befanden. Sie existierten also zur gleichen Zeit wie jene Menschen, denen sie zum Opfer fielen. Für die Wissenschaft bedeutete das eine außerordentlich wichtige Erkenntnis. Anfang der 60er Jahre des 19. Jahrhunderts wirkte nämlich noch immer die zum Dogma erhobene Hypothese des großen französischen Paläontologen und Zoologen Georges Cuvier (1769–1832) nach. Dieser postulierte eine Reihe von katastrophalen Erderschütterungen und Sintfluten, durch die jedesmal alle Lebewesen vernichtet worden wären. Sich an solche »Weltuntergänge« anschließende Neuschöpfungen hätten dann auch andersartige Geschöpfe hervorgebracht. Der Mensch sei erst nach der letzten gewaltigen Überschwemmung (lateinisch Diluvium) entstanden. Mammute, Höhlenbären, wollhaarige Nashörner und andere Tiere wären im Verlaufe dieser Sintflut untergegangen, bevor Menschen überhaupt mit ihnen in Kontakt kommen konnten. Nun aber bezeugten die Entdeckungen im Vézèretal gerade das Gegenteil und widerlegten damit Cuviers Ansicht!

Auch andere Erkenntnisse hatten dessen Annahme bereits ad absurdum geführt. Der englische Geologe Charles Lyell (1797–1875) vermochte nachzuweisen, daß es gar keine Katastrophen gegeben hatte, die alles Lebendige auf einmal verschlangen. Die Sintfluten erwiesen sich als langdauernde Eiszeiten, deren Entstehen und Vergehen nur ganz allmählich erfolgte. Viele Lebewesen wichen dem vorrückenden Eis aus oder paßten sich den veränderten klimatischen Bedingungen an, während andere dazu nicht in der Lage waren und im Existenzkampf unterlagen. Im Prinzip fand der gleiche Ausleseprozeß im Gefolge des sich zurückziehenden Eises statt.

Der Kampf ums Dasein war also der Motor für die Entwicklung von Pflanzen, Tieren und Menschen. Dafür sammelte Charles Darwin (1809–1882) eine Fülle unumstößlicher Belege. Sie sprachen alle für die Veränderlichkeit der verschiedenen Arten im Tier- und Pflanzenreich und schlossen auch die Gattung Mensch davon nicht aus. Cuvier hatte dagegen die Unveränderlichkeit der Arten behauptet und ihre Unterschiede den vermeintlichen Neuschöpfungen zugeschoben. Das Dogma seiner Nachfolger, »L'homme fossil n'existe pas« – »Der vorweltliche (versteinerte) Mensch existiert nicht«, vermochten Lartet und Christy im Vézèretal aufs anschaulichste als Irrtum bloßzustellen. Im Mai 1864 bargen sie in einer La Madeleine genannten Halbhöhle eine Elfenbeinplatte, auf die ein Mammut graviert war. Nur ein Zeitgenosse konnte dieses Tier so naturgetreu dargestellt haben!

Die Halbhöhle oder, wie es im Französischen heißt, der Abri von La Madeleine enthielt so viele ungewöhnlich schöne und charakteristische Geräte aus Stein und Bein, daß Prof. Gabriel de Mortillet, Direktor des Nationalmuseums von Saint-Germain-en-Laye bei Paris, eine kulturelle Entwicklungsstufe der jüngeren Altsteinzeit (dem Jungpaläolithikum) nach ihrem frühesten Fundort als »Magdalénien« bezeichnete. Es reicht etwa 10 000 – 18 000 Jahre in die Vergangenheit zurück und bildet Höhepunkt und Ausklang paläolithischer Kultur am Ende der letzten Eiszeit. Wie die Menschen der jüngeren Altsteinzeit beschaffen waren, machten Entdeckungen im Vézèretal ebenfalls deutlich. Wenige Kilometer flußabwärts vom Abri La Madeleine wurde 1868 für das Dorf Les Eyzies de Tayac eine Bahnstation errichtet. Als Material für den Eisenbahndamm räumte man den Schutt unter einem großen Felsdach aus und legte dabei Schädel und Skelette von drei Männern, einer Frau und einem Kleinkind frei. Edouard Lartets Sohn Louis eilte herbei, nahm die Gebeine sowie andere jungpaläolithische Objekte an sich und brachte das alles nach Paris. Da die Überreste der Toten im Abri von Crô-Magnon gelegen hatten, erhielt auch die Eiszeitrasse, der sie angehörten, ihren Namen nach diesem Ort. Würden wir den Crô-Magniden heute irgendwo begegnen, könnten wir sie kaum von unsresgleichen unterscheiden. Sie waren groß von Gestalt, besaßen eine hohe Stirn, ein voll ausgebildetes Kinn und ein breites, fast quadratisches Gesicht mit rechteckigen Augenhöhlen. Ihre Nachkommen sind vermutlich noch in verschiedenen europäischen Gebieten, vor allem aber im Baskenland anzutreffen.

Die Funde von Lartet und Christy erregten allgemeines Aufsehen und lockten Fachleute wie Neugierige ins Vézèretal. Doch nach dem Deutsch-Französischen Krieg 1870/71 ließ das Interesse an dem »Paradies der Urzeit« merklich nach. Der Schock, den der verlorene Krieg bei den Franzosen verursachte, lähmte viele gute Ansätze zu neuen Initiativen und drängte das weniger wichtig Erscheinende in den Hintergrund. Erst im Lauf der 90er Jahre kam die Urzeitforschung im Vézèretal langsam wieder in Gang. Davon mag Hauser erfahren haben, als er sich entschloß, nach Südwestfrankreich aufzubrechen. Leider verriet er nicht, wer ihm die Anregung dazu vermittelte. Es könnten Heim, Heierli, Messikommer oder andere gewesen sein. Ins ferne Departement Dordogne und damit in eine noch recht abgeschiedene Gegend zu reisen, bedeutete für ihn sicher nicht nur ein archäologisches, sondern auch ein abenteuerliches Unternehmen, wie er es sich seit seinen Kindheitstagen erträumt hatte. Es spricht für seine Spürnase, daß er gerade dorthin fuhr, wo spektakuläre Entdeckungen auf ihn warteten – in ein Gebiet, in dem harte Pionierarbeit geleistet werden mußte, bevor die Urgeschichtsforschung Früchte trug. Alles dies entsprach seinen Wünschen und seinem Geschmack.

Am 2. April 1898, einem Sonnabend, an dem der Winter noch einmal seine Herrschaft zu erneuern drohte, machte er sich von Zürich aus über Basel nach Paris auf den Weg. Von dort ging es im Expreßzug nach Bordeaux, eine Strecke, »die man damals schon mit 80-Kilometer-Tempo angenehm im Speisewagen durchraste«[5].

Seine Weiterreise nach Plazac, einer kleinen Ortschaft im Landesinneren, sowie Land und Leute schilderte Hauser mit viel Humor. Offensichtlich wollte er mit der breiten Ausmalung des Milieus auch zeigen, daß hier im Périgord (so heißt das südwestfranzösische Gebiet) die Urzeit in gewissem Sinne noch präsent war. Auf zeitgeschichtlich-politische Ereignisse nahm er dagegen überhaupt nicht Bezug; sie interessierten ihn nicht. So erwähnte er zum Beispiel den Dreyfuß-Prozeß, der in der zweiten Hälfte der neunziger Jahre ganz Frankreich erregte und stürmische Proteste gegen die Verurteilung des jüdischen Artillerie-Hauptmanns hervorrief, den nationalistische Kreise fälschlich der Spionage für Deutschland bezichtigten, mit keinem Wort.

Wahrscheinlich ist Hauser abends von Bordeaux nach Périgueux, der Hauptstadt des Departements Dordogne, und dann etwa um 4 Uhr morgens auf der Strecke Agen – Mittelmeer in Richtung Süden gefahren. Zufällig konnte ihm ein Gepäckträger Auskunft geben, »daß nicht weitab von dem gesuchten Nestchen eine Eisenbahnstation sei, von der aus alljährlich die saftigen Reineclauden des Périgord bis Bordeaux kämen«. Durchgerüttelt und übermüdet erreichte er »zu dämmeriger Frühmorgenstunde – 5 Uhr« diese Haltestelle. Der Stationsleiter des Bahnhöfchens La Gélie musterte ihn mit größtem Erstaunen: »Wie war es möglich – ein Fremder, der zwar fließend französisch parlierte, aber ohne Gaskogner Akzent! Mein Ziel kannte der ortsfremde Chef de station auch nicht. Er wies mich zur Herberge – dort fände ich Auskunft, Wohnung und sicher auch Wagen und Pferd.«[6]

69

Die »Herberge« lag nahebei: ein Haus, in dem Gast-
zimmer, Schlafraum und Küche in einem Gemach verei-
nigt waren. Statt des gewünschten Kaffees und Butter und
Brot gab es nur ein Getränk aus Weintrebern, Wacholder-
beeren und Wasser und zum Brot hartgesottene Eier mit
Pfeffer und Salz. »Was bedarfst du der Urwelt, wo dich
schon hier primitives Leben umgibt?«[7] Nach einer Stunde
ging es auf einem zweirädrigen Maultierkarren weiter
zum elf Kilometer östlich gelegenen Plazac, aber der Wirt
der Herberge verirrte sich und brauchte zehn Stunden,
bevor er mit dem Gast endlich durch die Straßen des
Dörfchens rollte. Hier war Hauser »an einen alten Tierarzt empfohlen«, einen klugen, erfahrenen Mann, »der
gern seine Mußestunden durch allerlei Studien nützte und
besonders für die Urgeschichte seiner engeren Heimat ein
lebhaftes Interesse besaß. Es wurde für ihn und seine Familie ein seltenes Fest, einmal Fremde von so weit her be-
grüßen zu können.«[8]

Die »Erzählungen des biederen Veterinärs«[9], der vielleicht Lartet und Christy noch persönlich kennengelernt
hatte, belebten den Studenten bald wieder. Der Tierarzt
berichtete wohl von dem rund 5 Kilometer entfernten
Dorf Le Moustier, einem wichtigen »Ausgangspunkt früher altsteinzeitlicher Forschung«[10]. Dort waren von Lartet
und Christy besonders viele typische Steingeräte ausgegraben worden, die Gabriel de Mortillet schließlich der
Kultur des »Moustérien« zuordnete. Anders als die des
Magdalénien stand sie, wie sich später herausstellte, nicht
am Ende, sondern am Anfang der letzten Eiszeit und er-
streckte sich schätzungsweise über den Zeitraum vor
80 000 – 40 000 Jahren. Das Moustérien verkörpert eine
Kultur der mittleren Altsteinzeit. Seine Schöpfer waren
keine Crô-Magniden, sondern »Neandertaler«, die vor
dem eigentlichen Homo sapiens lebten.

Während der Tierarzt über Le Moustier und die dortigen Funde sprach, ahnte Hauser nicht, wie bedeutsam
das alles wenige Jahre danach für sein eigenes Leben
werden sollte. Doch der Veterinär merkte, wie stark er
den Gast mit seinen Erläuterungen fesselte, und deshalb

bot er an, ihn noch am späten Nachmittag des ersten Besuchstages nach Le Moustier zu begleiten. In »einem fast menschenwürdigen, zweirädrigen Wagen« gelangten sie rasch dorthin.

Le Moustier schmiegt sich um den Fuß eines steilen, langgestreckten Felsens, der etwa 10 Meter über dem Talgrund der Vézère eine Terrasse mit einem Abri trägt. Es ist der berühmte Ort, an dem Lartet und Christy den Spaten angesetzt hatten. Aber der Tierarzt führte Hauser noch weiter hinauf, bis zu einer kleinen, Trou du Bréchou genannten Grotte in etwa 40 Meter Höhe. Von hier genossen sie eine herrliche Aussicht. Im Farbenspiel der erwachenden Natur erstreckten sich bewaldete Hänge bis zum Rand jäh abfallender Steilwände. Die zerklüfteten Kalkfelsen der Talränder leuchteten in abgestuftem Grau, durchsetzt mit bräunlichen und gelblichen Bändern. »Vor uns«, erinnerte sich Hauser, »senkte sich glühend rot die große, feurige Sonnenkugel hinter die Berge, rein war die Luft, vergoldet schienen die Spitzen der gegenüberliegenden Felspartien, in denen überall Halbhöhlen eingesprengt lagen: einfache natürliche Schutzhöhlen, die der Mensch jener weiten Vergangenheit sich zum Lager und Wohnplatz gewählt hat. Zu unsern Füßen die ruhig fließende Vézère, an deren Ufer jene fernen Menschen den Fischen nachstellten und die großen Landsäugetiere beim Wechsel zur Tränke belauschten. Rings um uns weites, sattgrünes Tal. Vor mir das romanische Kirchlein des Dorfes – Gegenwart, Geschichte und Urzeit. Was ich in Büchern gelesen und auf hohen Schulen gehört, wurde zur greifbaren Wirklichkeit: ich stand auf der Stätte jener großen Urkultur.« [11]

Bald zog es ihn nach Le Moustier zurück, wo er in der einzigen Herberge Quartier nahm. Seit Lartet und Christy hatte kein Fremder mehr den Ort besucht. Die Wirtin, eine sehr rundliche, den Freuden des Lebens zugetane Frau, mit der er später gut bekannt wurde und die er ironisch, aber nicht respektlos, als »die Alte von Le Moustier« bezeichnete, war nicht auf solche Gäste eingerichtet. Sie konnte ihm daher weder Fleisch noch Wurst servieren, und die auf Vorrat gehaltenen Fische schwammen aufgedunsen mit dem Bauche nach oben. Hausers gute Stimmung vermochte dies nicht zu stören: »Bei Nuß und Brot und feurigem Rotwein aber stärkte ich mich und war glücklich, voller Hoffnung, nun doch dem Ziel meiner Studierstubenwünsche näher zu sein!«[12]

Sobald sich seine Anwesenheit herumsprach, kamen ältere Leute, staunten ihn an, legten ihm eigene Funde vor und erzählten aus jenen Tagen, in denen Henry Christy die ausgegrabenen Objekte flußabwärts nach Bordeaux und von dort nach England gesandt hatte. Durch die Tätigkeit des Engländers und seines französischen Freundes war für die Einheimischen mancher Franc zu verdienen gewesen. Seitdem »lebten sie karg auf ihrer Scholle. Die Reblaus hatte ihr schönes Rebgelände vernichtet und sie arm, verdienstlos zurückgelassen« [13]. Viele jüngere Einwohner waren deshalb aus »der ruinenhaften Ortschaft«[14] weggezogen. Zehn Jahre nach Hausers erstem Aufenthalt in Le Moustier florierte jedoch das Geschäft der Wirtin infolge der stark gewachsenen Zahl fremder Reisender. Seine Entdeckung eines Neandertaler-Skeletts unterhalb jener von Lartet und Christy aufgespürten Terrasse brachte Le Moustier in die Schlagzeilen und machte das Dorf über Nacht weltbekannt. Ähnlich verhielt es sich bei anderen Fundstätten, die von Hauser gepachtet worden waren und sich eines regen Besucherstroms erfreuten – auch zum Nutzen der einheimischen Anwohner. Ihren Gascogner Dialekt, eine Mischung aus Spanisch, Italienisch und Latein, beherrschte er schnell perfekt, und mit den »Périgourdins« verbanden ihn von Anfang an viele Sympathien: »Die Menschen hier unten sind einfach und gut; sie sind freundlich und tragen sich Haß nicht lange nach, sie legen Wert auf gute Nachbarschaft und stehen sich bei in des Lebens Nöten und Leiden.«[15]

Schon beim ersten Blick vom Moustier-Felsen ins Vézèretal hatte Otto Hauser sein Herz an dessen stille Anmut und Schönheit verloren. Diese Liebe vertiefte sich, je mehr er von dem Tal und seiner Umgebung kennenlernte. Fahrten von Le Moustier flußabwärts zum etwa 15 Kilometer entfernten Dorf Les Eyzies, seinem späteren

Wohnsitz, prägten sich ihm unauslöschlich ein und bewogen ihn schließlich, auch Touristengruppen die Szenerie von Fluß und Tal vor Augen zu führen. Zum ersten Male hat er diese Strecke vermutlich zusammen mit dem Tierarzt zurückgelegt. Am linken Flußufer schlängelt sie sich meist hoch über der Vézère entlang, vorbei an steilen Felsen mit weiten Halbhöhlen, in die oft Häuser hineingebaut sind. Dabei sparte man die rückwärtigen Mauern der Gebäude und Teile der Dächer ein. Mitunter hängen diese malerischen Behausungen wie Vogelnester über der Straße, die vor Les Eyzies zur Beune hinabsteigt, einem Nebenflüßchen der Vézère. Les Eyzies, im Dialekt seiner Bewohner Los Esio gesprochen, verteilt sich in Länge von einigen 100 Metern auf die Talränder beider Flüsse. Wo die Beune in die Vézère mündet, erhob sich auf dem Eckfelsen eine mittelalterliche Burg. Aus ihrer Ruine ist dann ein modernes prähistorisches Museum geschaffen worden.

Trotz des Bahnanschlusses (La Gélie liegt nur zwei Stationen entfernt) war Les Eyzies 1898 ein kaum beachteter kleiner Ort. Heute nennt er sich stolz »Hauptstadt der Vorgeschichte« und empfängt jährlich viele tausend Besucher aus aller Welt. Wer um die Jahrhundertwende hier Halt machte, kehrte meist in dem wenig komfortablen »Hôtel de la gare« ein, dem »Bahnhofshotel«. Es nahm einen Teil des großen Abri von Crô-Magnon ein, in dem einst die fünf Eiszeitmenschen bestattet worden waren. Lange Jahre gehörte es einer Familie Berthoumeyrou. Als junger Mann hatte der Hausherr Edouard Lartet bei dessen Grabungen geholfen, und er vermochte als Augenzeuge Auskünfte über Entdeckung und Bergung der Skelette in dem Abri zu geben. Aber Hauser war nicht gut auf die Wirtsleute zu sprechen. Sie schienen ihm zu fromm und zu geizig. Frau Berthoumeyrou, vom Typ wie vom Wesen her das genaue Gegenteil zur »Alten von Le Moustier«, hielt ihrerseits gleichfalls nicht viel von Hauser, vor allem wohl aus weltanschaulichen Gründen. Ihre enge Bindung an religiöse Vorschriften bekam auch der Physiologe Prof. Max Verworn, der Hauser später in Les Eyzies mehrfach aufsuchte, kurz vor Ostern 1905 zu spüren. Die Wirtin, »früher einmal eine hübsche Frau«, legte wegen der Speisewünsche des Professors »ihr fein geschnittenes Gesicht in Falten«, um keinen Zweifel daran zu lassen, daß sie es für das Heil seiner »ketzerischen Seele für zuträglicher hielt«, wenn er die Fastenregeln befolgte und »mager« lebte. Er weigerte sich jedoch, indem er zur Verblüffung von Frau Berthoumeyrou auf den Koran der Mohammedaner verwies, »der die Armen und die Reisenden vom Fasten entbindet«, und so erhielt er »am Gründonnerstag Fleisch, am Karfreitag eine gute Gänseleberpastete, aber nur mit Widerstreben«[16].

In Les Eyzies lernte Hauser Denis Peyrony kennen, der sich, rund 5 Jahre älter als er, mit gleicher Begeisterung, Hartnäckigkeit und Zähigkeit der Archäologie und Vorgeschichte verschrieben hatte. Seit 1891 wirkte er in dem Ort als Lehrer und beschäftigte sich zugleich intensiv mit der urgeschichtlichen Erforschung seiner engeren Heimat. Im Verlaufe von Jahrzehnten erwarb er sich dabei große Verdienste. Aus seiner Feder stammen zahlreiche Publikationen über die Fundstätten um Les Eyzies. Er wurde, als Hauser mit systematischen Ausgrabungen in der Dordogne begann, zu dessen eigentlichem Gegenspieler. Ihr Verhältnis zueinander gipfelte schließlich in Haß und Feindschaft.

Nach der Flucht Hausers aus Frankreich bestimmte man Peyrony zum Verwalter aller beschlagnahmten beweglichen und unbeweglichen Habe des unerwünschten Ausländers. Aber zunächst waren die Beziehungen zwischen den beiden späteren Kontrahenten weder gespannt noch unfreundlich. Das geht auch aus Hausers eigenen Worten hervor. Der Lehrer hätte ihm erklärt, er »grabe seit vielen Jahren, besitze eine sehr schöne Sammlung und sei geneigt, mir ganz nach Wunsch einzelne Funde oder ganze Sammlungen zu verkaufen... Wir wurden bald über eine größere Sammlung handelseinig, und diesem Kaufe folgten während vieler Jahre noch mehrere andere.«[17] Tatsächlich handelte Peyrony ebenfalls in ausgedehntem Maße mit prähistorischen Objekten, was man ihm jedoch, im Gegensatz zu Hauser, nicht zum Vorwurf machte.

Wahrscheinlich begleitete er den Schweizer als ortskundiger Führer zu den wichtigsten altsteinzeitlichen Fundplätzen in der Nähe von Les Eyzies. Sie werden dabei die Felsenstraße entlang gegangen sein, die man vom Bahnhofshotel aus über eine Steinbrücke erreicht. An 100 Meter hohen Kalksteinwänden vorbei verläuft diese Straße am rechten Ufer der Vézère erst nach Norden und dann in weitem Bogen nach Osten. Eines der Felsmassive, das »Paradies«, weist breite, künstlich erweiterte Öffnungen auf. In unruhigen Zeiten haben sich die Bewohner der Umgebung dort hinaufgeflüchtet und oben eine fast uneinnehmbare Festung geschaffen. Dem durchlöcherten Felsen schließt sich ein Seitental an, »Gorge d'enfer«, die »Höllenschlucht«, ehemals mit einer Gastwirtschaft gleichen Namens. Die Halbhöhlen der Felsenstraße waren während der letzten Eiszeit bewohnt, und überall tauchten und tauchen an diesen Stellen die Hinterlassenschaften der ehemaligen Jägersippen auf. Besonders ergiebig war in dieser Hinsicht ein riesiger Abri, zu dem nach der Höllenschlucht ein Weg emporgeleitet. Unter dem Felsdach von »Laugerie-Basse« (was, frei übersetzt, »Untere Wohnung« bedeutet) wurden schon Lartet und Christy fündig. Seitdem haben hier viele bekannte und unbekannte Ausgräber nach den Spuren der ehemaligen Besiedlung gesucht und außer großen Mengen von Resten erbeuteter Tiere zahllose Geräte aus Feuerstein und Knochen sowie Hunderte von kleinen gravierten und geschnitzten Kunstwerken geborgen. 1872 stieß man auch auf das Skelett eines Eiszeitjägers, der von herabstürzendem Gestein erschlagen worden war.

Der berühmte Fundplatz reizte Hauser, für ein paar Tage Pachtgeld zu bezahlen und durch eine Probegrabung ebenfalls einen Eindruck vom Leben der früheren Magdalénien-Bewohner zu gewinnen. Bis weit in unser Jahrhundert hinein konnte jeder, der den ansässigen Bauern Land abkaufte oder ihren Grund und Boden pachtete, nach Belieben an diesen Orten graben und alles, was er dabei entdeckte, behalten oder veräußern. Erst infolge von nationalen Reaktionen auf Hausers spätere Funde und deren Verkauf wurden gesetzliche Maßnahmen eingeleitet, um die paläolithischen »Schätze« des Périgord zu schützen. Hausers Tätigkeit in Südwestfrankreich wirkte überhaupt ganz ähnlich wie im Kanton Aargau: Sie zwang die zuständigen Behörden, Stellung zu beziehen und selbst viel aktiver zu werden.

In Laugerie-Basse und an anderen Orten merkte er bald, daß hier auf archäologischem Gebiet noch ungeheuer viel zu tun war. Die weiter flußaufwärts gelegene »Laugerie-Haute« (die »Obere Wohnung«) reizte ihn nicht weniger zu näheren Untersuchungen als das Terrain der Laugerie-Basse. Deshalb nahm er in den Abris der beiden Orte einige Jahre nach seinem ersten Besuch umfangreiche Grabungen vor. Ein Haus in der Laugerie-Haute wurde sein »Standquartier«; ihm gegenüber errichtete er ein Museum. Unweit davon überquert eine Eisenbahnbrücke die Straße, die anschließend in scharfem Nordwestknick nach der 44 Kilometer entfernten Bezirkshauptstadt Périgueux abbiegt. Jenseits dieser Straße erhebt sich der Hügel von La Micoque, Hausers Grabungsstation Nummer 1. So wurde er bereits im April 1898 mit jenen Stätten vertraut, denen er all sein Geld opfern und seine gesamte Energie widmen sollte. Während dieser Zeit kam es »wie eine Offenbarung« über ihn: »Hier ist ein Gebiet, das unendliche Arbeit fordert, hier liegt eine Terra incognita, eine unbekannte, ungeahnte Welt vor mir, die des Schweißes größter Anstrengung wert ist; hier müssen sich zur Menschheitsgeschichte gewaltige Dokumente finden!«[18]

ZU NEUEN UFERN

»Alle Wege führen nach Rom« – wenn man unbedingt dorthin will und deshalb auch Umwege in Kauf nimmt. Hausers Rom lag an den Ufern der Vézère. Es zog ihn an wie ein Magnet, aber dennoch konnte er nicht so schnell, wie er es wünschte, seine Zelte in der Dordogne aufschlagen. Vieles kam wieder einmal ganz anders, als er es sich vorgestellt hatte.

Am 24. August 1898 starb, noch nicht 52jährig, seine Mutter. Der Vater, damals 58 Jahre alt, hat nicht wieder geheiratet. Er überlebte seine Frau fast 16 Jahre, bevor er am 24. April 1914 in dem Ort verschied, in dem er geboren wurde: in Esslingen. Susanna lernte nicht einmal mehr ihren dritten Enkel Alexander Karl kennen, der am 29. September 1898 zur Welt kam.

Der Verlust der Mutter traf Otto Hauser sicher schwer. Sie war seine zuverlässigste Stütze. Vermutlich finanzierte sie ihm die Reise ins Périgord und ermutigte ihn, dort weiterzuarbeiten. Ihrem Sohn hinterließ sie wahrscheinlich eine ansehnliche Erbschaft, die es ihm zunächst ermöglichte, seine Interessen wie bisher zu verfolgen.

Größere Grabungen in der Schweiz nahm Hauser um die Jahrhundertwende offenbar nicht mehr vor. Er wird statt dessen mit prähistorischen und römischen Funden gehandelt und sich bereits kurz vor 1900 im unweit von Zürich gelegenen Rüschlikon am Zürichsee angesiedelt haben, wo er die Villa »Belair« kaufte oder bauen ließ. Dort wohnte er bis Ende 1902. Durch irgendwelche Umstände büßte er jedoch sein Vermögen ein. In Geldangelegenheiten verhielt er sich oft naiv und vertrauensselig – mit für ihn nachteiligen Folgen. Es war das erste, aber nicht das letzte Mal, daß er in materielle Not geriet. Verarmt, zog er Anfang 1903 mit seiner Familie nach München, Thal 54, um.

Hinweise auf diese Vorgänge finden sich in Briefen Otto Hausers und seiner Frau Anna Seline an den in München lebenden Maler Prof. Dr. Gabriel Ritter von Max (1840–1915). Außer für seine Kunst interessierte sich der Maler für Paläontologie und Urgeschichte, und er stand deshalb mit zahlreichen Fachleuten auf diesen Gebieten in Verbindung. Als der berühmte Naturforscher und Abstammungstheoretiker Ernst Haeckel (1834–1919) seinen sechzigsten Geburtstag feierte, schenkte ihm Gabriel von Max ein Ölgemälde mit dem Titel »Pithecanthropus alalus«, »der sprachlose Affenmensch«, das noch heute im Arbeitszimmer Haeckels in Jena hängt. Ernst Haeckel hatte den Begriff Pithecanthropus geprägt. 1894 stellte der holländische Arzt Eugen Dubois der Öffentlichkeit Knochenreste aus Java vor, die nach seiner Meinung von dem Übergangsglied zwischen Affen und Menschen, dem von Haeckel vermuteten Affenmenschen, herrührten. Mit dem Phantasiebild einer »Familie« des Pithecanthropus wollte Gabriel von Max den Forscher Ernst Haeckel, den auch Hauser sehr verehrte, in besonderer Weise würdigen.

Der Maler war ein leidenschaftlicher Sammler von paläolithischen, völkerkundlichen und anderen Objekten, die er aus aller Welt zusammentrug. Seine Sammlung, die nach seinem Tode von der Stadt Mannheim erworben wurde, umfaßte schließlich über 50 000 einzelne Gegenstände. Bereits 1896 wandte sich von Max an Hauser, um von dem Studenten Auskünfte über dessen Privatsammlung zu erbitten und sich nach ihrem Preis zu erkundigen. Am 23. Oktober 1896 teilte ihm Hauser dazu Näheres mit. Nach seiner Aufzählung besaß er damals rund 2700 Einzelstücke aus der älteren und jüngeren Steinzeit sowie aus der Bronzezeit. Erstaunlicherweise führte er unter diesen 2700 Objekten auch eine »in Chicago prämirte Sammlung mit ca. 1500 prachtvollen Artefakten« an, »alles aufs genaueste registriert & wissenschaftlich geordnet«. Demnach hatte er sogar in Amerika Funde zur Schau gestellt und war dafür ausgezeichnet worden! Als Wert für den Gesamtbestand seiner Sammlung nannte Hauser die Summe von 6260 Franken.

Gabriel von Max bekundete sofort seine Bereitschaft, alle genannten Gegenstände von Hauser zu kaufen, aber dieser wollte sie erst fotografieren und wissenschaftlich bearbeiten. Im Mai 1898 kam er jedoch von selbst auf das Angebot des Malers zurück, da er sich wegen Raummangels zum Verkauf der Sammlung entschlossen hatte. Er wollte wohl für die Vindonissa-Funde Platz schaffen. Als Preis verlangte er jetzt 6000 Mark. Die Verhandlungen darüber scheinen sich hingezogen zu haben. Ich vermute, jene 3800 Mark, die Hauser am 2. April 1903 von dem Maler erhielt, waren das Entgeld für die Sammlung. Hauser, nun in großer finanzieller Bedrängnis, mußte mit dieser geringeren Summe zufrieden sein, die Gabriel von Max, wegen seiner Sammlerleidenschaft ständig in Schulden, nur unter Schwierigkeiten aufzubringen vermochte.

Von Hauser erwarb er vorher auch andere Stücke, zum Beispiel die bronzenen Votivtäfelchen aus dem vermeintlichen Marstempel in Vindonissa und wahrscheinlich auch die einzige Kopie der Silberkelle. Am 30. März 1903, also kurz bevor er die 3800 Mark auf sein Konto buchen lassen konnte, sandte Hauser dem Maler diese Kopie durch einen Boten zu. In einem Begleitschreiben bat er dringend, ihm doch das Objekt »abnehmen zu wollen« und sofort zu bezahlen (als Preis hatte er 220 Mark vorgeschlagen). »Morgen steht ansonst der Gerichtsvollzieher da wegen Mk. 150.-; bitte bewahren Sie mich davor«, flehte er von Max an.

Wegen seiner Notlage, teilte er diesem am 26. März mit, vermiete er außerdem die »Wohnung bis zum letzten Plätzchen«, »um zinsfrei wohnen zu können«. Dennoch hatte er sein »Tafelwerk« über die Vindonissa-Funde in Auftrag gegeben, dessen Probedruck er dem sachkundigen Künstler gern vorlegen wollte. »Durch die Veröffentlichung meiner Prachtarbeit«, schrieb er ihm am 26. März, »hoffe ich mich auch wieder emporschwingen zu können, es ist für mich eine unverdient schwere Zeit, doch wird es wenn einmal m. [eine] Villa verkauft ist auch wieder Tag werden.«

Daß Hauser, obwohl er nun ein armer Mann war, trotzdem an der Herausgabe des »Tafelwerkes« festhielt, ist anerkennenswert. Durch den Verkauf des Buches wurden die Kosten sicher nicht gedeckt. Desto tiefer und nachhaltiger werden ihn die abwertenden und kränkenden Beurteilungen Heierlis und Conrad Kellers getroffen haben, als die Publikation Anfang 1904 erschien. Bis dahin mußte er aber noch andere schwierige Situationen überwinden.

Mit der Kraft der Verzweiflung bemühte er sich, wieder festen Fuß zu fassen und aus der Misere herauszukommen. Erleichtert benachrichtigte er am 17. April 1903 Gabriel von Max: »Endlich ist es mir gelungen, eine kleine Anstellung zu erhalten bei der Versicherungsbank Victoria, der größten deutschen derartigen Gesellschaft & zwar werde ich da Inspector werden, ohne Provision mit e. [inem] Fixum v. ca. 100.-Mk. allerdings wenig, aber besser als gar nichts & dabei finde ich auch noch Zeit mich der Archäologie zu widmen ... Sie wissen ja selber, daß ich ohne meine Schuld Unglück gehabt & von ehrlichem Sinn bin; meine ganze Energie werde ich aufwenden, durch ein Leben rastlosester Tätigkeit & gewissenhaftesten Fleißes, mich empor zu arbeiten.«

Das gelang ihm auch, aber aus irgendwelchen Gründen erlitt seine Ehe Schaden. Wie es dazu kam, daß sie am 19. Dezember 1903 vom Obergericht des Kantons Zürich geschieden wurde, bleibt im dunkeln. Vielleicht spielte dabei Magdalena Dietlmayr die entscheidende Rolle, seine zweite, am 8. April 1878 in Straubing an der Donau geborene Frau. Hauser heiratete sie am 11. April 1904 in München. Kinder hatte er mit ihr nicht. Seine 3 Söhne aus erster Ehe brachte er zumindest später in Teufen bei Sankt Gallen unter, offenbar in der Familie eines Lehrers. Die geschiedene Anna Seline verstarb am 3. Februar 1945 in Zürich, rund 13 Jahre nach dem Tode ihres ehemaligen Mannes. Von ihr ist mir ebensowenig bekannt wie von Magdalena. Familienverhältnisse waren für Hauser tabu – über sie äußerte er sich nur in ganz seltenen Ausnahmefällen.

Sei es nun, daß er inzwischen seine Villa in Rüschlikon verkauft hatte, daß Magdalena Geld mit in die Ehe brachte oder daß er sich jetzt aus anderen Gründen besser stand: Er eröffnete 1904 im Radlsteg 1 eine »Kunst- und Antiquitätenhandlung«. Lange bestand sie allerdings nicht, denn im Münchner Adreßbuch für 1905 heißt es einfach: »Hauser, Otto, Archäologe, Sendlingerstr. 21«.

Die Verhältnisse, in denen die Hausers damals lebten, stabilisierten sich offenbar so, daß Otto wieder ins Vézèretal zu reisen vermochte. Seine Sehnsucht nach dem fernen »Paradies« war ungebrochen. Verbindungen dorthin hielt er aufrecht, seitdem er 1899 noch einmal die Dordogne besucht und in Laugerie-Basse sowie an anderen Orten einige kleinere Grabungen ausgeführt hatte. Danach ereignete sich im Périgord auf archäologischem Gebiet vieles, was seine künftigen Pläne mitbestimmte und schließlich den Ausschlag gab, wieder ins Vézèretal zurückzukehren und dessen Urgeschichte mit aller Energie zu erforschen.

Am 9. September 1901 inspizierte Denis Peyrony zusammen mit Henri Breuil (1877–1961), einem Angehörigen des Jesuitenordens, nahe Les Eyzies die Höhle Les Combarelles und bemerkte an ihren Wänden die Ritzzeichnungen von Pferden, Bisons, Bären, Rehen, Steinböcken, Mammuten, Rindern, Hirschen, Löwen und anderen Tieren. Diese Gravierungen wurden, wie sich herausstellte, von Eiszeitjägern vor allem während der Kultur des Magdalénien geschaffen. Ihre Entdeckung bildete eine Sensation, die Denis Peyrony drei Tage später vervollständigte. Unweit von Les Combarelles drang er in die Höhle Font-de-Gaume ein und erblickte dort die gleichen Tiere, aber meist in roter, brauner und schwarzer Farbe auf die Wände gemalt.

Schon seit 1895 wußte man von solchen Darstellungen in der Höhle La Mouthe bei Les Eyzies, und noch früher, 1879, waren verblüffend impressionistisch wirkende Gemälde in der nordspanischen Höhle Altamira gefunden worden. Man hielt sie lange Zeit für Fälschungen, bis die südwestfranzösischen Bilderhöhlen diesen Irrtum korrigierten. Nun war der Bann gebrochen, der Weg für die Erforschung der eiszeitlichen Malereien und Gravierungen auf den Höhlenwänden und -decken frei. Vor allem Breuil, Peyrony und Joseph Louis Capitan (1854–1929), ein Pariser Professor am Collège de France und an der Schule für Anthropologie, widmeten sich der Dokumentation und Deutung eiszeitlicher Kunstwerke. Für Jahrzehnte wurde Henri Breuil dabei zu einem richtungweisenden Pionier.

Er war nicht der einzige katholische Kleriker, der sich engagiert mit Urgeschichte und Abstammungslehre beschäftigte. Auf den ersten Blick scheint das verwunderlich. Gerade kirchliche Kreise hatten mit aller Schärfe die Herkunft des Menschen aus dem Tierreich und seine Entwicklung aus niederen Formen bestritten. Warum wandten sich jetzt Ordensleute diesen für sie und ihre Kirche heiklen Themen zu? Die Antwort klingt paradox. Weil die Lehren Darwins, Haeckels und anderer nicht mit biblischen Aussagen übereinstimmten, wurden sie von Theologen im Zusammenhang mit urgeschichtlichen Funden eifrig studiert. Man wollte über die neuen Forschungsgebiete und ihre Gefahren für dogmatische Vorstellungen gut Bescheid wissen. Daher versuchten manche Geistliche, mit an der Spitze von Urgeschichte und Anthropologie zu marschieren und aus deren Ergebnissen ihrem Glauben gemäße Folgerungen zu ziehen. So ließen sich auch eher antireligiöse Bestrebungen erkennen und entschärfen.

Diese Hinwendung der Kleriker zu bisher von ihnen abgelehnten und bekämpften Forschungen weckte Argwohn und Widerspruch bei denen, die sich für die Unabhängigkeit der Wissenschaft von den Einsprüchen der Geistlichkeit eingesetzt hatten. Ordensleute in ihren Reihen hieße doch, Böcke zu Gärtnern zu machen. Daher beschränkten sich die Auseinandersetzungen nicht nur auf wissenschaftliche und weltanschauliche Probleme; sie erstreckten sich auch auf den persönlichen Bereich, auf Freundschaften und Feindschaften. Kritische Äußerungen über Hauser, das ist später oft aus dem Blickfeld geraten, hatten deshalb auch einen weltanschaulichen Hintergrund. Die Kritiker selbst gaben solche Gründe freilich nicht offen zu erkennen.

Um so mehr verdroß es Hauser, daß sich Denis Peyrony eng an Henri Breuil, den späteren »Anführer zur Zerstörung und Vernichtung« seines »Lebenswerkes«, anschloß. Sein Urteil über den Lehrer fiel entsprechend hart und abwertend aus: »Peyrony ist aber keineswegs sehr kirchlich gesinnt, er gehört im Gegenteil zu den ›libres penseurs‹, zog als solcher mit Rot geschmückt bei Freidenker-Beerdigungen mit, daneben betätigte er sich in einer französischen Freimaurerloge, die sich die Bekämpfung alles Deutschen zur Pflicht gemacht hatte: ein Käfer also, dessen Schutzfarbe sich immer nach der betreffenden Umgebung änderte.«[1] Ihm und Breuil traute er sogar Fälschungen in den Bilderhöhlen zu. In der Höhle Font-de-Gaume wäre er von 1904 an ihren Manipulationen auf die Spur gekommen:

»An bestimmten Stellen habe ich kleine Lehmklümpchen, die sich rasch und innig dem feuchten Fels anschmiegten, angekittet. So schuf ich mir untrügliche ›Fixpunkte‹, wieweit unvollständige Zeichnungen erhalten und wieweit sie bei meinen späteren Besuchen vervollständigt waren. Immer nach den Besuchen des Herrn Abbé Breuil kroch auch ich in der Höhle umher, und freute mich im stillen gar sehr über die Fortschritte, die der Kleriker in der naturalistischen, oder wollen wir sagen physioplastischen Darstellungsweise gemacht hatte.« Der Wächter der Höhle hätte ihm schließlich 1910 verraten, »daß die Umrißlinien und die farbigen Konturen der Wandbilder« von Peyrony und Breuil »jährlich aufgefrischt würden«. Denn »der Mensch der Höhlenzeit«, spottete Hauser, »war eben schon so hoch entwickelt, kunstverständig und kulturerhaben, daß er unmöglich so alt sein konnte, wie die Ketzer behaupteten. Je schöner er zu zeichnen in der Lage war, desto näher stand er dem menschlichen Verständnis. Als Zeugen dafür durften die Wandbilder der Grotte nicht verblassen, da war Retusche nötig. Ich aber erlaube mir, solche Fälschungen, anders kann ich die Retuschen leider nicht nennen, in die Gruppe

---

[1] *Anmerkungen siehe Anhang am Schluß des Bandes*

der unanständigen Mystifikationen zu stellen. Sie nehmen mir vollends jedes Zutrauen in die Ehrlichkeit der klerikalen Forschung, insoweit sie sich mit Fragen der Menschheitsgeschichte zu befassen erdreistet.«[2]

Hausers Vorwurf in bezug auf Manipulationen in der Grotte von Font-de-Gaume ist jedoch von niemand anderem erhärtet worden. Im Jahre 1904 lagen manche der Darstellungen noch teilweise unter jahrtausendealtem Schutt. Die Malereien und Gravierungen waren überhaupt schwer zu erkennen. Deshalb entgingen sie bis 1901 ihrer Entdeckung. Auf Konturen und Farben hatte sich Staub abgelagert. Für Kopien oder Fotos, die Breuil, Peyrony und Capitan veröffentlichten, mochte es zweckmäßig sein, die Bilder von Schmutz oder Kalksinter zu säubern, wie es auch 1970 auf chemischem Wege geschehen ist. Seitdem sind die vielen Figuren wieder besser zu sehen.

Infolge der großartigen Entdeckungen belebte sich zu Beginn unseres Jahrhunderts die Urgeschichtsforschung in der Umgebung von Les Eyzies beträchtlich. Diesen Aufschwung wollte Hauser nicht verpassen. Deshalb reiste er im Sommer 1905 erneut ins Vézèretal, um Möglichkeiten für Grabungen zu erkunden und an Ort und Stelle Pläne für die Zukunft zu schmieden. Während eines Spazierganges begegnete er in Laugerie-Haute zufällig Prof. Dr. Paul Girod, der, ebenso wie früher Jakob Messikommer, bald außerordentlichen Einfluß auf ihn ausübte.

Daß Paul Girod (1856–1911) heute fast vergessen ist, hängt mit seinen wissenschaftlichen und weltanschaulichen Gegnern zusammen, die Rang und Bedeutung Girods verdunkelten und verdrängten. Er promovierte in Medizin und Zoologie, war Professor für Botanik, Direktor des botanischen Gartens in Clermont-Ferrand, Dekan der medizinischen Fakultät an der Universität dieser Stadt sowie Verfasser zahlreicher Publikationen auf verschiedenen Sachgebieten. Ebenso wie sein Freund Elie Massénat in Brive interessierte er sich für Urgeschichte. Massénat hatte viel im Vézèretal gegraben und dabei das bereits erwähnte Skelett in Laugerie-Basse entdeckt. Allmählich stellte sich Massénat eine reichhaltige paläolithische

Sammlung mit vielen kleinen Gravierungen und Skulpturen zusammen. Die beiden Freunde veröffentlichten im Jahre 1900 den bis dahin umfassendsten Band über die Funde in den Tälern der Vézère und Corrèze, wobei Girod für die Abbildungen die schönsten Objekte selbst zeichnete. 1906 folgte ein zweiter Band, nunmehr von Girod allein, da sein Freund inzwischen verstorben war.

Als Pioniere auf prähistorischem Gebiet erwarben sich die zwei viele Verdienste, unterlagen aber auch, dem damaligen Wissensstand entsprechend, einer Reihe von Irrtümern und Fehldeutungen. So lehnte Massénat zum Beispiel die Echtheit der Höhlenbilder ab, und vielleicht war Girod ihnen gegenüber gleichfalls skeptisch. Solche Zweifel könnten sich auf Hauser übertragen haben, vor allem, weil sich der Jesuit Henri Breuil den Wandgravierungen und -malereien so intensiv widmete. Denn Paul Girod war ein Erzfeind der Kleriker, insbesondere derer aus der »Gesellschaft Jesu«. Umgekehrt versuchten jesuitische Gelehrte, Girod als Person zu diffamieren, indem sie seine Ansichten zu urgeschichtlichen Problemen angriffen. Da er der einzige Protestant an der Universität von Clermont-Ferrand war, hatte er dort einen schweren Stand.

»Von der ersten Stunde an«, bekannte Otto Hauser, »wurde Girod mein Lehrer. Wir besuchten uns gegenseitig . . ., standen in anregendstem Briefwechsel, trafen uns auf den Ausgrabungsplätzen. So wurde ich sehr rasch mit allen schwebenden Fragen vertraut, und von meinem Lehrer und Freund ging ein gut Teil von Arbeitslust und Kampfesmut auf den dankbaren Schüler über. Er weihte mich zum Glück frühzeitig in die Schleichwege ein, auf denen die Feinde der jungen Wissenschaft anrückten; keiner war so berufen wie Girod, vor der ›schwarzen Gefahr‹ zu warnen, denn was ihm von klerikaler Seite angetan wurde, überstieg das Maß des Erträglichen und war erfüllt mit unendlich widerlicher Bosheit. Girod starb als Opfer dieser Tücke.«[3]

Die Parteinahme Hausers für seinen Lehrer hatte zur Folge, daß sich dessen Feinde auch gegen den »dankbaren Schüler« wandten. Andererseits gingen Hausers scharfe Urteile über Breuil und Gesinnungsgenossen mit auf die Kritik Girods an den Geistlichen zurück. Lange konnte er sich dessen Förderung aber nicht erfreuen. Im Jahre 1908 erlitt der Professor einen Schlaganfall, von dem er sich nicht wieder erholte.

Durch Girod erhielt Hauser im Sommer 1905 die entscheidende Anregung für seine künftige Arbeit. Während eines gemeinsamen Ausflugs, der sie die Felsenstraße entlang über Laugerie-Haute und die Eisenbahnbrücke hinaus in das Seitental des Baches von Manaurie führte, wies der Professor auf den steilen, etwa 75 Meter hoch ansteigenden Hügel von La Micoque. »Dort«, sagte er zu Hauser, »liegt eine bedeutende Siedlung, dort muß Großes zu tun sein, dort ruht ein Geheimnis, das ich noch nicht verstehe; trachten Sie, mein junger Freund, da zu wirken.«[4]

LA MICOQUE

1906 war das Jahr, in dem Hauser mit systematischen Grabungen im Périgord begann. Wie zum Zeichen, daß er nun in einen neuen Lebensabschnitt eintrat, siedelte er wieder in die Schweiz, nach Basel, über, wo er bis 1908 in der Blauensteinerstrasse 2 und dann bis 1914 in der Margarethenstrasse 109 wohnte.

Seine Pläne ließen ihm keine Ruhe mehr, und so unternahm er bereits im April zusammen mit Girod eine Probegrabung in La Micoque. Das muß Anfang des Monats gewesen sein, denn vom 15.–24. April fand in Monaco ein internationaler Kongreß für Anthropologie und Urgeschichte des Menschen statt. Hausers Name fehlt in der Liste der offiziellen Teilnehmer. Diese nennt unter vielen anderen Girod, dessen Frau mit Sohn und Tochter, Jakob Heierli und Denis Peyrony. Insgesamt wurden auf dem Kongreß, der das stark gewachsene Interesse an der Entwicklungsgeschichte des Menschen bezeugte, 103 Vorträge gehalten. Als Paul Girod über die Abfolge der Kulturen während der jüngeren Altsteinzeit referierte, brachte ihn Henri Breuil durch dauernde Zwischenrufe so aus dem Konzept, daß er seinen Vortrag abbrechen mußte. Eine Reihe von Delegierten quittierte das Verhalten des Abbés anscheinend mit Empörung. Übrigens waren er sowie sein Ordensbruder und Freund Hugo Obermaier (1877–1946) Sekretäre des Kongresses. Ihr Auftreten bewies, wie selbstbewußt sie nun bei allen Gelegenheiten agierten.

Mit dem aus Regensburg gebürtigen Abbé Obermaier, einem engen Freund Jakob Heierlis, stand Girod schon länger auf Kriegsfuß. »Eines Tages«, berichtete Hauser darüber, »meldete sich ein jüngerer Herr und bat, die Sammlung Girods besichtigen zu dürfen. Der allezeit dienstwillige Forscher zog seine Schätze hervor, man kam in lebhaftes Gespräch, und in seiner Offenheit gab Girod zu viel von seinen Plänen und Ansichten kund. Bald nach diesem Besuch setzten neue Angriffe gegen den Gelehrten ein, der sich nicht ausdenken konnte, wie die Feinde gerade seine neuesten Ansichten kennen sollten. Durch einen Zufall wurde es offenbar: jener in so loyaler Weise aufgenommene Besuch war niemand anders als der Abbé Obermaier in Zivil, war jener Bayer, Dr. Hugo Obermaier, der sich später Frankreich anschloß und sich Hugues Obermaier de Ratisbonne nannte. Girod erzählte diesen Überfall nach Jahren noch mit größter Entrüstung; denn im Talar wäre von ihm niemand empfangen worden.«[1] Neben Henri Breuil galt der Geistliche als einer der besten Kenner altsteinzeitlicher Kulturen. Er widmete sich später insbesondere dem spanischen Paläolithikum. Auf den Girod-Schüler Otto Hauser hatte er es genauso abgesehen wie auf den Lehrer.

Im Anschluß an den Kongreß in Monaco fuhr Paul Girod mit Frau und Kindern anscheinend gleich nach Clermont-Ferrand zurück. Einige andere Teilnehmer begaben sich jedoch nach Les Eyzies und trafen dort mit Hauser zusammen. Zu der Reisegruppe gehörten Aimé L. Rutot, Konservator am Naturhistorischen Museum in Brüssel, Dr. Jakob Nüesch und seine Tochter aus Schaffhausen, Dr. Bernett, Direktor des Naturhistorischen Museums Nürnberg, und seine Gattin sowie der Fabrikant und Magistratsrat Wilhelm Rehlen aus Nürnberg.

Aimé Rutot suchte Hauser in Les Eyzies noch häufig auf. Er war vor allem durch seine Hypothesen über die »Eolithen«, die »Steine der Morgenröte«, bekannt geworden, von denen er glaubte, daß sie von Urmenschen aus dem Tertiär, der geologischen Periode vor den Eis- und Zwischeneiszeiten, herrührten. Die tertiären Menschen hätten die Eolithen zwar nicht bewußt als Werkzeuge geformt, aber als geeignete Steine zum Schlagen, Schneiden, Stechen und Schaben verwandt. Solche »Werkzeuge« würde man noch an ihrer Gestalt und ihren Benut-

---

[1] *Anmerkungen siehe Anhang am Schluß des Bandes*

zungsspuren erkennen. Nach Meinung Rutots vermochte man sie an bestimmten Orten Portugals, Belgiens und Frankreichs in Mengen zu finden. Wissenschaftlich wie weltanschaulich war das eine interessante Hypothese, die von vielen Gelehrten aufgegriffen und leidenschaftlich erörtert wurde. Breuil, Obermaier und andere, ihnen nahestehende Forscher lehnten die Eolithen ab, wobei wohl ihre religiösen Überzeugungen mit im Spiele waren. Man fürchtete vielleicht, das Auftreten von Menschen bereits im Tertiär könnte deren Herkunft zu nahe an das Tierreich heranrücken. Dennoch hatten sie mit ihrer Skepsis nicht unrecht; Rutots Eolithen erwiesen sich schließlich als zufällige Naturprodukte. Sehr frühe Formen des Menschen gab es im Tertiär dennoch. Auch Hauser hielt die meisten Eolithen für echt, obwohl er Rutot kritisch gegenüberstand, weil dieser »leider allzu rasch die Bahn solider und objektiver Abwägung verlassen« hätte.

Enger und vertrauensvoller gestaltete sich sein Verhältnis zu dem Lehrer Jakob Nüesch, einem sehr vielseitigen Mann, der 1875 über Bakteriologie promovierte und selbstleuchtende Bakterien entdeckte, die man nach ihm benannte. Auf urgeschichtlichem Gebiet machte er ebenfalls von sich reden, als er im Oktober 1891 am Schweizersbild, einem Felsen nahe Schaffhausen, auf eine Niederlassung von Magdalénien-Jägern stieß. Zwischen 1891–1894 grub Nüesch das Schweizersbild vollständig aus – ein Unternehmen, das viele tausend Besucher anzog. Unter ihnen könnte auch der junge Hauser gewesen sein. Da Nüesch keine finanzielle Hilfe erhielt, führte er seine Forschungen auf eigene Kosten aus, sicher in der Hoffnung auf einen späteren Verkauf der Funde. Für sie bot ihm das Völkerkundemuseum in Leipzig 1893 insgesamt 50 000 Franken. Aber als Patriot überließ er die Sammlung dem Landesmuseum in Zürich und dem eidgenössischen Polytechnikum dieser Stadt für nur 25 000 Franken. Wegen seiner Grabungen im Schweizersbild, dem Verkauf und der Aufstellung der Funde im Museum wurde Nüesch jedoch später heftig von Breuil und Obermaier angegriffen. Treibende Kraft war dabei Jakob Heierli. Im Sommer 1893 hatte ihn Nüesch gebeten, an der Veröffentlichung über das Schweizersbild mitzuwirken und jungsteinzeitliche Gefäßscherben zu bearbeiten. Heierli sagte zu, vermochte seinen Beitrag aber nicht fristgemäß fertigzustellen, so daß Nüesch schließlich darauf verzichtete. Das war für Heierli eine große Enttäuschung und eine Kränkung, die er nicht vergaß und die er Nüesch immer wieder heimzuzahlen versuchte. Wegen der Feindschaft Heierlis fühlte sich dieser mit Hauser, über dessen Auseinandersetzungen mit dem gemeinsamen Gegner er Bescheid wußte, solidarisch.

Hauser ließ es sich nicht nehmen, die Besucher nach La Micoque, La Madeleine, Le Moustier und in die Bilderhöhlen zu begleiten, mit ihnen dann nach Clermont-Ferrand zu Girod zu fahren, wo man vermutlich die große Sammlung bewunderte, die Elie Massénat seinem Freunde hinterlassen hatte, und sich abschließend mit in Richtung Süden, nach Aurillac, der Hauptstadt des Departments Cantal, zu begeben. Am Puy de Boudieu lagen dort in Sandschichten unter erstarrten Lavaströmen die umstrittenen Eolithen, von denen Hauser eine Reihe eigenhändig ausgrub.

Als besonders bedeutsam und folgenreich erwiesen sich aber für ihn die Diskussionen auf dem Hügel La Micoque. Hier hatte schon 1895 ein Jäger, der wilden Kaninchen nachstellte, merkwürdig bearbeitete hellgelbe Feuersteine entdeckt. Darunter befanden sich bis zu 30 Zentimeter lange keilförmige Geräte, die auf beiden Seiten sorgfältig bearbeitet waren und an einem Ende spitz zuliefen. Solche Prachtexemplare kannte man von noch keiner anderen Fundstätte; sie wurden höchst begehrte Sammlungsstücke. Auf sie aufmerksam geworden, nahm Prof. Louis Capitan, der Lehrer und Förderer von Denis Peyrony, eine Probegrabung vor und veröffentlichte darüber 1896 einen kurzen Artikel. Einige andere Forscher suchten das Gelände ebenfalls ab, doch gründlich rückten sie ihm nicht zu Leibe. Deshalb war Girod lebhaft daran interessiert, daß Hauser die Rätsel von La Micoque zu lösen versuchte.

Dazu ermutigten ihn Rutot, Nüesch, Bernett und Rehlen gleichfalls. Manche der Artefakte von La Micoque erinnerten Rutot an seine Eolithen, und er meinte deshalb, die Ansiedlung sei viel älter als die Fundorte in der Umgebung. Nüesch versprach, sich bei Freunden und Bekannten in Schaffhausen zu verwenden, damit sie Hauser Geld für die Arbeiten auf La Micoque borgten. Er hielt Wort, und sein Landsmann wurde dadurch überhaupt erst in die Lage versetzt, die Grabungen großzügig und umfassend anzulegen. Freilich lasteten dann die hohen Schulden schwer auf ihm. Eventuelles Zögern Hausers überwand wohl ebenfalls die Zusage Dr. Bernetts, die Naturhistorische Gesellschaft in Nürnberg würde ihm eine umfangreiche Sammlung abkaufen und vielleicht weitere Käufe in Erwägung ziehen. Wilhelm Rehlen wollte dafür als Fürsprecher sicher nicht zurückstehen; er war später auch bei der Hebung von Hausers erstem großem Skelettfund zugegen.

Nun konnte es also losgehen. Bevor er sich in das waghalsige Unternehmen stürzte, mußte Hauser aber erst nach zuverlässigen Helfern Ausschau halten. Er bildete sie sich nach und nach heran, indem er sie während ihrer Tätigkeit vor Ort oder bei schlechtem Wetter an einem trockenen Platz unterrichtete, worauf sie zu achten hatten. Die Zahl der von ihm beschäftigten Leute schwankte in Abhängigkeit davon, wieviel gerade zu tun war. Sein treuester Mitarbeiter, der über Erfahrungen bei eigenen Ausgrabungen verfügte, hieß Leyssales (so schreibt sich der Enkel heute; Hauser gab den Namen in der Schreibweise »Leyssalles« wieder). Als er in Hausers Dienste trat, war er anscheinend Anfang Dreißig. Er wohnte mit Frau und Sohn am östlichen Ende von Laugerie-Haute, wo die Familie einen kleinen Ausschank betrieb. Um die Fundstellen besser überwachen zu können, übernahm Leyssales auch das Amt eines Feldhüters. Zum Stellvertreter seines ersten Vorarbeiters ernannte Hauser Laganne, von dem nur überliefert ist, daß er den zweiten großen Skelettfund seines Arbeitgebers entdeckte. Ein dritter Helfer, Souffron, stellte sich meist so an, »als ob er kaum bis drei zählen könnte; dabei war er jedoch ein pfiffiger Pächter des benachbarten großen Gutes und hatte es faustdick hinter den Ohren«[2].

Der Besitzer von La Micoque, ein wohlhabender Bauer im nahen Weiler Navarre, verlangte für die Grabungen »im voraus ein schönes Stück Geld auf einen Monat hin..., und er machte die weitere Erlaubnis von der Entrichtung größerer Summen abhängig, die er nach den uns zufallenden Funden bemessen wollte. Man blieb denn auch nie ohne seine Aufsicht. Wenn er gerade in seiner täglichen Beschäftigungslosigkeit keine Lust verspürte, uns zu überwachen, so bestellte er seine hübsche 14jährige Tochter als Aufpasserin, und die war noch viel weniger vom Platz zu treiben als der alte Herr selber.«[3]

Die ersten drei Grabungsetappen fielen in die Monate Mai, Juni und Juli 1906. Jeden Morgen fuhr Hauser vom Bahnhofshotel in einem zweirädrigen, mit einem alten Maultier bespannten Karren nach La Micoque. Wochen harter Arbeit vergingen. Von früh fünf Uhr bis abends sieben Uhr waren die Arbeiter auf dem kahlen Hang Regen und Sonnenschein preisgegeben. Rechtwinklig zum Hügel hoben sie Suchgräben aus, wobei sie die Sondierungslöcher früherer Probeschürfungen mit einbezogen. Der Boden war so hart, daß ein Mann in den Gräben bei achtzig Zentimeter Tiefe nur einen Meter am Tag vorankam. Nun wußte Hauser, warum seine Vorgänger hier bald aufgegeben hatten. Aber er kapitulierte nicht. In der Schweiz bestellte er besonders gehärtetes Werkzeug, das nicht so schnell stumpf wurde.

Solange es kühl war, machte es noch Spaß, die Spitzhacken zu schwingen, Erde und Gestein in die Schubkarren zu schaufeln und so weit abseits zu verkippen, daß spätere Forschungen nicht mehr behindert wurden. Hauser hatte ein Thermometer aufgestellt und verfolgte von Zeit zu Zeit, wie die Quecksilbersäule emporkletterte. Gegen 9 Uhr zeigte sie bereits 55 °Celsius an. Erst ab 4 Uhr nachmittags ließ die Gluthitze etwas nach.

In den Suchgräben bot sich stets das gleiche Bild: ein

chaotisches Gewirr von Kalktrümmern, zerbrochenen Artefakten, Feuersteinabfällen und Knochensplittern. Nur selten tauchte ein besser erhaltenes Gerät auf, meist sehr brüchig und oft mit anderen Fragmenten derart versintert, daß man es kaum unbeschädigt zu lösen vermochte. Da er sich über den Charakter der Funde im unklaren war, schickte er an Rutot nach Brüssel acht Kisten mit Silexmaterial zur Beurteilung. Doch dieser wußte damit ebenfalls nichts anzufangen und schrieb zurück, es seien nur Abfälle vom Werkplatz. Vom Zentrum der ehemaligen Siedlung schien Hauser noch weit entfernt.

An einem dieser aufreibenden Tage bat Souffron, ihn auf eigene Faust suchen zu lassen. Seine Kameraden redeten Hauser zu, diesem Wunsch stattzugeben. Nach wenigen Stunden näherte sich Souffron wieder. Er hatte seine Mütze abgenommen und hielt sie Hauser strahlend entgegen. In ihr lagen einige der berühmten und begehrten Micoquekeile! Der glückliche Finder wies zur dritten Terrasse, wo er schon vor Jahren heimlich gegraben und nun ein etwa 2 Meter tiefes Loch geschaufelt hatte. Aufgeregt stieg Hauser in die Grube hinab und räumte das Geröll weiter beiseite. Dicht beieinander traten immer mehr von den kunstvollen Artefakten zutage. Schließlich waren es insgesamt 144. Sie wirkten so unberührt, als wären sie gerade erst angefertigt worden. Als in der Ferne der Besitzer des Geländes auftauchte, verstaute Hauser die Feuersteingeräte eilig in der gefütterten Tasche seiner Plattenkamera. Der Bauer sollte nicht sehen, welchen Schatz er geborgen hatte.

Die Entdeckung der Keilspitzen kam gerade im rechten Augenblick; sie zerstreute alle Zweifel, ob ihm auf dem Hügel wirklich bedeutsame Funde glücken würden. Jetzt schienen ihm Erfolge sicher, wenn er nur beharrlich und zielstrebig genug zu Werke ging. Der Fundort erwies sich gleichfalls als bedeutsam, denn der nördliche Rand der Grube grenzte an eine Felswand, die den hinteren Abschluß der früheren Niederlassung gebildet haben konnte. An der Wand entlang begann man nun einen Graben auszuheben. Je tiefer die Arbeiter vordrangen, desto klarer

zeichnete sich ab, daß sie direkt in die ehemalige Wohnstätte gelangten.

Auch diese Grabungsphase hielt Hauser fotografisch
fest. Hacke und Schaufel allein genügten ihm nicht mehr;
durch Sprengungen wollte er schnellere Fortschritte erzwingen. Wer moderne archäologische Grabungen mit
Kelle, Spachtel und Pinsel kennt, dem läuft bei solchen
Methoden ein Schauer über den Rücken. Aber bei dem
stellenweise zementharten Boden war eine derartige Fein-
arbeit nicht möglich. Die Bilder zeigen, daß Ausdehnung
und Tiefe des Grabens rasch zunahmen und die Felswand
nach unten zu leicht zurückwich. Offenbar hatte es hier
ursprünglich einen Abri gegeben, dessen Dach während
Jahrtausenden abgebröckelt und zusammengestürzt war.
Deshalb lagen überall mächtige Felsbrocken auf und zwischen den Fundschichten. La Micoque war demnach
keine »Freilandstation«, wie französische Archäologen behaupteten, sondern, ähnlich den anderen Ansiedlungen in
der Umgebung, eine Niederlassung in und vor einer Halbhöhle.

Um in zoologischer Hinsicht ebenfalls Klarheit zu erhalten, beauftragte Hauser Prof. Dr. Theodor Studer in
Bern, einen Freund von Jakob Nüesch, Knochenreste aus
La Micoque zu untersuchen. Studer schrieb ihm: »Die ge-
sammelten Knochen sind zerschlagen, die langen Knochen in einzelne Splitter zerstückelt, nur einige Gelenkenden und Hand- und Fußwurzelknochen sowie die zahlreichen Zähne gestatten genauere Bestimmung.«[4] Fast
alle Gebeine stammten vom Pferd, einige wenige vom Bison und Auerochsen. Chemische und mineralogische
Analysen der Feuersteingeräte übertrug Hauser dem La-
boratorium des Kantons-Chemikers Basel Stadt und dem
Mineralogisch-Petrographischen Institut des Polytechnikums Zürich. Die Feuersteine, lautete das Ergebnis, sind
deshalb weich, brüchig und hellgelb, weil Feuchtigkeit sie
entfärbt und den kohlensauren Kalk sowie einen Teil der
kieseligen Substanz ausgelaugt hat. Hauser sparte also
nicht mit Geld, wenn es darum ging, genaue Aufschlüsse
über La Micoque zu erzielen.

Während der Pausen zwischen den ersten Grabungsetappen waren Peyrony und Capitan ebenfalls in La Micoque tätig geworden. Dabei führten sie den Graben an
der Felswand ein Stück weiter und vertieften ihn an manchen Stellen bis zu 6 Meter. Die Tochter von Prof. Capitan zeichnete das Profil der verschiedenen Schichten, und
am 17. Juni erschienen einige Herren zur Besichtigung
der Fundstätte, darunter Henri Breuil und der Anthropologe Marcelin Boule, Direktor des Naturhistorischen Museums Paris. Daß ihm gerade in La Micoque Konkurrenz
gemacht wurde, ärgerte Hauser sehr. Auch der Artikel,
den Louis Capitan über diese Untersuchungen im Januar
1907 veröffentlichte, erboste ihn mächtig. Er fürchtete vermutlich, die Franzosen würden ihm zuvorkommen und
den wissenschaftlichen Ertrag seiner Grabungen für sich
beanspruchen.

Um solchen »Einmischungen« in Zukunft vorzubeugen,
entwickelte er eine kühne Strategie, durch die er sich
noch tiefer in Schulden verstrickte. Nach längerer Vorbereitung pachtete er Anfang 1907 über 20 Fundorte, die er
»unter Ausschluß jedweder anderer Einmischung« erforschen wollte. Seine Arbeit sollte »den Fälschungen, dem
Diebstahl von Artefakten«, »dem krassesten Raubbau, der
frivolsten Zerstörung von freistehenden Schichten« ein
Ende bereiten. Dafür wäre die »Vereinigung der Haupt-
stationen zu einer einheitlichen Grabung«[5] notwendig.

Solche Töne mußten Peyrony und dessen Verbündeten
schrill in den Ohren klingen. Als nationalbewußten Franzosen konnte es ihnen nicht gleichgültig sein, daß sich in
ihren heimatlichen Gefilden ein Ausländer breitmachte
und die ergiebigsten Fundplätze an sich zog. Konflikte
waren da künftig unvermeidbar. Aber Hauser glaubte,
ihnen gewachsen zu sein. Außer der Unterstützung Girods
besaß er die Sympathie von Adrien de Mortillet, der die
Lebensarbeit seines Vaters Gabriel de Mortillet fortsetzte.
»Mit ihm«, schrieb Hauser, »habe ich gar viele Stunden
anregendster wissenschaftlicher Unterhaltung pflegen
dürfen, bald in seinem Pariser Arbeitszimmer, das im
obersten Stockwerk eines Wolkenkratzers hoch über dem

Getöse des Tages stand, bald auf meinem eigenen Ausgrabungsgebiet.«[6] Gegen die Kleriker und gegen Peyrony hatte Professor Adrien de Mortillet viele Vorbehalte. Den Lehrer bezichtigte er vor der Kommission der historischen Denkmäler Frankreichs sowie in Briefen an Hauser und andere der Fundunterschlagung.

In Les Eyzies konnte sich Hauser auf seine Arbeiter stützen. Er gewann den Bürgermeister Barry für sich, der Advokat der Eisenbahngesellschaft von Orléans gewesen war und nun südwestlich von Les Eyzies in tiefen Gruben Kaolin abbauen ließ. Aus dem weißen, sich seifig anfühlenden Ton wurden in Limoges Porzellane gebrannt. Da es in der Umgebung sonst keine Industrie gab, boten Barrys Tagebaue für die Ansässigen eine der wenigen Verdienstmöglichkeiten. Außer zum Bürgermeister hatte man ihn zum Generalrat des Distrikts gewählt, zu dem Les Eyzies gehörte. In dieser Funktion unterstützte er den Präfekten des Departements.

Als liberaler und aufgeschlossener Mann bewunderte Barry Hausers Pläne und Grabungen, die er mit seinen eigenen Unternehmungen verglich. Nationalistische Enge lag ihm fern. Er wollte, daß sein Dorf bekannt wurde, daß viele Besucher dorthin kamen und die Gemeinde davon profitierte. Für diese wurde der Schweizer zu einem wichtigen Steuerzahler. Lange Zeit hatte er auch den Gemeinderat hinter sich. Als Freunde, die ihm über den ersten Weltkrieg hinaus verbunden blieben, nannte Hauser weiterhin den Hauptarzt der Gegend, Dr. Burette, und den Notar und Bürgermeister Leo Lassagne, beide in Le Bugue ansässig, einem Ort südwestlich von Les Eyzies.

Es wäre in der Tat verwunderlich, wenn er mit den Einheimischen nicht ein gutes Verhältnis angestrebt hätte. Von ihnen hing der Erfolg seiner Tätigkeit mit ab. Er war geschickt genug, sich dort Sympathien zu erwerben, wo er es für nötig hielt. Manchmal geschah das mit Humor und Verständnis für menschliche Schwächen. Der Besitzer einer Höhle mit eiszeitlichen Tierknochen hatte zum Beispiel versucht, die Ausbeute an Gebeinen auf seine Weise »zu strecken«. Das blieb Hauser nicht verborgen: »Ich fand eines Tages, als ich den weiten Weg in das ferne Hochtal wieder unternommen hatte, in der Grotte gar merkwürdige Zähne und Knochen; ich sammelte sie mit der gewohnten Sorgfalt, brachte sie abends dem Besitzer zu Tische und überreichte ihm feierlich diese sterblichen Überreste seines einige Zeit vorher abgeschiedenen ›Eseleins‹, damit er sie wieder dahin lege, wo sie vor meiner Ankunft geruht – und für die Mühe und das Interesse an meinen Forschungen erhielt er obendrein noch ein Trinkgeld. – Der Mann hat der Folge weiter gesucht und mir noch manchen wirklich wertvollen Fundort gemeldet.«[7]

Zur Verwirklichung seiner Vorhaben brauchte Hauser einen festen Wohnsitz, ein »Standquartier«, in dem er die ausgegrabenen Objekte aufbewahren und ungestört alle anfallenden Arbeiten erledigen konnte. Im Bahnhofshotel fühlte er sich von den Berthoumeyrous zu abhängig und übervorteilt. Anscheinend wollte ihn die Wirtin vergraulen. Wenn er sich bei ihr beschwerte, daß die Portionen zu klein oder zu wenig schmackhaft waren, antwortete sie: »Der Herr Abbé ißt das sehr gerne« oder: »Der Herr Abbé ißt diese ganze Woche auch kein Fleisch!« [8] Mit dem Abbé meinte sie Henri Breuil.

Um bei Leuten zu wohnen, die sein Vertrauen besaßen, überredete er Familie Leyssales, ihm einen ihrer Räume abzutreten. Das Zimmer lag zu ebener Erde und war feucht und dunkel. Wenn er den Kleiderschrank öffnete, kam die Felswand des Abris zum Vorschein, in den man das Haus hineingebaut hatte. Hier suchten ihn öfters Wasserratten aus der Vézère heim. »Sie tummelten sich zuerst auf dem Boden über mir, wo getrocknete Maiskörner aufbewahrt waren. Zu ihrer Abwehr brachte ich unmittelbar an der Decke das Schellengeläut unseres Pferdchens an, und wenn ich von dem Lärm der Ratten nachts erwachte, läutete ich von meinem Bett aus zur Abwehr. Einige Abende schienen diese häßlichen Tiere meine Absicht zu verstehen und zogen ab, sobald die Schellen ertönten. Bald aber störte sie diese Unterbrechung keineswegs, und mein Abwehrmittel blieb erfolglos.«[9]

Über 20 Fundplätze auf einmal zu pachten, bedeutete,

sich noch viel stärker in die Arbeit knien zu müssen als vorher. Wegen der ungünstigen Witterung nahm er sich im Februar 1907 zuerst den Abri von Laugerie-Basse vor. Das riesige Felsdach bot Schutz vor den Regenschauern. Auf La Micoque wäre es jetzt nicht auszuhalten gewesen. Er grübelte darüber nach, wo in der Halbhöhle noch ungestörte Schichten zu finden sein könnten. Ihr flußabwärts gelegener Teil hieß »La Grange«, »Die Scheune«, nach einem verfallenen Gebäude, das aus einer Zeit stammte, in der man von den Altsteinzeitsiedlungen noch nichts ahnte. Unter ihm war der Boden sicher unberührt. Deshalb kaufte Hauser das alte Gemäuer, ließ das Dach und die vorderen Wände abtragen und grub sich in die Tiefe. Wieder einmal zeigte sich, daß ihn sein Spürsinn nicht getrogen, sondern zu einem besonderen Areal innerhalb der ehemaligen Magdalénien-Wohnstätte geführt hatte.

In 25–30 Zentimeter Tiefe lagen Schaber, Bohrer und Messer aus Feuerstein. Unerwartet kam ein 2,8 Meter langer, bis zu 1,5 Meter breiter und über einen Meter hoher Stein zum Vorschein. Seine Oberfläche war mit Schlagspuren übersät. Um ihn herum befanden sich 14 kleinere Steine, die ebenfalls Arbeitsspuren aufwiesen. Bei ihnen häuften sich Knochen von Ren und Bison, angefangene und fertige Knochennadeln, Pfriemen, Harpunen und Dolche. Offenbar bildete der große Block den Mittelpunkt einer Werkstätte von Schnitzern, die die 14 Steine als Sitz und Amboß benutzt hatten. Manche Knochengeräte waren mit zerriebenem Ocker rot gefärbt worden. Ein Jahr nach diesen Funden deckte Hauser in 6 Meter Entfernung einen Werkplatz von Steinschlägern auf. Merkwürdigerweise sind seine außerordentlich bemerkenswerten Feststellungen in der archäologischen Literatur gar nicht beachtet worden. Er hat sie jedoch durch Fotos dokumentiert. Zum ersten Male überhaupt war der Nachweis einer Spezialisierung der Herstellungstechniken und einer Arbeitsteilung schon während der jüngeren Altsteinzeit gelungen!

Rund 5 Meter südwestlich von den Knochenschnitzern

befand sich ein 52 Zentimeter hoher und 45 Zentimeter breiter Kalkstein, in dessen glatte Oberfläche einer der ehemaligen Bewohner des Abris mit einem Stichel Tierfiguren eingraviert hatte. Um sie besser erkennen zu können, studierte Hauser die Bildfläche bei verschiedenem Lichteinfall. Dabei entzifferte er 6 über- und durcheinander geritzte Tiere: »ein Pferd im Galopp, 29 Zentimeter lang, einen Bären, 25 Zentimeter lang, einen 30 Zentimeter langen Bison, einen Steinbock mit 27 Zentimeter Ausmaß, zwei Antilopen von 20 und 23 Zentimetern und drei andere Tiere, die in der Zeichnung angefangen sind.«[10]

Der Bilderstein wurde vom Völkerkundemuseum in Berlin gekauft und in der Schausammlung ausgestellt. Im Jahre 1934 veröffentlichte ein spanischer Forscher die Ergebnisse seiner eigenen Untersuchungen und schlußfolgerte, daß auf dem gravierten Stein nur ein Bison, Kopf und Körper eines Steinbocks sowie die Vorderbeine eines zweiten Bisons dargestellt wären. Seine Deutung wich stark von der Otto Hausers ab. Henri Breuil publizierte jedoch die Tierbilder 1952 in der Version Hausers. Eine Nachprüfung ist leider nicht mehr möglich, weil der Stein durch die Zerstörung des Museums während des zweiten Weltkriegs verlorenging.

Die Entdeckungen in Laugerie-Basse machten Hauser klar, daß er die Grabungsstellen vermessen lassen mußte, wenn er mit seiner Arbeit Anspruch auf wissenschaftliche Genauigkeit erheben wollte. Aus diesem Grunde beauftragte er im Frühjahr 1907 den Konkordatsgeometer Theodor Baumgartner aus Seebach bei Zürich mit Arbeiten dieser Art. Baumgartner verfaßte über sie einen Bericht, der 1909 in der Zeitschrift des Vereins Schweizerischer Konkordatsgeometer erschien und in dem er erläuterte: »Meine Aufgabe besteht darin, über die Ausgrabungsgebiete topographische Karten anzufertigen und von den wichtigsten Fundstätten Detailpläne auszuführen. Bis heute erstrecken sich die Aufnahmen über Fundstätten bei Brive (Departement Corrèze) und über einen großen Teil der Fundstätten des Vézèretales und seiner Nebentäler (Departement Dordogne).«[11] In diesen Gebieten wurden an markanten Stellen Fixpunkte errichtet, deren Höhe über dem Meeresniveau bestimmt und in die Karten eingetragen. So war es leicht möglich, im Anschluß daran die Höhe der Fundorte und ihrer Ablagerungen zu ermitteln. Hauser numerierte die Altsteinzeitsiedlungen, ließ die betreffenden Nummern in Felsen meißeln und schließlich dort wegen der besseren Sichtbarkeit blaue Emailletafeln mit weißen Zahlen anbringen.

Für seine Aufgaben benötigte Baumgartner zwei Jahre. Er entwarf ein Koordinatensystem, das es ermöglichte, »während der Grabarbeit die topographischen, geologischen und archäologischen Verhältnisse dieser einstigen Wohnstätten in Querprofilen auf Millimeterpapier darzustellen. Sämtliche wichtigen Fundstücke werden numeriert, in Papiersäcke verpackt und ihre Lage durch die Koordinaten und die Höhencoten im Notizbuch angemerkt. Durch diese zeitraubende und mühsame Arbeit wird es ermöglicht, die Lage der Fundstücke zueinander und zu der ehemaligen und der heutigen Terraingestaltung für die Wissenschaft festzulegen und zu erhalten.«[12] Ein solcher Aufwand war bei archäologischen Untersuchungen in der Dordogne von noch niemandem betrieben worden.

Die Einheimischen standen den Vermessungen zunächst ratlos gegenüber. Auch zu Zwischenfällen kam es. »Eine alte Frau begann sogar das Meßinstrument mit Steinen zu bewerfen, denn sie konnte nicht dulden, daß ihr Höhleninneres aus einiger Distanz mit einem Fernrohr beobachtet werden sollte ... Wie dann der Landmesser mit seiner großen Meßlatte kam und die Tiefe der Wohnhöhle aufnahm, mit dieser Meßlatte unter Tisch und Bett stieß, da gab es beinahe Krawall.«[13] So harmlos, wie Hauser diesen Vorfall schilderte, war die Angelegenheit nicht. An anderer Stelle berichtete er: »Als ich mit meinem Geometer begann, topographische Ordnung zu schaffen, wurde ich als komplett verrückt angesehen, und mehr als einmal flog ein Steinhagel auf unsere Meßinstrumente. Ich habe dann als Abwehrmittel Geld, Brot und Wein verteilt und so eine bessere Stimmung geschaffen.«[14]

100

Seine Feinde warfen jedoch später ihm und dem Geometer Spionage für den deutschen Generalstab vor!

Sie schmerzte nicht nur, daß Hauser bei den Grabungen eine Monopolstellung erlangte. Voller Zorn registrierten sie, daß ihre Landsleute Funde zuerst dem Ausländer brachten und ihn auf besondere Entdeckungen hinwiesen. Er zahlte besser und war damit im Vorteil. Pfingsten 1907 kam zum Beispiel eine alte Frau zu Hauser und zeigte ihm einen Feuersteinschaber, den sie in einem Loch auf dem Plateau oberhalb seines Standquartiers gefunden hatte. Als er sich den Platz näher ansah, bemerkte er mehrere Vertiefungen, in denen Schutt und Steine lagen. Kurz entschlossen pachtete er das Gelände, ließ die Gruben ausleeren und eine Planskizze anfertigen. Die trichterförmigen Löcher waren etwa 1,6 Meter tief und am oberen Rande bis zu 2,3 Meter breit. Vielleicht hatte man sie mit rundlichen Flußkieseln aus dem Kalksteinboden gehauen. Einige solcher Kiesel holten Hausers Arbeiter aus den Gruben heraus, zusammen mit Feuersteinwerkzeugen, die nach seiner Meinung zum Solutréen gehörten. Diese dem Magdalénien zeitlich vorausgehende Kultur der jüngeren Altsteinzeit erhielt ihren Namen nach dem Ort Solutré bei Mâcon im Departement Saône-et-Loire. Stein- und Knochengeräte von Jägersippen des Solutréen gab es auch in Laugerie-Haute unter Ablagerungen des Magdalénien. Waren die einundzwanzig Bodenvertiefungen, »die sich in einer bestimmten Wechsellagerung angeordnet zeigten, und zwar so, daß immer zwischen zwei Gruben je in der vorderen und hinteren Reihe wieder ein Loch lag«[15], bereits während des Solutréen geschaffen worden? Ihrer merkwürdigen Anordnung auf einer Terrasse ca. zehn Meter über dem Vézèretal schien ein bestimmter Zweck zugrunde zu liegen. Nach Hausers Ansicht bildeten sie Fanggruben, die, mit Zweigen und Laub getarnt, dem Großwild zum Verhängnis werden sollten.

Um altsteinzeitlichen Niederlassungen auf die Spur zu kommen, befragte er Teilnehmer an älteren Grabungen und notierte, was sie noch über Entdeckungen und

Schichtenfolgen wußten. Selbst vor abenteuerlichen Erkundungen schreckte er nicht zurück. Ein unternehmungslustiger Mann aus Les Eyzies hatte die Grotte von Proumeyssac wieder zugänglich gemacht, deren trichterartige Öffnung im Mittelalter verschlossen worden war, »weil auf verbrecherische Weise viele Menschen in der Tiefe ihr Ende gefunden hatten«. Als einer der ersten Besucher ließ er sich »in einem schwankenden Holzkorb an einem 40 m langen Drahtseil in die Unterwelt versenken . . . Mit Laternen leuchtete ich den ganzen mächtigen Dom mit seinen vielen Nebenhallen ab, fand aber nichts von vorgeschichtlichen Überresten; menschliche und tierische Skelettreste waren alle jüngeren Datums. Meine Aufwärtsbeförderung zur Oberfläche bot Schwierigkeiten; denn plötzlich vermochten die obenstehenden Männer die Last nicht mehr aufwärts zu ziehen und ließen mich zwischen Himmel und Hölle eine geraume Zeit frei in der Luft schweben – unter mir die kalte grausige Tiefe und weit über meinem Kopfe durch die kleine Öffnung eine winzige Helle vom Tag; der Korb geriet ins Schwanken, und ich konnte nur mit Mühe durch Abstemmen vom Trichter verhindern, daß meine Wenigkeit nicht an den Wänden zerschmetterte.«[16]

Eine Gelegenheit, sich und seine Entdeckungen erstmals einem internationalen Gremium von Fachleuten vorzustellen, bildete für Hauser die Prähistoriker-Versammlung vom 23.–31. Juli 1907 anläßlich der Eröffnung des Anthropologischen Museums in Köln. Zu dieser Veranstaltung kamen Gelehrte aus Deutschland, Frankreich, Belgien, Schweden, Norwegen, Österreich-Ungarn, der Schweiz sowie Nord- und Südamerika. Auch Jakob Nüesch und Emil Bächler, den Hauser hier nun persönlich kennenlernte, waren anwesend. Den Teilnehmern an der Veranstaltung empfahl sich Hauser nicht nur durch eine Ausstellung seiner Funde, von denen ein großer Teil durch einen Mäzen gekauft und dem Museum geschenkt wurde. Er legte auch einen Bericht vor, in dem er den Verlauf der Grabungen in La Micoque, die Fundsituation und die geborgenen Objekte schilderte. Die schönsten Stücke wurden nach Zeichnungen von Paul Girod wiedergegeben. Fast unverändert gab er diese Zusammenstellung im Selbstverlag unter dem Titel »Die neuesten Ausgrabungen auf La Micoque (Dordogne) und ihre Resultate für die Kenntnisse der paläolithischen Kultur« im September 1907 heraus und kündigte darin an:

»Eine Reihe alljährlich zu komplettierender Veröffentlichungen wird mit dieser Arbeit über La Micoque eröffnet, eine Serie, die vorerst nur die eigenen Grabungen zur Behandlung bringen wird. Der Text wird auf das notwendigste beschränkt; die Publikationen sollen außer den Grabungsberichten, der Erörterung der durch die Grabungen gewonnenen neuen Gesichtspunkte, speziell ein möglichst komplettes Tafel- und Planmaterial enthalten, das, mit erläuterndem Text, weit mehr wie gewagte Hypothesen und Phantastereien, unsere Wissenschaft praktisch zu fördern im Stande ist.«[17] Damit hatte er sich jedoch zuviel vorgenommen. In der geplanten Weise brachte er diese Veröffentlichungen aus Zeit- und Kostengründen nicht zustande. Der Bericht über La Micoque bedeutete aber eine Zäsur. Zum ersten Male wandte er sich in sehr aggressivem Ton gegen seine französischen Rivalen. Von nun an stand er mit ihnen offen auf Kriegsfuß.

Am Ziel

Die Teilnahme an dem Kölner Kongreß sowie die Ausstellung und der Verkauf der Funde bewirkten für Hauser einen Durchbruch. Nun war er in Fachkreisen bekannt geworden und hatte den Wunsch geweckt, auch seine Fundstätten in der Dordogne kennenzulernen. Damit setzte ein Besucherstrom ein, der, bald stärker, bald schwächer, bis zu seiner Flucht aus Frankreich anhielt.

Vom 14.–18. August 1907 weilte der Vorsitzende der Kölner Anthropologischen Gesellschaft, Carl J. Rademacher, bei ihm, Schulrektor und Kustos des neuen Museums im Bayenturm. Gleich nach dem Rektor trafen vier deutsche Professoren ein: der Physiologe Max Verworn und der Geheime Medizinalrat und Anatom Friedrich Merkel aus Göttingen, Erich Kallius, Direktor des anatomischen Instituts in Greifswald, sowie Robert Bonnet, Geheimer Medizinalrat und Anatom in Bonn. Hauser begleitete sie zu den wichtigsten Altsteinzeit-Niederlassungen in der Umgebung. Um ihnen etwas Besonderes zu bieten, arrangierte er eine Kahnfahrt vézèreabwärts bis nach Les Eyzies. Der Ausflug gewährte »bei dem herrlichen Wetter und der wundervollen Nachmittags- und Abendstimmung einen unvergeßlichen Genuß«[1], schrieb Max Verworn.

Bereits bei seinem ersten Aufenthalt in der Dordogne 1905 hatte er es bedauert, »daß die französische Regierung nichts tut, um das Graben und Sammeln an den klassischen Fundorten des Vézère-Tales, die heute von zahllosen unberufenen Händen planlos durchwühlt werden, zu Studienzwecken für Fachleute zu reservieren«[2]. Was er und seine Kollegen in den Bilderhöhlen bemerkten, in denen ihnen der Lehrer Peyrony »ein ebenso uner-

---
[1] *Anmerkungen siehe Anhang am Schluß des Bandes*

müdlicher wie kundiger Führer«[5] war, rügte Verworn in schärferem Ton:

»Aber welcher Vandalismus ist hier zu finden!« beklagte er Schmiererein in La Mouthe. »Die alten Wandzeichnungen in der mit malerischen Stalaktitenbildungen geschmückten Höhle sind zum Teil von barbarischen Händen mit dunklen Farbmassen in quadratischer Fläche überzogen und hier und dort ist eine Wandzeichnung selbst über die sie bedeckende Stalaktitenkruste hinweg ganz frisch nachgeritzt worden, so daß die alten Originale zum Teil in häßlichster Weise verdorben sind. In der H ö h l e   v o n   F o n t   d e   G a u m e , die staatlichen Besitz vorstellt, sind ebenfalls ganz frische Einritzungen zwischen den alten paläolithischen Tierbildern zu bemerken, und an einer Stelle hat sogar einer der Geldgierigsten unter den einheimischen Durchwühlern des Vézèretales groß und breit seinen Namen eingekratzt.«[4]

Unter diesen Umständen erschienen die Bemühungen Otto Hausers in glänzendem Licht. Verworn lobte, daß dieser viele Fundstätten durch eingemeißelte Zahlen »ein-für allemal sicher kenntlich gemacht« hatte. »Bei den Ausgrabungen, die er mit gut geschulten Arbeitern unternimmt«, fuhr der Professor fort, »berücksichtigt er in eingehendster Weise die geologischen Verhältnisse und nimmt überall genaue Messungen und photographische Aufnahmen vor. Auf diese Weise hat Herr H a u s e r im Interesse der prähistorischen Forschung gewissermaßen in letzter Stunde ein Rettungswerk unternommen, indem er die berühmten Fundorte des Vézèretales vor den habgierigen Händen unwissender Wühler schützte.«[5]

Diese Anerkennung seiner Arbeit durch einen Sachkenner wie Verworn stärkte Hausers Position auch gegenüber Peyrony, der ihn am 1. September 1907 zum letzten Male aufsuchte. »Er beglückwünschte mich zu der methodischen Art meiner Grabungen und zeigte sich dann nie wieder.« Dafür kamen »Prähistoriker aus Cherbourg und Paris«, »einige Engländer«, »ein hurtiger Portugiese, der im Eilschritt das liebliche Tal besuchte«, und »ein freundliches Amerikanerpaar mit zusammenlegbarer Badewanne«[6]. Les Eyzies und Hausers Grabungen waren zu einem Anziehungspunkt für viele geworden.

Im September pachtete er für vermutlich 2000 Francs ein Grundstück am Fuße des Felsens von Le Moustier unterhalb der rund zehn Meter höher gelegenen Terrasse, seiner Station 43. Hier standen einige Schweineställe, von denen er annahm, daß sie sich in dem verschütteten Abri über altsteinzeitlichen Ablagerungen erhoben. Nicht weit von den Stallungen entfernt waren bereits paläolithische Relikte gefunden worden. So schien es lohnend, das benachbarte Terrain genauer in Augenschein zu nehmen. Daher begann Hauser am 16. September mit dem Aushub eines Suchgrabens in der neuen Station 44. Er hatte richtig kalkuliert. Im Graben tauchten Feuersteingeräte auf: ungewöhnlich schöne Faustkeile bis zu 24 Zentimeter Länge, Fellkratzer, scheibenförmige Schaber und Klingenmesser. Ihrer Form und Bearbeitungstechnik entsprechend gehörten sie zu einer Kultur, die älter als das Moustérien war. Nach Funden in Saint-Acheul bei Amiens, der Hauptstadt des nordfranzösischen Departements Somme, wurde sie als Acheuléen bezeichnet. Wegen ihres hohen Alters waren diese Artefakte besonders interessant.

Vom November 1907 bis Februar 1908 brachen Hausers Arbeiter die Schweineställe ab und räumten Schutt aus dem Abri. Hauser selbst reiste nach Basel und dann nach Deutschland, wo er im Januar im Hotel Schadendorf in Hamburg neue Funde zur Schau stellte, um die sich das dortige Museum für Völkerkunde bemühte. Aber schon im Februar war er wieder in der Dordogne und stieß bei Arbeiten in La Grange auf den Werkplatz der Feuersteinschläger. Von März bis Mai trieb er die Untersuchungen in La Micoque voran. Der Graben an der Felswand erreichte über 22 Meter Länge und 8 Meter Tiefe und bot nun einen eindrucksvollen Anblick. Dennoch war Hauser damit nicht zufrieden. Um jeden Preis wollte er einen Profilschnitt, in dem die Schichten des Lagerplatzes klar zutage traten. Deshalb ließ er im rechten Winkel zu dem Längsgraben einen 19 Meter langen, 7 Meter tiefen und

2 Meter breiten Quergraben heraussprengen. Allein mit dieser Arbeit waren acht Mann einen Monat beschäftigt.

Mit dem Theodolithen vermaß Baumgartner jeden Meter des Profilgrabens. Feuersteine, Knochen und Kalkbrokken mit eingeschlossenen Relikten wurden numeriert und in gleichfalls numerierte Kästen gelegt. Die unterschiedlichen Schichten markierte Hauser durch Buchstaben von A bis R, wofür er Emailletafeln verwandte. Noch heute sind auf Micoquefunden mit Bleistift geschriebene Zahlen und Buchstaben zu erkennen. Hausers Bemerkung, er könne die wichtigsten Stücke wieder dort einordnen, wo sie entdeckt wurden, entsprach der Wahrheit.

Bisher war noch keine öffentliche Reaktion auf seine Angriffe gegen französische Archäologen wegen deren Publikationen über La Micoque erfolgt. Die Hauptbetroffenen, Capitan und Peyrony, antworteten zunächst nicht, sondern überließen den Gegenangriff erst einmal Hugo Obermaier. Im März erschien dessen Besprechung von Hausers Bericht über La Micoque in einer französischen Zeitschrift und im Korrespondenzblatt der Deutschen Gesellschaft für Anthropologie, Ethnologie und Urgeschichte. Obermaier ging Hauser frontal an, indem er die Vorwürfe aufzählte, die man dem Ausgräber gemacht hatte: die angebliche Absicht, das Amphitheater sprengen zu wollen, nicht »zweifellose« Fundumstände der »Silberpfanne«, Ermahnungen zur Wahrheitsliebe und Ehrlichkeit. Anläßlich eines Gutachtens für »eine paläolithische Sammlung aus dem Vézèretal« wollte Obermaier eine »plumpe Unterschiebung« Hausers festgestellt haben, weil dieser ein Gerät der Jungsteinzeit als Faustkeil bezeichnete. Hauser hatte die Sammlung im April 1906 der Naturhistorischen Gesellschaft Nürnberg zum Verkauf angeboten.

Nach dieser »Charakteristik der bisherigen Tätigkeit des ›Archäologen‹ H a u s e r « lehnte Obermaier dessen Untersuchungsergebnisse in La Micoque »als völlig unwissenschaftlich« ab. Bei dieser Sachlage würden »die informierten Kreise die Tätigkeit H a u s e r s als geradezu verderblich bezeichnen ... Ohne wissenschaftliche Vorbildung, und der nötigen Gewissenhaftigkeit bar, betreibt derselbe nur Händlerabbau der Funde«[7].

Das war keine »Literaturbesprechung«, sondern eine Attacke, die den Verfasser von »La Micoque« in Mißkredit bringen und erledigen sollte. Ebenfalls im Korrespondenzblatt wehrte sich Hauser mit einer »Erwiderung«, in der er auf die Anschuldigungen nicht im einzelnen Bezug nahm. »Es wäre mir ein leichtes«, argumentierte er, »diesen Anrempelungen, deren Motiv nur zu leicht Animosität verrät, Dutzende von Glänzenden Anerkennungen gegenüberzustellen, allein bei einer Kritik, deren Waffen Unwahrheiten sind, finde ich das nicht notwendig ... Die Intriquen der betreffenden Herren datieren ja nicht von heute; einer dieser Gelehrten hat es sogar nicht unter seiner Würde erachtet, im Talar von Haus zu Haus zu pilgern und die Grundeigentümer gegen mich zu hetzen.«[8]

Den »Anrempelungen« zum Trotz besaß er eine starke Position. Er war nun der bedeutendste Ausgräber in der Dordogne. Sein Ziel, wichtige Entdeckungen zu machen, der Wissenschaft neues Material zu liefern und in seiner Arbeit anerkannt zu werden, hatte er schon zu einem guten Teil erreicht. Gerade das verdroß »die informierten Kreise«. Wie in Vindonissa erregte Hausers Aktivität im Vézèretal den Neid der einheimischen Ausgräber. Ihr Zorn entsprang dem Bewußtsein, da nicht mithalten zu können. Verworns Kritik, daß die prähistorischen Schätze Südwestfrankreichs durch keinerlei Gesetze geschützt waren, erfüllte Peyrony, Capitan, Breuil und andere sicher mit Bitterkeit, denn Verworn hatte recht. Übrigens hielt dieser von Peyrony große Stücke und stand in gutem Verhältnis zu ihm.

Mittlerweile schlugen Hauser andere Ereignisse in ihren Bann. Je mehr sich der Sondierungsgraben durch die rund 15 mal 20 Meter große Fläche dem Abri von Station 44 näherte, desto zahlreicher tauchten Absplisse und fertige Feuersteingeräte sowie Knochenreste von Höhlenbären, Bisons, Renen, Riesenhirschen und Mammuten auf. Viele Knochen trugen Brandspuren. Einst mußten hier Lagerfeuer gelodert haben. Da man die Schweineställe ohne Fundamente errichtet hatte, waren die Ablagerungen unter ihnen noch im ursprünglichen Zustand. Die in sich einheitliche Fundschicht maß innerhalb des Abris rund 2 Meter Höhe.

Am späten Nachmittag des 7. März löste Leyssales mit der Schaufel einige Gebeine aus dem Boden und erkannte, daß es menschliche Extremitätenknochen waren. Für solche Fälle hatte ihm sein Auftraggeber, der schon lange auf einen Skelettfund hoffte, eingeschärft, die Arbeit sofort abzubrechen. Leyssales oder einer seiner Kameraden radelte zu Hauser, der am Abend »von einer Kontrollfahrt müde und vom Regen durchnäßt« in seinem Standquartier eintraf. Doch die sensationelle Nachricht elektrisierte ihn. »Kein Halten gibt's mehr! Der Regen fließt in Strömen, wie man's nur im Süden sehen kann; aber was kümmern mich Regen und Müdigkeit! Ich nehme ein frisches Pferd und hinaus geht's in die pechschwarze Nacht.«[9]

Am Fundort bestätigte sich die Meldung. Leyssales war auf die Knochen von beiden Beinen und vom linken Unterarm eines Menschen gestoßen. Sie wiesen eine deutlichere Krümmung auf als die entsprechenden Gliedmaßen von Heutmenschen. Noch nie war in einer unberührten Schicht des Acheuléen ein solcher Fund gelungen! Nach Hausers Schätzung konnte die Schicht 140 000 Jahre alt sein! Niemand wußte bisher, wie Menschen in so früher Zeit ausgesehen hatten. Ein vollständiges Skelett würde darüber Auskunft geben. Die Lehre von der Abstammung des Menschen erhielte dadurch einen neuen Beweis, daß sich das Menschengeschlecht aus primitiven Vorformen entwickelt hatte.

Aber die von Leyssales freigelegten Bein- und Armknochen bildeten nur Teile des Skeletts! Weckten sie nur trügerische Hoffnungen? Sollte er nicht sofort nachsehen, was tatsächlich verborgen lag? Der Drang dazu war fast unwiderstehlich. Dennoch beherrschte er sich. Zu lebhaft erinnerte er sich an die Verdächtigungen wegen der »Silberpfanne« vom Amphitheater in Vindonissa. Er durfte jetzt das Erdreich nicht wegräumen, damit niemand behaupten konnte, er hätte die Gebeine in die alte Schicht geschmuggelt. Bei der weiteren Freilegung mußte eine amtliche Kommission zugegen sein und ein Protokoll über die Fundsituation anfertigen. Deshalb nahm er die Arm- und Beinknochen an sich und ließ »bis tief in die Nacht über der Stelle Erde hoch anhäufen«, um »den bedeutsamen Fleck vor ungebetenen Eingriffen Dritter«[10] zu sichern.

Nun wurde seine Geduld auf eine harte Probe gestellt. Er war viel unterwegs, um ihm geeignet erscheinende Persönlichkeiten mit Rang und Namen zu gewinnen und nach Le Moustier zu bitten. Am 10. April fanden sich dort endlich fünf Herren ein. »Mit welcher Spannung«, schilderte Hauser, »ging ich in Gegenwart dieser Kommission daran,den Platz abzudecken, zu prüfen, ob auch ein Schädel da sei! Nach Lage der zuerst entdeckten Knochen berechnete ich die ungefähre Stelle, wo ein Schädel zu vermuten wäre, und richtig – es gelang mir, den oberen Teil des Schädeldachs zu finden und bloßzulegen ... Wieviel vom Gesichtsskelett erhalten war, konnte ich nicht feststellen, weil mir sehr daran lag, den Schädel vorläufig ungestört und unberührt in seiner Schicht zu belassen.«[11]

Nach der Kontrolle des Fundes unterzeichneten Dr. Duponchel, Krankenhausarzt und Ritter der Ehrenlegion, Certes, Oberleutnant des 10. Husarenregiments, und Bertrand, Beamter im öffentlichen Dienst (alle aus der Departements-Hauptstadt Périgueux), sowie N. Castanet als Stellvertreter des Bürgermeisters und Pierre Lesvigne als Mitglied des Gemeinderates von Peyzac (eines Ortes, zu dem Le Moustier gehörte), ein Protokoll. Darin bestätigten sie, daß sie »von halb drei bis halb fünf Uhr nachmittags Grabungen beiwohnten, die Herr O. Hauser in Le Moustier in der Station Nr. 44 (im unteren Abri) ausführte«, und »daß die alte Oberfläche in einer Höhe von 70,05 Meter (über dem Meeresspiegel) vollständig unversehrt war«.

Während ihrer Anwesenheit wurden Fotos angefertigt und durch den Geometer Messungen vorgenommen. »Der von angebrannten Knochenresten, Abschlägen und bearbeiteten Feuersteinen umgebene Schädel befand sich in 69,59 Meter Höhe (über dem Meeresspiegel) in einer absolut unberührten Lage.« Sowohl »das Vorhandensein des Schädels« wie das »der menschlichen Knochenreste« konnte »ohne die geringste Ortsveränderung festgestellt werden«. Danach »ist das Ganze von neuem mit einer Erdschicht bedeckt worden, um diesen wichtigen Fund in seiner ersten Lage zu bewahren«[12].

Vor der Bergung zeigte er seinen Fund noch zweimal: am 6. Juni »vormittags von 10 bis 12 Uhr« zwei Besuchern aus Weimar, auf deren Zeugnis es ihm besonders ankam. Einer von ihnen war »der Förderer und geistige Leiter des musterhaft eingerichteten Naturhistorischen Museums«[13], Dr. Ludwig Pfeiffer, ein Geheimer Hof- und Medizinalrat. Bei dem anderen handelte es sich um den Konservator dieses Museums, Arnim Möller.

Über die Besichtigung des Skeletts verfaßte Hauser erneut ein Protokoll. Rund einen Monat später, am 3. Juli, »legte ich die Stätte ein letztesmal bloß, in Gegenwart einer mir befreundeten amerikanischen Familie, und ließ mir wiederum ein sehr ausführliches Aktenstück unterzeichnen«[14]. Offenbar wollte er die Gebeine in den Brennpunkt der Aufmerksamkeit rücken. Seine Entdeckung sollte von angesehenen Persönlichkeiten bekanntgemacht werden. Bei der Demonstration der zerbrechlichen Knochen war er sicher vorsichtig genug, keinen Schaden anzurichten und sie in ihrer Lage zu belassen. Dennoch ist das mehrmalige Auf- und Zudecken anfechtbar und später zu Recht bemängelt worden.

Mit dem vorläufigen Echo auf seine Entdeckung war er anscheinend nicht zufrieden. Deshalb unternahm er einen ungewöhnlichen Schritt: »Zur Hebung des Fundes hatte ich, gleichzeitig mit einer kleinen Broschüre über Anlage und Zweck meiner Ausgrabung, 1000 Einladungen verschickt, und zwar 600 an Gelehrte und wissenschaftliche Gesellschaften Frankreichs und 400 nach Deutschland, Oesterreich, Italien, Schweiz, England usw.«[15] Obwohl er die meisten Exemplare dieser Broschüre (»Fouilles scientifiques dans la vallée de la Vézère« – »Wissenschaftliche

Ausgrabungen im Vézèretal«) mit seiner »Einladung zur Exkursion nach dem Vézèretal« an französische Adressen versandte, war die Aufforderung, ihn in Les Eyzies zu besuchen und bei dieser Gelegenheit der Bergung des Skeletts beizuwohnen, in erster Linie an die Teilnehmer der 29. Versammlung der Deutschen Anthropologischen Gesellschaft gerichtet, die vom 3.–6. August 1908 in Frankfurt am Main stattfand.

Hausers Einladung zielte also speziell auf deutsche Gelehrte. Das hatte seinen guten Grund. In Deutschland waren noch keine derartigen Artefakte und Kunstwerke eiszeitlicher Menschen zum Vorschein gekommen wie in Frankreich. An solchen Funden bestand daher bei deutschen Fachleuten großes Interesse. Sie hatten auf dem Gebiete der paläolithischen Forschung einen starken Nachholebedarf. Zudem war in ihrem Land seit dem gewonnenen Kriege gegen Frankreich (1870/71) ein rascher Aufschwung in Wirtschaft, Industrie, Technik und Wissenschaft erfolgt. Während der sogenannten Gründerjahre strebte das deutsche Kaiserreich nach der Vormachtstellung in Europa. Von solchen Bemühungen profitierten auch Urgeschichte, Anthropologie und Völkerkunde. Insbesondere Franzosen verfolgten diese Entwicklung mit Mißtrauen und Unbehagen, denn sie befürchteten eine Schmälerung und Bedrohung eigener Errungenschaften und Positionen.

Es gelang Hauser, Max Verworn und Adrien de Mortillet zu einer Befürwortung seiner Einladung zu gewinnen. Verworn benutzte die Gelegenheit zu einer Antwort auf die Angriffe von Abbé Obermaier, indem er schrieb, daß »den Teilnehmern an der Exkursion die Moeglichkeit gegeben« sei, »sich über die mehrfach angefeindeten Ausgrabungen Herrn Hausers aus eigener Anschauung ein objektives Urteil zu bilden«. Adrien de Mortillet hob in seiner auf französisch abgefaßten Begründung hervor, die Besucher »könnten keinen besseren Augenblick wählen, um mit Gewinn die Umgebung von Les Eyzies zu besichtigen. In den klassischen Ablagerungen an den Ufern der Vézère waren bis jetzt noch nicht so bedeutende Gräben geöffnet worden wie die, die Herr Hauser dort hat ausführen lassen.«

Wahrscheinlich vermochte Paul Girod zu diesem Zeitpunkt Hausers Einladung nicht zu unterstützen. Auf einem Kongreß in Clermont-Ferrand, auf dem er wiederum im Kreuzfeuer der Kritik stand, fühlte sich der Professor auf einmal unwohl. »Er ließ sich«, berichtete Hauser, »von meinem ersten Angestellten nach Hause führen – im Salon fiel der große, starke Mann zu Boden – ein Schlaganfall hatte den braven Kämpen gestürzt, und nach dreijährigem Siechenlager ging Paul Girod von uns und hinterließ jene Lücke, die sich hinter einem ehrlichen Streiter niemals schließen kann.«[16]

Trotz des verlockenden Angebots war die Resonanz auf die Einladung überraschend gering. Vielleicht verkannten die meisten Adressaten die Bedeutung des Skelettfunds und nahmen ihn und Hauser nicht ernst. Nur aus Deutschland kamen einige Gelehrte. Das verdankte Hauser vor allem Prof. Dr. Klaatsch (1863–1916), seinem künftigen Lehrer und Freund. Beide hatten sich schon im September 1899 kennengelernt, als die Teilnehmer an der Generalversammlung der Deutschen Anthropologischen Gesellschaft in Lindau am Bodensee zu einer Exkursion in die Nordschweiz fuhren, wo sie unter anderem die Pfahlbauten von Robenhausen und das Landesmuseum in Zürich besuchten.

Mit Vehemenz und Scharfsinn verfocht Hermann Klaatsch Hypothesen, die Charles Darwins und Ernst Haeckels Abstammungs- und Entwicklungslehren zum Teil modifizierten. So glaubte er, die eigentliche Entwicklung zum Menschen hin habe schon sehr früh mit einem Uraffen begonnen, der dem gemeinsamen Urstamm der Säugetiere noch ganz nahe stand. Die Evolution in Richtung auf den Menschen sei dann völlig selbständig und von den anderen Affenarten getrennt verlaufen. Unermüdlich war er bestrebt, seine Ansichten durch ein ständig erweitertes Faktenmaterial zu stützen. Er untersuchte deshalb die Bestände in den deutschen Museen und reiste nach Kroatien, Belgien, Frankreich, Spanien, England und vom

Februar 1904 bis zum April 1907 nach Australien. Wieder in Deutschland, erhielt er in Breslau ein Extraordinariat für Anatomie, Anthropologie und Ethnologie. Durch Vermittlung von Jakob Nüesch trat er bald mit Otto Hauser in enge Verbindung, weil er von ihm aufschlußreiche Funde für seine Abstammungstheorien erwartete.

Warum Klaatsch auf die Entdeckung in Le Moustier so große Hoffnung setzte, erklärt sich aus der damaligen Forschungssituation. Im Jahre 1856 hatte der Elberfelder Gymnasiallehrer Prof. Dr. Carl Fuhlrott im Neandertal bei Düsseldorf ein Schädeldach und andere Knochenteile bemerkt, die er zutreffend als Überreste eines Urzeitmenschen deutete. Die Mehrzahl der englischen und französischen Anthropologen und Geologen stimmte Fuhlrott zu, sprach von dem »affenähnlichsten menschlichen Schädel« und von einer besonderen, jedoch ausgestorbenen Menschenart, die den Namen »Homo neanderthalensis« erhielt.

Im Gegensatz zu ihren ausländischen Kollegen verhielten sich die deutschen Gelehrten überholten Anschauungen stärker verhaftet, wesentlich zurückhaltender und befangener. Heute kann man sich kaum eines Lächelns erwehren, weil sie die fossilen Gebeine aus dem Neandertal für Überreste eines »mongolischen Kosaken von Tschernitscheffs Armeekorps aus dem Jahre 1814«, für die eines »alten Holländers« oder eines »Greises aus der Merowingerzeit«[17] hielten. Der berühmte Arzt und Pathologe Rudolf Virchow (1829–1902) entwarf nach einer Besichtigung der Knochen sogar einen »Lebensroman«, der die weitere Beschäftigung mit dem umstrittenen Fund lange Zeit hemmte. »Das fragliche Individuum«, erläuterte er, »hat in seiner Kindheit an einem geringen Grade von Rhachitis gelitten, hat dann eine längere Periode kräftiger Tätigkeit und wahrscheinlicher Gesundheit durchlebt, welche nur durch mehrere schwere Schädelverletzungen, die aber glücklich abliefen, unterbrochen wurde, bis sich später Arthritis deformans (verbildende Altersgicht) mit andern dem hohen Alter angehörigen Veränderungen einstellte, insbesondere der linke Arm ganz steif wurde; trotzdem hat aber der Mann ein hohes Greisenalter erlebt. Es sind das Umstände, die auf einen sicheren Familien- und Stammesverband schließen lassen, ja, die vielleicht auf Seßhaftigkeit hindeuten. Denn schwerlich dürfte in einem bloßen Nomaden- oder Jägervolk eine so vielgeprüfte Persönlichkeit bis zum hohen Greisenalter hin sich zu erhalten vermögen.«[18]

Neue Entdeckungen untergruben schließlich Virchows Fehlurteil. Bei Spy unweit der belgischen Stadt Namur wurden 1886 zwischen Tierknochen zwei flache menschliche Schädeldächer mit dicken Knochenwülsten über den Augenhöhlen gefunden, die, ebenso wie die plumpen Gliedmaßen, den Überresten aus dem Neandertal sehr ähnlich waren. Dazu kamen ab 1899 vergleichbare Skelett- und Kopffragmente aus dem Tal der Krapinica bei Zagreb im nördlichen Kroatien, die Hermann Klaatsch als einer der ersten einem genauen Studium unterzog. Sein Freund, der Straßburger Anatom Gustav Schwalbe, untersuchte daraufhin nach neuen Gesichtspunkten die im Neandertal geborgene Schädelkalotte, während sich Klaatsch den Gliedmaßen von diesem Fundort widmete. Beide bestätigten, daß der Homo neanderthalensis ein früheres Entwicklungsstadium des Menschen verkörperte. Rudolf Virchows Einspruch blieb diesmal wirkungslos.

Das war die Entdeckungs- und Forschungssituation zu Beginn des Frankfurter Kongresses. Hier wartete Klaatsch mit einer Überraschung auf. Nach dem Schädeldach vom Neandertal, einem Unterkieferstück von Spy und einem Oberkieferfragment aus Krapina hatte er einen Kopf ohne Weichteile modelliert und bei dessen Vorführung gesagt: »Wenn je ein gut erhaltener Schädel eines Neandertalers gefunden werden sollte, so muß er dieser meiner Rekonstruktion ähnlich sein.«[19] Er wußte, daß er einen solchen Schädel vielleicht bei Hauser aus der Erde heben konnte. Da der Neandertaler offenbar Träger der Moustérienkultur gewesen war, schien in der Acheuléenschicht von Station 44 sogar ein noch älterer Menschentyp zu liegen. Deshalb bestand hier die Möglichkeit für einen bisher einmaligen Fund. Unter diesen Umständen gab es für Klaatsch nur eine Devise: sofort nach dem Ende des Kongresses ins Vézèretal zu fahren. Seine Erwartung bewog auch andere Forscher, Hausers Einladung anzunehmen. Zu ihnen gehörte der Sohn Rudolf Virchows, Dr. med. Hans Virchow, Geheimer Medizinalrat und Professor für Anatomie an der Universität Berlin. Für Hauser war es eine Genugtuung, daß gerade jener Gelehrte an der Hebung des Skeletts teilnahm, dessen Vater »ehedem die Existenz einer besondern Neandertalrasse hartnäckig geleugnet hatte«.

Zwischen Hans Virchow und Hermann Klaatsch herrschte jedoch ein sehr gespanntes Verhältnis. Der Sohn konnte wohl nicht vergessen, daß Klaatsch seinen berühmten Vater scharf und unerbittlich widerlegt hatte. Im Wesen, Typ und Charakter unterschieden sich beide außerdem sehr. Virchows Haltung gegenüber Klaatsch lag vermutlich auch Konkurrenzneid zugrunde. Allerdings erregte der Breslauer Professor durch seine direkte Art sicher öfters Anstoß. Darüber erzählte Otto Hauser eine kennzeichnende Episode. »Bei einem Berliner Festmahl saß ich eines Tages neben ihm, in rosigster Laune hebt Klaatsch sein Glas und trinkt einem bekannten Gelehrten, mit dem er zwar auf Du und Du stand, der ihm aber insgeheim manchen Stein in den Weg legte, zu, mit den Worten: ›Also lieber . . ., auf ehrliche offene Feindschaft!‹«[20]. Mehr oder weniger offene Feindschaften waren unter den Prähistorikern, Archäologen und Anthropologen, denen ihre Fachgebiete eigentlich Sachlichkeit auferlegten, an der Tagesordnung. Vielleicht hing das damit zusammen, daß sich ihre Wissenszweige noch in einem frühen Entwicklungsstadium befanden, in dem die Gegensätze besonders hart aufeinanderprallten.

Hans Virchow wurde bei der Exkursion in die Dordogne von seiner Frau begleitet. Ihnen schlossen sich Dr. Gustav Kossinna, Professor für Vorgeschichte und Archäologie an der Universität Berlin, Prof. Dr. med. Erwin Baelz, Geheimer Hofrat und Arzt des japanischen Kaiserhauses, Dr. med. et phil. Karl von den Steinen, Professor für Ethnologie an der Universität Berlin, der Nervenarzt

Dr. Hans Hahne, zugleich Privatdozent für vorgeschichtliche Archäologie an der Königlichen Technischen Hochschule in Hannover, Dr. Ewald Wüst, Privatdozent für Geologie und Paläontologie an der Universität in Halle, Dr. Haake, Kustos des Museums in Braunschweig, sowie Wilhelm Rehlen an, der schon 1906 bei Hauser in Les Eyzies gewesen war. Insgesamt handelte es sich also um eine illustre Gesellschaft, die sich auf den Weg in die Dordogne machte.

In Périgueux hatte Hauser für die Reisegruppe im Hotel Messageries Unterkunft besorgt. Hier führte er die Besucher mit Lichtbildern in das Vézèretal und dessen Fundplätze ein. »Wir hatten schon dabei Gelegenheit«, lobte Virchow, »uns davon zu überzeugen, wie groß angelegt die Pläne des Hrn. Hauser sind und mit welcher Konsequenz unter strenger topographischer Aufnahme sie durchgeführt werden.«[21] An den Wänden waren die Pläne und Profile Baumgartners aufgehängt. Sie verfehlten ihre Wirkung ebenfalls nicht. Mit dieser ersten Einstimmung seiner Gäste konnte Hauser zufrieden sein.

Am 9. August, einem Sonntag, suchte man zunächst das Museum von Périgueux auf und reiste dann gegen 12 Uhr nach Les Eyzies. Noch am gleichen Tage begleitete Hauser die Professoren zu den von ihm als Wildfanggruben gedeuteten Löchern auf dem Plateau über Laugerie-Haute, anschließend nach La Micoque und zu den Kaolingruben von Bürgermeister Barry. Die Sonne strahlte vom wolkenlosen Himmel und spendete reichlich Wärme. Auch an den folgenden Tagen hielt das hochsommerliche Wetter an. Das volle Programm und die Hitze machten die Exkursion ins Vézèretal nicht gerade zu einer Erholungsreise. Aber Hauser bemühte sich, seinen Besuchern den Aufenthalt in Les Eyzies so angenehm wie möglich zu gestalten. Durch ihre Berichte und Erzählungen sollten sie seinen guten Ruf weiter festigen. Am Abend gab er zu ihren Ehren, wie Virchow schrieb, »ein reichliches Diner... mit großem Karpfen und Sekt«[22].

Am nächsten Tag ging es nach Le Moustier, jedoch nicht sofort zum Grabungsplatz, sondern ein Stück weiter die Straße nach Plazac entlang. Am linken Straßenrand hatte Hauser eine neue Fundstelle in Angriff genommen, Longueroche, Station 45. Sie wurde zu einer seiner berühmtesten Grabungsstätten, die zahllose Reste von Beutetieren und Artefakten aus dem Magdalénien preisgab. Nach Longueroche besichtigte man die klassische Ausgrabungsstätte auf der Terrasse des Eckfelsens sowie die darunter gelegene Station 44, wo sich das Skelett befand, und nahm schließlich bei der »Alten von Le Moustier« das Mittagessen ein. Virchow hatte recht, wenn er in bezug auf die noch ausstehende Bergung der Gebeine kritisch anmerkte: »Man kann nicht leugnen, daß die Vorbereitung denkbar ungünstig war: Wagenfahrt, Wanderung bei wolkenlosem Himmel in südfranzösischer Augusthitze, nach reichlichem Fleisch- und Weingenuß erst zu beginnen, anstatt die frischen Morgenstunden zu benutzen, war unverständlich.«[23] Hauser hatte das wohl so geplant, weil er wußte, daß man an diesem Tage die Knochenreste sowieso nur freilegen konnte, ohne sie zu bergen, denn dazu waren sie noch zu feucht und zerbrechlich. Daher wollte er der gelehrten Gesellschaft vorher soviel wie möglich zeigen. Ihm ging es nicht allein um die Station 44 und ihren besonderen Schatz, sondern um seine Ausgrabungsstätten und seine Arbeit überhaupt.

Was nun weiter geschah und wie sich die einzelnen Mitglieder der Reisegruppe dabei verhielten, ist aufschlußreich. Wüst und Haake gingen eigene Wege, ersterer, um vermutlich die geologischen Verhältnisse in der Gegend zu studieren, letzterer, um eine andere Gelegenheit zu nutzen, über die Virchow Auskunft gab: »Haake, von der liberalen Erlaubnis des Herrn H., wir dürften uns auf allen seinen Pachtgrabungen frei bewegen und mitnehmen, was wir wollten, ausgiebig Gebrauch gemacht habend, erschien erst gegen Abend mit strotzenden Taschen und dem Ausruf: ›Ich habe meine Reisekosten heraus!‹«[24] Auch Klaatsch bemühte sich am Nachmittag des 10. August nicht um das Skelett; er untersuchte statt dessen die Seiten des Abris. Offenbar hielt er seine Zeit für noch nicht gekommen. Nur zuschauend umringten Baelz, von den Steinen, Rehlen, Kossinna und Hauser die eigentliche Bergungsstelle. »Von französischer Seite erschien«, berichtete Hauser, »auf kurze Minuten ein alter Herr, der aber meinen Ausgrabungen nicht sehr hold zu sein schien und sich recht bald wieder verzog.«[25] Lehrer Peyrony und seine Freunde waren entweder nicht eingeladen worden, oder sie blieben von sich aus dem ungeliebten Konkurrenten und seinem Triumph fern. Wären, Hausers Einladung entsprechend, wesentlich mehr Besucher eingetroffen, hätten sie sich gar nicht an der Hebung der Urmenschenreste beteiligen, sondern nur an ihnen vorbeidefilieren können.

Am Fundplatz aktiv tätig waren am 10. August nur Hahne und Virchow. Über ihr Vorgehen und die Situation am Ort sagte Hans Virchow in einer Sitzung der Berliner Gesellschaft für Anthropologie, Ethnologie und Urgeschichte am 15. Mai 1909:

»Das übergelegte Erdreich sowie ein Korb, welche die schon freiliegenden Teile der Knochen gegen den Druck schützen sollten, wurden in unserer Gegenwart entfernt und das denkwürdige Objekt lag vor uns. Wir überzeugten uns alle, daß die Knochen sich in primärer Lagerung befanden; und die Arbeit konnte vor sich gehen.

Auch hierbei verhielt sich Hr. Hauser so, wie es sachlicher und der Sache würdiger nicht gedacht werden kann. Er führte uns keineswegs eine Ausgrabung nach eigenem Ermessen, sozusagen eine Schau-Ausgrabung vor, woran er ja nach seinen gründlichen Terrain-Erfahrungen in jener Gegend und als Besitzer des Fundes sachlich und persönlich durchaus berechtigt gewesen wäre, sondern er überließ es zunächst ganz der gemeinsamen Besprechung, die Art der Bearbeitung festzustellen. Ich hebe es ausdrücklich hervor, daß, als nun diese denkwürdige Ausgrabung ihren Anfang nahm, Hr. Hauser nicht darauf drängte, daß dieselbe schnell zu Ende geführt würde, sondern daß er sich in jeder Weise bereit zeigte, alles das zu beschaffen, was nach einer gemeinsamen Besprechung etwa als erwünscht sich ergeben würde.«[26]

In einem Aufsatz 30 Jahre später urteilte Virchow allerdings weniger positiv. Wegen der vielen Gesteinstrümmer in der Fundschicht sei ihm und Hahne nichts anderes übriggeblieben, als die lose auf dem Skelett »liegenden Steine, einen nach dem anderen, wegzunehmen, ohne die Knochen aus der Lage zu bringen. Doch kamen wir damit nicht weit, da auch die Knochen, soweit man zunächst sehen konnte, lose und isoliert lagen und beim Fortnehmen der ihnen anliegenden Steine gleichfalls verrückt wurden. Als es Abend wurde, war nichts Wesentliches erreicht, Steine und Knochen lagen noch durcheinander wie zuvor, und ich hatte den Eindruck gewonnen, daß man eine Anzahl von Tagen in sehr mühsamer Arbeit würde aufwenden müssen, um zum Ziele zu gelangen.«[27] Virchow brachte dieses Durcheinander in seiner Rückschau mit dem mehrmaligen Auf- und Zudecken des Skeletts in Zusammenhang, von dem Hauser nichts verraten hätte. Es ist aber merkwürdig, daß er erst zu einem so späten Zeitpunkt solche Vermutungen äußerte. 1909 teilte er knapp und sachlich mit: »Die Arbeit dieses Tages . . . führte nur soweit, daß die Oberseite der noch in der Lage befindlichen Skelettstücke frei gelegt war. (Einige Extremitätenknochen, welche schon bei früherer Gelegenheit herausgenommen waren, wurden uns in völlig trockenem Zustand vorgelegt.)« [28]

Damit die am 10. August zutage getretenen Gebeine an der Luft austrocknen und in festerem Zustand gehoben werden konnten, kam man überein, erst am 12. August in der Station 44 weiterzuarbeiten. Deshalb fuhr man am Vormittag des 11. August zu den Bilderhöhlen Font-de-Gaume und Les Combarelles und nachmittags zur Höhle La Mouthe. Auf dem Bock des einen Wagens neben dem Kutscher sitzend, hätte sich Klaatsch nach Hauser umgewandt und gesagt: »›Die Bearbeitung übergeben Sie doch mir!‹« Damit meinte er die Untersuchung und Auswertung der menschlichen Überreste in der Acheuléen-Schicht. »Hauser stimmte zu«, und Virchow kommentierte: »Diese kleine Episode darf nicht unerwähnt bleiben. In der Presse ist die Sache manchmal so dargestellt worden, als sei die ganze Angelegenheit von Anfang an eine solche der beiden Genannten gewesen. Das war sie nicht, sie wurde es erst durch die Frage Kl. 's und die Antwort H. 's am 11. August, und zwar noch ehe das Skelett gehoben war. Eine Berechtigung lag vor, daß gerade Kl. die Bearbeitung übertragen wurde. Er hatte sich immer sehr lebhaft für die Vézère-Tal-Funde interessiert und gerade eine umfassende kraniometrische [Schädelmessungs-] Arbeit durchgeführt, und wenn Gewissenhaftigkeit, Sorgfalt und Selbstkritik bei ihm ebenso stark gewesen wären wie Enthusiasmus, Phantasie und Selbstbewußtsein, so hätte niemand mehr als er zur Bearbeitung des Skeletts geeignet sein können.«[29]

Vermutlich hatte sich Klaatsch aber bereits vorher mit Hauser geeinigt, die Untersuchung der Gebeine zu übernehmen. Der Dialog im Wagen war wohl nur dazu bestimmt, Virchow vor vollendete Tatsachen zu stellen. Dieser fühlte sich übergangen und ausmanövriert; noch dreißig Jahre später klingt die Kränkung darüber in seinem Urteil über Klaatsch nach. Sein Rivale hatte sich mit Hauser wahrscheinlich auch verständigt, daß ihm die eigentliche Bergung des Skeletts zufallen sollte. Wenn Hauser schrieb: »Herr Prof. Klaatsch erbot sich zu der Übernahme der äußerst schwierigen Hebearbeit«[30], und sein »Freund und Meister« versicherte: »Auf H a u s e r s ausdrücklichen Wunsch unterzog ich mich der verantwortlichen Aufgabe, die Skelettreste zu heben«[31], so widersprachen sie sich nicht, sondern trafen damit die Absicht des jeweils anderen. Ihre Übereinstimmung macht verständlich, warum Klaatsch bei der Aufdeckung der Gebeine Virchow am 10. August ungestört tätig sein ließ. An diesem Tage versäumte er nichts, und sein Widersacher konnte nicht behaupten, er hätte ihn von der Arbeit verdrängt oder ausgeschlossen. Das war ein taktischer Schachzug, den Virchow schließlich durchschaute. Verärgert trat er deshalb den Rückzug an und nahm am 12. August nicht an der Bergung des Skeletts teil. Natürlich gestand er den wahren Grund dafür nicht ein, sondern führte auf der Sitzung am 15. Mai 1909 aus: »Gern hätte ich noch weiter an der Freilegung des Moustier-Menschen mitgearbeitet, indessen es schien mir rücksichtsvoll, nachdem ich dieses Vergnügen am ersten Tage gehabt hatte, den übrigen Teilnehmern unserer Reise nunmehr den Vortritt zu lassen, besonders Hrn. Klaatsch, der ja durch ein intensives Einleben in die in Betracht kommenden Fragen ein größeres Anrecht hatte als ich. Damit fiel aber für mich die Notwendigkeit fort, den 12. August auf Le Moustier zu verwenden, denn was ich für mich selbst erreichen konnte, schien mir erreicht, nämlich eine so genaue Anschauung der umgebenden Verhältnisse, der Felswand, des Erdreiches, der Einbettung der Knochen in dieses, daß ich den endgültigen Fundbericht würde verstehen können.«[32]

Virchow war jedoch nicht der Mann, die Zurücksetzung einfach hinzunehmen. Sie machte es ihm sogar leichter, »sich als Unbeteiligter« auf eigene Weise zu revanchieren: »Wenn ich aber auch nicht als Zeuge für eine Reihe von Fundumständen gelten kann, so verzichte ich damit doch nicht auf das Recht der Kritik gegenüber den Schlüssen, welche aus den Befunden beider Tage gezogen werden, und ich bin naturgemäß durch das, was ich am ersten Tage gesehen habe, zu einer Kritik mehr befähigt wie jemand, der den ganzen Tatbestand nur aus einem Berichte kennt.«[33] Von dieser »Befähigung« machte er dann auch reichlich Gebrauch.

Tendenziös erscheint ebenfalls, was er über den Verlauf des Abends am 11. August 1908 berichtete. Hauser hatte, wie an den anderen Abenden, für seine Gäste in Laugerie-Haute ein gemeinsames Mahl servieren lassen. Gegenüber von Hausers Standquartier befand sich, »getrennt durch die hart an ihm vorbeiführende Straße, eine kleine künstliche Erderhöhung und auf dieser ein roh gezimmerter Tisch. Die Speisen wurden einfach über die Straße hinübergetragen und von uns unter freiem Himmel verzehrt. Es war ein Tag vor Vollmond und der Mond stand leuchtend am wolkenlosen Himmel. Landwein gab es à discrétion [nach Belieben] und außerdem Sekt reichlich, indem bald dieser, bald jener stiftete. Das Skelett wurde gefeiert, obwohl es noch im Boden lag. Da produzierte Kl. plötzlich eine Rolle Papier mit einer rühmenden Anerkennung H. s, d i e w i r u n t e r s c h r e i b e n s o l l - t e n.« [34]

Offenbar lag Klaatsch daran, Hauser zu unterstützen und durch eine positive Wertung seiner Arbeit, die alle Anwesenden durch ihre Unterschrift bekräftigten, vor weiteren Angriffen Obermaiers und anderer zu schützen. Außerdem wollte er sich wohl durch ein solches Zeugnis erkenntlich zeigen und Hauser für sein Entgegenkommen in bezug auf Hebung und Auswertung des Skelettfundes danken. In dem Schriftstück bestätigten »die anwesenden deutschen Gelehrten« dem Archäologen, »daß sie in mehrtägiger Untersuchung imstande waren, sich über meine Arbeitsmethode ein Urteil zu bilden, daß ich mit der größten Gewissenhaftigkeit verfahre und daß die von mir hergestellten Profilzeichnungen der neuen Aufschlüsse den Tatbestand vollständig getreu wiedergeben... Herr Hauser besitzt nicht nur den freien und scharfen Blick, der für die Auffindung neuer Fundstellen nötig ist, sondern er hat sich auch bei der wissenschaftlichen Deutung des Tatbestandes anerkennenswerter Unbefangenheit befleißigt. Wir versprechen uns von den in großem Maßstab angelegten Unternehmungen des Herrn Hauser reiche Förderung der Prähistorie und Anthropologie.«[35]

Der Vorstoß von Klaatsch zugunsten Hausers bot Virchow Gelegenheit, dem erfolgreicheren Kollegen zu widersprechen. »Ein Protokoll«, bemerkte er, »sollte es nun gerade nicht sein, schon deswegen nicht, weil das Skelett noch gar nicht gehoben war.« (Was das »Protokoll« natürlich auch nicht zum Ausdruck brachte.) »Ich äußerte meine Bedenken dem neben mir sitzenden Kossinna gegenüber, worauf dieser erregt entgegnete: ›Sie werden doch nicht sagen, daß er lügt!‹ ›Nein‹, sagte ich, ›das behaupte ich nicht; aber ich kann nur das durch meine Unterschrift bestätigen, w a s i c h s e l b s t g e s e h e n h a b e !‹ « [36] Von Hausers Fundstätten und seiner Arbeitsweise hatte er aber eine ganze Menge gesehen, und

ich nehme an, daß er trotz seines Einwandes das Schreiben mit unterzeichnete. Einen offenen Affront gegen
Klaatsch und Hauser riskierte er zu diesem Zeitpunkt
wahrscheinlich nicht.

Da Virchow und seine Frau am 12. August nicht mit
nach Le Moustier fuhren und Baelz sowie von den Steinen schon am Abend des 11. August abgereist waren,
machten sich nur noch Hauser, Klaatsch, Haake, Hahne,
Wüst, Kossinna und Rehlen zur Station 44 auf den Weg.
»Um ungestört und unbeeinflußt arbeiten zu können«, begründete Hauser, »hatten wir vorher die andern Herrn ersucht, sich auf benachbarten Fundplätzen zu betätigen; ab
und zu kam freilich einer der Gelehrten und fragte über
die Umfassungsmauer hinweg nach Stand und Fortgang
der Hebung.« [37] Merkwürdigerweise erwähnte er nicht,
daß Wilhelm Rehlen an Ort und Stelle ausharrte und die
Bergung des »Moustier-Menschen« aufmerksam verfolgte.

Anfangs waren alle zugegen: »Heiß brannte die August-
sonne auf die Gruppe spannend wartender Gelehrter, keiner sprach ein Wort; es war ein unvergeßlich feierlicher
Moment, als ich mit den Händen die Erde sacht abhob
und das Schädeldach bloßlegte.«[38] Danach trat Klaatsch in
Aktion. Sorgfältig entblößte er »Teil um Teil des Gesichts:
die Stirnregion wird frei, stark ausgeprägte Knochenwül-
ste über den Augen werden sichtbar, und freudig erklärt
der große Gelehrte: ›Wenn auch die Kieferpartie, besonders der Unterkiefer, solche primitiven Merkmale zeigt,
dann, lieber Herr Hauser, ist Ihre Annahme richtig, dann
stehen wir vor dem bedeutendsten anthropologischen Fund, der je gemacht worden
ist.‹

Und weiter ging das mühsame Werk. Das Schädeldach
lag abgehoben, die Augen- und Nasenregion war frei. Die
Zähne des Oberkiefers zeigten sich, und welche Pracht-
zähne in wunderbarer Erhaltung ... Die Bezahnung des
Unterkiefers hob sich vom Erdboden ab: wieder sechzehn
wohlkonservierte Zähne und fest im Kiefer sitzend; ein
Fingerstrich unter dem Unterkiefer ... – er löst sich – er

liegt Klaatsch auf der Hand — ein Freudenruf des tempe-
ramentvollen großen Forschers, er umarmt mich: ›Wir haben's gefunden, es ist Neandertal in seiner ganzen furcht-
baren Massigkeit und Primitivität; Sie haben als Prähistoriker glänzend diagnostiziert — alle Zweifel sind gehoben!‹« [39]

Während dieser Arbeit assistierte Hauser und registrierte »jedes einzelne Knochenpartikelchen . . .; daneben
besorgte ich von Moment zu Moment die photographi-
schen Aufnahmen der denkwürdigen Bergung und gewann so ein beinahe kinematographisches Bild aller Aus-
grabungsstadien«, während Klaatsch von den einzelnen
Grabungsphasen Skizzen anfertigte. »Im grellen Feuer
der mittäglichen Südsonne« ging die Arbeit »weiter,
stumm bewegt; wir müssen sehen, was vom übrigen Skelett sonst noch erhalten ist: das Schlüsselbein kommt, der
Oberarm, massig und plump, und dann der Radius — die
Speiche (der an der Daumenseite liegende Unterarmkno-
chen) — nebst der Ulna, dem Ellbogenknochen. Das wichtigste Belegstück zur Erkenntnis primitiver Urweltrassen:
der Radius ist stark gekrümmt, nicht grazil (gerade, ge-
streckt) wie bei uns und bei unseren weniger alten Vorfahren. Kein Zweifel mehr! Für Klaatsch eine Genugtuung,
die er kaum zu hoffen gewagt: was er in mühseligen, ver-
gleichend anatomischen Arbeiten erreicht, was er auf ma-
thematischem Wege berechnet, was neidvolle Gegner ihm
als Phantasterei ausgelegt hatten — es lag überzeugend,
greifbar vor uns!« [40] Allerdings befanden sich Becken,
Lendenwirbelsäule, Rippen, Hand- und Fußknochen in so
schlechtem Zustand, daß das meiste davon zerbröckelte
und nicht gerettet werden konnte.

Der Schädel war gleichfalls so morsch, daß man ihn
nicht im Ganzen zu heben vermochte. Daher bemühte
sich Klaatsch, »die brüchigsten Schädelstellen loszutren-
nen und mir jede einzelne Lagerung, auch des kleinsten
Knochenpartikelchens, in genauester Lagebezeichnung
zum Ganzen zu diktieren . . . Nach langen Stunden müh-
samster Arbeit konnte man schließlich den festeren Teil
des Schädels in eine niedere Korbschale packen, wie sie in

der Dordogne zum Backen der runden Brotlaibe verwendet werden. Ich spannte mein Pferdchen vor den Dogcart und Klaatsch setzte sich, das wertvolle Körbchen auf den Knien haltend, neben mich hin. Bald zeigte sich jedoch, daß durch die Erschütterungen der Schädel noch mehr zerfallen könnte und wir beschlossen umzukehren und den Fund über Nacht im kleinen Dorfwirtshäuschen von Le Moustier zu belassen, damit er nachtrocknen und um so widerstandsfähiger werden könnte. Wir nagelten den Fund sicher geborgen in eine große Truhe und überließen ihn der Bewachung treuer Menschen.«[41] Moderne Maßstäbe darf man freilich an die Bergung der Schädel- und Skeletteile nicht anlegen. Noch fehlten Erfahrungen und Hilfsmittel, um so schwierige Ausgrabungen nach allen Regeln der Wissenschaft zu bewerkstelligen.

Wahrscheinlich wurde am Abend dieses 12. August beschlossen, daß das Skelett nach dem Fundort und dem Finder den Namen »Homo mousteriensis Hauseri« (der Moustier-Mensch Hausers) erhalten sollte. Es handelte sich um einen etwa 16jährigen, 1,5 Meter großen Jüngling mit allen Merkmalen der »Neandertalrasse«. »Sein individuelles Alter«, erfahren wir von Hauser, »konnte man aus der Beschaffenheit der Gelenkenden an den Röhrenknochen und der Zahnbildung erkennen. Der Unterkiefer zeigte jene primitive Massigkeit, wie sie nur frühen Entwicklungsstadien der Menschheit eigen ist, und wies ganz besonders interessante Merkmale einstiger Kiefererkrankung auf. Der linke Eckzahn war noch nicht zum Durchbruch gekommen, er steckte tief im Kiefer drin, und rund um diesen zurückgebliebenen Eckzahn war der Knochen defekt. Der Jüngling muß an einer bösen Kieferkrankheit gelitten haben. Jedenfalls zeigte sich die ganze linke untere Kieferhälfte deformiert und im Vergleich zum rechten Kieferast im Wachstum behindert. Es ist gar nicht ausgeschlossen, daß diese Kiefererkrankung mit eine Ursache des frühen Todes des Jünglings gewesen ist.«[42]

Noch am Abend des 12. August reisten die Virchows sowie Rehlen, Haake und Kossinna aus Les Eyzies ab. Hahne und Wüst blieben einige Tage zu Studien in Hausers Fundstätten. Auch Klaatsch verweilte bis zur ersten provisorischen Zusammensetzung des Schädels im Vézèretal. Am 14. August zerlegte er den Schädel zunächst in Einzelteile und verpackte die Fragmente in Watte, damit sie den Transport von Le Moustier ins Standquartier Hausers und dann nach Breslau besser überstanden. Gemeinsam mit dem Entdecker beriet er, für welche wissenschaftlichen Zeitschriften die Berichte über den Homo mousteriensis vorzubereiten waren. Bei Tischreden stießen sie auf den nächsten Skelettfund an, und als Besieglung ihres Bündnisses bat Hauser den Professor, »die Bearbeitung auch etwa noch weiter zu findender menschlicher Überreste zu übernehmen«[43]. Die Gebeine des Jünglings von Le Moustier wollte Klaatsch in seinem anthropologischen Institut konservieren und genauer untersuchen.

Sobald sich Entdeckung und Bedeutung des Moustier-Menschen herumsprachen, »regnete es«, wie Hauser mitteilte, »Zuschriften, Anfragen, Dedikationen [Widmungen] und Freuden groß und klein. Rom, Bern, Stuttgart, Basel, Nürnberg, Stettin, Berlin, Bregenz und Konstantinopel meldeten sich. Aus Limoges kam Besuch, und aus Bordeaux, von Buenos Aires und Stockholm schrieb man mir. In Heilbronn, Brüssel, Newyork, Tours, Leeds, Reims, Dublin, Karlsruhe, Varennes interessierte man sich für mich. Die Post trug Stöße von Briefen, Bildern, Büchern und tausend Fragen in meine Höhle. Es war eine Freude! Wie wandeln sich die Menschen, wenn ein Knechtlein Erfolg hat!« [44] Mit dem Homo mousteriensis Hauseri stand er auf dem Gipfel seines Ruhmes.

In dem Bericht über seine Entdeckung gab er eine Reihe interessanter Einzelheiten bekannt: »Herr Professor Klaatsch konstatierte nach dem Befund der vorhandenen Skeletteile eine Schlafstellung des hier in altpaläolithischer Zeit Bestatteten ... Das Gesicht lag auf der rechten Seite, der rechte Arm unter dem Kopf gestützt mit dem Ellbogen unter der Wange. Am Hinterhaupt fand sich die rechte Hand; der Rücken zeigte sich nach aufwärts gekehrt, die linke Schulter angehoben gegen den Unterkiefer. Flach ausgestreckt lag der linke Arm und in unmittelbarer Nähe davon hatten wir zu einer Zeit, wo wir vom Vorhandensein von Skeletteilen noch nichts wußten, den schönsten Coup de poing (Faustkeil) gehoben, der je aus dieser Station kam; er maß etwa 17 cm, war auf beiden Seiten ganz hervorragend gut gearbeitet und jedenfalls als Waffe dem jugendlich Bestatteten nebst einem sehr gut ausgeführten Schaber von etwa 13 cm Länge beigegeben . . .

Die rechte Gesichtshälfte lag auf einer Art Pflaster, das aus einzelnen Silexstücken in sorgfältiger Weise zusammengefügt war. Darüber konnte die genaue Anpassung der Oberflächenform der Silicis an die Weichteile und die Knochenvorsprünge keinen Zweifel lassen. Von der rechten Seite der Schädeldecke wurden Feuersteine losgelöst, welche eine flache Aushöhlung zeigten, die Nase war eingefaßt durch zwei Silexstücke, deren eines dem Rükken, ein anderes der Fläche entsprachen . . . Unter dem rechten Ellenbogen lag ein Silexstück, das durch seine rinnenartige Form eine Anpassung an die darauf ruhenden Teile zeigt. Es kann demnach nicht zweifelhaft sein, daß wir es hier mit einer regelrechten Bestattung zu tun haben; die zahlreichen zerschlagenen Fragmente von Tierknochen überall in unmittelbarster Nähe des Skelettes können nur als Beigaben gedeutet werden . . .« Um den Schädel herum wurden »74 nach Form und Technik der Arbeit nicht bestimmt formulierbare Silexmanufakte, die aber alle ohne Ausnahme menschliche Arbeit zeigen«, geborgen, außerdem »10 ausgeprägte Artefakte von ganz bestimmter Form . . .«[45]

Einer der schärfsten Kritiker dieser Interpretationen war Hans Virchow. Der schlechte Erhaltungszustand der Gebeine gestattete es nach seiner Meinung nicht, auf eine Schlafstellung des Moustier-Menschen zu schließen. Außerdem wäre die angegebene Lage für einen Schlafenden untypisch. Darüber hinaus hielt es Virchow für unwahrscheinlich, daß man die Nase des Jünglings durch Steinplättchen eingefaßt und seinen Kopf auf ein »Pflaster« aus Feuersteinplatten gebettet hatte. Auf den Fotos von der Freilegung des Schädels sind aber sowohl die »Nasenstütze« als auch das »Kopfkissen« klar zu erkennen.

Virchow bestritt ebenfalls, daß der Jüngling bestattet worden sei, und andere Gelehrte schlossen sich ihm darin an. Sicher spielte dabei die Annahme eine Rolle, daß den Neandertalern für eine bewußte Bestattung ihrer Angehörigen noch die geistigen und sozialen Voraussetzungen fehlten. Weitere Entdeckungen von Altmenschen bewiesen jedoch den Vollzug von Bestattungsbräuchen, wobei mitunter nur die Schädel beigesetzt wurden. Warum man das tat, welche Vorstellungen man vom Tode und den Toten hatte und wie man sich ein eventuelles Weiterleben der Verstorbenen dachte, läßt sich aus den archäologischen Befunden kaum ablesen.

In der Geschichte von Wissenschaft und Forschung stößt man immer wieder auf das Phänomen, daß, wenn die Zeit dafür »reif« ist, bestimmte Entdeckungen, auf die man lange gewartet hat, gleich mehrmals gelingen. So verhielt es sich auch mit den Überresten von Neandertalern. Am 3. August 1908, kurz vor der Hebung des Mousteriensis, kam ein weiteres Altmenschenskelett in einer kleinen Höhle bei dem Ort La Chapelle-aux-Saints im Tal der Souroire zum Vorschein, eines Nebenflusses der Vézère im Departement Corrèze. Gefunden wurden die Gebeine durch die drei Abbés A. und J. Bouyssonie und L. Bardon. Sie sandten die Knochenreste an das Naturhistorische Museum nach Paris, wo sie dessen Direktor, Marcelin Boule, untersuchte und beschrieb. Der Tote war in einer Schicht aus dem Moustérien begraben worden. Seinen Kopf hatte man mit großen Knochen bedeckt, auf seiner Brust lag der Fuß eines Urrindes, und um ihn herum fanden sich Jaspis-, Quarz- und Rötelstücke. Während der Beisetzung des Leichnams waren also ebenfalls Riten oder kultische Handlungen vollzogen worden.

Über die aufschlußreiche Entdeckung drang zunächst nichts an die Öffentlichkeit. Vielleicht wollten die Geistlichen mit ihr keine besondere Aufmerksamkeit erregen. So gelangte die Nachricht von dem Fund erst im November nach Deutschland. Er war aber nicht weniger wichtig als Hausers Moustier-Mensch und sogar noch besser erhalten als dieser. Allgemein ist er unter der Bezeichnung »Der Alte von La Chapelle« bekannt geworden. In seinem Ober- und Unterkiefer steckte jeweils nur noch ein Zahn, während bei dem Jüngling von Le Moustier gerade das tadellose Gebiß auffiel. Dagegen haben bei dem »Alten« Schädelkapsel und Gesichtsskelett die Zeiten wesentlich vollständiger und stabiler überdauert.

Das war vor allem in Hinsicht auf die Rekonstruktion des Moustier-Schädels bedeutsam. Mit den ersten beiden Rekonstruktionsversuchen hatte Klaatsch große Mühe. »Die Zusammenfügung der Fragmente des Schädels zum Ganzen war eine mindestens ebenso mühsame Arbeit«, gestand er, »als es die Zerlegung gewesen war. Der überaus brüchige Konservierungsgegenstand war das geringere Hindernis; denn er konnte korrigiert werden durch Kochen in dicker Leimlösung; wodurch die Stücke eine steinharte Konsistenz gewannen; viel schlimmer war die schiefe ... Zerquetschung, welche der ganze Schädel und alle Teile noch einmal in sich durch den Erddruck erfahren hatten ... Die Folge war, daß eine korrekte Zusammenfügung, wie sie dem ursprünglichen Zustande entsprochen hätte, überhaupt unmöglich war.«[46]

Die beiden Rekonstruktionen, die Klaatsch vornahm, befriedigten deshalb weder ihn noch seine Kollegen. Dazu kam, daß er den Ober- und Unterkiefer des Jünglings zu »schnauzenartig«, das heißt zu weit vorspringend, wiedergab. Er hatte die Fundsituation vor Augen, die, wie die Fotos bezeugen, einen ganz ähnlichen Anblick zeigte. Wahrscheinlich sind beide Kiefer aus ihrer ursprünglichen Stellung etwas nach vorn verlagert worden. Was Klaatsch bei der Bergung sah und skizzierte, schien seine Hypothese zu bestätigen, daß die Mundpartie der Neandertaler vorsprang. Der Schädel des Alten von La Chapelle und andere Funde bewiesen jedoch, daß es diese vermeintliche »Prognathie« nicht gab.

Die unbefriedigende Zusammensetzung des Moustier-Schädels führte später zu weiteren Rekonstruktionsversuchen. 1912 wurde dazu eine Kommission unter Leitung von Prof. Kallius gebildet. Als nächster bemühte sich Konservator Krause vom Museum für Völkerkunde in Berlin um eine richtige Montierung. Dann beauftragte das Museum 1923 den Anatomen Prof. Dr. Hans Weinert, den Schädel auseinanderzunehmen und nach seinen Erkenntnissen sachgerecht wieder zusammenzufügen. Wegen dieser seiner Ansicht nach völlig unnötigen Arbeit geriet Hauser mit Weinert in Streit. Kritisch bemerkte er: »Wieviele Knochenteile früher zum Schädel gehörten, zeigen die Original-Photographien meiner vielen ersten Aufnahmen, und wie sehr heute das Fossilstück ›knochenarm‹ geworden ist, zeigt sein heutiger Zustand.«[47]

Professor Weinerts Rekonstruktion machte es nötig, auch das Gebiß neu zu ordnen. Damit wurde der Direktor des zahnärztlichen Instituts der Berliner Universität, Prof. Dr. Dieck, betraut. Seine Leistung wurde allgemein anerkannt; er beseitigte jedoch die Außenwände aller Zahnfächer, wodurch nun die Zähne bis zu ihrer Wurzel bloßlagen, was den Gesamtanblick des Schädels stark veränderte. Spätere Forschungen lassen vermuten, daß der Jüngling nicht zu den End-Acheuléen-Menschen von Hausers Station 44 gehörte, sondern zu einer Moustérien-Horde, die ihn dort in der älteren Schicht begraben hatte. Wann das war, läßt sich nicht mehr genau ermitteln. Die Schätzungen dazu schwanken zwischen 40 000 und 80 000 Jahren.

König der Dordogne

Hausers Kritik an bestimmten französischen Prähistorikern rief nun Peyrony auf den Plan. Im November 1908 prangerte der Lehrer Hausers Angaben über La Micoque in einem Zeitschriftenartikel an. Der Streitpunkt blieb im Grunde immer derselbe: Hatten auf dem Hügel Angehörige verschiedener altsteinzeitlicher Kulturen gewohnt, oder zeugten die Feuersteingeräte und Schichten nur von einer einzigen kulturellen Prägung? Peyrony und seine Verbündeten vertraten den zuerst genannten Standpunkt, Hauser verfocht den zweiten.

Die Angriffe Peyronys berührten ihn vermutlich nicht allzu sehr. Inzwischen war er Mitglied der Prähistorischen Gesellschaft Frankreichs geworden, was eine offizielle Anerkennung bedeutete. Ende August 1908 nahm er an dem Prähistorikerkongreß Frankreichs teil, der in Chambéry, der Hauptstadt des Departements Savoie, stattfand. Dort begegnete er seinen Gegnern Peyrony, Capitan, Breuil und Obermaier, aber auch Adrien de Mortillet, den er auf seiner Seite wußte. Paul Girod konnte offenbar wegen seiner Erkrankung nicht teilnehmen. Verärgert mußten Hausers Widersacher konstatieren, daß sich der Schweizer Kontrahent durchgesetzt hatte.

Nach Les Eyzies zurückgekehrt, widmete sich dieser einer Fundstätte westsüdwestlich von Le Moustier, »auf aussichtsreicher Höhe«[1] gelegen: Le Ruth, Grabungsstation 47 auf seinem großen Übersichtsplan. An dem Ort hatten schon mehrmals Untersuchungen stattgefunden, am gründlichsten durch Peyrony, und es ist bezeichnend, wie Hauser die Arbeit der Vorgänger tadelte: »Leider war hier in früheren Jahren arger Raubbau betrieben worden, und nur an wenigen Stellen konnten intakte Schichtungs-

---

[1] *Anmerkungen siehe Anhang am Schluß des Bandes*

verhältnisse bloßgelegt werden; ich mußte wochenlang in altem Schutt und Geröll aufräumen, ehe ich ein klares Bild über die stratigraphischen Verhältnisse von Le Ruth gewann.«[2] Die Grabungen der anderen waren nach dem Urteil der Konkurrenten immer schlecht.

Sich der einstigen Siedlung bei Le Ruth zuzuwenden, wird Hauser besonders gereizt haben. Dabei ging es nicht nur darum, ebenfalls präsent zu sein, wo Peyrony tätig gewesen war. Gerade Le Ruth erwies sich für die Lösung eines Problems als wichtig. Die Schichtenlage in Station 47 zeigte nämlich, daß auf das Moustérien als erste Kultur der jüngeren Altsteinzeit das Aurignacien folgte (nach einem Ort im Departement Haute-Garonne benannt), das an manchen Orten vom Solutréen und dieses schließlich vom Magdalénien abgelöst wurde. Girod hielt das Aurignacien jedoch für ein Nach-Solutréen und Anfangs-Magdalénien. Die Funde in Le Ruth widerlegten seine Ansicht. Er mußte das selbst eingestehen, als er am 15. April 1908 mit einer Kommission in Le Ruth weilte. Sicher war es für ihn deprimierend, in Anwesenheit von Breuil, Capitan, Peyrony, Boule und anderen seinen Irrtum und damit seine Niederlage bekennen zu müssen. Selbst Hauser bedauerte: »Girods Theorien konnten nicht alle aufrecht erhalten werden, ich selber ergrub ihm Beweise, die ihm eine Revision mancher seiner Ansichten nahelegten.«[3]

Zu seiner Freude fand Hauser in einem Steinbruch bei Le Ruth ebenfalls Skelette, freilich nicht aus dem Paläolithikum, sondern aus dem ersten Jahrtausend vor unserer Zeitrechnung, aus der »Eisenzeit«, wie er sagte. Die Gebeine kamen ihm gerade recht, weil er sie seinen Besuchern als Vergleichsmaterial vorweisen wollte. Aus dem gleichen Grunde sammelte er Schädel und Knochen neuzeitlicher Tiere und bemühte sich um ein vollständiges Pferdeskelett, was nicht ohne kuriose Folgen blieb. »Der Tierarzt hatte Auftrag«, berichtete er ironisch, »mir ein geeignetes Tier zu beschaffen, und als sich eine solche Gelegenheit bot, ließ ich den Pferdekadaver in meinem Garten begraben, um später das Skelett zu präparieren. Nun erhob in einem höheren Auftrage Peyrony einen Klageruf, er berichtete nach Paris und Bayern, daß ich nun auch noch neue Pferdezähne für alte verkaufen werde. So wurde mir das Leben angenehm gewürzt.«[4]

Wegen des Homo mousteriensis Hauseri hatte er eine Menge Post zu erledigen. In einem Brief an Hans Hahne vom 5. September 1908 erwähnte er, daß wegen des Schädels bereits drei Anfragen aus Deutschland und eine aus Amerika vorlägen. Noch könne er wegen des Verkaufs aber nichts entscheiden; erst müsse er die wissenschaftliche Bearbeitung abwarten. Dennoch bekräftigte er: »Ich bin sehr der Meinung, dass dieses wertvolle Stück Deutschland nicht verlassen soll und was ich in dieser Richtung tun kann, soll mit Freuden geschehen.« Die Chancen, den Mousteriensis ins kaiserliche Deutschland zu verkaufen, schienen am günstigsten. Zu deutschen Fachleuten und Museen hatte er die besten Verbindungen, und er rechnete vermutlich damit, daß sie die Gebeine schon aus Repräsentationsgründen erwerben würden.

Ihm war natürlich klar, daß über seine sensationelle Entdeckung um so mehr gesprochen wurde, wenn er Anschauungsmaterial darüber verbreitete. Deshalb stellte er Interessenten Diapositive zur Verfügung. Die Lichtbilder zeigten den Schädel während verschiedener Ausgrabungsphasen und als Rekonstruktion. Für eine breitere Öffentlichkeit bestimmt waren Postkarten, die den von Klaatsch zusammengesetzten Schädel von vorn und im Profil von links zeigten. Andere Postkarten stellten den Längsgraben von La Micoque und besonders bemerkenswerte Objekte aus Stein und Knochen dar. Solche Ansichten versandte er an zahlreiche Bekannte und an Persönlichkeiten, mit denen er in Verbindung zu treten wünschte. Ein kurzer, aufgedruckter Text machte die Empfänger mit der Nummer der betreffenden Station, ihrer kulturellen Zugehörigkeit und weiterer Einzelheiten bekannt. Um möglichst viele Adressen zu erhalten, fragte er seine Besucher, wen sie für eine Kontaktaufnahme empfahlen. Wie umfangreich seine Korrespondenz war, läßt eine Bemerkung in einem Schreiben an Emil Bächler vom 11. Februar 1910 ahnen: »Dieser Brief ist heute der 29. – drum die schöne Schrift.« Von 1907 bis 1914 schrieb er Tausende von Briefen und Postkarten, und sicher hat er nicht weniger erhalten.

Bis Mitte Oktober 1908 blieb er in Les Eyzies. Dann fuhr er nach Basel, gönnte sich dort jedoch ebenfalls keine Ruhe, sondern begab sich bald nach Deutschland. Am 5. November stellte er in Hamburg einem auserwählten Kreis die Knochenreste des Mousteriensis vor. Danach präsentierte er sie Fachleuten in Berlin und Frankfurt am Main. Der Hauptzweck dabei war, potentielle Käufer zu finden. Darüber hinaus empfand er vermutlich das starke Bedürfnis, als Entdecker der Gebeine bewundert zu werden und im Mittelpunkt allgemeiner Aufmerksamkeit zu stehen. Offensichtlich kam sein Selbstgefühl ohne solche »Öffentlichkeitsarbeit« nicht aus.

Die einzigen sachkundigen Schweizer, die den Homo mousteriensis im Original betrachten durften, waren Emil Bächler und der Arzt Dr. Ludwig Reinhardt, der über archäologische Entdeckungen und historische Entwicklungen Artikel und volkstümliche Bücher verfaßte. Daher konnte er Hauser bei der Propagierung seiner Ausgrabungen und Funde nützlich sein. Hauser stellte ihm Fotos und andere Unterlagen zur Verfügung, und Reinhardt schrieb als Gegenleistung mehrere Abhandlungen für verschiedene Zeitungen und Zeitschriften, darunter »Reclams Universum« 1909.

Nach Amerika streckte Hauser wegen des Skeletts ebenfalls seine Fühler aus. Bilder vom Schädel, Erläuterungen dazu sowie einen Fachartikel von Klaatsch über die wissenschaftliche Auswertung der Altmenschen-Überreste sandte er zum Beispiel an George Grant MacCurdy, den Kurator des Peabody Museums der Yale Universität in New Haven, Connecticut. Mit solchen Aktionen zielte er nicht nur auf mögliche Käufer, sondern ebenso auf Interessenten für seine Arbeit, von denen er sich finanzielle Unterstützung bei den Grabungen erhoffte.

Entdeckung und Bergung der Gebeine des Neandertalers von Le Moustier schreckten nun die französischen

Prähistoriker und Anthropologen auf. Wie Max Verworn waren sie der Meinung, der Staat müsse etwas zum Schutz der urgeschichtlichen Altertümer tun. Vor allem Peyrony, Capitan und Breuil dachten daran, durch eventuelle gesetzliche Regelungen Hausers Tätigkeit einzuengen oder zu unterbinden. Dieser bekam Wind davon, aber optimistisch teilte er Bächler am 27. März 1909 mit: »Bis jetzt merke ich nichts von Schwierigkeiten, die man mir bereiten möchte, ein Gesetz liegt in Arbeit, allein ich habe in Paris die ganze prähistor. Gesellschaft und Mortillet auf meiner Seite ... Die Anwendung eines Gesetzes wird sehr schwer sein, denn man kann nicht allen Bauern des Departements verbieten mit ihrem Boden zu machen was sie wollen! ... In der Dordogne bin und bleibe ich, ich habe hier mein eigenes Bureau und kleines Museum installirt, mit der Schweizerflagge auf dem Mast!!!« Das Museum stand am Straßenrand gegenüber seinem Standquartier. Es enthielt Schau- und Sammelkästen mit Artefakten und fossilen Knochen, die von Baumgartner gezeichneten Pläne, Fotos und Landschaftsaquarelle sowie Abgüsse seiner Skelettfunde.

Zwischen Hauser und dem Lehrer entspann sich nun ein Wettlauf um die Fundstätten. Um sie Hauser zu entziehen und damit langfristig staatlichen Untersuchungen zu sichern, wollte Peyrony Pachtverträge für 30 Jahre abschließen. Den Bauern schien das jedoch wenig vorteilhaft; lieber gingen sie auf Hausers Angebot ein und ließen sich von ihm die Pachtsumme für 4 Jahre bezahlen.

Auf diese Weise erwarb er sich das Recht, in einem Abri zu graben, den die Einheimischen Fongal nannten und der ihm ganz ungewöhnliche Entdeckungen bescherte. Der Ort liegt etwa 4 Kilometer östlich von Le Moustier in einem Seitentale der Vézère. Hier scharrte der Hund eines Trüffelsuchers nach den unterirdisch wachsenden Pilzen, sein Herr half nach und förderte dabei überraschend einige Feuersteingeräte zutage, von denen Hauser erfuhr. Fongal, nach seiner Zählung Station 48, lieferte ihm außer Erzeugnissen aus Stein bearbeitete Knochen mit merkwürdiger Ornamentierung, Dolche,

Amulette und durchbohrte Muscheln von einer Halskette. Noch viel wichtiger waren 3 Steinplatten aus Ablagerungen des mittleren Aurignacien mit archaisch wirkenden Gravierungen. Sie gehören zu den frühesten bildlichen Wiedergaben von Menschenhand! Zwei der Kalksteinplatten waren außerdem mit einer trichterförmigen Durchbohrung versehen. Bis heute sind diese beiden Steine einmalige Funde geblieben. Auf dem größeren von ihnen wurde wahrscheinlich ein männliches Glied abgebildet, dem man, im Zusammenhang mit der Durchlochung, einen Fruchtbarkeitssinn beimessen kann. Hauser schenkte diesen Stein, für den sich seltsamerweise kaum jemand interessierte, Anfang 1912 dem Germanischen Museum der Universität Jena. Dort befindet sich auch die nicht durchbohrte Platte, die am 10. Mai 1909 im Beisein von Dr. Ludwig Reinhardt und dessen Schwager entdeckt wurde.

Es war kein Zufall, daß Hauser häufiger als seine Rivalen ehemalige paläolithische Wohnstätten aufspürte oder dort weiterforschte, wo andere die Suche aufgegeben hatten. Er besaß einen schärferen Blick als seine Konkurrenten und vermochte die Örtlichkeiten besser einzuschätzen. Aus diesen Fähigkeiten entsprangen seine oft verblüffenden Erfolge. »Mir war immer eine besondere Vorliebe eigen für Fundstellen«, erläuterte er, »die sich eigentlich noch nicht als solche erwiesen hatten, oder die weniger gründliche Vorgänger links liegen ließen. Das waren auch immer mehr oder weniger versteckte Plätzchen, zu denen man nicht hinkam, wenn man der breiten Straße der ältesten Ursiedlungen nachging. Ein gewisses tiefes Einfühlen in die Urzeitverhältnisse mußte einem in den langen Jahren schließlich eigen werden; man lernte dadurch die verschiedenen Lokalitäten mit ganz eigenen Augen betrachten und prüfen . . .« [5]

Einer der besonderen Orte war Combe Capelle, 40 Meter über dem Tal der Couze bei Montferrand-du-Périgord und etwa 38 Kilometer südlich von Laugerie-Haute gelegen. Auf der kahlen Bergkuppe von Combe Capelle hatte der dort ansässige Müller Steinwerkzeuge entdeckt. Abbé

Breuil und andere durchforschten deshalb den einsamen Platz, ohne ihn völlig zu ergründen. Es reizte Hauser, dessen Fundplätze sich nun in einem Gebiet von 120–150 Kilometer Umkreis befanden, die Untersuchungen auf dem Berg fortzusetzen. Unter den Trümmern des eingestürzten Abris schien das Wesentlichste noch verborgen zu sein. Die einstige Siedlung zeichnete sich durch eine besonders günstige Lage aus. Ihr Felsdach öffnete sich nach Süden und schützte vor den kalten Nord- und Westwinden. Die nahe Couze bot das lebensnotwendige Wasser. Von Südwesten her war die Halbhöhle ohne große Mühe zu erreichen. Wegen solcher Vorzüge hatten sich schon Träger der Moustérien-Kultur an dem Ort niedergelassen. Jahrtausende danach folgten ihnen Horden des Aurignacien und Solutréen. Von dem Aufenthalt all dieser Menschen zeugten fünf verschiedene Ablagerungsschichten.

Drei prominente Besucher Hausers gruben im August 1909 in Combe Capelle, ohne zu bemerken, daß sie dabei einem Skelett bis auf wenige Zentimeter nahe kamen. Einer der Besucher war der Generaloberarzt Dr. Georg Wilke aus Chemnitz, wie Hauser Mitglied der von Gustav Kossinna gegründeten Deutschen Prähistorischen Gesellschaft. Humorvoll schilderte Hauser den ihm sehr sympathischen Arzt: »Der Fremdling aus Sachsen läßt sich auf der Holzbank am Tische nieder und klagt gleich sein Leid; er hat sich am Bahnhof Lyon den Magen verdorben, alte Tauben gegessen und Weißwein getrunken. Ich erkläre dem Medizinmann, daß man bei der großen Hitze hier in der Gegend nur roten Landwein trinkt und dabei gesund bleibt; unter meiner Pflege genaß er bald, und wir freundeten uns recht an. Nach 14 Tagen schied er ›mit Wehmut von diesem stillen idyllischen Erdenwinkel, wo ich die in großzügiger Weise und mit wissenschaftlichem Ernste betriebenen Ausgrabungen eingehend studiert habe‹.«[6]

Mit Dr. Wilke grub Hauser 2 Tage lang in glühender Sonnenhitze in Combe Capelle. Der Arzt staunte, daß unter zahllosen Fragmenten und unvollendeten Stücken nur selten ein fertiges, gut erhaltenes Steingerät auftauchte.

Für Hauser war das eine alltägliche Erfahrung. Die Käufer seiner Sammlungen ahnten meist nicht, welcher Aufwand an Zeit und Geld erforderlich war, um eine Kollektion charakteristischer Werkzeugtypen zusammenzubringen. Bei manchen Verkäufen hat er wohl mehr zugesetzt als verdient. Was Wilke während seines Aufenthaltes bei Hauser selbst fand, durfte er ohne Bezahlung behalten. Er war nicht der einzige, dem Hauser aus Freude über die Anerkennung seiner Arbeit solche Geschenke zueignete. Nur wenige Tage nach Wilkes Abreise kam dann in Combe Capelle das Skelett zum Vorschein. »Sie müssen dem Menschen geradezu an den Hühneraugen herumgekrabbelt haben − Pech«[7], schrieb Hauser dem Generaloberarzt in der ersten Freude über seinen neuen Fund.

Die nächsten Gäste, die dicht neben den Gebeinen nach Artefakten suchten, waren Max Verworn und sein Göttinger Kollege Prof. Heiderich. Einige Bemerkungen Verworns rücken ihn auch menschlich näher und sind noch immer ganz zeitgemäß. »Besonderes Interesse erweckte uns auf dieser Exkursion der Wirt des kleinen Gasthauses in Montferrand. Er war 1870 als Gefangener nach Deutschland gekommen und hatte 9 Monate in Glatz zugebracht. Gräßlich waren ihm nur die langen Märsche und das Kommißbrot gewesen. Jetzt dachte er ohne Bitterkeit an die Zeit zurück ... Aber wir kamen doch beide in dem aufrichtigen Wunsche überein, daß die friedliche Kulturentwicklung in Europa nie mehr durch einen Krieg zwischen unseren Ländern unterbrochen werden möchte.«[8]

Seit seinem letzten Aufenthalt an der Vézère, bemerkte Verworn, hatte »der Fremdenverkehr ... das stille Tal mehr und mehr erobert. An dem runden Tische bei Madame Berthoumeyrou waren wir niemals allein. Prähistoriker und Maler wechselten fortwährend ab.«[9] Auch die Kehrseite dieser Entwicklung verhehlte der Physiologe nicht. So ließ die kleine Höhle von Les Eyzies, in der Abel Laganne erstmals Renknochen entdeckt hatte, »die Spuren des regen Besuchs von Prähistorikern deutlich erkennen. Es war in der Höhle und auf der Terrasse davor kein

Quadratmeter Erde mehr vorhanden, der nicht in den letzten Tagen vor unserem Besuch durch und durch bis auf den Felsen umgewühlt gewesen wäre. Die Aussicht auf neue Funde ist für immer erloschen.«[10] Er gehörte freilich selbst zu den »Wühlern«, die gern mitnahmen, was sich ihnen bot.

Deshalb frischte er seine Bekanntschaft mit dem Klempner Raymond Peyrille wieder auf, einem einheimischen Ausgräber, der, als Konkurrent von Hauser und Peyrony, seine Funde an die Besucher des Vézèretals verkaufte. Nun untersuchte er im Auftrag von Dr. Gaston Lalanne, einem Nervenarzt aus Le Bouscat im Departement Gironde, den gewaltigen Abri Laussel östlich von Les Eyzies im Beunetal. Nach Hausers Vorbild legte Peyrille 1908 in Laussel einen Profilgraben an, in dem die abgelagerten Schichten vom älteren bis zum jüngeren Paläolithikum wie in einem Bilderbuch sichtbar wurden.

Zu Peyrony knüpfte Verworn seine Verbindungen ebenfalls fester, und er fand die Plauderstunden mit dem Lehrer, »der sich durch seine zahlreichen ausgezeichneten Arbeiten einen hervorragenden Namen in der Prähistorie gemacht hat«, sehr anregend. Seine »Sammlung, die ich in ihren ersten Anfängen bereits kennengelernt hatte, ist heute eine umfangreiche Lokalsammlung von höchstem Interesse geworden, die zahlreiche Stücke von bedeutendem Werte birgt. Mehrere der von ihm mit feiner Beobachtung und großer Sorgfalt ausgegrabenen Stationen sind in reichen Serien vertreten und wurden uns von dem liebenswürdigen Besitzer in seiner ruhigen sympathischen Weise mit größtem Entgegenkommen erläutert.«[11]

Diese Bemerkungen Verworns stießen bei Hauser sicher auf wenig Gegenliebe. Aber es war so: Peyrony hatte gleichfalls nicht geruht, sondern zäh und ausdauernd die Urgeschichte seiner engeren Heimat erforscht. Das Finderglück stand ihm kaum weniger zur Seite als seinem Schweizer Konkurrenten. Ende August 1909, als Wilke, Verworn und Heiderich bereits abgereist waren, ereignete sich wiederum jene merkwürdige Duplizität der Fälle wie schon ein Jahr vorher bei der Entdeckung des Jünglings von Le Moustier und des Alten von La Chapelle-aux-Saints. In La Ferrassie, einem Ort unweit von Le Bugue südwestlich von Les Eyzies, legte Peyrony 4 Meter unter der Erdoberfläche menschliche Knochen frei. Er brach die Grabung sofort ab, um sie erst, wie es Hauser getan hatte, in Gegenwart einer Fachkommission fortzusetzen. Ihr gehörten unter anderem Boule und Capitan sowie die Abbés Breuil, Bouyssonie und Bardon an. Der Lehrer hatte also seine Verbündeten um sich geschart. Sie bargen die Überreste eines Neandertalers, der während der Moustérien-Periode bestattet worden war. Im folgenden Jahr fand Peyrony in La Ferrassie Gebeine, die vermutlich von einer Frau stammten, und später noch die Skelette von 4 Kindern. Die ehemalige Altsteinzeit-Niederlassung enthielt demnach ungewöhnlich viele menschliche Überreste.

Während der Lehrer Ende August 1909 in La Ferrassie das Neandertaler-Skelett feststellte, hatte sich am 26. August Hausers zweiter Vorarbeiter Laganne in Combe Capelle »lange umsonst bemüht, einen ›dunkelbraunen Stein‹ mit dem Pickel zu heben; er griff zu unserem Universalinstrument, dem Kratzer, um das Hindernis rings zu lösen, als er erschrocken in die Höhe schnellte: ›Ein Mensch, ein Mensch!‹ Schnell wurde der ›falsche Stein‹ zugedeckt, gesichert und mir telegraphiert; die Leute begannen, meinen früheren Weisungen gemäß, 6 Meter von der Fundstelle weiter zu arbeiten, um auf keinen Fall die Erde im Gebiet des Schädels zu stören.«[12]

»Ich war«, erzählte Hauser, »an jenem Tage bis spät in den Abend hinein mit Schichtenstudien und Profilaufnahmen auf einer in entgegengesetzter Richtung 80 Kilometer entfernt liegenden Ausgrabungsstelle beschäftigt gewesen. Zu Hause angekommen, fand ich das Telegramm, das begreiflicherweise Spannung und Freude auslöste. Es war zu spät, in der gleichen Nacht noch zur Fundstelle zu eilen; auf die Zuverlässigkeit meiner ersten Arbeiter konnte ich mich absolut verlassen ... Ich durfte also den neuen Fund getrost über Nacht der Obhut meiner Vertrauensleute anheimstellen. Im voraus wußte ich, daß sie von dem entdeckten Schädel unter keinen Umständen mehr bloß gelegt hatten, als eben nur gerade notwendig war, um ihr Telegramm zu begründen. Die dritte Morgenstunde des folgenden Tages sah mich schon unterwegs, und kaum dämmerte der Tag, als ich mit meinem treuen Traber im entlegenen Montferrand eintraf.«[13]

Hier überzeugte er sich, daß der Schädel erstaunlich gut erhalten war und daß um ihn herum durchlochte Muscheln lagen. Die Schicht, die den Schädel umgab, war durch Artefakte als Ablagerung des Aurignacien gekennzeichnet. Einen Neandertaler hatte er deshalb nicht vor sich, sondern Reste eines Menschen, der zu Beginn der jüngeren Altsteinzeit gelebt hatte.

Anders als bei der Entdeckung des Homo mousteriensis rief Hauser diesmal keine Kommission zusammen, und er verschickte auch keine Einladungen zur Hebung der Gebeine. Er fühlte sich seiner Sache sicher genug, um diesmal auf eine amtliche Begutachtung verzichten zu können. Bekannt geworden war er nun ebenfalls; deshalb schien es ihm nicht nötig, durch Einladungen noch besondere Aufmerksamkeit zu erregen. Trotzdem wollte er die Gebeine nicht allein ausgraben, sondern mit Hilfe eines Zeugen. »Die Stelle, wo ich den Schädel konstatiert hatte«, schrieb er, »schütteten wir gut und sicher mit Steinen und Erde zu. Meine beiden Vertrauensmänner blieben am Platze beschäftigt ... Zugleich konnte ich mit der vollen Überzeugung, daß wir wieder vor einem großen anthropologischen Fund standen, meinem hochverehrten Meister, Herrn Professor Klaatsch, telegraphisch Nachricht geben und ihn bitten, seine schon beim vorjährigen Fund bewährten Dienste auch der neuen Entdeckung zu widmen.«[14]

Dabei verschwieg Hauser, daß er in Wirklichkeit zuerst Emil Bächler am 27. August von Les Eyzies aus ein Telegramm sandte: »Soeben ein menschliches Skelett in Combe Capelle entdeckt, bitte kommen, sehen, schnell.«[15] Bächler wollte Anfang September sowieso in die Dordogne fahren; nun beschleunigte er seine Abreise. Über seinen Aufenthalt bei Hauser und über alles, was sich dort im Zusammenhang mit dem Skelett abspielte, berichtete er in seinen bisher unveröffentlichten »Erinnerungen aus einem Forscherleben«. Es handelt sich um noch völlig unbekannte Details.

Bächler erläuterte: »Das Telegramm Hausers alarmierte mich ... Ich hatte rasch gepackt ... In Périgueux holte mich Hauser ab; wir fuhren nach Les Eyzies de Tayac und in seine Forscherstation Laugerie-Haute, wo ich auch von Frau Hauser bewillkommnet wurde ... In frühester Morgenstunde fuhren wir (Hauser, ich und ein Arbeiter) im bekannten südfranzösischen Zweiräder mit Pferd nach dem wohl 1 1/2 Stunden entfernten Montferrand, einem kleinen Städtchen, wo das Fuhrwerk eingestellt wurde. Von hier gings zum nächsten Hügel hinan, dessen Krone von einer langgezogenen Felswand geziert war. Am Fusse dieser, wo einst eine Kapelle gestanden hatte (daher der Platz ›Combe Capelle‹), lag der Fundort des neuen Skelettes, mitten in einem grossen geöffneten Grabungsprofil. Ein grosser danebenliegender Schutthaufen wurde sachte auseinandergenommen, bis zu einem geflochtenen Korb (›Zaine‹), der sich darunter befand. Unter diesem folgten Tücher und als diese abgehoben, gelangte deutlich sichtbar der auf der rechten Seite liegende, nur mit dem Scheitelbein freiliegende Schädel zum Vorschein.«

»Schon der erste Blick, den ich auf den Schädel tat, gab mir die Gewissheit, dass es sich nicht um eine neandertaloide Form oder um einen zweiten Homo Mousteriensis, sondern um etwas Jüngeres im Typus von Galley-Hill und Brünn handle.«[16] (Galley-Hill ist ein Ort bei Northfleet in der Nähe von London, wo 1898 in Sanden des Themsetales Skelettreste zutage traten. Der dort gehobene Schädel zeichnete sich durch seine Schmalheit, Länge und Höhe aus. Solche Merkmale wies ebenfalls der Schädel eines Mannes auf, dessen Gebeine 1891 bei Schachtarbeiten in der mährischen Stadt Brünn gefunden wurden.) »Meine provisorischen Messungen mit Bogenzirkel und Schieblehre«, fuhr Bächler fort, »und der rasch berechnete Index bestätigten die Annahme, und die nun sachte vorgenom-

144

mene Freilegung des ganzen Stirnbeins und des stark zu-
rückgeschobenen Unterkiefers, wobei sich nur ein schwa-
cher Stirnwulst (torus supraorbitalis) und kein zurück flie-
hendes Kinn (sondern ein neutrales) nachweisen liess,
waren der Belege genug für meine erste Annahme. Jetzt
untersuchte ich genau die Fundstelle des Skelettes, das
vollständig (mit Ausnahme der Füsse) im unzweifelhaften
Horizonte des Aurignaciens (nicht des Moustériens oder
Acheuléens) lag, so dass auch hier vollständige Uebereinstimmung mit dem anthropologischen Befunde bestand.

Und nun eröffnete ich Hauser, der mich eigentlich hierher gerufen hatte, damit ich Zeuge und Mitarbeiter bei
der Hebung des gesamten Skelettes sei, klipp und klar
meine Ansicht: ›Hauser, wir stehen da abermals vor einer
äusserst wichtigen Neuentdeckung, dem Homo des fortgeschritteneren Aurignacien-Zeitalters; das ist der erste
derartige Fund in relativ schönster Erhaltung. Er ist so
fundamental kostbar, dass nur ein erster und kompetente-
ster Fachmann der Diluvial-Anthropologie die wissenschaftlich einwandfreie Hebung vornehmen darf. Eine
solche Kompetenz steht mir nicht zu. Rufen Sie Schwalbe
in Strassburg oder dann wieder Ihren Meister Klaatsch in
Breslau; das sind diejenigen Autoritäten, die hier zu arbeiten haben.‹ Hauser entgegnete mir: ›Schwalbe liegt
schwerkrank darnieder, Klaatsch kann nicht weg, weil er
an einem grossen Werk arbeitet.‹ ›Gut‹, sagte ich, ›Sie tele-
graphieren sofort von Montferrand an Klaatsch ›Neuer
Homo im Aurignacien gefunden‹ und geben meine zwei
Zahlen (Indices) an. Das wird bestimmt einschlagen und
ihn augenblicklich auf- und davonfahren lassen.‹«[17]

Auf Grund des Telegramms kam Klaatsch tatsächlich.
Er traf am 11. September, einem Sonnabend, um 4 Uhr
morgens in Périgueux ein. Der Zug hielt schon einige Zeit
– doch der Professor erschien nicht. Nach der langen
Fahrt war er fest eingeschlafen und mußte erst geweckt
werden. Zunächst wollte er im Hotel etwas ausruhen.
»Aber keine drei Minuten dauerte es, da klopfte er mir an
der Verbindungstür zu meinem Zimmer. ›Wir wollen
nicht schlafen, wir wollen plaudern; wie war's denn, wie

sieht der Schädel aus, wo liegt er, was halten Sie davon, wann kann ich ihn sehen ...?«[18]

Von Ungeduld getrieben, beschlossen beide, »mit dem ersten Licht des neuen Tages loszufahren. Noch dämmerte kaum grauroter Schimmer über den Höhen, als ich meinen Wagen aus der Stadt auf die ländliche Straße lenkte. Etwas über eine Stunde, und der taufrische steigende Morgen sah uns schon in der Laugerie-Haute ... Vor einem Jahr hatten wir hier den Schädel des Homo Mousteriensis aus Hunderten von kleinen Stücken über eine Form von Plastilin gelegt, hatten gezeichnet, gerechnet, photographiert und dann der Welt den Fund gemeldet. Nun ward der Eingang mit Kränzen geschmückt, ›Willkommen‹ stand über der Türe. Auf dem Arbeitstischchen lag der Abguß des Jünglings von Le Moustier, die fliehende Stirn mit Lorbeer gekrönt – der große Gelehrte dankte gerührt.«[19]

Den Empfangsgruß hatte Bächler arrangiert, dessen Anwesenheit Hauser bis zur Ankunft im Standquartier verschwiegen hatte. »Es ist immer ein erwartungsvoller Moment«, erinnerte sich Emil Bächler, »wenn Forscher, die längere Zeit miteinander korrespondierten, nun auch die persönliche Bekanntschaft machen. Wir beide waren schnell beisammen und die intuitiv rasche Art von Klaatsch gefiel mir riesig, zudem man bei ihm keine Spur von deutschem Dünkel und Ueberheblichkeit vorfand. Er hasste die ›Grossmäuler‹ und erging sich über sie in bitterster Ironie.«[20]

Bächler überraschte Klaatsch mit der Erklärung: »Sie haben es eigentlich mir zu verdanken, dass Sie hier sind und nun die Ehre und die Freude haben, nochmals einen Homo dem x-tausendjährigen Grabe zu entnehmen, ihn auferstehen zu lassen zu einem lebendigen Zeugen der Menschwerdung. Solch grosse, gewichtige Arbeit steht nur gekrönten wissenschaftlichen Häuptern zu, weshalb sich meine Wenigkeit bescheiden in den Hintergrund drückt. Ich sehe voraus, dass die wissenschaftliche Bearbeitung des Homo Aurignacensis Herrn Prof. Klaatsch die wohlverdiente Ernennung zum Geheimrat eintragen

146

wird.« (Was dann wirklich erfolgt ist!) Aber noch mehr: »Ich eröffnete Herrn Prof. Klaatsch meinen unabänderlichen Entschluss, bei der Hebung und Bergung des Skelettes <u>nicht</u> dabeisein zu wollen, sondern ihm und Hauser allein diese wichtige Mission zu überlassen. Ich stiess auf keinen Widerspruch, und so hatte ich denn während zwei Tagen die feine Gelegenheit, mir das Vézèretal in seiner ganzen packenden Gestaltung auch <u>allein</u> zu beschauen . . .«[21] Hausers Angabe: »Museumsdirektor Baechler von St. Gallen hatte sich uns zu dem wichtigen Gange angeschlossen«[22], stimmt demnach nicht. Bächler zeichnete jedoch das Profil von Combe Capelle. Als Datum ist dafür der 12. September vermerkt. Diesen Tag nannte Hauser mitunter auch als Datum für die Bergung des Skeletts. Sie erfolgte aber bereits am 11. September. –

An jenem Tage verstaute Hauser nach dem Frühstück in Laugerie-Haute »alle notwendigen Utensilien« in dem gemieteten Auto, und schon ging es weiter »zur neuen Tat – zum neuen Funde . . .«[23] »Von weitem schon grüßten die drei vertrautesten Arbeiter, die ich am Platze zurückgelassen hatte . . . Nun wurde der Schutzwall entfernt. Bis zu den Brettern, die ich sorglich über den Fund gepackt, lag bald alles frei. Ein Augenblick höchster Spannung – ich hob die Bretter, strich mit leichter Hand die Erde vom Schädel, von Stirn und Gesichtsskelett des alten Toten – und sah nun auf meinen Meister und Lehrer. ›Donnerwetter, das ist ja großartig, das ist nicht Le Moustier, das ist ganz was anderes, es ist etwas Neues‹, war alles, was Klaatsch sagte . . .

Ich überließ die Bloßlegung des Fundes zumeist Professor Klaatsch. Die von ihm freigelegten Stücke sammelte ich in bereitgehaltene Kistchen und nahm ein genaues Fundprotokoll über die kleinsten Einzelheiten auf. Mit meinem großen Apparat hielt ich die einzelnen Phasen der Aufdeckung im Bilde fest und fertigte an die 40 Photographien. Auf diese Weise konnte man sich nachher die Reihenfolge der zum Vorschein gekommenen Teile genau wiederherstellen und hatte zugleich ein unantastbares Zeugnis für die Lagerung des Fundes . . .[24]

In sehr mühevoller und sorgfältiger Arbeit löste Klaatsch schließlich den ganzen Schädel vom Erdreich los. Nun erst sah man den Unterkiefer recht deutlich und damit auch die großen Unterschiede vom vorjährigen Menschenfunde. Hier in Combe Capelle einen Menschen mit wirklich menschlichem Aussehen. Die Stirne wohl ausgebildet, die Augenhöhlen nicht mehr so schreckhaft groß und rund, die Nasenöffnung normal. Beim Homo Mousteriensis aber tiefliegende große Augenlöcher, eine fliehende Stirne... Das Hinterhaupt des neuen Fundes nicht mehr so weit ausladend wie in Le Moustier. Die Zähne in schönerer Form als beim Neandertaler, und dann das Kinn wie beim heutigen Europäer wohl ausgebildet und nicht mehr nach hinten weichend. Das waren die augenfälligsten Unterschiede beider Schädel...[25]

Das Skelett schien unmittelbar unter der Abtropfzone des Abri zu liegen, d. h. da, wo das Wasser vom überhängenden Felsdach zu Boden gefallen war. Einige Erdstellen waren daher ganz versintert. Wir erkannten erst später, daß dieser Umstand eigentlich die glänzende Erhaltung des Skelettes verursacht hatte. Bei der Auflösung des toten Körpers ging die Leimsubstanz in den Knochen verloren. Das langsam einsickernde Kalkwasser hat sie ersetzt und dadurch den Fund so gut konserviert...

Unter der Brustgegend senkte sich der Boden etwas, und da, wo das Kreuzbein gelegen hatte, war eine 6 Zentimeter tiefe Ausbuchtung im felsigen Grund angelegt und ging etwa 40 Zentimeter weit. Die Breite dieser kleinen Grube betrug zwischen 8 und 10 Zentimeter. Teile der Kreuzbeinwirbel lagen fest versintert in der Vertiefung.

Diese Feststellung ist von großer Bedeutung. Die kleine Grube kann nur künstlich angelegt worden sein, und sorgfältig ist darin der mittlere Körperteil gebettet worden. Somit konnte der Mensch von Combe Capelle nur bestattet worden sein. Gerade so sorgfältig wie den Homo Mousteriensis hatten die Überlebenden auch den Toten von Combe Capelle beigesetzt.«[26] Vermutlich war er mit zusammengeschnürten Füßen in Hockstellung ins Grab gelegt worden. Hauser glaubte, daß man durch die Fesselung eine befürchtete Wiederkehr des Toten verhindern wollte.

Die Ausgrabung hatte mehrere Stunden gedauert. Mit dem Verlauf und dem Ergebnis der Bergung konnten Klaatsch und Hauser zufrieden sein. In gemeinsamer Anstrengung war ihnen die Hebung der Gebeine erstaunlich gut und reibungslos gelungen. Aus eigener Erfahrung rühmte auch Dr. Georg Wilke das gelungene Werk: »Man muß die Fundstelle selbst gesehen und selbst dort gegraben haben, um die enormen Schwierigkeiten voll würdigen zu können, die das Herauspräparieren der morschen und gebrechlichen Skelettreste aus dem harten Kalksteine verursacht haben muß.«[27]

Sobald Klaatsch und Hauser nach Laugerie-Haute zurückgekehrt waren, »begann«, schrieb Bächler, »an grossen Tischen das sorgsame Säubern der Skelettknochen sowie ein erstes anthropologisches Vermessen. Zu beiden Arbeiten lud mich Klaatsch aufs freundlichste ein, ich machte sofort mit und staunte einmal ums andere über die solennen Interpretationen dieses Anthropologen, der eine fabelhafte Fertigkeit im Messen und der Indexberechnung an den Tag legte. Ich gewann dabei wissenschaftlich in zwei Stunden mehr als in einem halben anthropologischen Semester. Rasch wurden die Unterschiede zwischen Homo neandertalensis und Homo aurignacensis fixiert; der famose Erhaltungszustand von Schädel und Extremitäten des letzteren, wo sozusagen nichts der Rekonstruktion bedurfte, machte die Untersuchung wesentlich rascher und genauer als da, wo immer wieder Teile fehlen.«[28]

Den Breslauer Professor charakterisierte Emil Bächler als genußfreudigen Gelehrten: »Wieviele Flaschen Champagner und wieviele Vézèrehühner er konsumierte, entzieht sich meiner Kenntnis, da ich mich stets früh zu Bette begab oder noch auf meinem Zimmer Tagesnotizen bereinigte ...« Beim Abschied bedankte sich dann Frau Hauser, »dass ich im lukullischen Geniessen nicht in Konkurrenz mit den beiden anderen Männern getreten sei.« [29] Sie

wird mit ihrem Mann und seinen Gästen so manche Last
gehabt haben. –

Emil Bächler war von Hausers Grabungen im Vézèretal
tief beeindruckt: »Sämtliche Profile zeugen von einer
außerordentlichen Gewissenhaftigkeit, von minutiöser,
vorbildlicher und mustergültiger Arbeit, die Herr Hauser
mit seinem seriösen und ganz vorzüglich geschulten Ar-
beitspersonal und unter Anwendung vortrefflichster Ar-
beits- und Grabungsmethoden vorgenommen hat . . .«[30]
Und Hermann Klaatsch fügte mit Bezug auf die Entdekkung in Combe Capelle hinzu:

»Das wissenschaftlich Wichtigste an diesem Fund ist,
daß er das Ergebnis systematischer, zielbewußter, strati-
graphischer Grabungen ist, wie sie in einem solchen großzügigen Maßstabe niemals zuvor im Paläolithikum geübt
worden sind. Bei solchem Vorgehen hört das Spiel des
Zufalls auf. Fast allen früheren Entdeckungen fossiler
Menschenreste, die nicht den Neandertaltypus an sich tragen, haftete der Fluch an, daß immer wieder Bedenken in
die Ungestörtheit der Schicht erhoben wurden. Mangel-
hafte Technik war hieran die Schuld. Gegenüber der peinlich genauen Schichtforschung, die Herr Hauser auf allen
seinen Stationen durchführt, fallen solche Einwände alten
Stiles fort . . .«[31]

Bächler und Klaatsch waren in besonderer Weise für
solche Urteile kompetent. Ersterer war selbst Archäologe
mit eigener Ausgrabungspraxis; er kannte sich also in der
Materie aus. Bereits 1906 hatte er sich mit einer Besucher-
gruppe, der auch Marcelin Boule und Henri Breuil angehörten, im Vézèretal aufgehalten. Anders als Hauser bemühte er sich um ein respektvolles Verhältnis zu Obermaier und Breuil, aber das trübte ihm nicht den Blick für
die Leistungen seines Landsmannes. Drei Jahre nach seinen ersten Studien in der Dordogne sah er, was Hauser
inzwischen alles in Angriff genommen und vorangebracht
hatte, in welchem Umfang und mit welchem Elan er dabei zu Werke ging. Bewundernd stellte er fest, daß der
Kollege »ein kleiner Regent über Grund und Boden«[32] geworden war.

Auch Klaatsch wußte in archäologischen Belangen gut Bescheid. Auf seinen zahlreichen Reisen hatte er darüber viel gelernt und eine Menge Erfahrungen gesammelt. Die Fundstätten und die weitgespannten Pläne Hausers imponierten ihm so, daß er ihn, vollmundiger als Bächler, als »König der Dordogne«[35] bezeichnete. Auf Grund des ausgedehnten Pachtgeländes und der im echten Sinne des Wortes sensationellen Entdeckungen und Erfolge Hausers war dieser »Titel« nicht einmal so unberechtigt. Hauser »war nun wer«; das steigerte sein Selbstbewußtsein und erfüllte ihn mit Stolz und Genugtuung.

Vor allem Klaatsch hatte Grund, Hauser sehr dankbar zu sein. Schon zum zweiten Male lieferte ihm dieser ein fossiles Skelett für seine anthropologischen und vergleichend-anatomischen Forschungen. Er durfte als erster die Neufunde wissenschaftlich bearbeiten und befand sich damit gegenüber seinen Kollegen im Vorteil. Die Gebeine von Combe Capelle, die schätzungsweise ca. 35 000 Jahre alt sind, waren sogar noch bedeutsamer als zunächst gedacht. Sie stammten von einem 40–50jährigen, etwa 1,60 Meter großen Mann, der an der Schwelle zur jüngeren Altsteinzeit gelebt hatte. Nach der Fundschicht und dem Finder taufte ihn Klaatsch »Homo aurignacensis Hauseri« (der Aurignac-Mensch Hausers). Ein Abkömmling von Neandertalern konnte er nicht gewesen sein, dafür waren die Abweichungen zwischen den Schädeln und den Gliedmaßen des »Alt«- und »Neumenschen« zu groß. Der Homo aurignacensis repräsentierte den frühesten Vertreter einer Rasse, deren Körperbau keine prinzipiellen Unterschiede mehr zum Heutmenschen aufwies! Noch niemand hatte bis dahin ein so gut erhaltenes Skelett eines Aurignac-Jägers entdeckt! (Neuerdings ist jedoch die Meinung vertreten worden, man hätte den Mann von Combe Capelle zwar in die Schicht des unteren Aurignacien gebettet, er gehöre aber wahrscheinlich zum mittleren oder oberen Aurignacien und sei damit kulturell wie zeitlich jünger als zunächst angenommen.)

In bezug auf seine geistigen Fähigkeiten stellte der Aurignac-Mensch gegenüber dem Neandertaler ein weitaus

fortgeschritteneres Entwicklungsstadium dar. Seine höhere Stirn deutete auf eine Vergrößerung des Vorderhirns
hin, in dem sich die abstrakten Denkprozesse abspielen.
Von der Freude an Schmuck zeugte das Halsband aus
Muscheln, die wohl auf dem Tauschwege von den Gesta-
den des fernen Atlantischen Ozeans in die Dordogne gelangt waren. Die Menschen des Aurignacien vermochten
bereits Kunstwerke zu schaffen und sie, wie die Durch-
bohrungen der von Hauser in Fongal gefundenen Steinplatten vermuten lassen, mit bestimmten kultischen oder
magischen Handlungen zu verbinden. Solche Praktiken
beruhten auf einem Weltbild, das, so naiv es auch gewesen sein mag, dennoch den Beginn eines Bemühens markierte, die Umwelt und die eigene Rolle in ihr zu begreifen.

Nach Untersuchung der von Hauser gefundenen beiden
Skelette entwarf Klaatsch eine kühne Hypothese, mit der
er sein Kombinationsvermögen unter Beweis stellte, die
jedoch zugleich sein weit vorauseilendes Denken charakterisierte, das sich nicht immer auf ein hinreichendes Faktenmaterial stützte. Seine Ansicht, der zum Menschen hin-
führende Entwicklungszweig habe sich schon sehr früh
vom Urstamm der Säuger getrennt, modifizierte er nun
unter dem Eindruck der Skelette von Le Moustier und
Combe Capelle. Von Anfang an hätte es nicht nur einen
solchen Zweig gegeben, sondern mehrere Entwicklungsli-
nien. Irgendwo entstanden, gliederten sich diese in einen
Oststrom und in einen Weststrom auf. Innerhalb des Ost-
stroms bildeten sich aus gemeinsamen Vorfahren sowohl
Orang-Utans als auch jene Menschen heraus, die heute
in Südostasien, der Südsee und in Australien leben. Zu
ihnen gehörten nach Meinung Klaatschs einst die Aurig-
nac-Jäger, deren Skeletteile die entfernte Verwandtschaft
mit den Orang-Utans bewiesen. Aurignac-Sippen seien
am Ende der mittleren Altsteinzeit aus Asien nach Europa
eingewandert.

Der Weststrom hätte einerseits zur Ausprägung der Gorillas, andererseits zur Entwicklung der Neandertaler und
der gegenwärtigen negroiden Bevölkerung Afrikas ge-

führt. Neandertaler und Gorillas zeigten ebenfalls noch ursprüngliche verwandtschaftliche Zusammenhänge. Über Afrika gelangten die Neandertaler nach Europa, wo die schlankeren, behenderen, fortgeschritteneren Aurignac-Menschen auf sie trafen. In dem Konkurrenzkampf behielten die Aurignaciens die Oberhand, sie nahmen sich die Frauen der Neandertaler und zeugten mit ihnen Kinder.

Der Eiszeitjäger von Combe Capelle verkörperte nach Ansicht Klaatschs noch den eingewanderten Aurignac-Typus in Reinkultur. Darauf beruhte seine einzigartige Bedeutung. Hatte tatsächlich eine Vermischung von Aurignac-Menschen und Neandertalern stattgefunden, mußte sich das an anderen Skeletten nachweisen lassen. Deshalb fuhren Klaatsch und Hauser nach Bergung der Gebeine in Combe Capelle nach Périgueux. Hier wurden im Museum menschliche Knochen aufbewahrt, die 1888 nordwestlich der Departementshauptstadt bei dem Ort Chancelade gefunden worden waren. Der Chancelade-Mensch offenbarte nach Klaatsch tatsächlich Merkmale des Neandertalers, was ebenso für die Jäger von Crô-Magnon galt, deren Überreste 1868 beim Bau der Eisenbahnstrecke in dem gleichnamigen Abri zum Vorschein kamen. Nunmehr, glaubte Klaatsch, waren viele Rätsel in der Entwicklungsgeschichte der Menschheit gelöst.

Seine Untersuchungen und Schlußfolgerungen erregten die Fachkollegen und die interessierten Laien. Bald wurde aber Widerspruch laut, paßten doch manche Fakten nicht so recht in den kühnen Entwurf, dem es noch an weiteren Beweisstücken mangelte. So großartig konzipiert die vermeintlichen Entwicklungswege auch waren, so wurden sie doch durch Funde während der folgenden Jahrzehnte korrigiert. Die Hypothesen Klaatschs zählten zu den fruchtbaren Irrtümern, die zur Klarstellung anregten und zur Wahrheitsfindung beitrugen. Heute weiß man dank zahlreicher Neuentdeckungen, daß sowohl die Neandertaler wie die Jäger von Combe Capelle, Chancelade, Crô-Magnon, Brünn, Galley-Hill usw. auf ein sehr altes Entwicklungsstadium zurückgingen, das vom Homo erectus, dem aufrecht gehenden Menschen, repräsentiert wurde. Er trat bereits vor etwa 1,5 Millionen Jahren in Erscheinung. Vielleicht vor ca. 300 000 Jahren zweigten sich aus der Homo-erectus-Bevölkerung Gruppen ab, die sich in Richtung auf die eigentlichen Sapiens-Typen und die Neandertaler entwickelten. Letztere verkörperten einen speziellen Zweig, der schließlich in einer Sackgasse endete.

Was die Bergung des Skeletts von Combe Capelle betrifft, fand niemand etwas zu bemängeln, ganz im Gegensatz zur Hebung des Mousteriensis. Bei der Auswertung des Fundes beachteten Klaatsch und Hauser jedoch einige wichtige Details nicht. Am rechten Oberarm, den Oberschenkeln, an einem Beckenfragment und einem Mittelfußknochen sind nämlich Verletzungsspuren zu sehen, die ohne Zweifel durch Schneidwerkzeuge sowie meißel- und pfriemenartige Geräte hervorgerufen wurden. Offenbar ist der Leichnam des Mannes zerstückelt worden. Bestimmte Teile hat man dann eventuell verspeist. Seltsamerweise erhielten die Gebeine des Toten dennoch ein sorgfältiges Begräbnis, wobei man sie in der von Hauser und Klaatsch beschriebenen Lage aneinanderfügte. Das kann nur aus rituellen Gründen geschehen sein.

Nach berlin gehen diese Schätze

An Glückwünschen zur Entdeckung des Skeletts in Combe Capelle fehlte es auch dieses Mal nicht. Als besondere Ehrung empfand Hauser, daß ihm der Altmeister der Abstammungslehre, Ernst Haeckel, wegen seines neuen Fundes gratulierte. Er beeilte sich, Postkarten mit Abbildungen des Homo aurignacensis Hauseri drucken zu lassen und sie überallhin zu versenden. Wie schon beim Jüngling von Le Moustier stellte er den Fachleuten Diapositive über die Ausgrabung des Skeletts und dessen einzelne Teile zur Verfügung. Außerdem wurden von Schädel und Gebeinen des Aurignacensis unter Anleitung des Konservators Krause am Völkerkundemuseum in Berlin Abgüsse hergestellt.

Nunmehr konzentrierte er seine Bemühungen auf den Verkauf der beiden Skelette. In Frankreich bestanden dafür keine Chancen. Dort waren Museen und andere wissenschaftliche Einrichtungen sehr knapp bei Kasse, denn es fehlte ihnen an staatlichen Unterstützungen. Die Prähistorische Gesellschaft Frankreichs stellte dem Entdecker einen hohen Orden in Aussicht, wenn er ihr den Schädel des Mousteriensis schenke. »Ich antwortete aber«, schrieb Hauser am 27. März 1909 an Emil Bächler, »ich sei zu einer solchen Freigiebigkeit nicht reich genug!!« Grob fügte er hinzu: »Dummköpfe!!« Er brauchte wirklich dringend Geld und konnte sich eine so generöse Schenkung nicht leisten. Daß man ihn nicht daran zu hindern vermochte, die Skelette nach Deutschland zu verkaufen, erbitterte vor allem die Gegner Hausers und mobilisierte sie zugleich gegen das Desinteresse und die Säumigkeit der eigenen Regierung – ein Effekt, den der Schweizer weder beabsichtigt noch in allen seinen Konsequenzen vorausgesehen hatte.

Auf französische Käufer brauchte Hauser also nicht zu

hoffen. Daher versuchte er in Deutschland sein Glück. Wahrscheinlich durch Vermittlung von Dr. Georg Wilke trat er mit dem Museum in Chemnitz in Verbindung. Aber diesem standen nur etwa 25 000 Mark zur Verfügung, und das war ihm entschieden zu wenig. Deshalb fragte er Emil Bächler am 26. Oktober 1909 wegen des Aurignacensis: »Könnten wir nicht zu einem billigen Preise (etwa 35–40 mille) den Prachtkerl in Ihr neues Museum bringen?« Berlin wünsche zwar beide Homines, er würde jedoch einen getrennten Verkauf vorziehen. In der Schweiz fanden sich aber ebenfalls keine Mäzene, die so tief in die Tasche griffen.

Ende November 1909 reiste Hauser nach Berlin, wo er die beiden Skelette im Museum für Völkerkunde ausstellte. Wilhelm Bölsche, ein beliebter populärwissenschaftlicher Schriftsteller, veröffentlichte über sie im »Berliner Tageblatt« einen Artikel, und sofort wollten viele Neugierige und Interessierte die Gebeine besichtigen. Wegen ihres Verkaufs wandte sich Hauser auf eigene Faust an hochangesehene Persönlichkeiten. Man sicherte ihm Unterstützung zu, und telegrafisch wurde ihm sogar von einem wohlhabenden Gönner angeboten, die Kaufsumme vorzustrecken, wenn die Skelette in Berlin blieben. Für beide zusammen verlangte Hauser 160 000 Goldmark: 110 000 für den Jüngling von Le Moustier und 50 000 für den Mann von Combe Capelle.

So ohne weiteres konnte das Museum nicht auf die außergewöhnlich hohe Summe eingehen. Es gab daher zwei Gutachten über die Funde in Auftrag. Eines davon arbeitete der Anatom Wilhelm Waldeyer (der ehemalige Lehrer von Hermann Klaatsch), das andere Robert Bonnet aus. Schon nach der ersten Besichtigung des Homo mousteriensis hatte Waldeyer gesagt: »Allein das Gebiß ist ja das ganze Geld wert, das man von Ihnen fordert!«[1] Auch Hans Virchow schloß sich diesem Urteil an, wobei er hinzufügte, daß die wichtigsten Teile des Schädels erhalten geblieben seien und dieser deshalb vollständig rekonstru-

---

[1] *Anmerkungen siehe Anhang am Schluß des Bandes*

156

iert werden könne. Virchow stimmte dem Kauf also zu, obwohl er viel später, 1939, das Skelett des Neandertalerjünglings verächtlich als »Trümmerhaufen« [2] bezeichnete.

Im Gegensatz zu Waldeyer und Bonnet, die in ihren Gutachten den Erwerb der Gebeine dringend befürworteten, lehnte ihn der Berliner Professor für Anthropologie, Felix von Luschan, entschieden ab. Den wissenschaftlichen und musealen Wert des Mousteriensis schätzte er wegen seines »rettungslos schlechten« Erhaltungszustands nur gering ein und meinte, er würde die beiden fossilen Menschen »ohne jeden Schmerz auch über den Ozean ziehen sehen«, denn »was aus ihnen zu lernen ist, kann man auch aus den Abgüssen, Photographien usw. lernen«[3]. Wahrscheinlich lagen dieser Ablehnung nicht nur rein sachliche Gesichtspunkte zugrunde. Offenbar fühlte sich von Luschan bei den Verhandlungen über den Kauf der Skelette zurückgesetzt und übergangen.

Inzwischen hatte der Generaldirektor der Berliner Museen, von Bode, von sich aus die Initiative ergriffen und Hauser für seine Funde aus eigener Tasche 10 000 Mark angezahlt, damit dieser nicht mit den »Homines« nach Amerika weiterzog. Die Haltung des Museums für Völkerkunde war allerdings zwiespältig. An den fossilen Menschenresten war es gar nicht so interessiert, denn Wilhelm Waldeyer wollte ein anthropologisches Museum gründen, und man fürchtete, die teuer erkauften Knochen dann an dieses abtreten zu müssen. Carl Schuchhardt (1859–1943), der Leiter des Völkerkundemuseums, war wohl auch gegenüber dem Einwand nicht taub, für das viele Geld solle man lieber sechs Expeditionen in ferne Länder schicken oder in den Höhlen am Rhein nach ähnlichen Skeletten suchen.

Dazu kamen noch andere Bedenken, die Carl Schuchhardt erst viel später offenbarte: »Der Kultusminister Trott zu Solz war vortrefflich in seinem Amt und unseren Museen sehr gewogen, aber er war kirchenfromm und hoffromm. Bei seinem Besuch im Museum hatten wir den Eindruck, daß er fürchtete, der Ankauf werde die leidige Frage der Abstammung des Menschen vom Affen wieder hervorrufen und damit nach oben Anstoß erregen. Bode meinte aber tapfer: ›Ich bin übermorgen zur Hoftafel geladen, da kann ich diese Sache gleich zur Sprache bringen.‹ Zwei Tage darauf teilte er mir dann telefonisch mit, er habe der Kaiserin gerade gegenüber gesessen und sei von ihr, kaum daß man Platz genommen, lebhaft angeredet worden: ›Nun, Sie wollen da jetzt so ein altes Skelett ankaufen, und dann wird's wieder heißen, daß der Mensch doch vom Affen abstammen müsse?‹ – ›Aber nein, Majestät‹, habe er erwidert, ›dies Skelett beweist ja gerade das Umgekehrte: es hat schon einen völlig ausgewachsenen Menschenkopf mit großem Gehirn gehabt, so daß von einer Affenverwandtschaft gar nicht mehr die Rede sein kann.‹ – ›Na, das ist ja schön!‹ habe die Kaiserin gesagt und sei zufrieden gewesen.«[4]

Mit seiner geschickten Antwort hatte von Bode zwar die besorgte Majestät entwaffnet, aber sie brachte kein Geld ein. Doch da erhielt er Rückendeckung von einer Seite, von der sie zunächst gar nicht zu erwarten war. Die Konservative Partei des Abgeordnetenhauses und insbesondere ihr Vorsitzender, Herr von Heydebrand, und der Lasa, »der ungekrönte König von Preußen«, setzten sich energisch für sein Vorhaben ein. Heydebrand ein Rittergutsbesitzer und Millionär, besaß, wie Carl Schuchhardt formulierte, »ein schwärmerisches Interesse für die ältesten Menschheitsperioden«[5]. Als konservativer Politiker hielt er es für eine nationale Pflicht, diese Skelette dem Kaiserreich zu sichern, um Frankreich zu beweisen, daß Deutschland im Gegensatz zu ihm eine wahre Kulturnation sei. Der Kauf der fossilen Gebeine sollte dem nationalen Prestige dienen.

Töne solcher Art klangen auch in Waldeyers Gutachten an: »Man kann sich doch nicht auf den Standpunkt stellen zu sagen, es sei einerlei, wo die Skelette später aufbewahrt würden. Keins der Kulturvölker läßt sich Objekte von so hohem Wert entgehen, wenn es sie erhalten kann . . .«[6] Da war Felix von Luschan anderer Meinung. Er hielt »den geforderten Preis für ganz maßlos übertrieben und ein Eingehen auf einen ähnlichen Preis höchstens von dem Standpunkt der internationalen ›gloire‹ einigermaßen verständlich. Aber es würde immer ein blosser *Renommier*-Preis sein und für einen solchen einzutreten, werde ich mich niemals bereitfinden lassen.«[7]

Das Streben nach nationalem »Ruhm« behielt jedoch gegen alle Widerstände die Oberhand, und schließlich erteilte der Kultusminister zum Kauf der Skelette seine Zustimmung. Die Bedingungen, über die Schuchhardt berichtete, waren freilich schmählich: »Wir durften 10 000 RM aus den Museumsmitteln verwenden, sollten aus den Jahresetats des kaiserlichen Dispositionsfonds von 1909, 1910 und 1911 je 10 000 RM erhalten, im Ganzen aus öffentlichen Mitteln 40 000 RM. Die weiteren 120 000 RM aber wurde uns überlassen, privatim zu sammeln.«[8]

Obwohl das Kultusministerium nachgegeben hatte, errichtete es mit seiner Forderung nach privater Sammlung von drei Vierteln der benötigten Summe ein fast unüberwindliches Hindernis. Trotzdem gab sich von Bode nicht geschlagen, sondern ergriff erneut die Initiative. »Er schrieb«, nach Auskunft Schuchhardts, »sofort ein Dutzend Briefe an seine nächsten museumsfreundlichen Gönner und entwarf den Plan für die weitere Werbung. Einem kurzen Aufruf, den ich schrieb, wurden stattliche Photographien und die Gutachten der beiden hervorragenden Anatomen Waldeyer – Berlin und Bonnet – Bonn angefügt und dann an die Adressen, die wieder hauptsächlich Bode angab, versandt.«[9]

Den genannten Aufruf verfaßte Schuchhardt im Januar 1910; um ihm mehr Nachdruck zu verleihen, wurde er einer Reihe von Gelehrten und anderen Persönlichkeiten zur Unterschrift vorgelegt. Dabei gab es ebenfalls Ärger. Am 28. Januar berichtete Hauser an Emil Bächler: »Ich habe mich leider, leider in Verworn nicht getäuscht; er hat den von Berlin aus lancierten Aufruf zur Geldsammlung <u>nicht</u> unterzeichnet, weil er den <u>märchenhaften</u> Preis nicht mit seinem Gewissen vereinbaren könne!«

War das wirklich der Grund für Verworns Zurückhaltung? Mir scheint, daß noch andere Motive mitwirkten.

Vermutlich ist es während Verworns Vézèretalbesuch im August 1909 zu einer Entfremdung zwischen ihm und Otto Hauser gekommen. Der selbstbewußte Schweizer versuchte nämlich, dem Professor zu beweisen, daß Angaben Peyronys über Schichtenfolgen und Fundlagen falsch waren.

Sicher handelte er so auch anderen Besuchern gegenüber. Auf Zweifel an seinen eigenen Ansichten reagierte er verstimmt und frostig. So wird es Verworn ebenfalls ergangen sein. In der Schilderung seiner Reise in die Dordogne während des Hochsommers 1909 fällt auf, daß der Physiologe seine Zusammenkünfte mit Hauser nur verhältnismäßig kurz erwähnte, den Lehrer und Peyrille jedoch ausführlicher würdigte.

Am 9. Februar 1910 wurde die Geldsammlung ohne die Unterschriften Verworns und von Luschans eröffnet. Nach Hausers Eindruck war die Bitte um Spenden in einem kläglichen Ton gehalten. Angesichts der Schwierigkeiten und Querelen wegen des geplanten Kaufs und ohne rechte Überzeugung von dessen Notwendigkeit widmete sich die Leitung des Museums für Völkerkunde der Sammelaktion vielleicht nur halbherzig. Ein Artikel in der Morgenausgabe der viel gelesenen »Vossischen Zeitung« vom 18. Februar übte aber zusätzlichen Druck aus. Er stammte aus der Feder des Anthropologen und Ethnologen Dr. Adolf Heilborn und trug die Überschrift: »Diluvialmenschen-Schicksal.«

Heilborns Ausführungen bilden ein bemerkenswertes Zeugnis zur Zeitgeschichte. Nachdem er Entdeckung, Hebung und Bedeutung der Skelette geschildert hatte, erklärte er den Lesern: »Und nun kommen wir zu dem Schicksal der beiden Gäste unseres Völkerkundemuseums. Sie harren hier des deutschen Käufers und harren seiner nun schon seit fast einem Vierteljahr! Um das gleich vorauszuschicken: an einem Käufer überhaupt, an einem anscheinend geradezu fabelhaft hohen Angebot fehlt es bei den Diluvialmenschen nicht. Aber dieser Käufer ist ein Amerikaner, es ist, warum soll ich das nicht verraten, Carnegie, und er bietet für die unschätzbar wertvollen Kostbarkeiten rund eine Dreiviertelmillion. Man muß schon ein unpraktischer, deutscher Gelehrter sein, um solch lohnendem Angebot zu widerstehen und nur weniger denn die Hälfte jener Summe zu verlangen, damit der – wir wiederholen es: unermeßlich kostbare, durch deutsche Wissenschaft gehobene Schatz auch deutscher Wissenschaft erhalten bleibe, damit die unter so vielen Mühen ergrabenen Funde nicht in irgendeiner amerikanischen Privat-Universität oder einem amerikanischen Museum wieder vergraben werden und höchstens einem Austauschprofessor gelegentlich zu gute kommen.« Daß von staatlicher Seite nur wenig für den Kauf der Gebeine getan wurde und deshalb der »Klingelbeutel« umgehen mußte, um das noch fehlende Geld zu sammeln, brachte Heilborn mit den offiziellen Vorbehalten gegenüber der aus dogmatischen Gründen stark angefeindeten Abstammungslehre in Verbindung.

In der Tat hatte Hauser mehrfach sondiert, ob in Amerika Interesse an dem Homo mousteriensis bestand. Vielleicht sollte die Erwähnung des Großindustriellen Andrew Carnegie, der sich durch bedeutende Stiftungen einen Namen machte, die zaudernden deutschen Geldgeber zur Eile drängen. Aber Heilborn hätte den Namen Carnegies wohl kaum öffentlich bekanntgegeben, wenn dieser nicht wirklich dem Erwerb der Hauserschen Funde zugeneigt gewesen wäre. Weshalb ist Hauser dann auf das verlockende Angebot des Amerikaners nicht eingegangen? Eine so günstige Gelegenheit, alle finanziellen Sorgen auf einmal loszuwerden, kam doch vermutlich nie wieder.

Die Gründe für seine Entscheidung zugunsten des Völkerkundemuseums waren vielschichtig. Sicher fühlte er sich durch den Ankauf, den von Bode aus eigenen Mitteln bestritten hatte, schon gebunden. Er wollte es auch nicht mit Klaatsch verderben, dessen Hilfe er weiterhin benötigte und in dem er den Führer der modernen Anthropologie sah. Klaatsch trat natürlich für den Verbleib der Skelette in Deutschland ein. Auf den Ruf, nur nach dem Geld zu gehen, legte Hauser bestimmt keinen Wert. Was ihn zu seinem Entschluß bewog, deutete er nur mit wenigen Worten an: »Das Interesse deutscher Gelehrter an meinen Arbeiten war immer reger geworden und ich wußte, daß diese beiden prächtigen Vertreter der Diluvialmenschheit nirgends mehr als gerade in Deutschland der Wissenschaft fruchtbar werden könnten.«[10]

Dennoch verhielt er sich unklug, weil er falsche und zugleich provozierende Formulierungen in Heilborns Artikel unwidersprochen hinnahm. Trotz seiner deutschen Muttersprache war er kein deutscher Gelehrter, und daß »deutsche Wissenschaft« den »Schatz« gehoben habe, gab den wahren Sachverhalt zu verkürzt wieder. Heilborn blies natürlich ganz bewußt die deutsch-nationale Fanfare, um seine Absicht besser zu erreichen. Bezeichnend sind auch seine herablassenden Äußerungen über amerikanische Universitäten und Museen. Der Artikel in der »Vossischen Zeitung« brachte Hauser im Endeffekt mehr Schaden als Nutzen. Er, der sonst stets seine Schweizer Nationalität betonte und deshalb auch die Schweizer Fahne an seinem Museum in Laugerie-Haute wehen ließ, wurde hier in aller Öffentlichkeit als Deutscher abgestempelt. Einen größeren Gefallen konnte Heilborn den Feinden Hausers gar nicht tun. Seitdem fanden sie leichter mit ihrer Behauptung Gehör, Hauser besäße zwei Staatsbürgerschaften, oder er sei zumindest ein verkappter Deutscher, der im Auftrag des Berliner Museums grabe und von ihm dafür bezahlt würde. Nur deshalb besäße er soviel Geld. Der Kaiser selbst hätte den hohen Preis für die Skelette entrichtet, um mit ihnen zu glänzen und sich vor den Franzosen hervorzutun. Die deutsche Wissenschaft solle eben auf allen Gebieten an der Spitze stehen.

Ohne es zu wollen, wurde Hauser auf diese Weise in politische Auseinandersetzungen hineingezogen, für die er sich nicht interessierte und an denen er lange keinen Anteil nahm. Seine Welt waren nur die Grabungen und Funde. Deshalb verkannte er die Gefahren, die eine Verstrickung in die Rivalitäten zwischen Frankreich und Deutschland heraufbeschwor, und er unterschätzte den französischen Nationalstolz, der sich durch allzu deutsches Gebaren verletzt fühlte. Andererseits machten sich auch französische Wissenschaftler von den wahren Verhältnissen im deutschen Kaiserreich ein falsches Bild. Carl Schuchhardt, der mit einem Berliner Finanzmann im Frühjahr 1912 Südfrankreich bereiste, erzählte darüber eine kennzeichnende Episode:

»In Toulouse erfuhren wir reiche Belehrung von Cartailhac, dem vielerfahrenen ersten Prähistoriker Frankreichs. Er führte uns mit Begeisterung durch sein reiches Museum. Vor dem letzten Saale suchten wir abzudrehen, weil wir dort die Abgüsse unserer beiden Hauserschen Skelette aufgestellt sahen und einen unangenehmen Ausbruch fürchteten. Aber Cartailhac nahm uns beim Arme: ›Hier müssen Sie nun noch etwas Besonderes sehen!‹ An dem Glasschrank hing ein Täfelchen mit der Aufschrift: ›Diese Skelette der ältesten Menschen aus den Höhlen von Le Moustier und Aurignac hat das Deutsche Reich für 200 000 Franken angekauft und dem Berliner Museum zugewiesen. So sorgt dort der Staat für die Wissenschaft!‹« [11]

Wie dieser in Wirklichkeit für sie sorgte, wird aus der Anordnung des Kultusministeriums deutlich, die noch fehlenden 120 000 RM mit dem »Klingelbeutel« einzutreiben. Da halfen allerdings Heilborns patriotische Zeilen in der Vossischen Zeitung kräftig nach. Sie brachten die Aktion nun endlich voran. »An der Spitze der Spender«, verriet Carl Schuchhardt, »stand dann die Familie Krupp. Daneben betätigte sich die Berliner haute finance. Einer ihrer Vertreter brachte mir auch aus Frankfurt 15 000 RM, die er dort in ein paar Tagen gesammelt hatte. Binnen vier Wochen hatten wir 90 000 RM zusammen. Aber dann versiegte auch der Zufluß; es rührte sich nichts weiter mehr. Die Restsumme von 30 000 RM legte ein Gönner vorläufig aus, und wir haben sie ihm erst nach Jahren zurückzahlen können, indem wir nun doch noch den Dispositionsfond des Kultusministeriums haftpflichtig machten aus Rache für seine frühere Zurückhaltung.« [12]

Mit Hauser war vereinbart, die 160 000 Goldmark in Raten zu zahlen. Wahrscheinlich haben sich die Überweisungen bis weit in das Jahr 1911 hingezogen oder sogar einen noch längeren Zeitraum in Anspruch genommen. Das erwies sich schließlich für ihn als verhängnisvoll.

Vorläufig war er voller Optimismus und in bester Stimmung. Er glaubte fest daran, daß nun rasch weitere Skelette gefunden würden. »Aber die müssen dann gut sein!« verkündete er Emil Bächler am 11. Februar 1910. In verschiedenen Zeitschriften forderte er wieder dazu auf, ihn in der Dordogne zu besuchen. Sein Museum hatte er inzwischen vergrößert, und nun schaffte er sich auch einen sechssitzigen Peugeot in Torpedoform mit vier Zylindern und zwölf Pferdestärken an. Nach der Besichtigung des Museums fuhr er mit seinen Gästen häufig zu den einzelnen Arbeitsplätzen, um dort die Schichtverhältnisse zu demonstrieren und miteinander zu vergleichen. Mitunter wollte er jedoch völlig allein sein. Dann schickte er seine Helfer weg, setzte sich zu den Grabungsprofilen und versank stundenlang in Gedanken. Er versuchte, sich in das Leben der altsteinzeitlichen Abri-Bewohner hineinzuversetzen, ihre Freuden und Leiden nachzuempfinden und in der Phantasie ihr tägliches Tun zu belauschen. Dabei vermochte er sich so tief in das zeitferne Geschehen zu versenken, daß er manchmal nicht mehr wußte, ob er gewacht oder geträumt hatte. Ihm schien, als sei er selbst mit unter den alten Großwildjägern, Steinschlägern und Knochenschnitzern gewesen. –

Von Anfang April bis Ende November 1910 stürmten in seinem Arbeitsgebiet so viele Ereignisse auf ihn ein, daß er kaum zur Besinnung kam. Kein anderer Zeitraum war für ihn in Südwestfrankreich so voller Höhen und Tiefen wie dieser. Während der acht Monate befand er sich nach einigen persönlichen Triumphen plötzlich in einer Krise, die sein Werk und seine Existenz überhaupt aufs schwerste bedrohte. Wie in der klassischen Tragödie folgte nach dem Höhepunkt nun die Peripetie, der Umschlag der Handlung, die dann, trotz einiger Verzögerungen, unaufhaltsam der eigentlichen Katastrophe zustrebte.

Im Frühjahr bemerkte er von der sich nähernden Gefahr noch nichts. Die Grabungen verliefen sehr erfreulich und versprachen reiche Ausbeute. Erneut nahmen ihn die Entdeckungen in seiner Station Longueroche in Anspruch. Anderthalb Meter unter der tiefsten Magdalénienschicht war er bereits am 7. September 1909 auf eine merkwürdige Anhäufung großer Feuersteine gestoßen. Sie herauszuholen, war schwierig, da ständig Grundwasser in das Sondierungsloch eindrang. Viele der Steine waren in ungewöhnlich primitiver Weise bearbeitet und wiesen verschiedene Stadien der Formgebung auf. Anscheinend repräsentierten sie eine bisher in der Dordogne unbekannte frühe Kulturstufe. Große rohe Feuersteinknollen ohne jegliche Abschläge bildeten das Ausgangsmaterial. Andere waren offenbar mit wenigen Schlägen so behauen, daß sich ein ganz einfaches Werkzeug ergab. Bei manchen Steinen mit Schneidekanten hatte man stellenweise den umhüllenden Kalkmantel stehen lassen, damit der Handballen besseren Halt fand. Auch urtümliche Faustkeile kamen vor. Zur Herstellung der merkwürdigen Geräte waren Schlag- bzw. Klopfsteine verwandt worden. Aber Absplisse, wie sie bei der Bearbeitung anfielen, tauchten zu Hausers Verwunderung nicht auf. Er vermutete sie »etwas abseits von dem kleinen Magazin«[13]. Um sie aufzuspüren, hätte er erst sämtliche Magdalénienschichten abtragen und das umgebende Gelände trockenlegen müssen. Dazu blieb ihm später keine Zeit mehr.

Seiner Meinung nach standen die seltsamen Steine den Eolithen nahe, die, wie man annahm, zwar zum Hauen, Schlagen und zu anderen Tätigkeiten gedient hatten, aber noch nicht bewußt zu Werkzeugen geformt waren. Bei den Funden aus Longueroche schien das der Fall zu sein. Deshalb schrieb sie Hauser der Vorstufe einer Kultur zu, die sich durch rohe Faustkeile auszeichnete und nach einem Dorf an der Marne unweit von Paris als Chelléen bezeichnet wurde. Sie ging dem Acheuléen voran, dessen Hinterlassenschaften er bei Le Moustier in seiner Station 44 ausgrub. Dem Prä-Chelléen von Longueroche begegneten die Prähistoriker allerdings mit Skepsis; an Ort und Stelle hat sich außer ihm niemand mehr um die mysteriöse Angelegenheit gekümmert. Handelte es sich wirklich um die ältesten Artefakte im Vézèretal? »Eine stattliche Serie«, schrieb er, »nötigte ich aus wissenschaftlicher Freude einem Berliner Museum auf, und dort sind sie wieder vergraben worden; sie liegen sicherlich samt meiner genauen Katalogisierung und Beschreibung in irgendeiner auf einige Jahrzehnte nicht zugänglichen musealen Magazinkiste.«[14]

Nur selten entgingen seinen scharfen Augen Besonderheiten an den eiszeitlichen Objekten. In Longueroche war das jedoch durch einen ungewöhnlichen Umstand der Fall. Vergebens suchte er in den Ablagerungen der Magdalénienjäger nach kleinen Kunstwerken, wie sie in anderen Niederlassungen dieser Zeit üblich waren. Er bemerkte nur einfache Ornamente auf dolchartig zugespitzten Knochen. Eines Tages barg er in einer versteckten Ecke des Abris »einen großen Lehmklumpen, dem die Schaufel eines Rentiergeweihs fest anhaftete. Ich wollte«, erzählte er, »das Stück nicht zerstören und ließ das Geweih unberührt auf seiner Unterlage. Lange Zeit stand der Fund in meinem Museum in der Reihe der Tierüberreste. Als das Museum in Frankfurt a. M. bei mir eine große Sammlung erwarb, gab ich das Geweihstück mit dem Erdklumpen aus Gefälligkeit noch dazu. Auf der Reise ging der Lehm in Brüche, und die Herren vom Museum entdeckten zu ihrer großen Freude auf der Rückseite der Geweihschaufel«[15] zwei prachtvolle Zeichnungen von Fischen.

Seine Grabungen zielten jetzt aber in erster Linie auf die Freilegung weiterer fossiler Skelette. Und wieder schien die systematische Suche nach ihnen von einem Erfolg gekrönt zu werden. Rund viereinhalb Kilometer Luftlinie südöstlich von Le Moustier erschloß er nahe einer Vézèreschleife das Terrain der riesigen Halbhöhle von La Rochette. Ihr Felsdach war etwa 150 Meter lang. Durch Oberflächenfunde wußte man, daß hier einst Menschen des Aurignacien lebten. Sie hatten sich an verschiedenen Stellen der Grotte angesiedelt, die Hauser als Stationen 50, 51 und 53 numerierte. Beim Abtragen der fundreichen Schichten stellte er aber schließlich fest, daß der günstig

166

gelegene Abri zu jenen Orten zählte, die, wie Combe Capelle, während Jahrzehntausenden von vielen Jägersippen als Wohnstätte gewählt worden waren. Unter den Aurignacienstraten lag eine sterile Schicht von 40 Zentimeter Dicke, dann zeigten sich Hinterlassenschaften des Moustérien und darunter die des Acheuléen. Es war hier durch ganz besonders schöne Werkzeuge und Waffen vertreten.

Im Juli 1910 glaubte Hauser, in den Ablagerungen des mittleren Aurignacien der Station 50 vor einer neuen sensationellen Entdeckung zu stehen. Plötzlich traten menschliche Gebeine ans Tageslicht! Danach handelte er, wie es nun schon beinahe Routine geworden war: Er telegrafierte an Klaatsch, dieser nahm sofort Urlaub und fuhr nach Périgueux, wo ihn Hauser abholte und ins Standquartier weitergeleitete. Klaatsch musterte die bereits ausgegrabenen Knochen: Fragmente eines rechten und linken Oberarms, eine Elle und eine Speiche, den rechten Oberschenkel und das Bruchstück eines linken sowie einige Zähne.

Achselzuckend sah Hauser den Freund an. Ob er wirklich auf ein vollständiges Skelett gestoßen war, bezweifelte er selbst. »In banger Erwartung«, schrieb Klaatsch später, »begaben wir uns an die Fundstätte, und die neuen Grabungen setzten vor unseren Augen ein. Das Ergebnis war aufs äußerste deprimierend. Es zeigte sich nichts mehr von Menschenknochen. Tag für Tag kehrten wir wieder, ungeheure Massen von Erde wurden umgewälzt, eine riesige Menge von Steinwerkzeugen kam zum Vorschein, aber von menschlichen Resten nichts mehr! Nachdem nahezu die ganze Grotte umgegraben war, mußten wir die Arbeit aufgeben und zu der betrübenden Erkenntnis kommen, daß außer den bereits vor meiner Ankunft aufgedeckten Resten nichts von dem Rochette-Menschen erhalten sei. Eine Erklärung für dieses negative Ergebnis konnten wir uns nur in dem Sinne geben, daß hier offenbar kein Begräbnis vorgelegen hat wie beim Homo Mousteriensis und Aurignacensis. Der mit Pferdezähnen geschmückte Jäger von La Rochette ist wahrscheinlich hier ums Leben gekommen und ein Opfer der Raubtiere geworden.«[16] Darauf schienen Einkerbungen auf einem Oberarmknochen hinzudeuten, die eventuell von den Zähnen eines Raubtieres herrührten. Vielleicht war der Leichnam aber auch, wie der des Mannes von Combe Capelle, zerstückelt und nur zum Teil beigesetzt oder ohne besondere Sorgfalt der Erde übergeben worden.

Der enttäuschende Fund des »Homo aurignacensis II« war wie ein böses Omen. Gut müßten die Skelette sein, die er noch finden wollte, hatte Hauser gesagt. Aber das Glück ließ ihn nun in dieser Beziehung im Stich. In der Schicht des Mousteriensis von Station 44 narrte ihn ein Schädelbruchstück, das ebenfalls von einem Neandertaler stammte. Vergebens suchte er auch nach Gebeinen, die zu einem Kinderschädel gehörten, den er flußaufwärts von La Rochette, im Abri von Badegoule (Station 54), aufspürte. Die ehemalige Solutréen-Niederlassung im Tal der Cerne, in der schon Girod gegraben hatte, erwies sich zwar als außerordentlich reich an allen möglichen Hinterlassenschaften, doch seinen Wunsch nach einem neuen, epochemachenden Skelettfund erfüllte sie nicht. Für 1910 blieb das die einzige Ausbeute an fossilen menschlichen Knochenresten. In den folgenden Jahren stieß er noch zweimal auf die Gräber von Kindern der Solutréenleute, und zwar nahe seines Standquartiers.

Eine andere Hoffnung Hausers wurde 1910 aber Wirklichkeit. Zahlreiche Besucher kamen zu ihm, vor allem viele deutsche. Während der ersten Augusthälfte sah »man sich in Berlin endlich dazu veranlaßt, einen offiziellen Herrn zu mir zu entsenden, um, wie später zugegeben wurde, herauszuspüren, ob denn meine Grabungen wirklich von so großer Bedeutung für die Wissenschaft seien«[17]. Der »offizielle Herr« studierte 5 Tage lang die Fundstätten um Les Eyzies, war »hoch erfreut« und daher geneigt, auf ein Abkommen einzugehen, das Hauser am 22. August Emil Bächler anvertraute: » . . . habe nun ca. 16 000 kleine Schulsammlungen zu liefern; Vertrag auf 5 Jahre gemacht.«

Wenn der »offizielle Herr« zu einem Vertrag über

16 000 solcher Sammlungen berechtigt war, kann er nur ein Vertreter des Kultusministeriums gewesen sein. Ihn wollte Hauser natürlich nicht öffentlich ins Gespräch bringen und damit seine Geschäftsverbindungen preisgeben. Der Vorgang ist trotzdem erstaunlich, denn es verwundert, daß man in Berlin so viel Geld für Bildungszwecke auszugeben bereit war. Immerhin repräsentierten die Lieferungen, verteilt auf 5 Jahre, einen Wert von vielleicht 320 000 Reichsmark! Ich bezweifle jedoch, daß der Vertrag in der von Hauser angedeuteten Form tatsächlich in Kraft getreten und verwirklicht worden ist. Dann hätte sich Hauser nämlich in einer viel vorteilhafteren finanziellen Situation befunden, als er tatsächlich jemals war. Die Lieferungen können gar nicht den geplanten Umfang angenommen und sich über 5 Jahre erstreckt haben, da inzwischen der erste Weltkrieg ausbrach.

Im Sommer 1910 wurde der westliche Teil der Laugerie-Haute, den Hauser »Laugerie-Intermédiaire« (»Mittlere Wohnung«) nannte, zum Verkauf freigegeben. Samt einem ertragreichen Landgut bildete sie den jahrhundertealten Besitz der gräflichen Familie Lachapoulie. Wegen Erbteilung war der alte, weit weg wohnende Graf nun gezwungen, das landwirtschaftliche Gut und die Fundstätten zu veräußern. In Hauser sah er einen Prussien, einen Preußen, den er keinesfalls als Käufer wünschte. Kaum waren die Pläne des adligen Besitzers ruchbar geworden, begann eine wilde Jagd nach dem Grundstück, an der sich auch Denis Peyrony beteiligte. Gegen den Willen des Grafen gelang es Hauser schließlich, den Geschäftsführer auf seine Seite zu bringen, indem er ihm eine höhere Kaufsumme anbot.

Jetzt wurde es spannend. Die Ausfertigung des Vertrages war auf den 11. August 1910 festgesetzt. »Es regnete in Strömen; was der Himmel an Wasser barg, schüttete er auf die südlichen Gefilde. Man brachte mir die Nachricht, daß mein Feind, der Schulmeister vom Dorf und zugleich Agent der Regierung, soeben mit dem Fahrrad aufgebrochen sei und die Richtung nach dem nahen Gerichtsstädtchen genommen habe. Ich witterte Unrat und kurbelte meinen 12pferdigen an. Wasser und Schlamm spritzten im Bogen zu beiden Seiten. Bald hatte ich den radelnden Volkserzieher erreicht und überholt – noch 20 Kilometer bis zum Vertragsort – wenn's bei dem fürchterlichen Wetter ohne Panne abging, so brauchte ich meinen Konkurrenten kaum mehr zu fürchten – ich flitzte durch Waldstraßen, über die nächsten Wege und kam heil an den Ort. Der Vertrag war unterschrieben – bei einem Schoppen feierte man das Ereignis, als der Lehrer Peyrony, bis auf die Knochen durchnäßt und grau wie die Straße, auf seinem Stahlroß erschien. Der Geschäftsführer ging ihm freundlich entgegen und sagte ihm nichts als ›Zu spät‹. Lehrer Peyrony ließ den Telegraphen spielen – an den Besitzer, an die Behörde, seine Regierung und an Pariser Gelehrte – zu spät!«[18]

Den Wettlauf hatte Hauser also gewonnen, und nun war er sogar Grundbesitzer. Im Kaufvertrag wurde sein neues Eigentum so charakterisiert: »Es umfaßt ein altes Herrenhaus und seine Nebengebäude, Terrains unter Felsen, genannt prähistorische Ausgrabungen, Wohngebäude für die Ansiedler, Nutzungsgebäude, Höfe, Gebäude, die als Mühle gedient haben, Gärten, Teiche, einen Bach, Wiesen, Ackerland in verschiedenen Größen, Heideland, Brachland und andere Arten von Grund und Boden, inbegriffen alle Gebäude, die von der Zweckbestimmung damit verbunden waren . . .«[19] Die Bewirtschaftung dieses Besitztums übergab Hauser einem Pächter; es wird wohl der alte Geschäftsführer gewesen sein.

Aber bei diesem Erwerb blieb es nicht; am 10. September kaufte er auch die Besitzung von Familie Leyssales: das langgestreckte Wohnhaus und einen Garten. Dann ließ er von Theodor Baumgartner seine gesamte immobile Habe vermessen. Sie setzte sich aus 30 Parzellen mit einer Fläche von 48 Hektar 88 Ar 42 Quadratmeter zusammen; davon entfielen auf das ehemalige Eigentum des Grafen Lachapoulie 43 Hektar 62 Ar 25 Quadratmeter. Etwa zu dieser Zeit oder erst 1911 pachtete Hauser außerdem das Bahnhofshotel und setzte dort einen Verwalter ein, offenbar seinen ersten Angestellten Leyssales. Dieser oder sein Sohn Gabriel hat das Bahnhofshotel später erworben. Es behielt bis zum ersten Weltkrieg seinen Namen, wurde danach in Hôtel de la gare et Crô-Magnon (Bahnhofs- und Crô-Magnon-Hotel) und etwa Mitte der zwanziger Jahre in Hôtel Crô-Magnon umbenannt. Heute ist es ein sehr vornehmes und teures Hotel und gehört Jacques und Christiane Leyssales.

Hausers Triumph bei dem Wettlauf um das Besitztum der Lachapoulies war ein Pyrrhussieg. Die Klagen Peyronys und seiner Verbündeten wegen der »Piraterien des Juden Hauser«, wie es böswillig und die Tatsachen entstellend in Schmähartikeln hieß, beunruhigten die Öffentlichkeit und rüttelten die zuständigen Regierungsvertreter wach. Schon vorher war deutlich geworden, daß die Vorgeschichte in Frankreich nun einen höheren Stellenwert einzunehmen begann. Als am 28. Januar 1910 in einer Sitzung der Deputiertenkammer das Budget des Ministeriums für Schöne Künste aufgestellt wurde, trug Dr. Péchard, Abgeordneter des Departements Marne, auch die Wünsche der französischen Prähistoriker vor. »Seltsam ist«, sagte Dr. Péchard, »daß es in Frankreich noch kein einziges Spezialmuseum für Vorgeschichte gibt, trotzdem die Wissenschaft der Vorgeschichte im hohen Grade eine französische ist.« Mit Recht hätte der deutsche Professor Max Verworn »von dem Reichtum Frankreichs an prähistorischen Funden« gesprochen und seiner »Verwunderung über unsere Gleichgültigkeit solchen Schätzen gegenüber« Ausdruck gegeben. »Unsere Pflicht ist es«, fuhr Péchard fort, »diesen Reichtum zu erhalten, ihn in unseren Museen aufzubewahren und jederzeit zu verhindern, daß er ins Ausland gehe, daß er in alle Winde zerstreut werde . . . Daher erscheint es mir nützlich, nein dringend notwendig, in Paris selbst eine Einrichtung zu schaffen, die allen auf diesem Gebiete tätigen Gelehrten Genüge leistet. Wenn einmal dieses Spezialmuseum durch Ihre fürsorgliche Tätigkeit geschaffen ist, . . . dann werden . . . wir den Unterrichtsminister um die Errichtung eines Speziallehrstuhls für Vorgeschichte bitten.«[20]

Das waren begrüßenswerte und wichtige Forderungen,

die sich auf allmählich gewachsene Einsicht gründeten. In diesem Prozeß fortschreitender Bewußtseinsschärfung spielte Hauser mit seiner Tätigkeit, seinen Erfolgen und Verkäufen die Rolle des Sauerteigs. Unbeabsichtigt trieb er so eine Entwicklung voran, die er selbst zu seinem eigenen Ziele erklärt hatte. Die »grundlegende Idee« seiner »grossen Arbeiten« war ja, »ausser Anlegung einer Topographie, an Ort und Stelle, auf jenem glorreichen Fleckchen Erde, ein lokales Museum zu schaffen; die Funde sollen möglichst nicht zerstreut, sondern jedermann zugänglich konserviert bleiben«[21]. Sein Privatmuseum diente diesem Anliegen; seine Gegner sprachen ihm jedoch die Fähigkeiten zur Erfüllung der selbstgesteckten Aufgaben ab. Das Gleiche glaubte er von ihnen, wähnte er doch den »Wunsch, die hervorragendsten Plätze mit aller Gründlichkeit zu untersuchen, nur unter Ausschluss jedweder anderer Einmischung erreichen«[22] zu können. Damit wandte er sich vor allem gegen Peyrony und die jesuitischen Gelehrten, wobei ihn Paul Girod, aber auch Adrien de Mortillet und andere unterstützten und förderten. Einer Zusammenarbeit mit französischen Forschern überhaupt war er keineswegs abgeneigt. Nach seinen ersten Besuchen im Vézèretal kam ihm »zum Bewußtsein, daß zur Ausführung systematischer Forschung eigentlich ein ganzer Stab von Mitarbeitern notwendig sein würde. Am nächsten lag ein Zusammengehen mit französischen Kollegen; doch da fand ich nur indifferentes Kopfschütteln, man wagte sich nicht an die Lösung einer derart großen Aufgabe. Ich klopfte an andern Orten an, das Resultat war nicht weniger entmutigend. Die Materie war noch nicht verstanden, ihre Bedeutung noch nicht erkannt, zu weit abliegend der Gegenstand und nicht klassisch genug.«[23] Was Dr. Péchard in der Sitzung der Deputiertenkammer ausführte, bildet eine indirekte Bestätigung der Angaben Hausers.

Warum vermochte er dann aber nicht, in dem Strom der neuen Entwicklung mitzuschwimmen, wenn sie doch zumindest seinen eigenen Zielen nicht widersprach? Im wesentlichen hatte das politische und weltanschauliche

Gründe. Nicht ohne eigene Schuld war er bereits zwischen die Mahlsteine nationaler, mitunter sogar nationalistischer Spannungen und Auseinandersetzungen geraten. Der Verkauf der beiden Skelette nach Berlin wirkte in dieser Beziehung wie Öl auf eine schwelende Flamme. Als er die Laugerien erwarb, fürchteten nicht nur seine Feinde, daß die dortigen Funde ebenfalls in deutsche Museen gelangen würden. Dem sahen seine Gegner nicht mehr tatenlos zu.

Zunächst wollten sie ihn einschüchtern und bedrängen: »Man sandte einen Delegierten mit einem Vertrag zu mir und verlangte von mir, daß ich den Lehrer Peyrony als Aufseher über mich anerkenne, die besten Funde abliefere und außerdem dem Lehrer noch 150 Franken Monatshonorar bezahle. Der Herr Delegierte wurde von mir in elegantester Form gebeten, mein Arbeitsgebiet zu verlassen. Das französische Gesetz kannte damals die volle Unantastbarkeit des Grundbesitzes, und ich hatte keine Lust, mir auf meinem eigenen Grund und Boden Vorschriften machen zu lassen.« [24]

Der Besuch des Delegierten war sicher nur eine Art Versuchsballon. Nun folgte ein öffentlicher Angriff, der alle bisherigen Aktionen gegen ihn in den Schatten stellte. Am 21. September 1910 erschien in der Pariser Zeitung »Le Matin« ein längerer Artikel mit der anklagenden Überschrift: »Unsere prähistorischen Reichtümer vom Ausland an sich gerissen – Kein Gesetz verbietet diesen Handel.« Darunter prangte ein Bild mit Hausers Standquartier und mit seinem Museum in der Laugerie-Haute. Fett gedruckte Schlagzeilen stimmten die Leser weiter ein: »Es gibt in der Dordogne ein Dorf, das man das Paradies der Archäologen nennt – Nach Berlin gehen diese Schätze – Herr Dujardin-Beaumetz erregt sich darüber.«

Der Verfasser stellte Les Eyzies, den Lehrer Peyrony und die »Antiquitäten« vor, die in Gefahr seien, »für Frankreich verloren zu gehen und deutsch zu werden. Ein Herr O. Hauser, ein biederer Teutone, der sich als Schweizer ausgibt, ist nach Les Eyzies gekommen, um für die kaiserlichen Museen unsere unterirdischen Reichtümer an sich zu reißen ... So gehen jede Woche, je nachdem, ob seine Arbeiten mehr oder weniger ertragreich gewesen sind, vier, sechs oder acht Kisten mit Waffen, mit Fossilien oder mit Knochenresten nach Berlin.« Herr Peyrony könne das nicht verhindern, da es kein Gesetz zum Schutz dieser Altertümer gäbe. Auch Herr Dujardin-Beaumetz (der Unterstaatssekretär des Ministeriums für Schöne Künste) errege sich darüber, vor allem, weil in dieser Gegend die schönsten prähistorischen Kunstwerke entdeckt würden. Immer stünde der Teutone in der ersten Reihe der erfolgreichen Interessenten, und es sei unnütz, »mit Herrn Hauser bei verrückten Versteigerungen zu kämpfen. Dieser fröhliche Gelehrte behält immer die Oberhand. Die Verwaltung der Schönen Künste weiß über diesen Punkt Bescheid: Denn sagen wir es zu ihrem Lob, sie machte dem Lieferanten der kaiserlichen Museen, ohne Erfolg übrigens, ziemlich viele kostbare Landstücke streitig. Außerdem hat sich der Bauern, seitdem Herr Hauser in die Gegend gekommen ist, einer Narrheit in bezug auf die Vorgeschichte bemächtigt, so daß sie Pflüge und Spaten im Stich lassen und nur noch in diesem an Trüffeln reichen Périgord daran denken, ihren Boden zu durchschürfen, in der Hoffnung, dort den einen oder anderen für den teutonischen Sammler wertvollen Gegenstand zu finden.«

Ein »fröhlicher Gelehrter« war er also, der Otto Hauser, und das heißt doch: dem Leben zugewandt, optimistisch, gut gelaunt, sich in seiner Arbeit und Umgebung wohl fühlend. Wer an den verbitterten Hauser in den späteren Jahren denkt, wird das mit Verwunderung zur Kenntnis nehmen. Der Artikelschreiber machte außerdem ein bemerkenswertes Eingeständnis: Hauser war im Kampf um die Fundstätten ein kaum zu schlagender Konkurrent. Die Bauern standen eindeutig auf seiner Seite und bemühten sich, ihm zu ihrem eigenen Nutzen behilflich zu sein!

Daher berief der Unterstaatssekretär eine Kommission aus Gelehrten und Juristen ein »und beauftragte sie, einen Gesetzentwurf vorzubereiten, um diesen Umtrieben ein

Ende zu setzen«. Mitglieder der Kommission waren Louis Capitan und Marcelin Boule. Zugleich wurden Capitan und Peyrony angewiesen, so viele Fundorte in der Gegend von Les Eyzies zu kaufen wie möglich. »Vermerken wir schließlich«, endete der Artikel, »daß die deutsche Eroberung sich in der Bretagne auszubreiten beginnt und daß die Schürfer von Herrn Hauser auch die Umgebung von Solutré abklopfen.«

Diese Attacke in »Le Matin« fand eine ungewöhnliche Resonanz. Sie stachelte die nationalen und antideutschen Ressentiments kräftig an. Zwischen der französischen Republik und dem deutschen Kaiserreich hatten sich die Beziehungen ständig verschlechtert. Vor allem die Auseinandersetzungen um Marokko, in dem beide Länder nach Einfluß und Vorherrschaft strebten, spitzten die Lage gefährlich zu. In dieser Situation wirkte der Angriff des »Matin« wie ein zündender Funke. Der Reporter besuchte Hauser zwar viele Monate danach und bedauerte nach der Besichtigung der Ausgrabungen, gegen ihn polemisiert zu haben. Mittlerweile waren jedoch »in über 700 Zeitungsnummern« Nachdrucke des Artikels erfolgt.

Auch der französische Romancier, Journalist und Essayist Maurice Barrès beteiligte sich an der Kampagne. Er war einer der wichtigsten Vertreter eines betont militanten Nationalismus, dem sich Louis Capitan offenbar eng verbunden fühlte. Im Parlament, in der Presse und in seinen literarischen Werken forderte Barrès die nationale Erweckung aller Energien, Revanche für die durch Deutschland erlittene Schmach, die Rückeroberung der von Deutschen geraubten Provinzen Elsaß und Lothringen, eine Besinnung auf Tradition, religiöse Überlieferungen und den Kult um die Toten. Seine auf die Armee gestützten Bestrebungen hatten eine protektionistische Gesetzgebung zum Ziele, die Fremde ausschließen und französische Produkte verdrängende Wareneinfuhren verhindern sollte. Als extremer Nationalist nahm er auch Otto Hauser aufs Korn. Später (am 22. Januar 1915) entwarf er von ihm im »Echo de Paris« ein abstoßendes Bild, in dem er sogar dessen Körperbehinderung nicht aussparte:

»Von wenig sympathischem Aussehen, hinkend, ein starker Esser und fürchterlicher Trinker ... Er trat sehr bescheiden auf und als ›guter Junge‹ bei den verschiedenen Archäologen und Ausgräbern. Als er sich mit ihrer Hilfe die Dokumente und Auskünfte, die die Ausgrabungen in der Dordogne und besonders in der Umgebung von Les Eyzies betrafen, beschafft hatte, änderte sich seine Haltung. Er wurde stolz, arrogant, sogar flegelhaft und zeigte sich sofort als erbitterter Mitbewerber der Ausgräber des Landes, neben denen, von denen er soeben seine Ausbildung erhalten hatte. Alle Mittel waren ihm recht, sich die notwendigen Rechte und Ermächtigungen zu verschaffen. Geld, Versprechungen, Gelage, die er anbot und durchführte, alles wurde von diesem Mann in Gang gesetzt. Anfangs arm, sah man ihn nach und nach Fortschritte machen, Geld zum Fenster hinauswerfen und versuchen, seinen Dünkel und seine Unverschämtheit gegenüber allen Bewohnern des Landes zu unterdrücken.«

In diesem Stile zog man über Hauser vor allem nach dessen Flucht aus Frankreich her. Den Auftakt dazu bildete der Artikel vom 21. September 1910. Er fand auch in Schweizer Blättern eine Resonanz. Die »Basler Nachrichten« griffen den Fall auf, allerdings viel sachlicher als die »Nationalzeitung«, in der Hausers Tätigkeit als »Maulwurfsarbeit« bezeichnet wurde. Rechtsanwalt Bovet, ein Basler Freund des Geschmähten, verhandelte deshalb mit Bächler und Dr. Reinhardt wegen einer Entgegnung auf die Beschuldigungen, wobei er vor allem an die Frankfurter Zeitung dachte, weil aus dieser sowieso alles nachgedruckt würde. Anscheinend hat dann Ludwig Reinhardt den gewünschten Beitrag verfaßt und gegen Hausers französische Widersacher kräftig vom Leder gezogen.

Zwei Tage nach der Attacke des »Matin« kam Bürgermeister Barry zu Hauser und übermittelte ihm eine Regierungsverordnung, »die uns beiden und der ganzen Talschaft wenig Freude bereitete. Durch Ministerialerlaß wurde mir auf drei Monate jede Ausgrabung auf meinem Eigentum verboten. An den gepachteten Stationen durfte ich aber weiterarbeiten! Das französische Gesetz erlaubt eine solche Wartezeit, wenn innerhalb dieser drei Monate voraussichtlich ein Gesetz zustande kommt, das dem Sinne des Verbotes entspricht. Man wollte also offenbar meine weiteren Ausgrabungen verhindern und mich an empfindlicher Stelle treffen, mich in dem Genusse meines Eigentums stören.«[25]

Das Gesetz wurde in einer außerordentlichen Sitzung der Deputiertenkammer am 25. Oktober 1910 vom Präsidenten des Staatsrats, dem Minister des Innern und des Kultus sowie vom Minister des Unterrichts und der Künste eingebracht. In der »Darlegung der Gründe« hieß es: »Der vorliegende Gesetzentwurf sucht zwei Seiten gerecht zu werden: Einerseits richtet er die Überwachung der von Privatleuten unternommenen Ausgrabungen ein und behält sogar der Regierung des Recht vor, wenn das wissenschaftliche Interesse es erfordert, an die Stelle des Ausgräbers zu treten. Andererseits aber umgibt er diese Maßnahmen mit allen dem Privateigentum schuldigen Sicherungen und will keineswegs den Geist der freien Forschung und der individuellen Initiative, der ein kostbares Pfand der fruchtbarsten Entdeckungen ist, an seiner Entfaltung hindern.«[26]

Genau das bezweifelten jedoch die gelehrten Gesellschaften, Vereinigungen und Privatpersonen, denen das Gesetz vorschreiben wollte, jede Grabung bei der Präfektur des Departements anzumelden und bekanntzugeben, wo, bei wem, wie lange und in welchem Umfang die Arbeiten ausgeführt werden sollten. Laut Gesetzentwurf konnte der zuständige Minister durch eine von ihm ernannte Person die Ausgrabungen besichtigen und überwachen lassen. Sein Beauftragter durfte Funde an sich nehmen, Einfluß auf den Verlauf der Arbeiten nehmen oder deren Stop beantragen. Die Regierung hatte das Vorkaufsrecht bei sie interessierenden Entdeckungen, und je nach Bedarf vermochte sie den fündigen Grund und Boden zu enteignen.

In den Grundzügen hat Bürgermeister Barry den Inhalt des Gesetzentwurfs Hauser sicher bereits am 23. September 1910 mitgeteilt. Kam das Gesetz in der vorgesehenen Fassung durch, mußte er befürchten, enteignet zu werden und keine Möglichkeiten mehr zu Grabungen zu haben. Damit war nicht nur sein Werk, sondern auch seine Existenz unmittelbar bedroht. »Entsetzlich! ... Ich bin in schrecklicher Verfassung«, schrieb er unter dem Eindruck dieses Schocks am 24. September an Bächler.

Es war sein Glück, daß der Gesetzentwurf nicht nur ihn, sondern fast alle davon Betroffenen erschreckte und zum Protest herausforderte. Die Prähistorische Gesellschaft Frankreichs hielt es für »äußerst gefährlich«, »den Eifer der freien Ausgräber anzutasten«[27]. Nach ihrer Meinung genügte es, wenn man ein seit 1887 bestehendes Gesetz nur durch die Zusätze ergänzte, daß kein bedeutender Fund ohne ministerielle Erlaubnis ins Ausland gelangen dürfe, daß der Staat für solche Stücke ein Vorkaufsrecht habe und daß jeder Fremde, der Ausgrabungen vorzunehmen wünsche, um Genehmigung nachsuchen müsse.

Die Proteste gegen die Absicht der Regierung hatten auch einen weltanschaulichen Hintergrund. Was viele Gelehrte in dieser Beziehung befürchteten, enthüllte ein leidenschaftlicher Artikel von Dr. Adrien Guébhard, Dozent für Physik an der Universität von Paris. »Die Kirche und die Vorgeschichte« hieß sein erstaunlich offener und scharfer Beitrag, der am 25. Juli 1911 in der Zeitschrift »La Grande Revue« erschien. Guébhard vermutete hinter dem Gesetzentwurf eine römische Kampagne, die sich »unter dem Deckmantel des reinsten französischen Patriotismus« verbarg, »mit dem ganz bestimmten Ziel, zum Nutzen der Kirche die einzige der Wissenschaften, die nach der Astronomie noch geeignet scheint, dem Dogma irgendeinen Schlag zu versetzen, sich anzueignen – ein Abwürgen war schon nicht mehr möglich –: die Prähistorie!«[28] Denn, so argumentierte er, »wenn auch nur im geringsten die Spitzhacke der Ungläubigen weiterhin Skelette, die mehr und mehr dem Affen verwandt sind, ans Tageslicht bringt, was wird dann aus dem Glauben, von dem die Kirche lebt? Daher rührt auch die ökonomische und vitale Notwendigkeit für sie, sich der Prähistorie zu bemächtigen, um sie, wie die Astronomie, anzupassen oder, wenn möglich, sie im gefährlichen Augenblick in andere Bahnen zu lenken.«[29]

Das geplante Gesetz, meinte Guébhard, bilde eine »Ergänzung zu der kürzlich erfolgten Gründung des Instituts für menschliche Paläontologie durch den Prinzen von Monaco«[30], Albert I., in Paris. An dieses Institut wurden 1911 die Abbés Breuil und Obermaier als Professoren berufen, was Guébhard anklagend kommentierte: »Und hier bricht so recht die unüberwindliche Macht der zielgerichteten jesuitischen Aktion hervor, die für ihre Zwecke, ohne daß sie es ahnen, die unerwartetsten Instrumente verwendet: Juden und Freidenker, weltliche Lehrer und Lehrer im höheren staatlichen Bildungswesen, einen Prinzen von Geblüt und Minister der Republik.« Sie alle hätte man geschickt marschieren lassen und ebenso geschickt »Vorteil aus der ›skandalösen‹ Handlungsweise des Schweizers Hauser« gezogen, der als Konkurrent der einheimischen Ausgräber in die Dordogne gekommen war. Für »unsere Chauvinisten«, höhnte Guébhard, sei deshalb »die Entführung eines Skeletts durch Kaiser Wilhelm für den provokatorisch überteuerten Preis von 100 000 Mark, das unsere offiziellen Ausgräber völlig verschmäht hatten zu suchen«[31], ein Glücksfall gewesen, welcher der Presse den Antrieb zu der Forderung gab, »daß man unser wissenschaftliches Erbe mittels eines unerläßlichen Gesetzes vor Deutschland rette«. Dessen Beschlußfassung hätte aber nur zur Folge, »alles weiterhin bei uns an einen Deutschen, einen römischen Priester, auszuliefern (Obermaier, der aus Bayern stammt) – also in doppelter Weise ein Ausländer«, von den »gleichen« guten Patrioten ... auf einen Lehrstuhl berufen«[32].

Was bedeutet wohl die Geistesfreiheit von Breuil und Obermaier, da sie »durch den Buchstaben der biblischen Vorstellung gebunden sind, und was ihre Freiheit zu schreiben, unter der Fuchtel des Index ...? ... Was könnte schließlich ihre wissenschaftliche Unparteilichkeit gegenüber immer beunruhigenderen Entdeckungen sein . . . ?«[33] Ironisch forderte Guébhard: Man möge doch dem Gesetzentwurf hinzufügen, daß den Abbés Breuil und Obermaier »immer die vorgesehenen ›Aufträge zur Überwachung‹ erteilt würden . . ., zu ihrem ausschließlichen Nutzen, um mit einem allgemeinen Inquisitionsrecht über alle Grabungen in Frankreich die offizielle Institution einer katholischen Lehre der Vorgeschichte zu vervollständigen.«[34]

Am Ende seines Artikels fragte Guébhard: »Haben die Regierung der französischen Republik und der Prinz von Monaco selbst solche Konsequenzen vorgesehen? . . . Werden alle beide akzeptieren, schließlich nur für den Nutzen einer gegnerischen Macht gearbeitet zu haben, die versucht, die am wenigsten katholische aller Wissenschaften mönchisch zu machen?«[35]

Mit seinen Ausführungen hatte Dr. Guébhard Otto Hauser aus dem Herzen gesprochen. Er vertrat genau dieselben Ansichten. Der Aufsatz spiegelte offenbar auch die Meinung der Prähistorischen Gesellschaft Frankreichs und anderer Vereinigungen wider und zeigte, worum es den Kritikern des Gesetzentwurfs ging. Er machte ebenfalls deutlich, welcher Zündstoff sich zwischen den verschiedenen Parteien angehäuft hatte, den die Annahme des Gesetzes zur Explosion bringen konnte. Diese Situation wirkte sich günstig auf Hausers Belange aus, der nicht nur von Adrien Guébhard, sondern auch von der Prähistorischen Gesellschaft Frankreichs und insbesondere von Adrien de Mortillet unterstützt wurde. Dieser bekämpfte andererseits Denis Peyrony, dem er, nach dem Zeugnis Hausers, vorwarf, »dem Staate stets nur minderwertige Objekte abgegeben« zu haben. »Herr Mortillet (ein guter Patriot)«, kopierte 1910 und 1911 alle diesbezüglichen Unterlagen und legte »sie in der französischen prähistorischen Gesellschaft und in der Kommission für prähistorische Altertümer im Ministerium der Schönen Künste in Paris« vor. »Die genannte Gesellschaft hat übrigens die Anmeldung Peyronys zur Mitgliedschaft zweimal abgelehnt mit dem Bedeuten, sich nicht wieder bemühen zu wollen, da seine Gepflogenheiten nicht in Einklang zu bringen wären mit den rein wissenschaftlichen Tendenzen der Gesellschaft.«[36]

Hauser selbst wurde gleichfalls sehr aktiv, um sich seine Arbeitsmöglichkeiten zu bewahren. Am 30. September, also nur wenige Tage nach dem Artikel in »Le Matin«, benachrichtigte er Bächler aus Paris: »Bin hier zu e. [iner] Audienz mit dem Minister & habe beste Aussichten, dass alles glatt abläuft & meine Gegner verhauen werden; aber Arbeit gibt es!« Und am 4. Oktober: »Minister-Audienz sehr zu meinen Gunsten; es wird wahrscheinlich alles Ia werden, d. h. ich offiziell mit Freiheit zu graben und zu verkaufen . . .« Fünf Deputierte und drei Bürgermeister des Departements Dordogne, »d. h. die Hauptpersonen«, wären für ihn. Nun wollte er sich an die anderen Abgeordneten wenden. Er zeigte ihnen die Pläne Baumgartners und andere Grabungsunterlagen, »beleuchtete die Tätigkeit der Klerikalen und insbesondere die Peyronys« und fand bei den Politikern »die beste Aufnahme«.

Auch in Les Eyzies und Umgebung waren die meisten auf seiner Seite. Sicher wollte man ihn weder als wichtigen Steuerzahler noch als Ausgräber verlieren, der einer Reihe von Leuten Verdienstmöglichkeiten bot. Darüber hinaus hatte er sich viele Sympathien erworben, und dies schlug nun alles zu seinen Gunsten zu Buche. Selbst seine Gegner bestätigten die Hilfe, die ihm zuteil wurde. Anfang 1915 bedauerte ein sich mit dem Pseudonym H. de Crô-Magnon unterzeichnender Verfasser, daß es eine Zeit gegeben habe, wo der Abenteurer Hauser »eine mächtige und von allen unterstützte Persönlichkeit in der Gegend von Les Eyzies war. Stellte ihm im Jahre 1910 eine damals sehr einflußreiche Person nicht ein Zeugnis aus, das erklärte, daß er der Wohltäter des Landes war? Begleitete sie ihn nicht zum Minister der Schönen Künste, um ihn gegen einen ganz ergebenen und klarblickenden Funktionär zu unterstützen, der den Mut gehabt hatte, ihm die Maske abzureißen und auf die Gefahren, die der Wissenschaft durch seine Machenschaften mehr oder weniger drohten, aufmerksam zu machen? Man erzählt sogar, daß ihm in dieser Zeit einer seiner Freunde aus der Gegend die Stelle des Konservators des in Les Eyzies geplanten Museums versprochen hatte. Und das ist nicht unwahrscheinlich, denn nach einem Artikel, der in der L'Avenir de la Dordogne [Die Zukunft der Dordogne] erschienen ist, hätte er diesem Museum Pläne und Duplikate der Stücke, die er bei seinen Grabungen finden würde, versprochen (die wichtigsten wurden natürlich für Deutschland reserviert), und daß man ihn für seine Großzügigkeit belohnen müsse. Ein Beschluß des Gemeinderates von Les Eyzies sprach ihm sogar Danksagungen für dieses Versprechen aus, das er übrigens niemals gehalten hat.«[37]

Um seine Stellung in Les Eyzies zu festigen, stellte Hauser den Antrag auf Naturalisation, also auf Einbürgerung in Frankreich. Der Gemeinderat von Les Eyzies befürwortete seinen Wunsch, und Anfang Februar 1911 bezahlte er die Naturalisationsgebühr in Höhe von 176,10 Francs. Aber sein Gesuch ist anscheinend höheren Orts auf die lange Bank geschoben und sabotiert worden, denn die zuständigen Behörden teilten ihm keine Entscheidung mit. Auch das trug schließlich zu seinem Verhängnis bei. Hätte man seinem Antrag stattgegeben, wäre er auf Dauer in Frankreich verankert gewesen. Niemand hätte ihn beim Ausbruch des ersten Weltkrieges zur Flucht zwingen und dann enteignen können.

Der Widerstand gegen den Gesetzentwurf vom 25. Oktober 1910 wurde schließlich so stark, daß ihn die Regierung fallenlassen mußte. Ein in seinen Bestimmungen und Konsequenzen wesentlich abgemildertes Gesetz zum Schutz prähistorischer Stätten und Funde trat erst am 30. Dezember 1913 in Kraft. Hauser konnte aufatmen. Die Angriffe gegen ihn waren zunächst fehlgeschlagen. Als feststand, daß er auf seinem eigenen Grund und Boden weiterarbeiten durfte, wurde er bei seiner Rückkehr ins Vézèretal »überall freudig mit Böllerschüssen«[38] begrüßt. Peyrony und seine Freunde werden sie mit Ingrimm vernommen haben. Obwohl Hauser nun »mit neuer Ausdauer«[39] ans Werk ging, blies ihm der Wind schärfer ins Gesicht. Das zeigte sich schon Ende 1910, als der Abri von Laussel zum Verkauf angeboten wurde. Nicht er erhielt den Zuspruch, sondern der Arzt Dr. Lalanne. Auch dies war kein gutes Omen.

GEWINN UND VERLUST

»Hier möchte der Ort sein, zu reden von einer Sache, die man Dr. Hauser zum schweren Vorwurf gemacht hat: von seinen Handelsgeschäften!«

»Hauser, aus nicht ganz durchsichtigen Verhältnissen in Frankreich hinausgeworfen, saß in Deutschland auf dem Trockenen, nachdem auch seine Heimat ihm die kalte Schulter gezeigt hatte. Er mußte eben unbedingt Geld verdienen, und nun versuchte der unpraktische Gelehrte sich als Kaufmann, der er nicht war! Er stellte Kollektionen seiner Fundstücke zusammen, von 30 RM aufwärts, und bot sie Museen, Schulen und Privatsammlern zum Kauf an. Dabei hat er zwar manchen Erfolg gehabt, aber auch manche Ungezogenheit einstecken müssen! ... Geschah ihm dergleichen, so setzte er sich selbst an die Schreibmaschine und ›haute‹ einen grammatisch, orthographisch und stilistisch unzulänglichen Brief zusammen, der für einige Beleidigungsklagen ausgereicht hätte! – Hatte er Erfolg, so floß er über von Erkenntlichkeit und bezeigte sie durch Schenkung von franz. Fundstücken, die das etwa gehabte Verdienst möglichst überstiegen. – Da ich selbst bei mehreren derartigen Verkäufen den Zwischenmann gespielt habe, kenne ich die Gepflogenheiten genau. Ein wohlhabender Quedlinburger Geschäftsmann und Sammler, der durch mich mit Dr. Hauser in Verbindung trat und mehrfach von ihm kaufte, versicherte mir oft, Hauser sei kein Kaufmann!«[1]

Dieses Zitat ist Ausführungen entnommen, die der Quedlinburger Ingenieur E. Keil für sich selbst niederschrieb und die er am 23. Juni 1944, also zwölf Jahre nach Hausers Tod, abschloß. Keil hatte im Ostharz paläolithische Artefakte aus Quarzit entdeckt und sich wegen ihnen

---

[1] *Anmerkungen siehe Anhang am Schluß des Bandes*

in November 1926 um Auskunft an den damals in Weimar wohnenden Otto Hauser gewandt, den er schließlich auch persönlich kennenlernte. Aus der Bekanntschaft und den Erfahrungen mit Hauser (der 1916 promoviert hatte) erwuchs das zitierte Urteil.

Der Vorwurf, den ihm vor allem seine Gegner wegen der »Handelsgeschäfte« machten, konkretisierte sich in der Abstempelung als »Antiquitätenhändler«. Das abwertend gemeinte Wort, das bereits während des Streits um Vindonissa polemisch in die Debatte geworfen worden war, ergänzte dann Abbé Hugo Obermaier in seiner unsachlichen und aggressiven Beurteilung Otto Hausers durch die Behauptung, ohne wissenschaftliche Vorbildung betreibe dieser nur einen Händlerabbau der Funde.

Durch sein Studium, durch die Anleitung und Schulung Dr. Jakob Messikommers und infolge verschiedener eigener Grabungen besaß Hauser, dem Wissens- und Kenntnisstand seiner Zeit entsprechend, durchaus die geforderte Vorbildung. Die Art, wie er systematisch, methodisch und technisch seine großen Grabungen in Südwestfrankreich in Angriff nahm, ist von Fachleuten wiederholt sehr anerkennend gewürdigt worden. Auch das Urteil von Dr. Jakob Nüesch ist hier von Belang, der am 24. Dezember 1908 an Emil Bächler schrieb, er hätte stets Hausers große Verdienste um die Urgeschichte »hervorgehoben und darauf hingewiesen, dass er der Erste war, der endlich einmal eine systematische, gründliche Ausgrabung in Frankreich machte«.

Tatsächlich führte Hauser in München vorübergehend ein Antiquitätengeschäft, und er verkaufte seine Funde. Ihn deshalb als Antiquitätenhändler zu charakterisieren, gibt jedoch den wahren Sachverhalt nur verkürzt und verzerrt wieder. Ein Antiquitätenhändler strebt in erster Linie nach Gewinn aus seinem Tun; für Hauser war der Verkauf der Funde Mittel zum Zweck und diente dazu, seine Grabungen zu finanzieren. Die Wertung Keils, Hauser wäre im eigentlichen Sinne kein Kaufmann gewesen, trifft den Kern der Sache. Mit Geld konnte »der unprakti-

186

sche Gelehrte« nie richtig umgehen. Er wurde öfters übers Ohr gehauen, von Wucherern schamlos ausgebeutet und erwies sich in keiner Weise als das, was man im modernen Jargon einen 'cleveren Geschäftsmann nennt. Nicht nur Keil machte die Erfahrung, daß Hauser gegenüber jenen, die seine Leistungen würdigten oder gar seine Erfolge herausstrichen, vor »Erkenntlichkeit« überfloß und sich dann mit Geschenken bedankte, »die das etwa gehabte Verdienst möglichst« überstiegen. Das erklärt sich wohl aus seinem Bedürfnis nach Anerkennung, aber auch aus seiner Großzügigkeit und einer gewissen Gutmütigkeit.

Vor allem aber zeigt die Lebensgeschichte Hausers und die seiner archäologischen Unternehmungen, daß er ein Besessener war! Letzten Endes opferte er den prähistorischen Interessen und Grabungen nicht nur Hab und Gut, sondern auch seine Ehen, die Söhne, um die er sich wenig kümmerte, und seine Gesundheit. Infolge von Besonderheiten seines Wesens und Charakters, die sich durch die vielen Anfeindungen und das Auf und Ab in den Wechselfällen seines Lebens mit zunehmendem Alter immer schärfer ausprägten, untergrub er schließlich selbst den eigenen Ruf und Ruhm.

Hauser, der die Funde veräußern mußte, weil er als Privatmann ohne öffentliche Unterstützung arbeitete, der aber ein so schlechter Rechner und Kaufmann war, erzielte durch seine Tätigkeit keinen Gewinn, sondern verstrickte sich in wachsende Schulden, die ihn zu erdrücken drohten und die ihn de facto in den Konkurs trieben. Auch dafür bildete das Jahr 1910 eine Zäsur. Deshalb ist es nun angebracht, seine finanziellen Verhältnisse genauer in Augenschein zu nehmen.

Als er 1905/06 seine Aktivitäten ins Périgord verlagerte, kam er zu der Einsicht: »Einmal angefangen, konnte es sich nur darum handeln, die Flinte ins Korn zu werfen oder aber großzügig allen Hemmungen entgegenzutreten und das vorgefaßte Programm zur Durchführung zu bringen.« [2] Die Schwierigkeiten dabei verhehlte er sich nicht. »Ich ließ mich jedoch nicht irremachen; meine Vorstudien

waren gründlich, und das mehrfach Gesehene derart pak-
kend, daß mir ein Versagen undenkbar schien. Die Folge
hat mir recht gegeben! Was niemand zu fünfen und zehnen gewagt, ich habe es allein übernommen; ich verkannte keine Schwierigkeiten, ich dachte nicht an klingenden Lohn – überzeugt von der erhabenen Größe der
Aufgabe, ging ich daran, sie allein zu lösen.«[3] So prahle-
risch das klingt, war es doch nicht ohne Wahrheit, denn
andere, sogar »zu fünfen und zehnen«, wagten sich an
derart umfassende Unternehmungen zunächst nicht
heran.

Insgesamt zählte Hauser in Südwestfrankreich 3127 Ar-
beitstage. Offenbar hat er dabei die gesamte Zeit von 1898
bis 1914 berücksichtigt und nicht nur die Periode von
1905 oder 1906 an. »Ich reduziere«, schrieb er, »meine
Ausgaben auf einen Tag und nehme vier Arbeiter als
durchschnittlich beschäftigt an. Diese Anzahl von Arbeitern war eigentlich das Minimum, zumeist standen sechs
bis vierzehn Mann in meinen Diensten.«[4] Pro Tag wären
ihm folgende Ausgaben (in Francs) erwachsen: Löhne:
20,-, Versicherungen: 4.-, Pferd und Wagen: 15.-, Pachten:
6.-, Kapitalzinsen: 20.-, Abgang an Werkzeug, verschiedenen Materialien, Sprengstoffe: etwa 5.-, Postspesen: 10.-,
Frachten: 4.-, Steuern und Abgaben: 3.-, Unterhalt: 10.-,
photographische Artikel: 2.-, Vermessungen: 5.-, Reisen:
4.-; insgesamt 108.- Francs.

Auf der Grundlage von 3127 Arbeitstagen errechnete
Hauser daraus Kosten von 337 716 Francs. Er ging dabei
von dem Goldfranc aus, der 81 Pfennigen der deutschen
Goldmark entsprach. Der Franc als Einheit des französischen Geldwesens wurde 1850 auch von der Schweiz
übernommen und dort Frank genannt. Französischen
Francs und Schweizer Franken kam also derselbe Wert
bzw. Gehalt an Feingold zu. Die von Hauser bezifferten
337 716 Francs (oder Franken) repräsentierten nach heuti-
gem Geldwert mindestens das Fünf- bis Zehnfache. Natürlich beruhen die angegebenen Kosten nur auf einem
sehr pauschalen Überschlag. Dennoch macht er die Di-
mensionen deutlich, in denen sich Hausers Unternehmun-

gen finanziell bewegten. Sie müssen jedoch insgesamt ein noch größeres Ausmaß besessen haben.

Mindestens von 1906/07 an waren seine Ausgaben zweifellos enorm. Schon allein die doppelte Haushaltführung in Les Eyzies und Basel war teuer. Für die Kinder, die offenbar im Hause eines Lehrers in Teufen nahe Sankt Gallen erzogen wurden, mußte er ebenfalls sorgen. Anfang 1907 hatte er mehr als zwanzig Fundstellen gepachtet, wahrscheinlich für viele tausend Francs. Die Grabungsstätten ließ er umzäunen und mit Hinweisschildern versehen, sicher keine billige Angelegenheit. Noch viel aufwendiger gestalteten sich die Arbeiten in La Micoque. Der 19 Meter lange und 2 Meter breite Profilgraben kostete samt genauer Vermessung, Kartierung und Beschilderung 10 000 Francs. Vermutlich standen demgegenüber die Ausgaben für den über 22 Meter langen und 8 Meter tiefen Graben entlang der Felswand nicht zurück. Baumgartners Vermessungen und Pläne veranschlagte Hauser mit 15 000 Francs. Auf Abbruch kaufte er die Scheunen in Laugerie-Basse und Longueroche sowie die Schweineställe in Le Moustier (Station 44), die sich deren Besitzer zweifellos hoch vergüten ließen. Die Bauern schraubten die Preise überhaupt immer höher, je begehrter ihr fundreicher Boden wurde. Außerdem gab Hauser Postkarten, das Buch über La Micoque und den Führer durch das prähistorische Périgord heraus (was alles wohl nur Unkosten verursachte), schaffte Pferd und Wagen an, errichtete sein Museum, verhielt sich spendabel gegenüber den Besuchern und lebte selbst auch nicht bescheiden. Alles zusammen machte das bis Anfang 1910 Zehntausende von Francs aus. Woher hatte er das viele Geld?

Aus eigenen Mitteln stammte es nicht; es war geliehen. Maurice Barrès blieb in seinem zitierten Schmähartikel bei der Wahrheit, als er sagte, daß Hauser anfangs arm gewesen sei. Daß er sich Geld borgte, bestätigten zwei unverdächtige Zeugen. In einem Brief Jakob Nüeschs an Emil Bächler vom 24. Dezember 1908 heißt es: »Herr Hauser hat einen großen Teil seiner Mittel von Schaffhau-

ser Herren, Freunde und gute Bekannte von mir . . .« Und
Bächler erinnerte sich, daß Hausers Unkosten »in die
Zehn- und Hunderttausende von Franken« liefen. »Das
Geld musste er aufnehmen von Banken und Privaten, er
ritt sich immer weiter hinein. Namentlich die grandiose
Ausgrabung von La Micoque – ein Schau- und Lernstück
ersten Ranges (ich habe nie mehr ein solch gewaltiges,
sauberes Schichtprofil gesehen!) – verschlang ein enor-
mes Geld.«[5]

Hauser gestand Bächler im Juli 1913: »Wohl habe ich
Fehler gemacht früher, aber es ging als Fremder in fremden Lande nicht anders, als dass man, wollte ich ein
grosszügiges Werk schaffen, mehr ausgab als man verant-
worten konnte; seit 2 Jahren weiss ich ja was sparen ist
und habe mir nichts mehr vorzuwerfen.« Vierzehn Tage
später fügte er erklärend hinzu: » . . . davon weiß man natürlich nichts, daß ich während etwa 4 Jahren mein jung
begonnenes Werk nur habe halten können mit Wechseln
die mich bis zu 70 % p. a. [pro anno, jährlich] kosteten; ich
allein weiss was für Sorgen ich hatte, täglich mit meinem
Notizbuch und den Verfalltagen, bewaffnet; davon weiss
man nichts, dass der schuftige Bankier Z. mir die Haut bis
über die Ohren gezogen hat!«

Mit den Wechseln, die ihm seine Gläubiger ausstellten,
konnte er Geld einlösen oder sie als Geldwert verwenden.
An einem bestimmten Tag wurden sie fällig; bis dahin
mußte er das Geld zurückzahlen. Wenn man es ihm bis zu
70 % mit Zinsen belegte, war das der reinste Wucher, dem
er sich unterwarf, um überhaupt Geld zur Verfügung zu
haben. Wie gesagt: ein bedächtiger, klug rechnender
Kaufmann war er nicht! Aber er hatte so viel Vertrauen in
seine Kraft und in den Erfolg seines Werkes, daß bis 1910
keine Klagen über finanzielle Nöte und Schuldenlasten
auftauchen. Er spürte, daß es vorwärts ging, und die Ergebnisse seiner Anstrengungen erfüllten ihn mit Zuversicht. Irgendwie kam er mit Ausleihen und Zurückzahlen
noch einigermaßen über die Runden.

Im Mai 1918 verfaßte ein »Fürsprecher« namens Roth,
vermutlich ein Jurist aus Bern, ein »Memorial«, eine

Denkschrift, zur Unterstützung Otto Hausers gegen die Beschlagnahme seines Besitztums durch französische Behörden. Über seinen Klienten führte Roth in dem sehr informativen Dokument aus: »Bis zu den Jahren 1909/10 war der wirtschaftliche Ertrag ziemlich unbedeutend. Aber nicht deshalb, weil die Ausbeute an Fundobjekten gering gewesen wäre, sondern weil Dr. Hauser mit dem Verkaufe eher zurückhielt. Er tat dies, weil er sich zuerst durch eine gründliche Ausforschung des ganzen Gebietes die Grundlagen für eine exakte einwandfreie wissenschaftliche Bestimmung des Fundmaterials sichern wollte. Solches Material besitzt nämlich erst dann einen Wert, wenn eine solche wissenschaftliche Bestimmung möglich ist.«[6]

So »unbedeutend« kann der »wirtschaftliche Ertrag« nicht gewesen sein, höchstens im Vergleich mit den 160 000 Goldmark für die Skelette. Doch daß sich Hauser mit Verkäufen der wertvollsten Objekte nicht beeilte, traf sicher zu. Er hatte ja auch vor, jährlich über die einzelnen Fundorte eine Monographie zu veröffentlichen, und dazu benötigte er das jeweils wichtigste Material. Außerdem besaß er ein sehr persönliches Verhältnis zu den Funden, an denen sein Herz hing, von denen er sich ungern trennte. Häufig wird er sich in dem Zwiespalt befunden haben, was er aus finanziellen Gründen veräußern und welche Stücke er aus wissenschaftlichen und persönlichen Gründen behalten sollte.

Auf einen grünen Zweig konnte er so lange nicht kommen, bis ihm nicht ein wirklich sensationeller Fund gelang. Auch unter diesem Gesichtspunkt erhielten die Entdeckungen des Mousteriensis und Aurignacensis ihre besondere Bedeutung. Um so unverständlicher erscheint es, warum er sich dann auf die zweifelhafte Sammelaktion des Berliner Völkerkundemuseums einließ und die Skelette nicht für eine wesentlich höhere Summe an den amerikanischen Multimillionär Carnegie abtrat! Manche kreideten ihm zwar die 160 000 Goldmark als »märchenhaften Preis« an, und dennoch zeigt sich gerade an ihm und dem damit verbundenen unwürdigen Hin und Her, daß er ein

»unpraktischer Gelehrter« und kein Kaufmann war. Es gelang ihm nicht, sich mit Hilfe der Skelette eine solide finanzielle Basis zu schaffen. Über den Verlauf der trüben Angelegenheit berichtete er:

»Der Kaufvertrag mit dem Museum lautete ganz einfach dahin, die beiden Skelette seien zum Preise von 160 000 Mark angekauft, der Betrag würde in Raten abgeliefert und an das von mir bestimmte Schweizer Privatbankhaus eingezahlt. Ich hatte inzwischen in Erfahrung gebracht, daß mein Bankier keineswegs das in ihn gesetzte Zutrauen rechtfertigte und bat deshalb, die Zahlungen nicht an ihn, sondern an mich zu leisten. Da bekam ich einen Brief des Inhalts, wenn ich die Einzahlungsstelle ändere, so betrachte man den Kauf als hinfällig. Es war uns allen dieses merkwürdige Gebaren unverständlich. Ich beriet mich sofort mit meinen Berliner Freunden, der damalige Konservator des Museums konsultierte für mich einen Rechtsanwalt, aber leider wurde mir der Bescheid, ich könne auf dem Prozeßwege die Zahlungsweise nur dann erzwingen, wenn ich eine gleich hohe Summe hinterlege. Das war für mich natürlich unmöglich. Von der ganzen Kaufsumme von rund 197 000 Schweizer Franken mußte ich nur 44 000 Franken geborgte Gelder zurückerstatten, der Rest war mein unbeschränktes Eigentum. Ich konnte gegen den unsinnigen Trotz der Museumsleitung nicht ankämpfen, und die Folge war, daß ich in dem darauffolgenden Bankerott dreiviertel meines Geldes verlor. Warum man jede Gelegenheit wahrnehmen wollte, um aus dem Vertrag zu schlüpfen, kann vielleicht nur damit erklärt werden, daß die Museumsleitung über den Druck von außen und oben ungehalten war und weil für sie die beiden Skelette an der Grenze des Interesses standen. Als eine merkwürdige Duplizität der Psyche ist es aufzufassen, wenn einerseits eine ›Bitte‹ an Gönner hinausgesandt wurde, während man andererseits sich des Vertrages zu entledigen versuchte.«[7]

Das von Hauser erwähnte Privatbankhaus war das von Zündel und Bosshardt in Schaffhausen. Über diese Bank wickelte er einen großen Teil seiner Geschäfte ab. Mit ihr

192

1 Schönenbergstraßse 23 (»Eisenhammer«), Otto Hausers Geburtshaus in
Wädenswil

2 Otto Hauser als 21jähriger Student

3 Hauser beim Freilegen einer Heizanlage im ehemaligen Römerlager
Vindonissa

4 Mitglieder der Gesellschaft »Pro Vindonissa« bei Ausgrabungen

5 Die »Silberpfanne« (Schöpfkelle) mit ihrem kunstvoll verzierten Stiel

6 Jetziger Anblick des Abris von Laugerie-Basse mit an die Felswand gebauten Häusern

7 Blick vom Kamm des Hügels La Micoque ins Vézèretal und auf die Felsenstraße

8 Hôtel de la gare (Bahnhofshotel) in Les Eyzies de Tayac um 1900

9 Unter der abgerissenen Scheune kam der Arbeitsplatz der Knochenschnitzer
zum Vorschein

10 La Grange (Die Scheune) im Abri Laugerie-Basse vor ihrem Abriß

11 Grabung nach Eolithen am Fuß des Puy de Boudieu. Ganz rechts Rehlen, links daneben Rutot, im Loch Dr. Bernett, ganz links vermutlich Prof. Girod

12 Im Längsgraben auf La Micoque taucht die Felswand mit dem ehemaligen
   Abri auf. Ganz vorn Leyssales mit einer Keilspitze in der Hand

13 In seinen Veröffentlichungen ließ Otto Hauser den orthopädischen Schuh an
   seinem rechten Bein durch übergemalte Grashalme kaschieren

14 Der 22 Meter lange und 8 Meter tiefe Graben entlang der Felswand von
La Micoque

15 Der »klassische« Abri (Station 43) auf der Terrasse von Le Moustier mit 4
deutschen Professoren. Sitzend, von links nach rechts: Verworn, Bonnet, Merkel;
stehend: Kallius

16 Station 44 am Fuß des Felsens von Le Moustier.
Im Hintergrund der Abri mit den Schweineställen

17 Der Eckfelsen von Le Moustier.
Ganz oben die Grotte Trou Bréchou

18 Otto Hauser vor dem Standquartier auf dem Bock
seines zweirädrigen Wagens

19 Die der Einladung Hausers gefolgten deutschen Gelehrten in Laugerie-Basse. Von rechts nach links: Baelz, Rehlen, von den Steinen, Klaatsch, Virchow und seine Frau, Kossinna, Hahne, Wüst, sitzend Haake

20 Der Abri von Station 44. Der Stock bezeichnet die Fundstelle des Skeletts

21 Das Schädeldach des Jünglings von Le Moustier kommt zum Vorschein

22 Kopf und Gesicht des Jünglings lagen auf einem Steinkissen. Aus der mit Gesteinsschutt vermischten Erde ragen zerbrochene Knochen

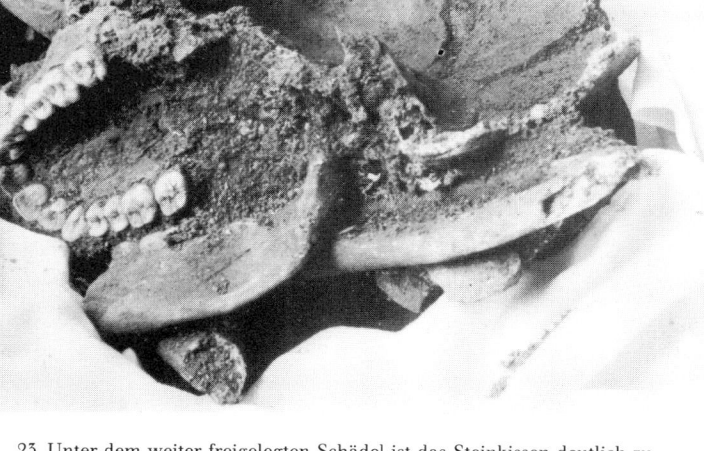

23 Unter dem weiter freigelegten Schädel ist das Steinkissen deutlich zu erkennen

24 Oberkiefer und Schädelteile in einem Korb

25 Frontalansicht des Schädels von Le Moustier

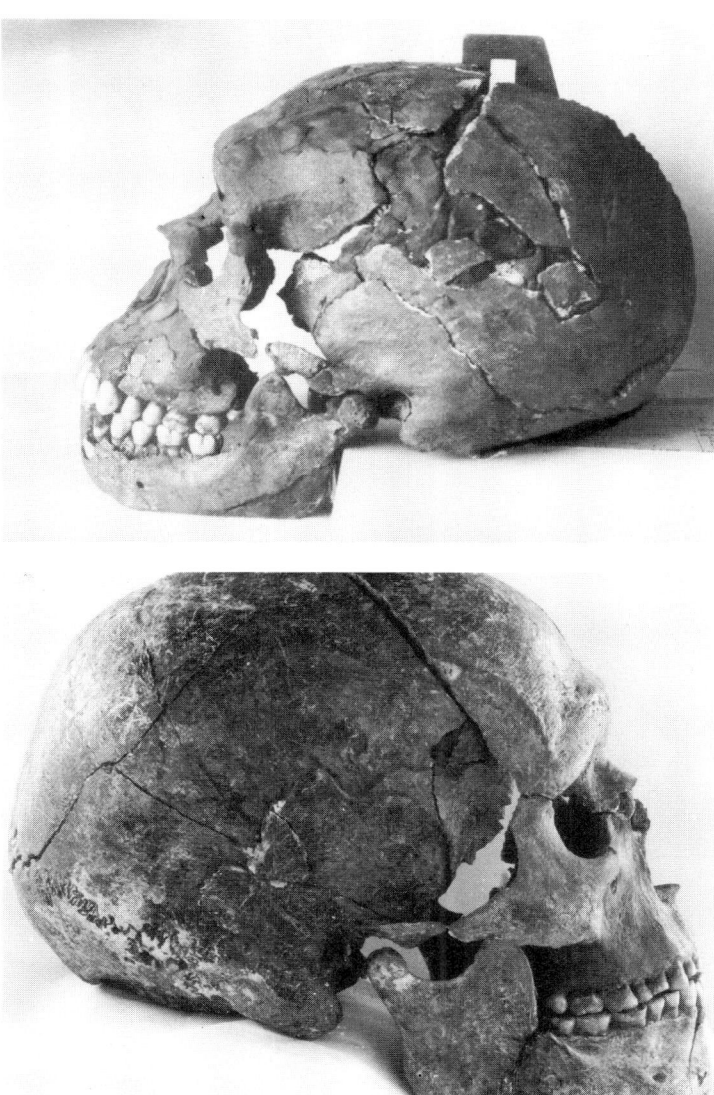

26 In der Profilansicht werden die flache Stirn, die Überaugenwülste und das fliehende Kinn des Neandertaler-Jünglings deutlich

27 Der Schädel des Mannes von Combe-Capelle ist von dem eines heute leben- den Menschen kaum zu unterscheiden

Fouilles — O. Hauser — Ausgrabungen
Pierre gravée — Gravierter Stein
72:55 cm Station 48; Fongal (Peyzac) [Aurignacien]   10. V. 09

28 Postkarte Hausers mit der gravierten Steinplatte aus Fongal

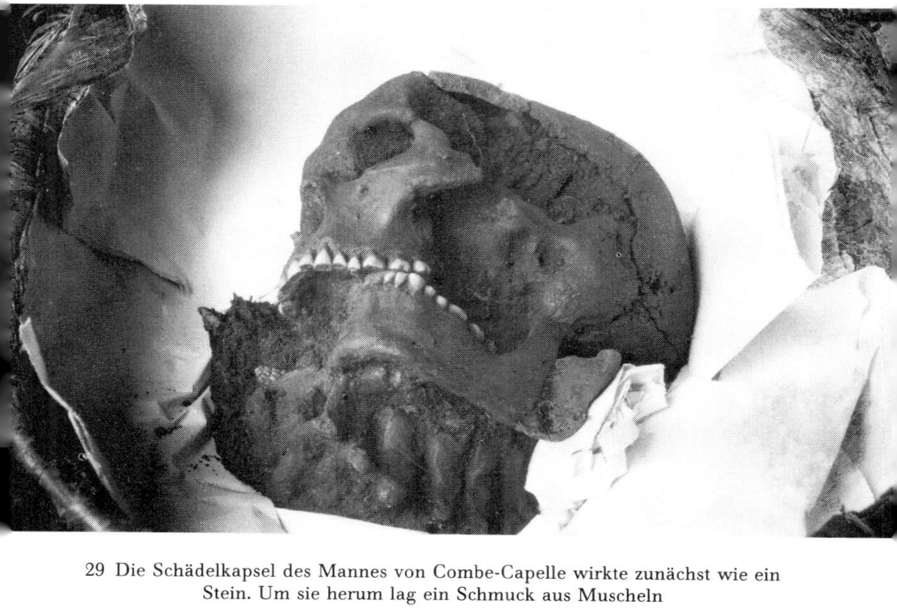

29 Die Schädelkapsel des Mannes von Combe-Capelle wirkte zunächst wie ein Stein. Um sie herum lag ein Schmuck aus Muscheln

30 Schädel des Mannes von Combe-Capelle mit Wirbeln des Rückgrats, in einem Korb liegend

31 Blick in die Felsenstraße um 1910. Links Hausers Standquartier, rechts das Museum

32 Hauser mit dem Abguß des Skeletts von Combe Capelle (1910)

33 Wegen dieses gestohlenen und nach Deutschland verkauften Frauenreliefs
aus dem Abri Laussel kam es zu einem internationalen Skandal

34 Das Museum von Les Eyzies wurde aus einer Schloßruine errichtet

hatte er einen Vertrag geschlossen. Sie lieh ihm Geld, verlangte dafür offenbar aber sehr hohe Zinsen und war anscheinend in ihren Praktiken nicht immer korrekt. Aus diesen Gründen wollte er sich von ihr trennen, und nach dem Verkauf der Skelette sah er dafür eine günstige Möglichkeit. Doch mit der Bank ins reine zu kommen, war viel schwieriger, als er dachte. In einem Brief an Emil Bächler vom 3. März 1910 heißt es dazu: »Nun bin ich in der Abrechnung mit Zündel & Cie; deren Prokurist schnürt mir in entsetzlicher Weise die Kehle, mir bleibt blos 1/3 von dem was ich bräuchte; ausserdem legte mir die Firma einen neuen Vertrag vor auf 4 Jahre, der mich noch mehr knebeln würde; ich habe noch ›strube‹ [harte] 8−14 Tage vor mir! und suche noch einen neuen Teilhaber.«

Die Bank befand sich selbst in finanziellen Nöten und wollte diese auf Kosten Hausers vermindern. Deshalb kam es zu gerichtlichen Auseinandersetzungen. Zunächst ging es dabei um 2300 Franken für eine Sammlung, die Emil Bächler 1909 von Otto Hauser für das Museum in Sankt Gallen erworben hatte. Bevor Bächler das Geld dafür an die Bank überwies, zahlte diese Hauser die genannte Summe als Vorschuß aus, zog sie bei der Abrechnung im Februar/März 1910 offenbar von Hausers Konto ab und behielt sie schließlich nochmals von den Einnahmen ihres Kunden zurück. Hauser bat Bächler daher, die 2300 Franken nicht an die Bank zu überweisen, da diese das Geld bereits erhalten hatte, sondern es ihm zu gegebener Zeit selbst zuzusenden. Am 24. November 1910 fand vor dem Bezirksgericht in Schaffhausen ein Prozeß wegen der doppelten Geldforderung der Bank statt, und der Basler Rechtsanwalt Dr. Bovet gewann das Verfahren zugunsten Hausers. Dennoch zögerte Zündel die Freigabe des herausgeklagten Betrages lange hinaus, und offenbar hat er ihn dann überhaupt nicht bezahlt, weil er Pleite machte.

Der Bankier schädigte Hauser aber in noch viel größerem Maße. Er kassierte nicht nur die 2300 Franken zweimal, sondern stellte bei der Abrechnung auch eine um 40 000 Franken zu hohe Forderung. Wieder mußte Hauser deswegen klagen, und erneut gewann er den Prozeß. Das war freilich erst Ende 1911. Anscheinend schob Zündel die nun fällige Zahlung ebenfalls auf die lange Bank, und Hauser erhielt die Summe vermutlich nie. Resigniert teilte er Bächler am 23. Juli 1912 mit: »Es wird eben bald mein Gläubiger, dem ich als Spekulationsobjekt gut schien in Konkurs kommen, weil er keine eigenen Mittel hatte, was ich nicht wußte und fremde Gelder entlieh.«

Von den 197 000 Franken für die beiden Skelette verlor er durch den Bankrott des Bankiers etwa drei Viertel. Zwar nannte er als Verlust auch die Zahl von 110 000 Franken, also von mehr als der Hälfte seines Geldes, doch braucht das kein Widerspruch zu sein. Rechnet man nämlich die von Zündel unrechtmäßig erhobenen 40 000 Franken hinzu, kommt man auf 150 000 Franken und damit auf rund drei Viertel der vom Völkerkundemuseum in Raten überwiesenen Summe. Mit ihr deckte Hauser wohl die von ihm genannten Schulden in Höhe von 44 000 Franken, doch von dem Gesamtertrag für die Skelette bekam er praktisch kein Geld zur freien Verfügung! Denn so lange die Abrechnung mit Zündel noch nicht auf gerichtlichem Wege geklärt war, zahlte dieser sicher nichts, und auch danach entzog er sich offensichtlich durch geschickte Manöver einer Herausgabe des restlichen Geldes, bis seine Pleite perfekt war.

1910 zeichnete sich diese katastrophale Entwicklung freilich noch nicht in ihrem vollen Ausmaß ab. Gerade in diesem Jahr erwuchsen ihm aber sehr hohe Ausgaben. Viele der 1907 geschlossenen Pachtverträge liefen aus und mußten erneuert werden, wenn er im Périgord weiterarbeiten wollte. Nach all den Mühen und Investitionen war es ihm allerdings gar nicht möglich, seine Arbeit und sein Werk einfach aufzugeben. Peyrony und die anderen Konkurrenten hätten das natürlich gern gesehen. Ihnen gegenüber wollte er sich unter allen Umständen behaupten. So verlängerte er die Pachtverträge auf mindestens weitere drei bis vier Jahre und schloß außerdem neue ab. Ohne Zweifel nutzten die Bauern dabei ihre Chance und verlangten für die Erlaubnis, auf ihrem begehrten Grund und Boden graben zu dürfen, wesentlich mehr als ein paar Jahre zuvor. Vermutlich kostete das Hauser einige zehntausend Francs. Dazu kamen 35 000 Francs für das Besitztum des Grafen Lachapoulie, 8000 Francs für den Kauf des Besitzes der Leyssales', 11 500 Francs für das Auto, die Kosten für den Bau der Garage neben dem Museumsgebäude sowie sicher noch vieles andere mehr.

Sehr aufwendig und teuer gestalteten sich vor allem die Arbeiten in der neu erworbenen Laugerie-Intermédiaire, insbesondere in seiner Station 14. Vom Dezember 1910 bis zum Februar 1911 ließ er hier mächtige Trümmerschichten beseitigen. »Im Innern des ungeheuren Abri schienen die Kulturschichten unberührt zu sein. Ich schloß dies daraus, weil unendlich viel kleinere Blöcke den Boden 4–6 Meter hoch überdeckten. Vor dem Eingang zum Abri lagen zwei Felsmassive etwa 12 Meter hoch. Sie bildeten gewissermaßen das Eingangstor zur Ausgrabung, waren aber erst während der Besiedelungszeit, im Solutréen, abgestürzt. Durch dieses natürliche Portal sollte ich nun allen Schutt und Abhub wegfahren.

Ich begann den Vorplatz frei zu machen. Wo sich mir größere Blöcke in den Weg legten, sprengte ich sie, und die kleineren wurden mit großen Hämmern entzweigeschlagen. Mit Maultier und Wagen fuhr man den Schutt weg und legte nahe der Vézère eine große, neue Böschung an. In drei Etagen arbeiteten meine Mineure, um Löcher zu bohren und die Gesteinsmassen zu sprengen. Wochen vergingen, ehe man überhaupt zu den Funden kam.«[8]

Um alles das bezahlen zu können, mußte er nun erst recht Schulden machen. Da er noch mit der Auszahlung eines erheblichen Teiles seines Geldes rechnete, erschien ihm das sicher vertretbar. Es fanden sich auch Geldgeber, die seiner Tüchtigkeit vertrauten und den Erlös für die Skelettfunde wohl als ausreichende Sicherheit betrachteten. Das »Memorial« des Fürsprechers Roth lieferte dazu einen bezeichnenden Kommentar: »Nach diesen ganz grossen Erfolgen blieben Dr. Hauser auch die rein äusserlichen Anerkennungen nicht mehr aus. Bis dahin hatte er sich äusserst kümmerlich durchschlagen müssen. Was er an Mitteln zur Fortsetzung seiner Arbeit nicht selbst hatte aufbringen können, war ihm von Schweizerfreunden in relativ kleinen Summen zur Verfügung gestellt worden. Jetzt flossen ihm die Mittel reichlich von allen möglichen Seiten zu.«[9]

In viel größerem Ausmaße als jemals zuvor borgte er sich Geld und verspekulierte sich dabei. Als dann Zündel wider Erwarten nichts mehr zahlte, rollte zusammen mit Zins und Zinseszins eine rasch wachsende Schuldenlawine auf ihn zu. Wie schlimm es bald um ihn stand, sprach sich offenbar schnell herum. Am 15. Februar 1912 teilte ein Dr. h. c. Reimann aus Berlin dem Kustos des Germanischen Museums in Jena, dem Arzt Dr. Gustav Eichhorn, warnend mit: »Hauser hat sich durch seine naive Denkungsweise in Geldangelegenheiten in eine ziemlich bedrängte Lage gebracht und glaubte wohl, daß ich die rettende Tat begehen und seine Gläubiger mit Zahlung v. 170 000 frs. beschwichtigen könnte.«

Diese Schuldenlast vergrößerte sich bis zum Ausbruch des ersten Weltkriegs erheblich. Darüber gibt das »Memorial« detailliert Auskunft, indem es die Namen der Gläubiger und die Summen nennt, die Hauser noch zurückzuzahlen hatte. Die Geldgeber, alles Privatpersonen, stammten aus Schaffhausen, Zürich, Bern, Uetikon und Neuhausen. Sie liehen Beträge von 9500.-, 29 000.-, 15 500.-, 60 000.-, 74 000.-, 40 000.- und 25 000.- Franken! Dazu kamen 450,50 Franken von der Kartographia Winterthur A. G. und 2209,90 Franken von dem Geometer Theodor Baumgartner. Insgesamt waren das 255 660,40 oder, in Worten, über eine Viertelmillion Franken!

Gegenüber der Periode von 1905–1910 war das für ihn eine völlig veränderte Situation, die sich sehr negativ auf seine Arbeit auswirkte. Er verlor Elan und Zuversicht und war zeitweilig wegen der mißlichen Umstände fast gänzlich lahmgelegt. Sein Hauptinteresse konzentrierte sich auf die Laugerie-Intermédiaire und auf den Abri von La Rochette. Dort wollte er, ähnlich wie in La Micoque, ein

25 Meter langes und 6–7 Meter hohes Profil anlegen, aber die Arbeiten daran kamen offenbar wegen Geldmangels nicht recht voran. An den anderen Orten war eine durchgängige und exakt vorausgeplante Grabung ebenfalls kaum noch möglich, da er oft nur wenige Arbeiter mit mehr oder weniger langen Unterbrechungen einzusetzen vermochte. Obwohl er sich weiterhin die meisten Fundplätze gesichert hatte, war er zu ihrer systematischen und gründlichen Untersuchung nicht mehr in der Lage. Einige seiner paläolithischen Stationen blieben überhaupt unberührt.

Unter diesen Bedingungen verlagerte er ab 1911 seine Aktivitäten. Er organisierte einen »Fremdenverkehr«, den er vermutlich schon länger geplant hatte. In Zusammenarbeit mit der Kosmos-Gesellschaft in Stuttgart leitete er von Juli bis September »Studienfahrten zu den Wohnstätten des diluvialen Menschen im Tale der Vézère«[10]. Während dieser Monate nahm das seine ganze Zeit in Anspruch. »Die Besucher mehrten sich«, schrieb er, »wenn früher nur fünf und sechs Leute jährlich mich in jener weltfernen Ecke Südwestfrankreichs aufsuchten, so durfte ich bald im Jahre vierhundert und mehr zu meinen Arbeitsplätzen geleiten.« Bedauernd und zugleich die eigenen Leistungen rühmend, fügte er hinzu: »Die Bürde der schweren Aufgaben lastete aber immer nur auf meinen Schultern allein. Die zu erledigende Korrespondenz mehrte sich bis zu 40 Briefe im Tag; daneben mußte fleißig photographiert werden; die Beaufsichtigung der Arbeiter lag mir ob, die Kontrolle und Klassierung der Funde und ihre Abstoßung an Museen *zur Deckung der Unkosten;* schließlich wollten aber auch die vielen Besucher sachgemäß geführt sein; so erhöhte sich eben meine Arbeitszeit auf 18 bis 19 Stunden täglich.«[11] Zu erwähnen ist auch, daß er wissenschaftliche Expeditionen zu seinen Grabungsstätten anregte; sie mußte er ebenfalls vorbereiten und betreuen.

Dieses Tempo hielt er auf die Dauer nicht durch. Bereits am 14. November 1909 äußerte sich Hermann Klaatsch gegenüber Emil Bächler besorgt über Hausers

Gesundheit, sprach von einem »nothwendigen Erholungs-
aufenthalt« für den Freund und »dass er sich einmal
gründlich Ruhe« gönnen müsse. Doch daran war nicht zu
denken. Ab Mitte 1911, als sich seine fatale Lage zuspitzte,
beklagte Hauser selbst seine Überlastung und die nachlas-
sende Kraft. Solche Töne hatte er vorher nie angeschla-
gen. Der jahrelange Streß machte sich jetzt durch Müdigkeit und Unlust bemerkbar. Er konnte nicht mehr alles
mit der bisherigen Sorgfalt erledigen. Darauf wies auch
Bächler in seinen »Erinnerungen« hin, als er den Dor-
dogne-Aufenthalt im September 1909 rekapitulierte:
»...ich freute mich über die ganz herrlichen Fundplätze
Hausers, der damals ganz bestimmt vom besten Willen
beseelt war, ganze, richtige Arbeit zu leisten. Später ist
ihm die Sache, zu der ich ihm meine offenen und gutge-
meinten Ratschläge gab, weit über den Kopf gewachsen.
Die vielen Plätze, an denen er zum größten Teil seine
zwar tüchtigen, ihm sehr ergebenen Arbeiter machen
liess, konnte er nicht mehr mit der nötigen Aufmerksamkeit ›bedienen‹ und überall Notizen machen.«[12] Einschrän-
kend ist zu sagen, daß Hauser, wie erwähnt, zu so vielen
Grabungen gar nicht mehr die Möglichkeit hatte.

Im Gegensatz zu früher schlichen sich durch die Über-
forderung und die ungünstigen Umstände tatsächlich
manche Mängel ein. Aufschlußreich ist ein Briefwechsel
zwischen Hauser und Dr. Gustav Eichhorn. Ende Januar
1912 ließ ihm Hauser aus Basel für das Germanische Museum in Jena zwei oder drei Kisten »mit sehr schönen Si-
lex-Serien« zur Auswahl zugehen, und am 14. Februar
teilte er ihm mit: »Heute sende [ich] Ihnen eine Anzahl
ganz hervorragend schöner & seltener Objekte (eigentlich
Unica) aus Laugerie intermédiaire Station 14, Solutréen,
alle Objekte aus ein & derselben Schicht. Jedes Stück ist
bezeichnet in Briefumschlag; bitte frdl. um gütige Emp-
fangsbestätigung dieser Sendung, des Steins aus Berlin & der Kisten ab Basel. Nächsten Monat folgen dann
noch ›Zugstücke‹ ab Les Eyzies.« Mit dem Stein aus Berlin
meinte er die gravierte Kalksteinplatte aus dem Abri Fongal; aus Les Eyzies schickte er Dr. Eichhorn den größeren

der beiden durchlochten und mit Ritzzeichnungen verse-
henen Steine von diesem Fundort.

Die meisten der genannten Objekte erwarb Dr. h. c. Reimann aus Berlin für 5000 Mark und schenkte sie dem Jenaer Museum. Er informierte den Arzt über Hauser: »Ich
hatte ihn nie in Zweifel gelassen, daß ich an die Grenze
meiner pekuniären Leistungsfähigkeit ginge, wenn ich
ihm die geliehenen 5000 Mk bei der Abrechnung über die
Sammlung nicht in Anrechnung brächte. Auf sein drin-
gendes Ersuchen, ihm wenigstens zur Zahlung von
7000 frs Pauschalschulden am 15. d. [ieses] M. [onats] zu
geben, habe ich ihm diese heute gesandt; habe ihm aber
zugleich mitgeteilt, daß die Sammlung nach Jena nicht
über 5000 Mk kosten dürfe. Ich schreibe Ihnen dies Alles,
damit Sie nicht zu bescheiden sind bei der Auswahl der
Objekte, sondern für gutes Geld auch entsprechend gute
Stücke bekommen. Was Ihnen nicht paßt, schicken Sie
bitte zurück. Die entstehenden Unkosten trage natürlich
ich.«

Dr. Eichhorn gefielen die eingegangenen Sendungen in
der Tat nicht, und er beschwerte sich deshalb bei Hauser.
Ein Briefentwurf an diesen vom 15. April 1912 lautet unter anderem: »Während im Kasten (L 1 gezeichnet) noch 3
schön verpackte, ordentlich in Zeitungen eingeschlagene
Feuersteinstückserien sich befanden, in L 2 desgleichen
Knochen aber ohne jede Fundnachricht u. Fundortangabe
war L 3 u. L 4 mit einem Haufen loser Feuersteinstücke
bunt durcheinander nur oben u. unten mit etwas Papier
bedeckt eingepackt. Imponiert haben mir nur die extra
gepackten Knochenartefacte u. die besonders benannten
wenigeren Steinartefacte in den kleinen Kisten.

Das, was ich eigentlich erwartet hatte: ein Sortiment
der für jeden franz. Fundort charakteristischen Typen,
wie ich sie früher von Ihnen für 300–400 M erhalten hatte
mit genauer Angabe d. Fundortes, der Schichtenlage, und
wie ich sie im Museum einrangiert habe – Sie haben sie
ja durchgesehen – das habe ich nicht erhalten. Derartiges
Feuerstein- u. Knochenmaterial ohne Angabe der Fund-
verhältnisse hat für unser Universitäts-Museum absolut

keinen Wert. Ich kann mir denken, daß Sie selbst nicht bei der Verpackung u. Auswahl dabei waren. Sie haben mich mit den kleineren Sendungen früher mit d. hübschen Serien aus Le Moustier, Le Ruth, la Micoque . . . etc. verwöhnt.«

Im Hinblick auf vorhergehende einwandfreie Lieferungen beklagte Dr. Eichhorn also Unordnung und fehlende beziehungsweise ungenaue Angaben. Die Angelegenheit war Hauser peinlich. »Sie werden begreifen«, antwortete er, »daß ich alles daran setze, Ihnen nur prima Ware zu senden; ich bin zu jedem Umtausch bereit; alles war genau bestimmt! senden Sie mir bitte die Kisten anher & ich ordne alles sofort . . .« Und im nächsten Brief versicherte er: »Ich werde die Kisten sofort bei Ankunft revidieren & Ihnen ohne Zeitverlust wieder zustellen. Mir ist ganz unklar, wie der Wirrwar entstand; ich bezeichne immer & ohne Ausnahme alle Sachen genau; beinahe scheint es mir, als ob man an der franz. Grenze etwas eingreife; denn Ihr Fall ist nicht der erste, selbst wohlverschnürte Pakete mit 2 & 3 Zetteln im Innern kamen ohne Bezeichnung an! Irgend etwas ist da nicht in Ordnung.«

Da hatte er recht; die Schuld dürfte freilich bei ihm oder bei denen gelegen haben, die in seinem Auftrag die Sendungen verpackten. Den Zoll als Sündenbock für den »Wirrwar« zu bemühen, ist ziemlich durchsichtig. So manches war ihm eben über den Kopf gewachsen. Gerade in dieser Zeit (17. Mai 1912) schrieb er verzweifelt an Bächler: »Viel Arbeit, viel Besuch, viel Ärger, viel Geldmangel; ich fange an, jede Hoffnung aufzugeben; es schaudert mir vor dem Untergang.« Um Dr. Eichhorn zu besänftigen, übersandte er ihm andere, genauer bezeichnete Funde. Unzufrieden war der Arzt mit diesen Lieferungen schließlich nicht, denn in dem »Jahresbericht des prähistorischen Museums der Universität Jena« an den Geheimen Staatsrat Vollert vom 30. September 1912 hob er mit Genugtuung hervor:

»Die Neuerwerbungen dieses Jahres sind ganz beträchtliche hinsichtlich ihrer Anzahl und ihres Wertes. Die meisten und kostbarsten Zugänge hat die Abteilung der älteren Steinzeit erfahren. Durch Herrn Dr. Reimann – Berlin erhielt das Museum eine große Sammlung altsteinzeitlicher Artefacte aus Feuerstein und Knochen zum Geschenk, die der Archäologe O. Hauser in Südfrankreich in Laugerie intermédiaire, Fongal und Longueroche ausgegraben hatte. Durch diese Neuerwerbungen ist das Jenaer Museum wenigstens in der einen Unterstufe des Paläolithikums besser ausgestattet als die größten Museen Deutschlands, wie von den anthropologischen Sachverständigen bei der Besichtigung der Sammlung im August rühmend hervorgehoben worden ist. Ein Glanzstück dieser Abteilung ist eine Felsenzeichnung aus Fongal, die eine äsende Antilope darstellt, eingraviert mit Feuersteinsticheln in eine feste, circa 1 m lange Steinplatte.«

Welche Einnahmen erzielte Hauser unter den geschilderten schwierigen Arbeitsbedingungen von Anfang 1910 bis August 1914? Das »Memorial« nennt dafür die Summe von 312 783 Francs (einschließlich des Geldes für die Skelette), von der allerdings der Betrag abzuziehen ist, den er durch den Bankrott des Bankhauses Zündel und Bosshardt einbüßte. Dennoch blieb eine stattliche Summe übrig. Wenn sich trotzdem der Schuldenberg so hoch auftürmte, kann das, abgesehen von den Unkosten, die Hauser erwuchsen, nur durch sehr hohe Zinslasten erklärt werden. Die Gläubiger liehen Hauser ihr Geld ja nicht aus Menschenfreundlichkeit oder wegen uneigennütziger Förderung der Wissenschaft, sondern weil sie durch den Geldverleih selbst gut verdienen und möglichst viele Zinsen kassieren wollten. Da er das Kapital dringend benötigte, mußte er sich den harten Forderungen unterwerfen. Bei rund einer Viertelmillion Francs Schulden macht ja ein Zinsfuß von 20 % 50 000, von 30 % 75 000 und bei 40 % 100 000 Francs jährlich aus! Unter diesen Prozentzahlen dürften die vereinbarten Zinsen kaum gelegen haben! Wie schon erwähnt, hatte er für die Wechsel, die er ab 1905/06 bis 1909/10 einlöste, bis zu 70 % der geliehenen Summe pro Jahr an Zinsen zurückzuzahlen!

Und worauf gründeten sich seine Einnahmen, da doch nach den Skeletten neue Großfunde ausblieben? Hierfür gibt das »Memorial« ebenfalls die Hauptquelle an: In »der wirtschaftlichen Verwertung des Materials« ging er nun »ganz methodisch vor. Er sortierte das Material nach wissenschaftlichen Gesichtspunkten, stellte abgeschlossene Sammlungen her und konnte so auch die in Massen zu findenden an und für sich fast wertlosen Stücke verwerten. Das seltenere Material wurde für die höheren wissenschaftlichen Institute (Museen und Hochschulen) reserviert und das übrige Material zur Verwertung in kleinen Sammlungen für Private und Mittelschulen zusammengestellt.«[13] Was er zunächst kaum beachtet hatte, weil es vielleicht zerbrochen oder weniger typisch war, wurde nun also in geschickter Zusammenstellung mit verkauft. Das heißt allerdings nicht, daß er den Interessenten Schund andrehte! Bei den zahlreichen Verkäufen griff er wahrscheinlich auch auf Fundstücke zurück, die ihm schon aus früheren Jahren vorlagen. Seine eigentlichen Museumsbestände und die wichtigsten Exemplare für eventuelle spätere Publikationen tastete er offenbar nicht an, sonst wären nicht so viele hervorragende Objekte nach seiner Flucht in Les Eyzies zurückgeblieben.

Den Vertrieb der Sammlungen konnte er nicht allein bewerkstelligen, sondern mußte dafür Hilfe in Anspruch nehmen. Die Firma Johann Anders in Frankfurt a. M. bot von ihm gefundene prähistorische Altertümer zum Verkauf an, ebenso der Lehrmittel-Verlag Friedrich Rausch in Nordhausen am Harz. Letzterer offerierte Sammlungen zum Preise vom 25.-, 50.-, 150.-, 250.- und 1000.- Mark. Auch das Rheinische Mineralienkontor von Dr. Krantz in Bonn, die Linnée-Gesellschaft in Berlin und die Firma Goddefroy in Hamburg beteiligten sich als Zwischenhändler.

Alles das konnte jedoch nicht darüber hinwegtäuschen, daß ihm seine Konkurrenten allmählich den Rang abliefen. 1906 erschien von Cartailhac und Breuil die reich illustrierte Monographie über die Bilderhöhle Altamira in Nordspanien; 1910 folgte von Capitan, Breuil und Peyrony ein ähnlich umfangreicher und prachtvoll ausgestatteter Band über die Darstellungen in der Höhle Font-de-

Gaume. Obermaier gab 1912 das Standardwerk »Der Mensch der Vorzeit« heraus, in dem er unter anderem auf den Homo mousteriensis einging und dessen Bestattung anerkannte, die Einfassung der Nase des toten Jünglings jedoch ironisch in Frage stellte. Im Auftrage des französischen Staates begannen Capitan und Peyrony im November 1910 mit Grabungen in einer der ersten paläolithischen Fundstätten überhaupt, im Abri La Madeleine, wo sie bis zum Oktober 1913 tätig waren und bemerkenswerte Erkenntnisse gewannen. Ihre Publikation verzögerte sich allerdings bis 1928. Vom Ministerium für Schöne Künste dazu veranlaßt, kaufte Peyrony 1913 die Schloßruine von Les Eyzies, in der man später ein prähistorisches Museum einrichtete. Es war auch Peyrony, dem 1910 und 1912 die bereits erwähnten Skelettfunde aus dem Moustérien des Abris von La Ferrassie gelangen. Zusammen mit Professor Capitan stieß er 1912 im Abri von Cap Blanc auf das Skelett eines etwa 25jährigen Mannes aus dem Magdalénien, das 1927 trotz allen Patriotismus an das Field-Museum in Chicago verkauft wurde.

Der Abri Cap Blanc liegt ungefähr 10 Kilometer östlich von Les Eyzies hoch über dem Beunetal und etwa 500 Meter flußabwärts vom Schloß Laussel. Hier hatte der Klempner Raymond Peyrille bereits im Dezember 1909 einzigartige Reliefs entdeckt. Sie sind während des älteren Magdalénien in die Wand der 15 Meter langen und 3–4 Meter tiefen Halbhöhle gemeißelt und zumindest teilweise mit roter Farbe bemalt worden. Sechs Pferde und einige andere Tiere bilden einen 12 Meter langen Fries. Die Tiere sind so dargestellt, daß sie aus einem kleinen Raum herauszukommen scheinen, in den der Abri einmündet. Wegen des noch heute überwältigenden Eindrucks der schätzungsweise vor 17 000–18 000 Jahren geschaffenen Tierreihe (eines der Pferde ist 2,15 Meter lang) hat man sie den »Parthenon-Fries der Urzeit« genannt.

Etwas östlich von Cap Blanc kamen Ende 1911 im Abri von Laussel andere, über 20 000 Jahre alte Reliefs zum Vorschein. Unter dem 125 Meter langen und bis zu 25 Meter breiten Felsdach fanden sich 3 Frauenreliefs und die nur fragmentarisch erhaltene Figur eines Mannes, der möglicherweise mit einem Speer auf eine gravierte Hirschkuh und auf einen flach skulptierten Pferdekopf zielt. In der George d'Enfer, der Höllenschlucht, wurde das Relief eines Fisches entdeckt. Das geschah gleichfalls 1912, als Hauser aus finanziellen Gründen vor dem Abgrund stand, während seine Konkurrenten nun erst richtig in Schwung kamen.

Erfahrungen mit Besuchern

Hauser hatte sich stets gefreut, wenn Besucher zu ihm kamen, die er durch sein Arbeitsgebiet führen und denen er seine Stationen zeigen konnte. Ab 1911 schwoll deren Zahl jedoch so stark an, daß er sich bald überfordert fühlte. Allerdings beschwor er diese Situation selbst herauf, als er die Kosmos-Studienreisen anregte und organisierte. Sie bildeten eine unentbehrliche Einnahmequelle. Durch die Reisenden gab es freilich mancherlei Abwechslungen; sie brachten ihn auf andere Gedanken und ließen ihn vorübergehend die bedrückenden Sorgen vergessen. Grundsätzlich standen den vielen Besuchern alle seine Stationen offen; in der Regel demonstrierte er ihnen nur die wichtigsten und interessantesten.

Zu den eindrucksvollsten Fundstätten gehörte die Laugerie-Intermédiaire, einmal wegen der gewaltigen Felsblöcke und der mächtigen Ablagerungen, zum anderen wegen der Menge und Bedeutung der dort zu findenden Objekte. Besondere Begeisterung weckte bei den Besuchern, daß sie an einigen Plätzen selbst mit dem Kratzeisen nach Funden schürfen durften. Eine aufschlußreiche Schilderung derartiger »Buddelei« in der Laugerie-Intermédiaire (Station 14) veröffentlichte ein sich mit K. G. unterzeichnender Teilnehmer 1911 in der Zeitschrift »Kosmos, Handweiser für Naturfreunde«:

»Wir betreten zwischen den beiden Felsen einen Gang, der uns links und rechts eine ausgezeichnete Übersicht über das Profil der sehr einheitlichen Schicht verschafft. Nun geht es an die Arbeit; die kleinen Handkratzer und einige größere Werkzeuge unterstützen unsere Maulwurfstätigkeit in den Ablagerungen. Der Hinweis unseres Führers, daß wir es mit einer Solutréenstation zu tun haben, läßt den Wunsch nach einer schönen Lorbeer- oder Weidenspitze oder gar einer jener wundervollen Kerbenspitzen, die wir in St. Germain und in Périgueux bewundert haben, nur zu lebhaft auftreten. Und tatsächlich scheint die Hoffnung auf guten Erfolg berechtigt. Zwischen den Zähnen und abgenagten Knochen des Bison und des Wildpferdes, zwischen den Aschen- und Schuttresten durchsetzen zahllose Flintscherben das schwarze Erdreich. Sie weisen fast ohne Ausnahme Anzeichen der Bearbeitung auf, und einige der größeren Steine, die wir zunächst achtlos fortwerfen, erweisen sich bei genauerem Zuschauen als richtige Steinkerne, d. h. als Reste größerer Feuersteinstücke, von denen ringsherum das Material zu den umherliegenden Werkzeugen abgesprengt ist. So mancher Freudenruf erweist sich als verfrüht, immerhin können nach kaum einstündiger Arbeit die Taschen das Material schon dieser einen Station kaum fassen. Sind es auch meist keine Museumsstücke, die wir heimbringen, so ist doch eine Anzahl von Steinwerkzeugen darunter, die sich sehen lassen können ... Kein Museumsbesuch, keine käuflich erworbene Sammlung vermag dem wißbegierigen Laien ein so treffliches Bild von der Handfertigkeit des paläolithischen Menschen zu vermitteln, wie unser Ausgrabungsversuch in Laugerie.«[1]

Die »Maulwurfstätigkeit« gehörte zu den zugkräftigsten Angeboten in dem Reiseprogramm. Natürlich war sie für die Teilnehmer belehrend und einprägsam, aber der Erforschung der eiszeitlichen Ansiedlungen diente sie nicht, eher ihrer Gefährdung, trotz des schier unerschöpflichen Fundreichtums der abgelagerten Schichten. Das bot Hausers Gegnern, die dieses Treiben mit Ingrimm verfolgten, neue Angriffspunkte. Da die Besucher aus Deutschland kamen, hängte man Hauser später an, manche der Reisenden wären nur getarnte Spione gewesen, die für den deutschen Generalstab bestimmte strategische Punkte auskundschaften sollten. Andererseits gewann er mit dem Auf- und Ausbau dieses »Fremdenverkehrs«, von dem nicht wenige unter den Einheimischen mit profitierten, neue Anhänger. Von Périgueux aus, wo Hauser die Kos-

---

[1] *Anmerkungen siehe Anhang am Schluß des Bandes*

mos-Reisenden empfing, fuhr er sie in 5 Tagen mit seinem Auto auf einer Strecke von über 300 Kilometern zu den bedeutendsten Sehenswürdigkeiten des Departements Dordogne. Insgesamt kosteten die Exkursionen jeden Teilnehmer 145 Mark beziehungsweise 180 Francs.

Damit sich die vielen Besucher leichter zu orientieren und informieren vermochten, gab Hauser im Juli 1911 die bereits erwähnte Broschüre »Le Périgord Préhistorique« heraus. Sie war jedoch in französischer Sprache geschrieben, weil er wohl fürchtete, mit einem in deutsch verfaßten Touristenführer Anstoß zu erregen. Als Nebeneffekt der Reisen erhoffte er sich reiche Gönner, die ihm für Museen kleinere oder größere Sammlungsbestände abkauften. Darüber hinaus verfolgte er die Absicht, für die Urgeschichte zu werben und Interesse für sie zu wecken. Das ist ihm sicher gelungen. »Es hat sich auch in diesem Falle wieder gezeigt«, kommentierte er seine Bestrebungen, »daß die Popularisierung einer Wissenschaft immer wieder zu deren Förderung dient. Man weiß in vielen Kreisen noch gar nicht, wie dankbar der Laie ist, wenn Fragen, die sein Inneres bewegen, ihm in einer Weise gelöst werden, die er fassen kann, und die ihm eine Grundlage bilden für eigene weitere Fortbildung.« Solches zu bewirken, war ihm ein ernsthaftes Anliegen. Es roch zwar nach Eigenlob, wenn er betonte: »Was ich bot, war Anschauungsunterricht in vollendeter Form«[2] aber die Behauptung traf dennoch zu.

Wie nicht anders zu erwarten, bescherten ihm einige Besucher auch komische und ärgerliche Erlebnisse. Die Einordnung und Altersbestimmung der Funde entsprechend den abgelagerten Schichten war für Laien schwer zu verstehen. Deshalb wurden andere Verfahren ersonnen. »Ein Herr versuchte ein gar merkwürdiges Mittel: er schlug mit der Klinge seines Taschenmessers auf den Feuerstein und glaubte, je nach dem Alter des Stückes verschiedenen Klang zu vernehmen! Ein anderer prüfte auf chemischem Wege die Artefakte, man könne so die einstige Benützung der Funde feststellen; denn durch die Handhabung der Instrumente hafte ihnen altsteinzeitlicher Handschweiß an, der sich durch ein Reagens bemerkbar mache!«[3]

Experimente dieser Art nahm er vermutlich amüsiert zur Kenntnis. Dagegen verübelte er es, wenn die Besucher auch zu seinen Konkurrenten gingen (es gab ja eine ganze Reihe einheimischer Ausgräber) und von ihnen prähistorische Objekte kauften. Dann kam ihm schnell das Wort »Fälschung« und »Fälscher« über die Lippen. Mitunter fielen einige »Unbelehrbare« auf solche Fälschungen herein, was Hauser schadenfroh registrierte: »Ein reicher Pinselfabrikant hatte sich auf prähistorische Studien verbissen; er reiste von Kongreß zu Kongreß, sah sich die Ausgrabungen der ganzen Welt an und schleppte von jeder Reise ›schwer wiegende‹ Materialien für seine Privatsammlung nach Hause. Eines Tages wollte er aus meinen Beständen einige Stücke erwerben. Die Kerbspitzen, die ich, wie alle Funde, kaum zu den Gestehungskosten abgab, waren ihm zu teuer. Er machte Streifzüge auf eigene Rechnung und entdeckte im Tabakladen des Dorfes einige zum Verkauf ausgestellte Funde, deren Herkunft und Echtheit in tiefes Dunkel gehüllt waren; freudestrahlend kam er wieder zu mir, hielt frohlockend eine Kerbspitze in der Hand, die hätte er nun nicht mit 30 Franken, wie bei mir, bezahlt, sondern nur mit 15 Franken. Ich wies dem Sammler sofort einwandfrei nach, daß das Stück gefälscht sei, und auf Befragen gab der Verkäufer das auch unumwunden zu: der Tabakhändler meinte, man müsse eben bereithalten was der Fremden besonderer Wunsch sei, und seine Preise ständen deshalb auch viel tiefer, als die von Hauser geforderten.«[4]

Ärger besonderer Art bereiteten ihm die durch ihre völkerkundlichen Forschungen berühmten Vettern Dr. Fritz und Dr. Paul Sarasin aus Basel. Sie waren gut mit Jakob Heierli bekannt. Paul Sarasin hatte Hauser 1905 »einen taktlosen Streich« gespielt. Im Spätsommer 1910 reiste er mit seinem Vetter und dem Zoologen Prof. Rütimeyer nach Les Eyzies. Wegen Auskünften und Führungen wandten sie sich an Peyrony und vermieden es, Hauser zu begegnen. Dennoch gab es einen peinlichen Zwischenfall.

Während seiner Abwesenheit gingen die 3 Landsleute zur Frau von Hausers erstem Angestellten und verlangten, »ohne sich vorzustellen, ganz einfach den Schlüssel für La Micoque«. Als ihnen gesagt wurde, sie möchten warten, bis er zurück sei, antworteten sie: »Wir brauchen Herrn Hauser nicht, um La Micoque zu sehen!« Dann machten sie im Drahtzaun, der die Grabungsstätte umschloß, eine Lücke, krochen hindurch »und füllten ihre Taschen mit meinen Funden. Die Frau meines ersten Angestellten überraschte sie, und knurrend zogen sich die tüchtigen Forscher zurück. Wie ich heimkam, lagen bei meinem Häuschen einige Haufen recht hübscher Micoquefunde: die Herren hatten ihre Taschen leeren müssen, und dabei sah ihnen auch der Direktor des Museums Périgueux kopfschüttelnd zu.

Mein erster Angestellter war zugleich vereidigter Feldhüter und konnte in flagranti kleinere Bußen fällen. Nach Rücksprache mit dem Bürgermeister wurde den drei Herren eine Buße von je 20 Franken auferlegt, die dem Bürgermeister zu Händen der Armenkasse hätten abgeliefert werden sollen. Die wackeren Mannen zogen es aber vor, den nächsten Zug nach Paris zu nehmen und bei der ersten sich bietenden Gelegenheit in einem Schweizer Blatte gegen mich versteckte Verleumdungen zu erlassen... Zwei der mutigen Forschungsreisenden besitzen ein Vermögen von mehreren Millionen. Die schönen Funde von La Micoque fanden ihr Wohlgefallen, aber auf legalem Wege wollten sie keine erwerben.«[5]

Hauser sorgte dafür, daß sich dieser Zusammenstoß herumsprach und Staub aufwirbelte. Verständlicherweise bemühten sich deshalb die ins Zwielicht geratenen Gelehrten, seiner Schilderung entgegenzutreten und ihre eigene Darstellung der Vorgänge zu verbreiten. Mit dieser Absicht wandte sich Fritz Sarasin am 11. Oktober 1910 an Emil Bächler und erklärte: »Hier der Sachverhalt: Wir erbaten von Frau Hauser Führer und Schlüssel zur Besichtigung der Fundstelle. Dies wurde verweigert, weil Herr Hauser nicht anwesend sei. Hierauf begaben wir uns bis zu der durch einen Verschlag deutlich abgegrenzten

Fundstelle, einen Hag, ob aus Latten oder Draht, wüsste ich nicht mehr zu sagen. Frau Hauser, die uns gefolgt war, befand sich innerhalb des abgegrenzten Raumes. Von der erhöhten Fundstelle, wo die Gräben sich befanden, die wir nicht sehen konnten, senkte sich eine Schutthalde gegen die Umzäunung hinab. Ein Teil dieses Schuttes war durch die Lücken der Umzäunung herausgerollt, und in diesem lasen wir in der Tat eine Anzahl Silices auf, in der Meinung, dass es sich um weggeworfenen Schutt handle, was es auch tatsächlich war und dass, was ausserhalb der Umzäunung sich befinde, auch gewissermassen Allgemeinbesitz sei. Auf die später erfolgte Reklamation Frau Hausers hin sind übrigens auch diese Stücke sämtlich zurückgegeben worden. Daraus hat sich nun die Räubergeschichte vom Einbruch in Hausers umzäuntes Besitztum entwickelt!«

Sicher trifft zu, daß es die drei Schweizer Herren mit Hausers Frau zu tun hatten und nicht mit der seines ersten Angestellten Leyssales. Aber als er die Episode mit den drei von ihm nicht namentlich genannten Eidgenossen elf Jahre später erzählte, war er von seiner zweiten Frau gerade geschieden und mit der dritten verheiratet. Da wollte er wohl nicht an seine vorhergehende Frau erinnern und führte statt ihrer die von Leyssales an. Bei den anderen Angaben Fritz Sarasins fragt man sich, wie der Schutt von der weit oben gelegenen Grabungsstelle bis zum Fuß des Hügels und hier genau durch die Lücke im Drahtzaun gerollt sein konnte, und zwar so, daß er auch noch eine Menge mitnehmenswerter Artefakte enthielt. Die Herren hätten Hauser ja wegen falscher Beschuldigungen verklagen können, doch so rein war ihr Gewissen anscheinend nicht. Hauser dagegen drohte ihnen mit gerichtlichen Schritten, wenn sie die Qualität seiner Grabungen in Zweifel zögen, und der Anwalt Prof. Rütimeyers unterschrieb eine Ehrenerklärung, daß man gegen die wissenschaftliche Durchführung seiner Arbeiten und gegen seine Tätigkeit als Prähistoriker nichts einzuwenden habe. Offenbar fürchtete Rütimeyer einen Prozeß.

Was archäologische und geologische Forschungen betrifft, waren einige deutsche Besucher für Hauser viel lehrreicher und bedeutsamer, aber auch aufregender. Anfang April kam der Königliche Bezirksgeologe Dr. Fritz Wiegers von der Geologischen Landesanstalt in Berlin nach Les Eyzies. Hauser fuhr ihn in seinem Auto bis an den Fuß der Pyrenäen, wo es Wiegers gelang, an den Terrassen der Garonne zwischen Toulouse und Montréjeau die Merkmale der vier Eiszeiten auszumachen. Für Hauser als Nichtfachmann »fiel bei den Arbeiten jener drei Wochen reiche Belehrung ab. Wir haben an vielen Abenden den Plan besprochen, gemeinsame Ausgrabungen vorzunehmen und als erste Geologie und Prähistorie harmonisch zusammen arbeiten zu lassen.«[6]

Dem Gast ging es dabei um die richtige Einordnung der mannigfaltigen Funde in die jeweiligen geologischen Perioden. Das in den Grundsätzen von Gabriel de Mortillet entworfene Gliederungsschema des Paläolithikums stand nun zwar fest. Mit dem Chelléen, Acheuléen, Moustérien, Aurignacien, Solutréen und Magdalénien umfaßte es die Kulturen vom Beginn der älteren bis zum Ende der jüngeren Altsteinzeit. Deren geologische Zuordnungen waren aber noch umstritten. Obermaier nahm in Übereinstimmung mit französischen Forschern an, Chelléen und Acheuléen würden zur letzten Zwischeneiszeit gehören, das Moustérien erstrecke sich über die letzte Eiszeit, die ihm folgenden jungpaläolithischen Kulturen wären bereits nacheiszeitlich. Demgegenüber betonte Wiegers, daß alle Epochen vom Moustérien bis zum Magdalénien zur letzten Eiszeit gezählt werden müßten und daß zumindest die Anfänge von Chelléen und Acheuléen viel älter seien als die letzte Zwischeneiszeit. Seine Annahmen erwiesen sich schließlich als richtig.

Um sie durch genauere Untersuchungen zu stützen, hielt Wiegers weitere Forschungen in Südwestfrankreich für dringend notwendig. Auf der Rückreise sprach er darüber in Paris mit Prof. Carl Schuchhardt und Prof. Ludwig Darmstaedter, einem Berliner Chemiker und Finanzmann. Als diese beiden Herren ebenfalls in Les Eyzies weilten, beschloß Ludwig Darmstaedter, die Kosten für eine Expedition in die Dordogne während der Monate September und Oktober 1912 zu tragen. Man vereinbarte mit Hauser, dessen Stationen für diesen Zeitraum zu pachten und ihm dafür als Entschädigung 3000 Mark zu zahlen. »Hervorragend gute Funde«[7] sollten extra vergütet werden.

Vorsichtig ließ Schuchhardt sondieren, ob es wegen des geplanten Vorhabens Scherereien mit den französischen Behörden geben könnte. »Unser Auswärtiges Amt hatte der französischen Regierung mitgeteilt, daß wir beabsichtigten, Hausers Höhlenforschungen durch kleine Grabungen nachzuprüfen und gebeten, das zu gestatten. Die Antwort soll gelautet haben, es gebe kein Gesetz in Frankreich, das dergleichen verböte. So sind wir denn auch die ganze Zeit über unbehelligt geblieben.«[8] Außer Schuchhardt und Wiegers nahm auch der Zoologe Dr. Hilzheimer vom Märkischen Museum an der Expedition teil.

Es bereitete Hauser sicher Genugtuung, daß Wiegers die Meinung Obermaiers ablehnte, La Micoque sei eine Station des älteren und jüngeren Acheuléen. Der Geologe bestätigte, daß die kleinen atypischen Artefakte des Fundortes in Verbindung mit den schönen Keilspitzen auftraten. Alle diese Geräte waren daher auch nach seiner Meinung zur gleichen Zeit und von Trägern derselben Kultur geschaffen worden. Gestützt auf die Tierüberreste, unter denen das die Kaltzeiten anzeigende Ren fehlte, wies Wiegers La Micoque einem warmen Moustérien während der letzten Zwischeneiszeit zu. Wegen dieser Einordnung geriet Hauser Jahre später mit ihm in eine erbitterte Fehde. 1912 vertrug er sich jedoch gut mit ihm.

Unter sich waren die Gelehrten aber uneins. Hilzheimer focht die Gründe, die Wiegers für das warme Moustérien in La Micoque und in bezug auf bestimmte Schichten von La Ferrassie und Laussel zur Sprache brachte, mit Gegenargumenten an. Hauser vermochte sich vermutlich gleichfalls nicht mit Hilzheimer zu einigen. Die folgenden kritischen Anmerkungen können sich nur auf diesen beziehen, obwohl er keinen Namen nannte: Der Zoologe »wurde von mir auf die an Faunaresten außerordentlich reiche Micoque geführt; er war erstaunt über die vielen Zähne, die man da bloßlegen konnte, erklärte aber, er könne hier nichts bestimmen; denn ihm fehlen alle Bücher, und Vergleichsmaterial habe er auch keines mitgebracht. Auf Grund meiner langjährigen Erfahrung setzte ich dann dem Fachzoologen den Unterschied zwischen den Zähnen des Wildpferdes und denen vom Urstier auseinander, allein er war nicht dazu zu bewegen, die Diagnose des Prähistorikers anzuerkennen; er glaubte, es wären ganz neue Untersuchungen notwendig, denn ich könnte mich doch in den beiden Tierspezies täuschen. Auf einer anderen Station gab es wiederum eine eingehende wissenschaftliche Diskussion, ob ein herumliegender Zahn dem rezenten (neuzeitlichen) Esel oder Bison priscus (Wisent) zugehöre. Ich habe dann keinen weiteren Belehrungsversuch mehr gemacht, und soviel mir bekannt ist, hat er bis heute, also in 13 Jahren noch nichts aus den mitgenommenen Tierresten herausexperimentiert.«[9]

Von dem Laien Hauser mochte sich der Zoologe nicht überzeugen lassen; dafür hielt er ihn sicher für zuwenig kompetent. Auch Schuchhardts Verhalten gegenüber Hauser wurde vermutlich von einem kaum verborgenen Dünkel geprägt. Seit den Auseinandersetzungen, ob das Geld für die Skelette nun an Hauser oder an dessen Bankhaus zu zahlen sei, war das Verhältnis zwischen beiden sowieso getrübt. Offensichtlich lastete Hauser dem Museumsdirektor eine Mitschuld an der Misere an, in der er jetzt steckte. Gegen Zweifel an seinen Arbeiten und Ansichten, wie sie Schuchhardt vorbrachte, war er deshalb besonders empfindlich. Die »Wildfanggruben« zum Beispiel erklärte der Professor als Vertiefungen, die im Paläolithikum zur Lohgerberei gedient hätten. Doch diese Deutung lehnte Wiegers ebenfalls ab; er stufte die Löcher am Rande des Felsabsturzes in die Bronzezeit ein, weil sich ganz in der Nähe ein Grab aus dieser Periode befand, und meinte, man müsse erst noch nach einer zutreffenden Interpretation für die Gruben suchen. Zudem ärgerte ihn, daß sich Schuchhardt in bezug auf die Einordnung der Funde mehr auf die Seite der französischen Prähistoriker stellte. Zusammen mit Hauser spielte er ihm daher einen Streich.

Dem »klassischen Archäologen«, wie Hauser den Direktor spöttisch titulierte, schwebte angeblich »als vornehmste Aufgabe vor, irgend etwas herauszufinden, wodurch mir mangelnde Kenntnisse oder fehlende Beobachtungsgabe bei meinen Ausgrabungen hätte nachgewiesen werden können. Schon neigten sich die herbstlich stürmischen Tage der wissenschaftlichen Expedition zu Ende, und noch war es nicht gelungen, mir ein Härchen zu krümmen. Des freute sich außer mir auch Wiegers in ehrlicher Weise, und er beschloß, Vorsehung zu spielen und der klassischen Archäologie doch auch noch zu ›dienen‹.

Eines Abends kam er freudestrahlend zu mir, einen braunen Gegenstand in der Hand schwingend. ›Nun haben wir Sie doch einer Ungenauigkeit überführen können; sehen Sie mal, was wir in dem von Ihnen weggeräumten Schutt der Laugerie entdeckt haben, eine Lampe, die ist Ihnen also doch entgangen!‹ Ich sah mir den Fund schnell an und blinzelte verständnisvoll. ›Sie kann man doch gar nicht täuschen.‹ In meinem Schutthaufen hatte sich ein handgroßer brauner Stein gefunden, der war mit einem Metallgegenstand ausgehöhlt und mit diluvialen Kohlenresten überstrichen. Die Herren beschlossen, den Fund als corpus delicti dem klassischen Archäologen in die Hand zu spielen, und es bedurfte keiner großen Umwege, um daselbst freudiges Entzücken auszulösen. ›Nun haben wir Hauser richtig doch noch.‹ Der Herr bot bis zu 500 Mark, wenn die Geologie das bedeutsame Stück der Archäologie abtreten würde. Die ›Lampe‹ hatte mittlerweile einige Tage als Aschenbecher gedient und trug schon merklich etwas Patina. Schließlich gestand die Geologie, daß es sich nur um einen schlechten Witz handle und Hauser nicht der Hereingefallene sei. Seit jenem Tage besteht zwischen dem Klassiker und dem Diluvialgeologen Urfehde, und die Erkenntnisse der Erdgeschichte werden aus archäologischen Gründen verworfen!«[10]

Aber Schuchhardt wußte ebenfalls, womit er Hauser in

214

Rage zu bringen vermochte. Er brauchte nur zu dessen Konkurrenten zu gehen und von ihnen Funde zu erwerben. Wie tief er Hauser damit traf, geht aus dessen eigener tendenziöser Schilderung hervor: »In dem kleinen Dörfchen Manaurie lebte ein weit und breit bekannter Fälscher paläolithischer Zeichnungen, namens Marsan. Seine Produkte waren allen französischen Prähistorikern seit Jahren bekannt, und kein Mensch fiel mehr auf die Sache herein. Es war der klassischen Archäologie Berlins vorbehalten, alle diese Herrlichkeiten wieder zu Ehren zu ziehen; alles, was Marsan besaß, wurde eines Tages abgekauft und mir in fröhlichster Stimmung unter die Nase gesetzt. Ich drückte mein Befremden darüber aus, daß man derartige plumpe und allgemein bekannte Fälschungen nach Berlin bringe; denn damit würden alle meine Anstrengungen, den Fälschern das Handwerk zu legen, vereitelt. Da bekam ich aber als Zurechtweisung zu hören: ›Was nicht von Ihnen ist, erklären Sie einfach als falsch.‹ Unglücklicherweise weilte in jenem Augenblick auch der berühmte französische Prähistoriker A. de Mortillet bei mir. Und er hat bedenklich den Kopf geschüttelt, daß trotz meiner Warnung allgemein bekannte Fälschungen aus merkwürdigem Trotz nicht als solche erkannt werden wollten, und daß man sie zusammen mit meinen guten, ehrlichen Funden nach Berlin bringe.«[11]

Hier sei dahingestellt, wer nun wirklich recht hatte, ob Schuchhardt tatsächlich Fälschungen aufsaß oder ob bei Hauser Zorn und Futterneid den Blick trübten. Daß manche der Einheimischen arglosen Interessenten mit geschickten Nachahmungen das Geld aus der Tasche lockten, ist aber keine böswillige Unterstellung. Schuchhardt ließ sich noch auf andere Aktionen ein, mit denen er bewußt politische Gefahren und Verwicklungen auf internationaler Ebene riskierte und auch Hauser in Verdacht brachte. Rund dreißig Jahre später schilderte er ausführlich diese ihn selbst entlarvenden Vorgänge.

Von einem Abstecher nach Westfrankreich zurückgekehrt, fand er in Les Eyzies »auch zwei neue Ankömmlinge, Prof. Verworn aus Göttingen mit Dr. Lorenz, einem

Philosophen, die auf den dem Bauern Peyrille zur Verfügung stehenden Grundstücken forschten, und auf ein paar
Tage besuchte uns auch der verehrte alte Herr Sökeland,
der bekannte Pumpernickelfabrikant und seit langen Jahren Kassenwart der Berliner Anthropologischen Gesellschaft. Er hatte den Internationalen Historikerkongreß in
Rom mitgemacht und gönnte sich für die Rückreise nun
noch den Abstecher über Les Eyzies. Da er auch Berliner
Stadtverordneter war, stellten wir ihn unserer Umgebung
als ›Monsieur le député de Berlin‹ [der Herr Deputierte
aus Berlin] vor, der über unsre Mittel wesentlich zu bestimmen habe. So benutzte ich ihn zum Druck auf Peyrille, von dem ich einen Block mit einer Steinbockzeich-
nung kaufen wollte. Sökeland hat die dramatische
Schlußverhandlung dann auch mitgemacht und sich amüsiert, wie Forderung und Gebot immer gegeneinander-
platzten, bis plötzlich ein uns genehmes Ergebnis da war.

Eine andere Verhandlung über eine sehr viel wertvol-
lere Skulptur mußte ich in aller Heimlichkeit allein führen. Schon nach Berlin hin hatte mir der Besitzer eines
Kramladens im Dorfe Manaurie bei La Micoque das Relief eines großen Fisches in der ihm gehörigen Höhle
Georges d' Enfer (bei Laugerie Intermédiaire) für 20 000
Franken angeboten. Auch Hauser durfte das nicht wissen,
denn er war immer sehr eifersüchtig, wenn man von anderen als von ihm selbst kaufte. Die ›Frau von Laussel‹,
die ich Verworn verdankte, hatte er damals für eine Fälschung erklärt.

So benutzte ich eine mehrtägige Abwesenheit Hausers,
um mit dem Bauern in der verschlossenen Höhle das
Kunstwerk zu besehen und dann im Hinterstübchen seines Ladens mit ihm zu verhandeln. Diese Verhandlung
hat dann unter unendlichem Aufwand von Cognac noch
zwei Stunden in Anspruch genommen, denn das Gespräch gestaltete sich genau wie im Orient so, daß beim
Weitauseinanderklaffen von Forderung und Angebot
man zunächst auf ein anderes Thema abbog. Die beider-
seitigen Familienverhältnisse wurden entrollt, man suchte
einander persönlich näherzukommen. Dann erfolgte ein

216

neuer Anlauf: das Angebot wurde erhöht, die Forderung ermäßigt, aber noch immer blieb man weit voneinander. Bordeaux wurde dann besprochen; eine neue finanzielle Tastung blieb immer noch erfolglos, Berlin mußte auch noch geschildert werden, bis endlich und glücklich der Spalt von 5000 gegen 20 000 sich bei 10 000 geschlossen hatte.

Der Bauer wollte, sobald wir abgereist wären, das Relief abmeißeln lassen und mir nach Berlin schicken; dann sollte er sein Geld erhalten. Denn es war klar, daß, solange wir da waren, ein Arbeiten in der Höhle den vaterländisch Gesinnten verdächtig vorkommen und ein Eingreifen von oben her veranlassen könnte. Man hatte uns das Hausersche Gelände schon widerwillig genug freigegeben, Gorges d'Enfer lag darüber hinaus. Wir hatten gehört, daß der Präfekt vom Périgord über unsre Anwesenheit blitzwütend sei und uns lieber heute als morgen hinauswerfen würde. Nicht zu verwundern: man stelle sich vor, daß etwa ein Museumsdirektor von Paris sich in Thüringen niederlassen würde, um dort wochenlang Ausgrabungen zu machen und dann mit dem Raube abziehen zu wollen. Würde nicht am zweiten Tage schon ein deutscher Gendarm ihn zum Bahnhof geleiten? Den Fisch von Gorges d'Enfer hab ich denn auch nicht bekommen. Sobald wir Les Eyzies verlassen hatten, ist die Höhle zum Staatseigentum erklärt worden, und der bisherige Besitzer hat sich mit einer bescheidenen Abfindungssumme begnügen müssen.«[12] Es war der von Hauser als Fälscher bezeichnete Marsan.

Schuchhardt wußte von der heiklen Situation, in der er sich mit seinen Gefährten befand. Für die »vaterländisch Gesinnten«, wie er etwas spöttisch bemerkte, wirkte ihre Tätigkeit als Provokation. Dennoch ließ er es darauf ankommen und versuchte, die »Entführung« des begehrten Fischreliefs in Szene zu setzen! Dazu gehörten ein gut Teil Kaltschnäuzigkeit und Unbedenklichkeit! Anscheinend machte es ihm sogar Spaß, mit der Gefahr zu spielen und den »vaterländisch Gesinnten« ein Schnippchen zu schlagen. Bezeichnend ist auch der Vergleich, wie man sich wohl verhalten würde, wenn ein französischer Museums-direktor in gleicher Absicht nach Thüringen käme. Außer-dem konnte Schuchhardt nicht im unklaren darüber sein, daß er Hauser mit solchen heimlichen Transaktionen schaden würde. Dessen Feinde lasteten dem verhaßten Konkurrenten den geplanten Schmuggel tatsächlich an, obwohl sie sicher den wahren Sachverhalt erfuhren. Noch immer wird bei Führungen im Abri du Poisson (Abri des Fisches), der sich in der Gorge d'Enfer, der Höllen-schlucht, öffnet, mitunter behauptet, die Meißelspuren rings um das Relief stammten von Hauser!

Die 1,10 Meter lange und bis zu 28 Zentimeter breite Darstellung gibt einen Lachs wieder; er ist an der Decke der Halbhöhle abgebildet worden. Hauser der versuchten heimlichen Ausfuhr des ungewöhnlichen Kunstwerks zu bezichtigen, entsprach zwar nicht der Wahrheit, diente aber dazu, sein Ansehen zu untergraben und Stimmung gegen ihn zu machen. Darum hat sich Schuchhardt nicht gekümmert. Daß Hauser die Arbeit der drei deutschen Gelehrten überhaupt gestattete, wurde ihm von den »va-terländisch Gesinnten« bestimmt ebenfalls angekreidet. Die 60 Kisten voller Fundobjekte, die sie mitnahmen (8 Ki-sten mit fossilen Knochen hatte Wiegers bereits im April nach Berlin geschickt), sahen sie als Raub heimatlicher Güter an. Nun schien auch offensichtlich, daß Hauser in enger Beziehung zu dem Berliner Museum stand, in des-sen Auftrag Grabungen ausführte und dafür von ihm be-zahlt wurde. Wer kannte denn schon die tatsächlichen Zu-sammenhänge! Die fatalen Auswirkungen solcher fal-schen Vorstellungen nahm Hauser vermutlich nicht ernst genug. Abgesehen davon, daß er die für die »Berliner Ex-pedition« gezahlte pauschale Entschädigung von 3000 Mark dringend benötigte, glaubte er wohl, es wäre für den guten Ruf seiner Arbeit günstig, wenn sie von Fach-leuten überprüft und gewürdigt würde. Aber da wurde er wieder einmal enttäuscht. Bitter verwies er auf einen Be-richt, den die »Deutsche Tageszeitung« am 21. Januar 1913 nach einer Sitzung der Anthropologischen Gesell-schaft Berlin veröffentlichte und in dem es hieß: »Nachdem sich berufene deutsche Gelehrte von dem noch anstehenden Fundreichtum in der Dordogne überzeugt haben, haben wir eigentlich eine Anregung zugunsten des verdienten Forschers Otto Hauser recht sehr vermißt. Wir sind der Ueberzeugung, daß die deutschen Museen sich durch den Erwerb der von Hauser bisher mit so großen Opfern gehaltenen Fundplätze nicht nur die Sicherheit verschaffen würden, für die Zukunft an diesen, die ganze Kulturmenschheit diesseits und jenseits des Ozeans interessierenden Forschungen hervorragend beteiligt zu bleiben, sondern daß ihnen auch eine Fülle von Funden dadurch zufließen würde, ohne daß man auf die doch unter Umständen zu peinlichen Zwischenfällen führende Vermittlung zweifelhafter Unterhändler angewiesen wäre. Und außerdem würde man gegen Otto Hauser, der der beste Kenner der Dordogne und in gewissem Sinne ihr Entdecker, jedenfalls eine unschätzbare Kraft ist, nur eine Ehrenpflicht erfüllen.« Resigniert ergänzte Hauser: »Leider geschah in dieser Richtung nichts.«[15]

Die erwähnten »peinlichen Zwischenfälle« infolge der »Vermittlung zweifelhafter Unterhändler« bezogen sich auf den Diebstahl der »Frau von Laussel«, eines 36,5 Zentimeter großen Reliefs. In einen Kalksteinblock gehauen, zeigt es eine sehr füllige Frau, die anscheinend ein Horn in der rechten Hand hält. Das Kunstwerk wurde im Januar 1912 durch Arbeitskollegen von Raymond Peyrille im Abri Laussel entdeckt. Sie brachten den Fund in die Wohnung Peyrilles, der an diesem Tage bei den Grabungen im Abri nicht dabeigewesen war. Ohne Wissen seiner Kameraden unterschlug er das wertvolle Objekt und bot es im Februar 1912 Prof. Max Verworn unter der Hand für 18 000 Francs an. Für das gleichfalls beiseite gebrachte Relief eines Pferdekopfes aus Laussel forderte er 1000 Francs. Verworn, der von Göttingen nach Bonn übergewechselt und dort Direktor des Physiologischen Instituts geworden war, wollte das Frauenrelief an das Museum in Bonn vermitteln. Da man aber dort das verlangte Geld nicht aufzutreiben vermochte, wurde das Bildnis von dem zahlungskräftigeren Berliner Museum für Völkerkunde übernommen. Sowohl Verworn wie Schuchhardt wußten natürlich, daß die erworbenen Kostbarkeiten nicht Eigentum von Peyrille, sondern von Gaston Lalanne waren, der den Abri gekauft hatte. Doch die Herren Professoren nutzten die günstige Gelegenheit und griffen zu – um danach ganz unbefangen nach Les Eyzies zu fahren. In Frankreich hatte sich die Angelegenheit bisher ja noch nicht herumgesprochen. Während des Septembers traf man sich dann in Les Eyzies.

Über seine Reise erstattete Verworn erneut einen Bericht. Zusammen mit dem Engländer Dr. Lorenz schlug er sein Quartier bei Peyrille auf, der lange Zeit nur in einer Bretterbude gehaust hatte und nun eine kleine Gastwirtschaft betrieb – wohl dank des für die Reliefs kassierten Geldes. Es ist bemerkenswert, daß Verworn in seinen Ausführungen Hauser diesmal überhaupt nicht erwähnte. Er ging ihm wohl aus dem Wege. Verworn hatte sicher ein feines Gespür dafür, daß es mit Hauser nicht mehr zum besten stand und daß ihm nun die einheimischen Ausgräber mehr zu bieten vermochten. Sein besonderes Interesse galt der jungpaläolithischen Kunst, und da war er bei Peyrony und Peyrille an der richtigen Schmiede. Der Lehrer nahm ihn mit nach La Ferrassie, La Madeleine und nach anderen Orten. Peyrille führte ihn zu dem Fries von Cap Blanc und zeigte ihm wiederum den Abri Laussel.

Aus dem Reisebericht Verworns geht auch hervor, wie »großzügig« die archäologischen Forschungen ursprünglich in der Dordogne vorgenommen wurden, was man sich jetzt zunutze machte. »In meiner Zeit«, freute sich der deutsche Professor, »hat man im Vézèretal begonnen, die Abraumhaufen der früheren Ausgrabungen einer erneuten Durchsicht zu unterziehen, und man hat gefunden, daß diese Arbeit außerordentlich lohnende Erfolge liefert. So haben Mr. [Monsieur] Bourlon und dicht daneben Mr. Peyrille in Laugerie basse begonnen, die aus den alten Ausgrabungen von Lartet und Christy stammenden Schutthalden abzuräumen und haben dabei eine Fülle von interessanten Steingravierungen, die bei den älteren

Ausgrabungen nicht beachtet worden waren, erbeutet. Der Vortragende hat von der liebenswürdigen Einladung des Leutnants Bourlon und Mr. Peyrille ebenfalls Gebrauch gemacht und an einigen Tagen in Laugerie basse, zum Teil bei künstlicher Beleuchtung unter dem nassen Abri, in abenteuerlicher Situation gesammelt. Es haben sich dabei mehrere typische Knochen- und Feuersteinwerkzeuge des Magdalénien gefunden.«[14]

Verworn begrüßte ausdrücklich, »daß jetzt in jenem unvergleichlichen Winkel der Erde, der an sich selbst ein einziges großes Prähistorisches Museum in herrlichster landschaftlicher Umrahmung vorstellt, seitens der französischen Regierung doch etwas mehr zur Erhaltung und zum Schutz der ehrwürdigen Zeugen einer längst vergangenen Kultur getan wird, als dies früher der Fall war. Die französische Regierung erwirbt sich damit nicht nur ein Verdienst um die einheimische Forschung . . .«[15] Hatte Verworn dabei die zwei Reliefs aus dem Abri von Laussel vergessen?

Er wurde jedoch bald an sie erinnert. Die Arbeitskollegen von Peyrille waren sehr erstaunt, daß ihr Vorgesetzter auf einmal viel Geld besaß. Sie schöpften Verdacht, und schließlich löste ihnen der Neid die Zunge. Schnell sprach sich der Fall herum, er wurde von der Presse aufgegriffen, es drohte ein internationaler Skandal. Im Dezember 1912 ging auch die von Gustav Kossinna 1909 gegründete Zeitschrift »Mannus« auf die Affäre ein. Kossinna ließ sie bestimmt nicht ungern zur Sprache bringen, weil er sich mit Schuchhardt aus persönlichen und fachlichen Gründen laufend Scharmützel lieferte.

»In den deutschen Zeitungen, z. B. in der Tägl. Rundschau«, informierte »Mannus« die Leser, »sind letzthin folgende sehr merkwürdige Mitteilungen über Prof. Verworn und die mit ihm verbündete Direktion der Vorgeschichtlichen Abteilung des Berliner Museums für Völkerkunde gemacht worden . . .

Ein peinlicher Vorfall, der zurzeit den Gegenstand von diplomatischen Verhandlungen zwischen der deutschen und französischen Regierung bildet, wird, wie die ›Daily

Mail‹ mitteilt, in der politischen und archäologischen Welt lebhaft besprochen.«

Dr. Lalanne hätte erfahren, »daß eine Figur, die der von ihm aufgefundenen völlig glich, von dem Museum für Völkerkunde in Berlin angekauft worden sei. Sie war hier indessen der Öffentlichkeit nicht zugänglich, sondern war im Arbeitszimmer des Kustos untergebracht, wo Dr. Lalanne gelegentlich eines Berliner Besuchs sie zu sehen Gelegenheit fand. Da der französische Gelehrte dabei die Überzeugung gewann, daß das Kunstwerk unbedingt aus Laussel stammen müßte, leitete er nach der Rückkehr nach Frankreich eine Untersuchung ein, die zu der Entdeckung führte, daß einer seiner Arbeiter von einem deutschen Archäologen bestochen worden war (?) und diesem die Statuette verkauft hatte. Dr. Lalanne meldete den Fall der Polizei, die den ungetreuen Arbeiter verhaftete. Auf Grund des dem Unterstaatssekretär im Ministerium der schönen Künste vorgelegten Materials ist der französische Minister der Auswärtigen Angelegenheiten jetzt in Unterhandlungen mit dem Auswärtigen Amt in Berlin getreten, die auf Rückgabe der wertvollen Statuette abzielen.«[16]

Im Anschluß an diesen Bericht nahm Verworn selbst zu den Beschuldigungen Stellung. Herablassend erklärte er, sein Name sei zu Unrecht in Verbindung mit Angaben genannt worden, »die in keiner Weise den Tatsachen entsprechen ... Davon, daß ich den Finder bestochen haben soll, das Stück nach Deutschland zu verkaufen, ist selbstverständlich keine Rede. Es erübrigt sich für mich, eine so abenteuerliche Angabe eingehend zu widerlegen.«[17] Selbstverständlich hatte er Peyrille nicht bestochen; das brauchte er gar nicht. Der Mann war doch froh, das Relief in Deutschland loszuwerden, da es ihn bei einem Verkauf an französische Museen sofort verraten hätte. Die Fragwürdigkeit von Verworns Handlungsweise, um es milde auszudrücken, bestand darin, Peyrilles Unterschlagung zu decken und zu honorieren, indem er den Kauf der Kunstwerke nicht ablehnte, sondern in die Wege leitete.

Wegen des Diebstahls wurde Peyrille in der Stadt Sarlat vor Gericht gestellt. Über sein Vergehen und den Prozeß erschienen am 3. und 29. Dezember 1912 sowie am 14. Januar 1913 ausführliche Beiträge in der schon einmal zitierten »L' Avenir de la Dordogne«. Offenbar kamen diese Artikel Hauser gerade recht. Sie stellten nämlich klar, daß er an der Affäre nicht beteiligt war und daß nicht er, sondern sein Konkurrent im trüben gefischt hatte. Ihn freute natürlich ebenfalls, Verworn und Schuchhardt zumindest indirekt mit auf der Anklagebank zu sehen. Daher legte er großen Wert darauf, seinen Bekannten notariell beglaubigte Abschriften der Artikel aus der genannten französischen Regionalzeitung zugehen zu lassen, um sie über die Vorgänge und ihre Hintergründe in Kenntnis zu setzen. Solche Kopien sandte er auch an Dr. Gustav Eichhorn nach Jena, der sie zum Glück sorgfältig aufbewahrte.

Im ersten dieser Beiträge druckte die Zeitung einen Brief von Dr. Lalanne ab, den der Arzt möglicherweise auf Bitten Hausers verfaßt hatte. »Ich lese«, schrieb Lalanne, »in der Chronik der örtlichen Ereignisse Ihrer Zeitung vom 2. Dezember einen Artikel, der über den Diebstahl berichtet, dessen Opfer ich geworden bin. Ich glaube jedoch, Ihnen eine Richtigstellung geben zu müssen mit dem Ziel, die Wahrheit wiederherzustellen. Meine Grabungen befinden sich keineswegs neben denen von Herrn Hauser, von denen sie durch eine Entfernung von ungefähr 10 Kilometern getrennt sind. Andererseits möchte ich erklären, daß Herr Hauser in keiner Weise etwas mit dieser traurigen Angelegenheit zu tun hat.«

Als Ergänzung war am 29. Dezember in der »L' Avenir de la Dordogne« zu lesen, »daß Herr Hauser aus Les Eyzies, dem Peyrille zu allererst den Kauf dieser Objekte vorgeschlagen hatte, es ablehnte, sie zu erwerben.« Ob Schuchhardts Behauptung stimmt, Hauser habe die »Frau von Laussel« sogar als Fälschung bezeichnet, ist jedoch fraglich.

Aufschlußreich ist die in dem abschließenden Beitrag über den Gerichtsprozeß wiedergegebene Aussage Gaston

Lalannes, er habe Peyrille monatlich 150 Francs »und zuweilen Zuwendungen von 100 und 200 Francs« gezahlt. Sein Vorarbeiter stand sich also finanziell nicht schlecht. »Um zu erklären«, hieß es dann weiter, »wie Peyrille sich mit Dr. Verworn hat in Verbindung setzen können, sollte man bekannt geben, daß Ausländer, Engländer, Franzosen und andere, zahlreiche Besichtigungen in Les Eyzies vornehmen und zu manchmal sehr hohen Preisen prähistorische oder als solche ausgegebene Objekte erwerben.« Demnach kamen nicht etwa nur Deutsche als Besucher ins Vézèretal und kauften als echt »ausgegebene Objekte«!

Dr. Lalanne hatte mit seiner Erklärung recht, daß auch Verworn »sein Teil von Verantwortlichkeit an der heute dem ehemaligen Leiter der Grabungsstelle vorgeworfenen Tat zukäme – eine zumindest moralische Verantwortlichkeit«. Deshalb forderte der Staatsanwalt »mit Nachdruck eine um so härtere Strafe, da sie eine moralische Wirkung auf eine beträchtliche Anzahl dieser Leute haben wird, die glauben, erwerben zu können, was ihrem Verkäufer nicht gehört«. Es half Peyrille anscheinend nicht viel, daß ihn sein Rechtsanwalt »als von Geistesstörungen betroffenen Kranken« hinstellte und aus diesem Grunde »eine sehr große Milde von seiten des Gerichts« empfahl. Der ungetreue Aufseher wurde »zu sechs Monaten Gefängnis, 200 Francs Geldstrafe und zu den Prozeßkosten verurteilt . . .«

Damit hatte das Fehlverhalten Peyrilles seine Sühne gefunden. Auf diplomatischer Ebene gab es jedoch keine Einigung; das Relief blieb in Berlin. Auf deutscher Seite wurde argumentiert, daß man nur verpflichtet wäre, gestohlene Objekte zurückzugeben. Das französische Gericht hätte Peyrille aber nicht wegen Diebstahls, sondern wegen Mißbrauch des Vertrauens verurteilt. Schuchhardt wird die Äußerung zugeschrieben, in Berlin wäre das Frauenrelief besser aufgehoben als in einer französischen Privatsammlung, wo es doch nur verstaube. Rund dreißig Jahre später ist das Kunstwerk dann der Bombardierung von Stadt und Museum zum Opfer gefallen.

Die bösen Erfahrungen mit deutschen Gelehrten vergifteten das Klima und die persönlichen Beziehungen noch stärker und trieben auch gegen Hauser seltsame Blüten. Seine Feinde versuchten nun ebenfalls, ihm, wo es nur ging, gerichtlich etwas am Zeuge zu flicken, zum Teil wohl aus ohnmächtigem Zorn. »Die Distriktsgendarmerie«, erzählte er, »zitierte mich eines Tages (1913) und legte mir zu meinem großen Erstaunen zwei Denunziationen vor: ich sollte einige Monate vorher, durch mein immer selbstgelenktes Automobil, dem Abbé Breuil, Professor in Paris und einem Fräulein Belvès, der Tochter des zweiten Lehrer von Les Eyzies, je einen Unfall verursacht haben. Die Anklage wirkte komisch; es hatte sich aber herausgestellt, dass weder der Herr Abbé noch die junge Dame im Stande waren, eine bestimmte Woche in der der Unfall hätte passieren sollen, anzugeben, oder gar Verletzungen und nachteilige Folgen nachzuweisen. Ja es ergab sich, dass der Herr Abbé zu der schliesslich von ihm bezeichneten Zeit überhaupt nicht in der Dordogne gewesen! Die Gendarmerie versenkte die beiden Denunziationen mit einer Entschuldigung in den Papierkorb!«[18] Noch heute wird in französischen Prähistorikerkreisen, die Hauser weiterhin gram sind, behauptet, wegen ihm wäre der Abbé mit seinem Fahrrad im Straßengraben gelandet.

Hakeleien dieser Art charakterisierten die Stimmung zwischen den Kontrahenten und ließen ahnen, wie man gegen Hauser vorgehen würde, sobald sich eine günstige Gelegenheit dafür böte. Sie sollte sich nur wenig später durch die kriegerischen Ereignisse ergeben.

In welcher Situation sich Hauser von 1911 bis August 1914 befand, wird in dramatisch-erschütternder Weise vor allem in seinen Briefen an Emil Bächler deutlich. Aus ihnen ergibt sich ein genaueres Bild über Hausers tatsächliche Lage während der genannten Zeit.

Wie es wirklich um ihn stand, teilte er am 3. Dezember 1911 knapp und ungeschminkt aus Les Eyzies mit: »Alles der ernsten Arbeit geopfert; ein Jahr voller Arbeit und Sorgen; täglich 16–19 Stunden Arbeit & am Schluss – nichts, gar nichts! Mittellos!«

Not und Überanstrengung zehrten an seiner Gesundheit und verdüsterten seine Stimmung. »Wenn Ihr zwei glücklichen zwitschert«, heißt es in einem Brief vom 17. Juni 1911 an das jung verheiratete Ehepaar Bächler, »so singt uns als Entgelt die rossignol [Nachtigall] ihr Lied & die schöne Natur lässt einen Verbitterten selbst, wie ich es immer mehr werde, auf Augenblicke den Erdendreck vergessen.«

Seine Verbitterung rührte auch von den Auseinandersetzungen mit Dr. Jakob Heierli her, der sich im Anschluß an den Artikel in »Le Matin« in der Schweizer Presse abwertend über Hauser geäußert hatte. Dieser strengte daraufhin vor dem Züricher Gericht einen Prozeß gegen seinen alten Feind an. Hauser geriet dadurch jedoch bald in unerwartete Bedrängnis. Wegen eines Fachgutachtens über den Streit zwischen ihm und Heierli forderte das Gericht von beiden Kontrahenten die Hinterlegung von 4000 Franken, die Hauser zunächst nicht aufzutreiben vermochte. ».. . nun wird der ganze schöne Prozess, der zu meinen Gunsten ausgefallen wäre, wahrscheinlich für mich in Schande und Verlust auslaufen!« klagte er Bächler am 4. August 1911. Das befürchtete auch Dr. Nüesch, gegen den Heierli ständig intrigierte und dem daher viel daran lag, daß der gemeinsame Gegner endlich einmal zur Verantwortung gezogen wurde. Deshalb schlug er Emil Bächler am 31. August 1911 vor, einem Konsortium beizutreten, welches Hauser die benötigte Summe leihen wollte. Es wäre jammerschade, begründete Nüesch sein Anliegen, »wenn Heierli sich, wegen Nichtleistung des Vorschusses von Seite Hausers, aus der endlich einmal gefundenen Schlinge ziehen könnte und ungestraft davon käme. Gewiss haben auch Sie nach den mit Heierli gemachten Erfahrungen ein Interesse, dass der Intriguant entlarvt und gebührend verurteilt würde; er hört nämlich nicht auf, in Anthropologenkreisen zu schmähen gegen jedermann in der Schweiz . . .«

Es gelang Dr. Nüesch, die 4000 Franken zusammenzubringen. Unabhängig davon war Hauser ebenfalls nicht untätig geblieben und hatte sich das Geld von Leyssales geborgt. Auf diese Weise begab er sich in Abhängigkeit von seinem ersten Angestellten, was ihm noch eine Menge Unannehmlichkeiten bereiten sollte. Doch der Prozeß gegen Heierli ging ihm vor, und die Aussichten, ihn zu gewinnen, standen sehr günstig. Auch in Deutschland schlug der Wind gegen den Verklagten um. »Penck hat in e. [iner] d. [er] letzten Sitzungen der Berl. Anthropol. Ges. öffentlich gegen Heierli gesprochen und ihn der Lügen und Fälschungen geziehen; der Direktor Schuchhardt sagte mir, Heierli sei erledigt«, schrieb Hauser voller Genugtuung am 17. Mai 1912 an Bächler.

Prof. Dr. Albrecht Penck war Direktor des Geographischen Instituts und des Museums für Meereskunde in Berlin. Seine Forschungen über Verlauf und Folgen des Eiszeitalters, also der letzten vier großen Vereisungen und drei Zwischeneiszeiten auf der Nordhalbkugel der Erde, hatten ihn weltberühmt gemacht. Wie er als unverdächtiger ausländischer Zeuge über Heierli und dessen Freund Hugo Obermaier, der Pencks Schüler gewesen war, in einem Schreiben vom 15. Mai 1912 an Emil Bächler urteilte, ist deshalb besonders aufschlußreich:

»Mit lebhaftem Interesse habe ich Ihren ausführlichen

Brief vom 10. d. Mts. gelesen und daraus mit Bedauern vernommen, welch unangenehme Erfahrungen auch Sie mit Heierli in Zürich gemacht haben. Ich war, offen gestanden, auf so etwas gefasst, als ich die Berichte der Schweizerischen Gesellschaft für Urgeschichte durchsah und bemerkte, in welch wenig deutlicher Weise Heierli erkennen liess, was er von Ihnen erhalten hat und was von ihm selbst herrührt. Auch sein Auftreten gegen Nüesch hat mir ganz und gar nicht gefallen, und ich habe Veranlassung genommen, neulich Stellung dazu zu nehmen. Sein enges Verhältnis zu Obermaier hat mich schon seit längerer Zeit recht misstrauisch gestimmt, denn von Obermaier weiss ich längst, wie sein Mantel mit dem Winde hängt.«

Heierli entging der Entscheidung des Gerichts durch seinen Tod am 18. Juli 1912. Bedauernd meinte Jakob Nüesch gegenüber Bächler (21. Juli 1912): »Wie schade, dass sich nun Heierli durch den Hinschied der Richtigstellung entzogen hat. Oder ist es nicht geradezu ein Gottesurteil, dass H. nun, der gegen besseres Wissen und Gewissen das höchste Gut eines Mannes – Ehre und guten Namen – abzuschneiden versuchte, in diesem Moment der Entlarvung vor den höchsten Richter abgerufen wird!!«

Die Genugtuung, den Prozess gegen Heierli zu gewinnen, blieb Hauser also versagt. Eine andere Hoffnung, die ihm neuen Mut verlieh, erfüllte sich gleichfalls nicht. Am 29. Juli 1911 verkündete er seinem Landsmann in Sankt Gallen zuversichtlich, nun hätte er den Mann, der den Geldsorgen abhelfen und sogar Bächlers Grabungen finanziell absichern könne: »... der Bevollmächtigte v. 5 amerik. Univers. ist hier; ich habe ihm 14 x 24 Stunden gewidmet & bin so weit, dass er, trotz vieler Intriguen Capitan's und Peyrony's mir nun wieder zu einem Verkauf von ca. 140 mille verhilft; er ist verekelt von dem Treiben der Franzosen & in aller Stille, diskret, wird my work gewürdigt und bezahlt; er wird 1912 Germany & Switzerland bereisen & ich werde mit Ihnen diesen Winter den Weg besprechen, der Ihnen alles sichert, was sie brauchen ... Zu einer grossen, internationalen Prähistoriker-

Vereinigung ist er Bevollmächtigter & Rockefeller & Carnegie sind die Geldleute.«

Bald darauf, am 4. August, lüftete er auf Anfrage Bächlers das Geheimnis, welcher Amerikaner bei ihm war: »Mac Curdy ist nicht hier, sondern Moorehead, der das 1000seitige Werk über amerikanische Steinzeitkultur geschrieben hat & v. 5 Universitäten & Staaten Delegierter ist. Er hat mir feste Hilfe versprochen.« An sie glaubte er bis zum Herbst 1911. Doch aus der sehnlichst erwarteten Unterstützung wurde nichts. Vielleicht war der Einfluß von Peyrony und Capitan auf die Geldgeber letztlich doch stärker, und Hauser ging leer aus.

Von nun an mußte er jeden Tag aufs neue ums nackte Überleben kämpfen. Ton und Inhalt seiner Briefe werden immer verzweifelter und wecken Anteilnahme an seiner schier ausweglosen Situation. Bei all dem Elend, in das er durch fremde und eigene Schuld, aber auch durch eine Häufung unglücklicher Umstände geraten war, vergaß er nicht, die Klagen über sein Schicksal mit einem kräftigen Schuß Theatralik, Selbstmitleid und Beweihräucherung der eigenen Person zu vermischen. Typisch dafür ist ein Schreiben vom 23. Juli 1912 an Bächler:

»Und nun etwas von mir, nichts gutes lässt sich da sagen, es geht rapid abwärts, dem Elend entgegen, ich stemme mich, ich wehre mich, ich kämpfe und arbeite – alles umsonst...« Weitere »homines« wären sicher vorhanden »und Abnehmer hätte ich auch, aber die Mittel fehlen zum Graben, ich habe bloß 2 Mann und diese werde ich bald entlassen müssen; zu allem kommt noch ein Verlust, niemand zahlt prompt oder wenigstens nach Monaten: ich kann nicht mehr; ich habe riesig gearbeitet, ich scheue keine Mühe – aber alles umsonst; ich diente der Wissenschaft wie selten einer und nun alles verloren – grau die Zukunft, trübe die Gegenwart und dabei bald vierzig jährig. Ob ich das alles überleben kann weiss ich nicht, ich bin ein zu gerader offener Mensch, ich verstehe nichts von Diplomatie – mir wird wohl blos die Kugel bleiben. – Den Fremdenverkehr habe ich im Verhältnis zu der kleinen Gegend enorm gehoben, ich habe die Bahnen gezeigt auf denen methodisch Prähistorie getrieben werden soll – und nun kann ich wohl bald Abschied nehmen von meinen schönen Arbeiten, man wird Steine nach mir werfen, mich dauern meine lieben Kinder! Aber was nützt es! Der Verkauf kleiner Sammlungen geht nicht schlecht, es zeigt sich allerorts viel Interesse – aber das langt noch nicht, weil ich das gute Endresultat, das sicher kommen wird, nicht abwarten kann; Anmeldungen zu Reisen hierher liegen viele vor: ich muß mich zwingen die Leute zu empfangen, ich weiss oft nicht wo mir der Kopf steckt, weiss nicht ob ich dummes Zeug schwatze – meine einzige Ruhe ist abnormes Schlafen und das geht oft auch nicht. –«

Als möglichen Ausweg aus seiner Misere regte er nicht nur bei Bächler an, eine Gesellschaft ins Leben zu rufen, die sich seines Werkes annehmen und an Kosten und Gewinnen beteiligt werden sollte. Ihretwegen hatte er bereits zu vielen Orten und Personen seine Fäden gesponnen, auch zu Prof. Dr. Karl Woermann, bis 1910 langjähriger Direktor der Dresdner Gemäldegalerie, der ihn in Les Eyzies besuchte und dessen Wohlwollen er fand. »Aber zur Gründung«, erläuterte er Bächler, »gehört unbedingt ein jemand an die Spitze der sie als Mentor schützt, als Protektor leitet; hätte ich den, so würden sich sofort mehrere Herren in Berlin, Leipzig, Dresden, Bremen etc. , und auch viele Franzosen beteiligen. Ein anderer Weg wäre, meine Grabungen zu verkaufen, ich habe das volle Recht dazu. Was tun; ich habe in meiner Einsamkeit keine Ideen mehr, wenn sich nicht einer der vielen die hier meine Arbeiten gesehen und gewürdigt haben ins Mittel legt, ist alles vorbei! Es wäre eben sehr gut, wenn man mich auch von der Schweiz aus in der Weise unterstützen würde, dass einige Gelehrte die Initiative ergriffen zur Gründung einer Gesellschaft, nach dem ersten Zirkular, das vertraulich versandt würde, fänden sich sofort wie schon bemerkt mehrere andere Leute; auch Meyer vom Bibliographischen Institut würde mittun, er schrieb aber an Geheimrat Woermann in Dresden, dass die Initiative von prähistorischer Seite aus ergriffen werden müsse, das ist ja auch klar. Viel Zeit habe ich nicht mehr; ich glaube aber dass das möglich sein sollte denn die Stationen und die grossartigen Sammlungen sind doch Geld wert und geben Deckung, der Weiterbestand meiner Arbeiten sollte aber unbedingt gesichert sein und bleiben ...; schließlich gebe ich die Rechte ab für etwa 60.000 Frs. wenn ich weiter dabei bleiben darf ...«

Es gelang jedoch nicht, die von ihm gewünschte Gesellschaft zustande zu bringen. Vermutlich wollte niemand den Anfang machen und sich mit ganzer Autorität für Hauser einsetzen, um dadurch andere mitzureißen. Da nichts Entscheidendes zur Etablierung der angestrebten Gesellschaft geschah, bemühte er sich, wenigstens Privatpersonen und Museen zu Grabungen in seinen Fundstätten zu bewegen. Zwei Beispiele stehen hier für viele. Dem Maler Prof. Eugen Bracht, der zu dieser Zeit in Dresden wohnte, paläolithische Artefakte sammelte und sich intensiv mit dem Eolithenproblem beschäftigte, bot er am 22. Februar 1913 seine Dienste an. »Meine Stationen & damit alle Epochen stehen zu Ihrer Verfügung ... Ihre Unterkunft und Verpflegung finden sie am besten & auf fast deutsche Art im Hôtel de la Gare — Les Eyzies; ich sorge dort dafür, daß die Fremden gut verpflegt werden; man verlangt daselbst 9–10 fs. pro Tag ... Meine eigenen Bedingungen stelle ich von Fall zu Fall; es hängt davon ab, ob man mit 1 oder mehreren Arbeitern graben will (Sie sind jedoch ganz selbständig, ohne meine Anwesenheit) ...«

Erfolglos verliefen seine Werbungen, Dr. Hans Hahne, der 1912 Direktor des Provinzial-Museums in Halle geworden war, durch verlockende Angebote zu einem umfangreicheren Unternehmen zu gewinnen. Für 5000 Mark offerierte er ihm am 27. März 1913 außerdem eine komplette Sammlung »aus 6, 8 oder mehr Stationen«, »mit den Profilen jeder Schicht«, »so daß Sie in Ihrem Museum sofort die Kulturhorizonte im Original aufbauen können ...« Im Falle von Grabungen Hahnes versprach er am 2. April: »Meine Pläne und Bibliothek zu freier Verfügung, wie auch eine gedeckte Terrasse im Freien.« Und er setzte hinzu: »Als Entschädigung für eine 4–8 wöchentliche Grabung, wobei Sie völlig selbständig vorgehen können beanspruche ich: a. 4200.- Mk., wenn besondere Funde mir extra abgekauft werden ... oder b. Mk. 8000.-, ebenso 4 – 8 Wochen, 2 Arbeiter, mehr Funde Ihr Eigentum mit einziger Ausnahme von Gravüren, Schmuckstücken und menschlichen Skeletteilen oder ganzen Tierskeletten. –« Dann drängte er den neuen Museumsdirektor zu schnellem Entschluß: »Ich bin Ihnen sehr dankbar, wenn Sie mir recht bald Ihre vorläufige Meinung mitteilen wollen, da auch Herren aus England und Italien graben möchten.«

Aber Hahne zögerte und verzichtete schließlich. Insgesamt schienen ihm die Gesamtkosten einer Dordogne-Expedition, die 15 000 – 16 000 Mark betragen hätten, wohl zu hoch. Den Ausschlag gab aber wahrscheinlich die politische Lage. Die Beziehungen zwischen Deutschland und Frankreich hatten sich kontinuierlich verschlechtert. 1913 war das Wettrüsten in vollem Gange. Deutschland vergrößerte in rasantem Tempo seine Flotte und sein Landheer, Frankreich stand nicht zurück und erhöhte die Militärdienstzeit von zwei auf drei Jahre. In dieser gespannten Situation machten nationalistische Kreise der Kosmos-Gesellschaft Vorwürfe, weil sie Reisen zu Hauser nach Südwestfrankreich empfahl, und viele nahmen daher von dem geplanten Besuch Abstand. Dadurch ging Hauser ein wesentlicher Teil seiner Verdienstmöglichkeiten verloren.

Auch die Natur schien sich gegen ihn verschworen zu haben. Nach starken Regenfällen war Ende März 1913 die Vézère weit über ihre Ufer getreten und hatte die Felder in dem Tal bei Les Eyzies verwüstet. Hier lagen die fruchtbaren Äcker und Wiesen, die zum ehemaligen Besitztum des Grafen Lachapoulie gehörten, das er im August 1910 erworben und einem Pächter zur Bewirtschaftung übergeben hatte. Der Schaden durch die Naturkatastrophe muß beträchtlich gewesen sein; mit Einkünften aus seinen Ländereien war unter diesen Umständen nicht zu rechnen. Es ist fraglich, ob er sich für solche Fälle versicht hatte und eine Entschädigung erhielt. Eher ist anzunehmen, daß ihm durch Beseitigung der Schäden hohe Unkosten erwuchsen. Sturm und regnerisches Wetter beschädigten das Dach seines Hauses in der Laugerie-Haute, so daß es undicht wurde und der Dachstuhl verfaulte. Aber zur Reparatur fehlte ihm das Geld.

»Ein Unglück kommt selten allein.« Wie schmerzlich dieses Sprichwort oft zutrifft, erfuhr Hauser im Sommer 1913 in reichlichem Maße. Im Juli und August geriet er so sehr in die Klemme, daß seine Existenz auf des Messers Schneide stand. Bereits am 18. Juni gestand er Bächler: »Meine Lage ist entsetzlich, mehr kann ich nicht sagen; dem Hungern näher als dem Fleischtopf.« Im nächsten Schreiben vom 9. Juli 1913 schilderte er dem Landsmann seine schlimmsten Nöte:

». . . lassen Sie mich offen und im Vertrauen auf Ihre Diskretion Ihnen alles sagen: ich bin am Ende, keine Mittel, keine Besucher . . ., ich lebe seit Monaten wie ein Hund, Fleisch nur selten, Salat und Maccaroni, gehe nirgends hin, trinke nie kein Bier, nichts mehr darf ich mir gönnen, in Basel konnte ich den Hauszins zum ersten Mal nicht zahlen. Mein Aeltester muss bis September Dienst tun, kann ihn mit keinem Rappen unterstützen, mein Zweiter hat seine ersparten Trinkgelder fürs Essen ausgeben müssen und wird ab Mitte dies [es Monats] nichts mehr zu essen haben, meine Frau hat Ihr Erspartes aufgebraucht zum bescheidensten Leben, sie wird sich scheiden lassen und ich kann es nicht hindern, sie wird irgend etwas arbeiten um sich durchzuschlagen, ich habe versch. Rechnungen die aufgelaufen sind und die eben einfach nicht zu umgehen waren aufgeschoben, aber nun kommt das Ende, ich sehe es! Was habe ich gearbeitet! und nun alles umsonst! Schuchhardt ist verschnupft weil er von hier so viele Fälschungen kaufte trotz meiner wiederholten Mahnungen, er ist wild, dass ich das Paläolithikum besser kenne als er, er hat mir 2 Geschäfte, eines von 3000 und ein anderes von 15.000 vor 7 Wochen verdorben (dafür habe ich alles an Belegen). Geheimrat Sommer in Giessen tritt für mich ein und hat vor 4 Tagen eine Eingabe an die Akademie der Wiss. in Berlin gemacht, aber ich fürchte, dort wird Schuch. auch wieder dagegen reden .. habe ich bis Ende dies[es Monats] nicht 1200.- frs. und bis zum 28. August ca. 3800.- so ist alles erledigt und ich kann abreisen – oder was dann wohl besser sein wird, mir eine Kugel in den Kopf jagen, ich verlebe seit Wochen entsetzliche Nächte und vor jedem Morgen graut mir; es ist nicht recht von mir Sie zu behelligen – aber ehe ich verschwinden muss ins Nichts, möchte ich doch einem lieben Freund, wie Sie, gesagt haben, was ich leide.«

Hauser gab hier zum ersten Male offen zu, was er schon vorher in anderen Briefen angedeutet hatte. Er vermochte seine Söhne nicht mehr zu unterstützen; seine Frau wollte ein so aufreibendes und elendes Leben nicht mehr gemeinsam mit ihm erleiden, sondern den Versuch wagen, sich aus eigener Kraft durchzuschlagen. Bereits seit längerer Zeit war die Entfremdung zwischen ihnen gewachsen. Daß ihr Mann die Grabungen über sie und die Kinder stellte und dabei den Schuldenberg in Kauf nahm, konnte Frau Hauser offenbar nicht mehr ertragen. Außer dem Scheitern seines Werkes rückte jetzt das Zerbrechen seiner zweiten Ehe in drohende Nähe.

Wie aus dem Brief hervorgeht, setzten sich auch die Zwistigkeiten mit Schuchhardt fort. Die Gründe dafür auf die von Schuchhardt erworbenen »Fälschungen« und auf dessen vermeintliche Unkenntnis in paläolithischen Fragen zurückzuführen, mutet naiv an. Der sehr standesbewußte Gelehrte hielt den »Antiquitätenhändler« sicher nicht für ebenbürtig; zudem war ihm wohl Hausers Wesen und Verhalten fremd und provozierend. Offensichtlich wirkte der Schweizer Ausgräber wie ein rotes Tuch auf ihn, denn nur so ist es zu erklären, daß er ihm weiterhin bei passender Gelegenheit Knüppel zwischen die Beine warf.

Doch Hauser fand immer wieder Freunde, die sich engagiert um ihn und seine Arbeit kümmerten. Zu ihnen gehörte der oben genannte Geheimrat Prof. Dr. Robert Sommer, Psychiater und Direktor der Klinik für psychische und nervöse Krankheiten in Gießen, Verfasser zahlreicher Aufsätze und Bücher über sein Fachgebiet, über Ästhetik, Familienforschung und Vererbungslehre sowie Erfinder vieler Instrumente für psychophysische Untersuchungen. Sommer hatte Hauser ebenfalls in Les Eyzies besucht und war so beeindruckt von dessen Tätigkeit und Arbeitsgebiet gewesen, daß er, wie Klaatsch und andere Wissenschaftler von Rang und Namen, energisch für seine Belange eintrat und zu helfen versuchte, wo es nur ging. Sein Einsatz trug erheblich dazu bei, Hauser über die gefährlichsten Hürden zu bringen.

Für Ende Juli brauchte dieser 1200 Francs und für Ende August 3800 Francs, die er der Firma Peugeot noch als Wechsel auf sein Auto schuldete. Außerdem stand für September/Oktober die Rückzahlung von 4000 Francs für das Gutachten zum Prozeß gegen Heierli an. Leyssales bedrängte ihn jetzt nicht nur wegen dieses Geldes, sondern auch wegen 3000 Francs Restschuld für seinen ehemaligen Besitz in der Laugerie-Haute. Rund 8000 Francs mußte Hauser für verschiedene andere Verpflichtungen bereithalten, so daß er bis Frühherbst mindestens 15 000 Francs aufzubringen hatte, abgesehen von den weiterlaufenden Schulden bei seinen Gläubigern in der Schweiz.

Um die benötigten Summen zu beschaffen, wollte er die Museumsbestände, deren Wert er mit 70 000 Mark bezifferte, für 15 000 Franken abgeben und die Laugerie-Haute für 20 000 Franken verkaufen. Dabei hoffte er auf die Hilfe von Klaatsch und Sommer, die zu einer Geldsammlung aufrufen sollten. Mit diesem Anliegen traten sie und Emil Bächler an den Schweizer Industriellen Adolph Saurer heran, Begründer der noch heute bestehenden Textilmaschinen- und Lastwagenfabrik in Arbon am Bodensee. Hauser rechnete auf dessen Unterstützung, weil Saurer von ihm für 500 Francs paläolithische Objekte gekauft hatte, um sie dem Museum in Arbon zu schenken. Gleichzeitig sandte ihm Saurer die Pläne für den Erweiterungsbau des Arboner Museums, und Hauser unterbreitete daraufhin den Vorschlag, dort ein prähistorisches Zimmer einzurichten und zu diesem Zwecke für 5000 Francs eine große Sammlung zu erwerben.

Während dieser Bemühungen gerieten seine Beziehungen zu Leyssales in eine tiefe Krise. Bis dahin hatte sein Vorarbeiter treu zu ihm gehalten, aber angesichts des sich abzeichnenden Bankrotts Hausers gab Leyssales seine Zurückhaltung auf und erwog gerichtliche Schritte, um das noch ausstehende Geld einzutreiben. Hauser reagierte mit Verbitterung und Schmähungen, ohne zu bedenken, daß Leyssales im Recht war und die Vorwürfe und Unterstellungen nicht verdiente.

»Gestern«, schrieb er am 23. Juli nach Sankt Gallen, »liess mich mein Notar in Bugue kommen (Brief zu Ihrer Verfügung) um mir mitzuteilen, dass der Kerl Leyssales sehr gegen mich arbeite und mich sehr ›gêner‹ [in Verlegenheit bringen] könnte wenn ich nicht bald die Sache regle; der Schuft weiss, das ich arbeite damit die Sache ins Blei komme, durch mich hat er sein Geld allein, féneant [fainéat: träge], faul etc. war er ja immer, aber was wollte ich machen, ich musste froh sein, dass die Arbeiter nicht täglich stahlen; aber ich habe an ihm eine Schlange gross gezogen und da ich nun seit einem Jahr und mehr, sehr spare, kann er und seine Frau nicht mehr so viel verdienen an mir; zu mir sagt er nie ein Wort, trotzdem er mich wöchentlich 2–4 mal sieht, aber hinterrücks um so mehr; er möchte jedenfalls alles billig an sich bringen, man warnte mich in Périgueux schon vor 5 Monaten vor ihm. – Gestern sah ich auch so recht deutlich, wie Peyrony mich angrinste, schadenfroh – als wollte er sagen ›Dich haben wir im Sack‹! Aber sie haben mich noch nicht!!«

Das hatte er am Vormittag des 23. Juli zu Papier gebracht und abgeschickt. Am Nachmittag erhielt er von Bächler die Nachricht, daß Adolph Saurer weder die große Sammlung kaufen noch sich an Aktionen zur Rettung Hausers beteiligen wollte. Inzwischen hatte Saurer nämlich von den Verdächtigungen und Angriffen erfahren, die einst von Heierli ausgingen, und war mißtrauisch gegenüber Hauser geworden. Diesen brachte die »Hiobspost« außer Fassung, wurde er doch gleichzeitig gemahnt, innerhalb von drei Tagen 192 Francs für die Versicherung seiner Arbeiter zu entrichten (obwohl er zur Zeit gar nicht mehr graben ließ), da er sonst gepfändet würde. Eine solche Maßnahme »wäre der Anfang vom Ende«, gestand er Bächler noch am selben Tage. ». . . ich zittere, ich bin mehr tod als lebendig, ich weiss nicht was ich Ihnen schreiben soll, ich habe keinen Kopf mehr – wo ist Hülfe, muss ich so zu Grunde gehen! ums Himmels willen, was wird aus mir und meinen Kindern. Ich bin verzweifelt!«

Schon am nächsten Tag griff er wieder zur Feder. Er mußte Bächler seine Nöte schildern, sonst wäre er wohl an ihnen erstickt. Sein Unglück schien vollkommen; er schrie es geradezu aus sich heraus:

»Seien Sie mir nicht böse, aber ich muss mich jemandem anvertrauen, es geht über meine Kraft, alles, alles kommt zu Hauf. Auf Wunsch meiner Frau nahm ich die Jungen von Teufen heim, es ging nicht lange so schob sie den einen weg (Richard den mittleren) und mietete ihn ein in ein Zimmer, er ist in der Lehre, 2. Jahr bei Preiswerk Söhne, sehr ruhig, sehr sparsam, hat 30 frs. im Monat, ich gebe ihm Zuschuss dass er im Blaukreuz essen kann; diesen Monat konnte ich nichts schicken, weil Kunden mich warten lassen, er nahm von seinen Spargroschen und schreibt heute, dass er sein Essen sehr einschränken müsse und bittet mich schüchtern um Geld. Meine Frau schreibt ebenfalls (beide Briefe mit gleicher Post erhalten), dass sie den Jüngsten, der ein Herz hat wie Gold, auch nicht mehr wolle, wenn ich nicht bis Ende Woche Geld schicke, so schiebe sie den Knaben ab nach der Heimatsgemeinde!!!! sie wolle keine fremden Kinder mehr etc. etc. Wissen Sie wie das ins Herz schneidet??! möchte Alex gerne noch die Sekundarschule in Basel (ein Jahr) fertig machen lassen und dann in eine Lehre tun; ich muss also von hier aus nun sehen wohin ich ihn unterbringe, der arme Kerl wird nur so hin- und hergeschupst im Leben, wie weh mir das tut, ich selber habe heute noch 3,50!! ich lebe ja schon lange wie ein Hund blos und kann mir nichts mehr gönnen . . . Ich flehe Sie blos an, helfen Sie, dass ich sofort telegraphisch etwas angewiesen be-

komme; ich kann durch Geh. Rt. Sommer 500.- Mk. erwarten, sie hätten schon vor 2 Wochen eingehen sollen,
für eine Sammlung und warte mit jeder Post darauf. Retten Sie mein Werk und einen Mann, der hart gekämpft
hat um dasselbe zu Stande zu bringen, ich flehe Sie an!«

Bächler lieh ihm 100 Francs. Saurer überwies ihm unerwartet 500 Francs, Sommers 500 Mark trafen gerade noch
zur rechten Zeit ein, offenbar erhielt er auch noch andere
Zuwendungen, so daß er schließlich mindestens 1200
Francs besaß und Ende Juli die gefürchtete Klippe umse-
geln konnte. »Ich habe viel Medizin schlucken müssen die
letzten 8 Tage«, erklärte er am 29. Juli dem hilfsbereiten
Bächler,»mein Herz will nicht mehr mittun, es greift mich
alles entsetzlich an!« Das hing auch mit einem schweren
Entschluß zusammen: »Betr. Frau habe ich nun nach
grässlichen seelischen Kämpfen, zu allem meine Einwilli-
gung gegeben; es hat ja keinen Zweck ein Leben mit
1200 km Distanz zu führen.« Die Scheidung schien jetzt
ausgemachte Sache. Dennoch hatte er nicht jede Hoffnung verloren: »Mein lieber Bächler, ich danke Ihnen für
Ihre treue Freundschaft; es ist mir eine herrliche Beruhigung, dass Sie anerkennen, was Ihr Landsmann gewirkt
hat. Ich fange ein neues Leben an, noch habe ich meine
Energie! Wenn ich Hülfe bekomme, so geht alles; ich
habe eine schwere Schule durchgemacht & nütze die Lehren!«

In der Tat war die zaghafte Zuversicht nicht unbegründet. Im September sollte er aus Gießen 3500 Mark erhalten, die verschiedene Mäzene auf Betreiben Prof. Sommers gezeichnet hatten. Andere Gönner versprachen ihm
15 000 Francs für den Herbst. Klaatsch empfahl ihn an
künftige Käufer, Bächler spielte den Mittelsmann bei
einer Sammlung, die nach Budapest ging. Die 3800
Francs für Ende August an die Firma Peugeot fehlten ihm
aber immer noch. An ihnen hing schließlich sein weiteres
Schicksal. Und wieder kam er in letzter Minute davon,
nachdem er wie »auf glühenden Eisen« gesessen hatte.
Ein Herr aus Frankfurt a. M. stellte ihm das Geld zur Verfügung und kündigte an, im Oktober während drei Wo-

chen seine Arbeiten an Ort und Stelle studieren und dann
für die erforderlichen Finanzen sorgen zu wollen. Auf einmal hellte sich der Himmel für Hauser auf, und er vermochte Bächler am 8. November 1913 Überraschendes
und Erfreuliches zu berichten:

»Gründung einer Gesellschaft ist im Gange, Frankfurt
hat für 12.000 Mk. gekauft und will ein Museum schaffen
das mit St. Germain konkurriren kann. Interesse an allen
Orten rege, meine Sanirung wird durch eine erste Kraft
geleitet (Dr. der hist. Fakult. der Berliner Universität,
preuss. Reserveoffizir, einflussreicher Freimaurer, hervorragender Schriftsteller, bis vor kurzem Chefredacteur der
Frank.[furter] Nachr.[ichten] etc. ein ganzer Mann, der
drei Wochen bei mir war; wir hoffen auf Erfolg binnen
kurzem; Ihre 100.- sollen Sie bald haben ich erwarte Zahlungen nun, meine Frau ist auf einen Monat da, ich hoffe
auch da gutes, der betr. Herr hat ihr den Kopf etwas zu-
rechtgerückt, mir wäre das nur lieb und recht, die äusse-
ren Verhältnisse dürften sich auch bessern wenn ich die
feste Besoldung von 12.500.- frs. p. a.[pro anno] auf zehn
Jahre erst habe und winters Vorträge für etwa weitere
6000.- frs. dazu wahrscheinlich Tantième von etwa 8000.-;
dann kann mans ja machen!; – Der betr. Herr ist Herr
Dr. Ferdinand Runkel, 21. Leerbachstrasse Frankfurt
a. M. und ich habe die grosse Bitte, Sie möchten sofort an
ihn schreiben, dass ich Ihnen von unseren Hoffnungen geschrieben habe, dass Sie ihn moralisch unterstützen und
ihm sagen was Sie von mir als Coschweizer und Mensch
halten; eine Stimme aus meinem Vaterlande wird gut
sein, ich danke Ihnen dafür zum Voraus.«

Die von Hauser angeführten Ereignisse und Entwicklungen waren erstaunlich. Mit 12 000 Mark aus Frankfurt
vermochte er die Schulden bei Leyssales sowie andere
Außenstände zu bezahlen und sich zunächst von den drük-
kendsten Lasten zu befreien. Erneut hatte er eine Galgen-
frist gewonnen und durfte sogar hoffen, auf Dauer gestützt zu werden und sein Werk auf soliderer materieller
Basis fortsetzen zu können. Sicher dachte er dabei an das
ehemalige Konsortium »Pro Vindonissa«, das gemeinsam

Verantwortung und finanzielle Aufwendungen getragen und die Angriffe der Brugger Vereinigung abgewehrt hatte. Solche Aufgaben sollten offenbar ebenfalls der Gesellschaft zufallen, deren Gründung Dr. Ferdinand Runkel betrieb. Von ihm hatte Hauser das Geld für die Firma Peugeot erhalten. Was aber bewog diesen und dessen Hintermänner, sich energisch für den Schweizer Archäologen einzusetzen? Dr. Runkel stand, wie aus Hausers Bemerkungen zu schließen ist, im konservativen Lager. Er wurde wohl von dem Wunsche geleitet, von deutscher Seite aus durch Hauser auf prähistorischem Gebiet Anteil an den Forschungen und Funden in Südwestfrankreich zu haben. Mit dem Frankfurter Museum wollte man dem Nationalmuseum der Franzosen Konkurrenz machen.

Nur unter deutscher Flagge zu segeln, war allerdings nicht Hausers Absicht. Dazu fühlte er sich zu sehr als Schweizer und zuwenig allein deutschem nationalem Denken verbunden. In der Dordogne offen als Sachwalter und Vertreter einzig deutscher Interessen aufzutreten, mußte zudem heftigste Reaktionen französischerseits hervorrufen. Darüber war er sich trotz seiner Naivität in politischen Fragen klar. Deshalb sprach er lieber von Plänen zu einem internationalen Forschungslaboratorium auf seinen Besitzungen. Als Direktor einer solchen Einrichtung wurde er schon länger auf Werbematerial bezeichnet.

Den Bemühungen Dr. Runkels traute Hauser die entscheidende Wende zu seinen Gunsten zu. Auch seine Frau schöpfte neue Hoffnung und verschloß sich den Mahnungen des Nothelfers nicht. Dieser wußte, was zur Aufwertung Hausers in den maßgebenden gesellschaftlichen und wissenschaftlichen Kreisen nötig war. Mit akademischen Weihen versehen, würde es dem Ausgräber leichter gelingen, in ihnen Fuß zu fassen. Daher sollte er baldigst promovieren und außerdem der Freimaurerloge beitreten, einem überkonfessionellen Männerbund, dem höchste Repräsentanten von Regierung, Verwaltung und Geschäftswelt angehörten. Pflicht der Logenbrüder war, einander beizustehen. Auf ihre Hilfe konnte sich Hauser als Mitglied verlassen. Daß er über Ideale und Rituale, Organisation und Verbreitung der Freimaurer bis dahin kaum Ahnung hatte, verrät seine Äußerung über die Loge, »die viel Einfluß zu haben scheint«. Den wollte er für sich und sein Werk nutzen; die eigentliche Freimaurerei wird ihm gleichgültig geblieben sein. Peyrony war übrigens ebenfalls Angehöriger einer Freimaurerloge, die sich nach Hausers Meinung »die Bekämpfung alles Deutschen zur Pflicht gemacht hatte«.

Durch Hinweise auf die angestrebte Gesellschaft versuchte Hauser nun, Interessenten für Sammlungen zu raschen Käufen zu bewegen. Denn, argumentierte er am 29. Dezember 1913 in einem Brief an einen Pfarrer: »Es wird die letzte Gelegenheit sein, so billige außerordentlich gute Funde zu bekommen; unsere Gesellschaft wird in der Lage sein, die Preise auf der früher von mir festgesetzten Höhe zu halten & es wird nicht mehr vorkommen, daß die besten Sachen weit unter Eigenpreis losgeschlagen werden, wozu mich meine Mittellosigkeit leider oft & oft zwang.«

Ende Dezember 1913 hielt er sich wegen der Gründung der Gesellschaft in Frankfurt a. M. auf. Im Februar 1914 trat er eine Vortragsreise an, die ihn in zehn süddeutsche Städte führte. Danach bemühte er sich in Berlin erneut um die Etablierung der Gesellschaft. Doch mit ihr ging es nicht so recht voran. Resigniert schrieb er am 5. März 1914 an Bächler: »Ich glaube die Ges. kommt zu Stande, aber es kann noch 2 Monate dauern; am 11. und 14. April laufen Pachten ab u. a. Fongal; ich besitze noch 90 Mk.; aber Aufträge für ca. 3000 Mk. – 4000 Mk. die ich aber nicht ausführen kann, weil ich nicht abreisen und arbeiten kann ... Ich bin in entsetzlicher Lage! Dr. Runkel arbeitet, aber er ist sehr unpraktisch, so gut er es meint.«

Höchstwahrscheinlich lag es jedoch nicht an Runkel, daß aus der Gründung der Gesellschaft letzten Endes nichts wurde. Wie schon vorher hat wohl die Zuspitzung der internationalen Lage alle jene, die für die Gesellschaft in Frage kamen, davon zurückgehalten, Geld in ein Unternehmen zu investieren, dessen Zukunft wegen der politischen Verhältnisse unsicher war. Deshalb hatte Hauser keine Chance mehr, die feste Besoldung von 12 500 Francs und den Gewinnanteil von 8000 Francs pro Jahr zu erhalten. Er steckte wieder in der gewohnten Finanzkrise. Unter diesen Umständen ergab sich auch keine Möglichkeit für eine Promotion.

Sicher ohne Wissen seiner deutschen Gönner versuchte er, französische Geldgeber zu finden. Das »Memorial« des Fürsprechers Roth merkt dazu an: »Noch kurz vor Kriegsausbruch stand Dr. Hauser mit dem Professor Mortillet in Paris in Unterhandlungen, um mit diesem einen Versuch zu machen, die offiziellen wissenschaftlichen Kreise in Frankreich für sein ganzes Unternehmen auch wirtschaftlich intensiver zu interessieren. Der ganze Versuch blieb aber nach der eigenen Mitteilung Prof. Mortillets ganz ergebnislos.«[1] In der Vorkriegssituation einem deutschfreundlichen Schweizer beizustehen, lag den dafür in Frage kommenden Franzosen natürlich fern. Nicht nur Hausers »internationale Forschungsstätte, ähnlich der zoologischen Station des Mittelmeeres«, erwies sich so als Illusion. »Ein Gönner«, erläuterte er, »hatte ferner mit mir einen Vertrag über die Anlage einer Art Freilichtmuseum im Schloßpark einer deutschen Universitätsstadt abgeschlossen, der Platz dazu war schon bewilligt und alle Vorbereitungen getroffen, als ich roher Gewalt weichen mußte.«[2]

Und noch ein weiteres, sehr kühn anmutendes Vorhaben wurde zu Wasser. »Vor Kriegsausbruch war ich beinahe am Abschluß der Vorbereitungen eines vielversprechenden Programms angelangt. Ich wollte mit einem Geologen und vielleicht noch mit einem Paläontologen zusammen die Siedelungswege von Afrika durch Frankreich, Mitteleuropa bis nach Rußland hinein verfolgen. Beabsichtigt war, die Forschungsreise in meinem eigenen Automobil auszuführen und an bestimmten Punkten durch Ausgrabungen Stichproben zu machen. Ich hoffte, so ganz bestimmt an einigen Orten Belegstücke für die Kreuzungspunkte diluvialer Rassen zu finden ... Die ei-

---

[1] *Anmerkungen siehe Anhang am Schluß des Bandes*

genartige Forschungsreise hätte 1915 zur Ausführung kommen sollen und würde ungefähr ein Jahr gedauert haben. Der Krieg hat den wohldurchdachten Plan vereitelt.«[3]

Der erste Weltkrieg wirkte sich auch verhängnisvoll auf eine ungewöhnliche Fundstätte aus, die überraschende Einblicke in den Kult und das Weltbild von Menschen am Ende der letzten Eiszeit gestattete. Bereits 1912 fiel Hauser eine merkwürdige Stelle in der Station 11 seiner Laugerie-Intermédiaire auf. Nur wenige Meter von der Steilwand entfernt lag hier ein über 400 Kubikmeter Gestein umfassender Felsbrocken, der während des Magdalénien von dem Abridach herabgestürzt war. Nach der Straße zu hatten ihn schon viele Fundsucher unterhöhlt. Hauser grub sich von der entgegengesetzten Seite aus unter den mächtigen Steinbrocken und stieß dabei auf Unmengen von Resten ehemaliger Beutetiere. Nach und nach kam er dem Geheimnis unter dem schützenden Gestein auf die Spur:

»Der Frost und die Niederschläge eines Winters und dazu ein technisches Kniffchen – was lernt der fleißige Ausgräber nicht alles in anderthalb Jahrzehnten! – legten schließlich den riesigen Felsblock ›schmerzlos‹ etwas beiseite, und nun hatte ich freie Hand zu suchen und zu sehen, welch eigentümliches Gewerbe meine fernen Höhlenbewohner bis zu der Stunde hier getrieben, da das Erdbeben sie verjagt hatte! Zuerst fiel mir eine ganz merkwürdige Anhäufung von Tierüberresten, wie ich sie sonst an keiner andern Ausgrabungsstelle beobachtet hatte, auf. Bei näherem Zusehen erwiesen sich diese Knochen samt und sonders als Schädelteile von Wildpferd, Bison und Renntier; daneben lagerten große Mengen von Hornzapfen und Geweihschaufeln und -sprossen, auch Stoß- und Backenzähne vom Mammut. Sonst findet man an den alten Lagerplätzen und in allen Kulturablagerungen immer eine große Menge aufgeschlagener Röhrenknochen, denen der Höhlenmensch das nahrhafte Mark entnommen hatte: an diesem neu entdeckten Platz aber fehlten solche Knochen gänzlich.«[4]

Auffällig waren auch »schön bearbeitete Knocheninstrumente«: »Pfrieme, kunstvoll gebohrte Nadeln, Glätter, dann mit Schnitzereien reich verzierte und gelochte Stäbe, sogenannte ›Kommandostäbe‹, die ich aber eher als Zauber- oder Kultstäbe deuten möchte.« In unmittelbarer Nähe eines aus Flußkieseln zusammengesetzten, rechteckigen Herdes fanden sich »Dutzende von Schmuckstükken: zierlich durchbohrte Zähnchen, gelochte Steine und Knochenanhänger, Bergkristallperlen, Nadeln, Ocker, Kultstäbe ... «[5]

Den gesamten Platz, dessen Länge Hauser zunächst mit 15 Meter Länge und 8 Meter Breite, später mit 10 Meter Länge und 5 Meter Breite angab, umstellten im Oval bis zu 70 Zentimeter hohe, behauene Steine. Auf etwa 20 von ihnen kamen »die herrlichsten Tierdarstellungen« zum Vorschein, »ja einzelne sind sogar auf Vorder- und Rückseite mit Tieren geziert, andere aber erweisen sich als wahre Meisterwerke der Skulptur, Tiere bis zu einem Meter Länge, aus dem Stein gemeißelt ... «[6]
Zwischen ihnen tauchten 10 ausgehöhlte Steine auf, »deren Verwendung ich mir an dieser Stelle nur als Gefäße zum Auffangen des Blutes der erlegten Tiere deuten kann«[7]. Dicht bei ihnen barg Hauser Knochen mit zeichenartigen Einritzungen und in Steine gemeißelte »menschliche Gestalten mit unverkennbarer Steatopygie« [Fettsteißigkeit]. »An der gleichen Stelle« hob er »auch das erste paläolithische Holz«[8].

Ohne Zweifel hatte er eine außerordentlich bedeutsame Örtlichkeit vor sich, zu der noch gravierte und gemalte Tierdarstellungen sowie symbolhafte Zeichen an der Felswand nahebei gehörten. Die gesamte Anlage bildete eine Kultstätte, wie sie in einer solchen Ausprägung noch nicht entdeckt worden war. Ihre Plazierung hing vielleicht mit einer Erfahrung zusammen, die Hauser ganz zufällig machte: »Eines Tages rief ich von der Stelle aus einen Arbeiter. – Was war denn das? – meine Stimme kam fünfmal zurück. – Ein Echo? Ich versuchte den Widerhall von anderen Plätzen der Laugerien aus zu erwecken – vergebens. Nur hier allein, an diesem geheimnisvollen Orte wiederholte sich, was ich ins Tal hinab rief. Der Fund lag an erhöhter Stelle. Von ihm aus übersah man die Siedelungen flußabwärts, und von den Felsen am anderen Vézère-Ufer kam der Schall der Stimme zurück... Ich konnte mich der Überzeugung nicht mehr verschließen, daß hier ein zu heiliger Handlung bestimmter Platz vorlag.«[9]

In der Deutung der Fundstelle ging er schließlich noch einen Schritt weiter. »Die gravierten Steine waren mit ihrer bildhaften Fläche alle gegen die Mitte des Platzes hin, zum Feuerherd gerichtet. Deshalb kann ich in diesem Herd keine gewöhnliche Feuerstelle anerkennen, die etwa nur profanen Zwecken gedient haben sollte; hier kommt dem Feuer eine erhöhte Bedeutung zu, es ist der A l t a r. Die erste rituelle Stätte, die wir bis heute aus fernster Vergangenheit kennen! Hier an dieser geheimnisvollen Stätte opferten die Jäger des Magdalénien dem unfaßbar Gewaltigen, der ihnen die Jagdtiere zutrieb, sie in rasender Flucht ihnen wieder entführte oder ihnen ab und zu eines zu erlegen Gelegenheit gab. Diesem Großen, Unverstandenen und deshalb doppelt Gefürchteten, den man nicht sah, den man nur ahnte und zu fühlen vermeinte, brachte der Primitive das Reinste und Imponierendste vom Tierkörper selbst: Kopf und Gehörn. Auf dem Steinaltar erhielt man das Feuer in fortwährender Glut, und daneben legte der Leiter der zeremoniellen Handlung, der urweltliche Priester, seinen Schmuck und sein Gerät, Messer und Zauberstäbe.«[10] Es ist allerdings zweifelhaft, ob alle die von Hauser vermuteten Kulthandlungen und religiösen Vorstellungen bereits den Menschen des Magdalénien zuzuschreiben sind. Was er entdeckte, könnte jedoch gut mit jägerischen Vorstellungen über einen »Herrn« beziehungsweise eine »Mutter« der Tiere erklärt werden, denen man Gaben darbrachte. Insofern ist Hausers Bezeichnung »Opferplatz« berechtigt.

Leider vermochte er die Kultstätte bis zum Kriegsausbruch nur zu einem Drittel freizulegen. Einen Teil der Knochenfunde, der verzierten und geschnitzten Objekte sowie der Steingeräte verkaufte er an den Direktor des

Anatomischen Instituts Erlangen, Prof. Dr. Leo Gerlach, den er vermutlich 1913 kennenlernte. Die behauenen und gravierten Steine sollten Mitte August von einem deutschen Museum übernommen werden, dessen Namen Hauser aber nicht bekanntgab. Für seine letzte große Entdeckung hätte er 65 000 Francs erhalten.

Merkwürdigerweise wurde der »Opferplatz« von den Archäologen in der Folgezeit überhaupt nicht beachtet. Eine spezielle Arbeit darüber hat Hauser freilich auch nicht publiziert; dazu fehlte es ihm an genauen Unterlagen. Nur in einigen seiner volkstümlichen Bücher berichtete er in erzählender Form über den bedeutsamen Fund und stellte einige Fotos davon vor. 1971 wies Hans Geer in seiner Dissertation über »Unveröffentlichte Fundkomplexe aus den Grabungen Otto Hausers in der Ur- und Frühgeschichtlichen Sammlung der Universität Erlangen – Nürnberg« nach, daß Denis Peyrony und sein Sohn Elie 1927 und 1931 ebenfalls an Hausers »Opferplatz« gegraben und dabei eine Reihe der genannten Steinblöcke und Schalensteine geborgen haben. Doch die Peyronys wußten nicht, meint Geer, »was O. Hauser an dieser fraglichen Stelle angetroffen hatte. Entweder kannten sie die Veröffentlichungen O. Hausers nicht, oder sie ignorierten sie . . . Erstaunlich scheint mir nur zu sein, daß die Beurteilung der besonderen Bedeutung der Fundstelle durch O. Hauser wie auch durch die Peyronys so übereinstimmend erfolgte. Während O. Hauser von einem ›Opferplatz‹ sprach, wollten D. und E. Peyrony hier einen heiligen Bezirk, einen ›Temple Abri‹, sehen, an dem die Leute des Magdalénien anläßlich ritueller, magischer Zeremonien besonders schöne Gegenstände ihrer Ausrüstung und ihres Besitzes niederlegten.«[11]

Möglicherweise stand Hauser zu Kriegsbeginn vor einer weiteren wichtigen Entdeckung. Er meinte nämlich: » . . . und zu alledem lagen ganz untrügliche Anzeichen für einen Fund wie 1909 [Skelett des Aurignac-Menschen] vor.«[12] Genaueres darüber sagte er nicht, sicher aus Furcht, seine französischen Gegner könnten sonst den noch verborgenen Gebeinen auf die Spur kommen. Im

Juli 1914 riß er in seinem Standquartier die Dielen eines Zimmers weg, unter dem noch nicht gegraben worden war, und legte Hinterlassenschaften des Magdalénien und Solutréen frei. »Wenige Skelettfragmente kamen ... direkt in den Schichten unter meiner Lagerstätte zum Vorschein ...«[13] Wegen seiner Flucht vermochte er nicht mehr festzustellen, was hier alles noch vorhanden war. Bildeten diese »Skelettfragmente« etwa »untrügliche Anzeichen für einen Fund wie 1909«?

Die Ereignisse Ende Juli 1914 führten über zwanzig Jahre später zu einem dubiosen Nachspiel. Glaubt man zwei Briefen, die vom Leiter des Väterkunde-Museums in Bremen, Hans Müller-Brauel, und von Hausers dritter Ehefrau Erna stammen, dann hätte Otto Hauser zwei Tage vor seiner Flucht aus Les Eyzies Steingeräte und Kunstwerke vergraben. Kurz vor seinem Tode informierte er einen seiner engsten Vertrauten, Studienrat Steinebach aus Düsseldorf, darüber, und dieser verständigte wiederum Müller-Brauel und Studiendirektor Spanuth aus Hameln. Gemeinsam beschlossen sie, der Sache auf den Grund zu gehen. Müller-Brauel schrieb deshalb am 10. August 1937 an Frau Erna Hauser: »Da Spanuth – Hameln Land und Leute in Les Eyzies kennt aus langjähriger Bekanntschaft, reiste er in unserem Auftrage hin und stellte in aller Stille Messungen usw. an und er glaubt, die rechte Fundstelle gefunden zu haben.« Inzwischen sei ihnen bekannt, »dass man in Paris auch von der Vergrabung Hausers Kenntnis hat und nach dem Funde sucht, bislang an unrichtiger Stelle. Vorsichtige Sondierungen haben dann ergeben, dass die französische Regierung unter keinen Umständen das Hauptstück, die Mammut-Gravierung, herausgeben wird, dass aber über die übrigen Dinge eine Verständigung möglich sein würde.« Im übrigen, schätzte Müller-Brauel, würde »die ganze Angelegenheit ... auch eine schöne Stange Geld kosten, es steht eine, wenn auch nicht grosse, Baulichkeit auf der Vergrabungsstelle, die abgerissen werden muss, eventuell wieder aufgebaut. Zu all diesen Dingen will (und soll) unser Pariser Vertreter, der ein in Frankreich geborener

Deutscher ist, dauernd dabei sein, schon weil mein Französisch nicht langt.«

Frau Hauser beantwortete die abenteuerlich klingenden Ausführungen Müller-Brauels am 11. August 1937 mit überraschenden Erklärungen: »Zuerst: mit Paris habe ich verhandelt. Man will mir aber dort nicht zubilligen, was ich verlangen muss und so ruhen die Verhandlungen augenblicklich. Auch muss ich sagen, dass mich der frz. Francs momentan gar nicht reizen kann. Dann: niemand kennt ausser mir die ganz genaue Ausgrabungs- oder vielmehr Vergrabungsstelle. Ich aber besitze eine ganze Reihe bisher noch nirgends veröffentlichter photographischer Platten (13 : 18) von dieser Stelle und der ganzen näheren und weiteren Umgebung! . . . Aber – lassen Sie die frz. Sache mal ruhen, es ist noch nicht an der Zeit! Sie schätzten 30.000 frs. sei die Sache wohl wert, ich aber sage Ihnen, 30.000 RM ist die Sache wert. Und die Sache mache ich einmal, verlassen Sie sich darauf. Aber erst dann, wenn ich es für richtig und nötig halte, vorher habe ich noch verschiedenes anderes zu erledigen.«

Welche Angaben in den beiden Briefen sind wirklich stichhaltig und welche nicht? Daß Hauser wertvolle Objekte noch in den letzten Tagen seines Aufenthaltes in Les Eyzies an einem geeignet erscheinenden Ort versteckt hat, ist durchaus möglich. Auf welche Katastrophe die politischen Ereignisse zusteuerten, konnte auch ihm nicht verborgen bleiben. In diesem Zusammenhang ist eine Passage in einem Artikel interessant, den Raymond Vaufrey, Professor an dem Pariser Institut für menschliche Paläontologie, 1933 verfaßte: »Nach Leysalle wären die Steine mit Gravierungen, die sich in den Sammlungen befanden und die verschwunden sind, von Hauser und den Seinen vor seiner Abreise vergraben worden. Es ist möglich, daß dies wahr ist, denn ein Block mit einem eingravierten Pferdekopf wurde in der Tat zufällig entdeckt, als man im äußersten Osten von Laugerie-Haute ein Loch grub. Eine Belohnung wurde für die ausgesetzt, die durch ihre Hinweise helfen würden, sie wiederzuentdecken.«[14]

Wenn Hauser bestimmte Objekte dem Zugriff seiner

Gegner entzog, käme als Ort dafür in erster Linie wohl sein Standquartier in Frage, in dem er wenige Tage vor Kriegsausbruch die Dielen aufbrach und die Schichten darunter in Augenschein nahm. Dabei bot sich die Gelegenheit, beim Zufüllen der Grube Gegenstände zu verbergen, ohne daß jemand von außen etwas bemerkte. Auf eine »nicht grosse Baulichkeit« über der Vergrabungsstelle spielte auch Müller-Brauel an. Genauer nachgeforscht hat im Standquartier, das mit seiner Umgebung auf einer Reihe von Hauser-Fotos abgebildet ist, vermutlich noch niemand.

FLUCHT UND ENTEIGNUNG

Als die Habsburger Monarchie im Jahre 1908 Bosnien und die Herzegowina ihrem Staatsverband einverleibte, begehrte die überwiegend serbische Bevölkerung in diesen Gebieten auf. Sie strebte nach Eigenständigkeit und fürchtete, daß der österreichische Thronfolger Franz Ferdinand, sobald er an die Herrschaft gelangt sei, ihre Interessen und Freiheitsbestrebungen noch stärker unterdrücken würde. Daher beschlossen oppositionelle Kreise, ihn durch ein Attentat zu beseitigen. Gelegenheit dazu ergab sich, nachdem der Erzherzog mit seiner Frau Sophie am 23. Juni 1914 nach Bosnien gefahren war, um dort an Manövern der österreichisch-ungarischen Armee teilzunehmen. Am 28. Juni wurde das Ehepaar in Sarajewo, der Hauptstadt Bosniens, von dem 19jährigen Studenten Gavrilo Prinzip erschossen. Das Attentat nahm die Doppelmonarchie, bestärkt durch die Regierung des deutschen Kaiserreiches, zum Anlaß, Serbien gänzlich unter ihre Botmäßigkeit zu zwingen. Zu diesem Zwecke stellte sie am 23. Juli ein demütigendes Ultimatum, nach dessen erwarteter Ablehnung sie am 28. Juli gegen Serbien den Krieg eröffnete. Deutschland folgte am 1. August mit der Kriegserklärung an das zaristische Rußland und am 3. August gegen Frankreich. Die von dem deutschen Reich sowie Österreich-Ungarn auf der einen und den Mächten der Entente Rußland, England und Frankreich auf der anderen Seite schon lange vorbereitete gewaltsame Auseinandersetzung um die Neuverteilung von Herrschafts- und Einflußsphären hatte begonnen.

Hauser beschrieb, wie ihm diese krisenhafte Entwicklung der internationalen Lage allmählich bewußt geworden wäre:

»In früheren Jahren hat sich ab und zu ein Brief (auch eingeschrieben) verloren; von Mai 1914 ab aber wurde das zur täglichen Regel; ob eingeschrieben oder nicht, es fehlten beinahe täglich Sendungen; ich teilte diese Beobachtungen mehreren Personen mit, aber vom 25. Juli ab wurden mir Einschreibebriefe, Telegramme und Geldsendungen ausnahmslos abgefangen und erreichten ihren Bestimmungsort überhaupt nicht mehr.«[1] Er setzte jedoch hinzu: »Wohl hatten uns die Zeitungen Kunde gebracht von Sarajewos Meuchelmord, wohl kannten wir die Wolken am politischen Himmel; der größte Pessimismus aber konnte nicht an das Furchtbarste, an einen europäischen Krieg glauben.«[2]

Während der Sommermonate 1914 bewohnte Hauser mit seiner Frau und einem der Söhne (wahrscheinlich dem ältesten Sohn Eduard Rudolf Otto) einige Zimmer im Bahnhofshotel. Am 1. August, »dem heimatlichen Nationalfest«, feierten sie »in stiller Innerlichkeit einige Momente mit«[3], als plötzlich ein berittener Gendarm die Aufforderung zur allgemeinen Mobilmachung verkündete, die »Entsetzen, Furcht und Tränen« hervorrief. Hauser fuhr sogleich los, um in der Distriktsstadt auf Vorrat »Proviant zu holen«. Schon dabei spürte er, welcher Gefühlsausbruch sich vorbereitete. »Bekannte kommen an meinen Wagen, drücken mir stumm die Hand, wünschen mir Gesundheit; mit zitternder Stimme: ›wir werden uns nicht wiedersehen‹ ist ihr letzter Gruss; aber andere umstellen mein Auto, sie sagen nichts, nur ihre finstern Blicke reden Worte; einer aber schweigt nicht, laut schreit er die Gaffer an: ›das ist auch ein Preusse, wir werdens Dir eintränken‹ . . . ›Schweinehund, du bist kein Schweizer, du bist nicht aus der französischen Schweiz, du kommst aus der deutschen Schweiz und die gehört zu Baden‹, schimpft ein Geograph und Sattler. Fäuste ballen sich, drohen . . . ich zwänge meinen Wagen durch, mein offener Auspuff übertönt die Schimpfreden; ich kehre zurück zu meinem kleinen Dörfchen.«[4]

Dort war nun ebenfalls »alles in Aufregung und Grauen . . . Ich frage sofort einen meiner Angestellten und

---

[1] *Anmerkungen siehe Anhang am Schluß des Bandes*

252

höre: ›dass die Dorfweiber von Sinnen seien, alle behaupten, ich sei Schuld am Kriege, ich habe seit Jahren so viele Fremde ins Dorf gebracht, sie alle seien nur Spione gewesen, ich allein sei Schuld am Tod ihrer Väter und Söhne; die Zeitungen hätten seit vier Jahren oft genug davon geredet, dass ich in Deutschlands Sold stehe, von Deutschland direkt angestellt sei um Frankreich zu berauben, zu verkaufen‹.

Alles, was die Leutchen Gutes durch mich genossen, war vergessen; Hass und Rache erfüllte sie alle. Bald sammelten sich junge Leute vor meiner Behausung, Fäuste drohten zu mir ans Fenster, die ganze Nacht trat keine Ruhe ein. Der mir befreundete Bürgermeister kam am folgenden Morgen und riet mir zur schleunigsten Flucht; noch sei mein Wagen nicht requiriert, Eisenbahnzüge fahren aber nicht mehr; noch könne er seine schon vor übermässigem Absinthgenuss ganz tollen Leute vielleicht noch eine Stunde zügeln, doch da sie immer weiter tränken, müsse er schon jetzt jede Verantwortung ablehnen; zwei Mitglieder des Gemeinderates bewachten das Haus, sie trieben uns zur grössten Eile; nur die allernotwendigsten Kleider konnten wir zusammenraffen, unmöglich war es aus dem 2 km entfernten Museum und Archiv auch nur ein Stück zu retten; man liess meinen Wagen vorfahren, der Bürgermeister stellte sein eigenes Automobil als Schutz davor, umarmte mich inmitten der gröhlenden Menge, Pfiffe ertönen, Geschrei, ›Prussien‹ [Preusse], ›éspion‹ [Spion] – ein letzter Gruss an treu Gebliebene, Tränen bei den Vernünftigen – Flüche bei andern – der treue Motor rattert – ich schalte um – die ›vierte‹ – sausend gefolgt vom Wagen des Bürgermeisters der mich deckt – vorbei an all' den vertrauten lieben Stätten, wo 16-jährige Energie der denkenden Menschheit Kulturbilder von unvergleichlicher Grösse geschaffen, vorbei an meinen geliebten Arbeitsplätzen, an meinem Museum – zur Dorfgrenze, wo der Wagen des Ortsvorstehers abbiegt, wo sein Schutz aufhört, ein letztes Grüssen, letztes Tücherschwenken – ich erwache aus tiefen Sinnen, fühle den sausenden Wagen unter mir, sehe meine Hände am

Steuer und weiss plötzlich, dass nur der brave Motor uns retten kann ... der Unverstand hat gesiegt, die Brutalität mein Werk bezwungen!«[5]

In abenteuerlicher Fahrt ging es nach Clermont-Ferrand, vorbei an den sich sammelnden Truppen, am nächsten Tag bis nahe an die schweizerische Grenze, am 4. August »endlich Bellegard, die Grenzstadt – nur einige zwanzig Kilometer noch von heimatlicher Erde! Die Strasse durch starke Drahtseile gesperrt, jede Gasse bewacht und ohne spezielle Grenzpässe der Geheimpolizei für jedermann verboten. Ich werde zum Spezial-Polizeikommissär befohlen, der mir nach eintägigem Warten schliesslich den Pass zum Verlassen des Landes ausstellt; mein Automobil wird kurzerhand konfisziert, irgend eine Quittung darüber auszustellen weigert man sich, es sei nach dem Kriege Sache meines Gesandten nach dem Wagen zu suchen! ... Mir wurde geraten, am folgenden Tage einen der zwei voraussichtlich kursierenden Materialzüge nach St. Julien (ca. 3 km von Schweizer Boden entfernt) zu nehmen ...« Dort langten die Hausers am 5. August an. »Auf einem wackligen Handkarren (denn nur solche und Kinderwagen blieben von der französischen Requisition verschont!) schob man das Gepäck über die Grenze nach La Perly-Genf. Zum letzten Male öffnete uns die französische Doppelwache eine die Strasse absperrende Kette – wir betraten Schweizerboden, Heimatboden – grüssten das weisse Kreuz im roten Feld!«[6]

Übertrieb Hauser in seiner Schilderung, wie sich die Flucht aus Les Eyzies vollzog? Befand er sich mit Frau und Kind wirklich in großer Gefahr? Handelte er klug, als er alles im Stich ließ und Hals über Kopf das Weite suchte? Sowohl in Frankreich wie in Deutschland gab es bei Kriegsbeginn Ausschreitungen gegen vermeintliche Spione, und mancher Unschuldige wurde mißhandelt. Die Furcht vor Spionen und anderen angeblichen Gegnern, die sogar Brunnen vergiftet haben sollten, trug mitunter hysterische Züge. Auch Hauser hätte es übel ergehen können. Daß er so schnell verschwand, war seinen Gegnern freilich nur recht.

In der Heimat angelangt, erläuterte er am 6. August im Politischen Departement des Schweizer Bundesrates die ihn betreffende Sachlage. »Man antwortete mir auch, daß man mich bei einer eventuellen Liquidation verteidigen wolle, und ich glaubte, den Schutz meiner Interessen ruhig der Behörde überlassen zu dürfen.«[7]

Doch seine Feinde setzten alle Hebel in Bewegung, um ihn dieses Mal endgültig zu verdrängen. Sie stützten sich dabei auf verschiedene Anordnungen ihrer Regierung, so auf das Verbot von Handelsbeziehungen mit Deutschland und Österreich-Ungarn vom 27. September und auf die Weisung vom 14. Oktober 1914, alles deutsche und österreichisch-ungarische Eigentum zu beschlagnahmen. Was ihm seine Gegner vorwarfen, zählte das »Memorial« des Fürsprechers Roth im einzelnen auf:

»1) die Feindschaft von Herrn Hauser gegenüber Frankreich wäre offenkundig.

2) Er hätte mit Deutschland einen lukrativen Handel mit prähistorischen Gegenständen getrieben.

3) Er wäre der Lieferant der deutschen Museen.

4) Er erhielt von Deutschland finanzielle Zuwendungen.

5) Er hatte aus seinem Wohnsitz in Les Eyzies ein Zentrum des deutschen Tourismus gemacht, gefördert durch die Regierung des Kaisers, woraus folgen würde, daß er der Sachwalter deutscher Interessen war.«[8]

Solchen Beschuldigungen wurde jedoch von französischer Seite selbst widersprochen, was Hauser gebührend hervorhob. »Dankbar gedenke ich der Zivilbehörden von Les Eyzies und Le Bugue, die sich einmütig auf meine Seite stellten; Bürgermeister und Generalrat der beiden Orte scheuten keine Mühe, in Wort und Schrift energisch für mich einzutreten; viele Gebildete verteidigten meine gerechte Sache, zu ihnen gehörten der Präsident des Handelsgerichtes in Périgueux, der alte ehrwürdige Arzt in Le Bugue, Dr. Burette u. a. Der Grossteil der Bevölkerung bewahrt mir ihre Sympathie, das alles geht deutlich hervor aus den vielen zum Teil rührenden Zuschriften. Doch die Macht liegt bei den Militärbehörden, die Zivilverwaltung ist völlig ausgeschaltet und dieses Moment wussten die dunkeln Hetzer zu nutzen.«[9]

»Völlig ausgeschaltet« war die Zivilverwaltung keineswegs; sie ordnete sogar Maßnahmen gegen Übergriffe auf Hausers Eigentum an. Als dieser von den Rechtsverletzungen erfuhr, benachrichtigte er nämlich, wie es im »Memorial« heißt, »sofort telegraphisch das Schweiz. Polit. Departement und die Schweiz. Gesandtschaft in Paris und bat um Hilfe. Auf die von diesen Amtsstellen vorgenommenen Vorstellungen ordnete hierauf gemäß einem Schreiben vom 18. September 1914 an die Schweizer Gesandtschaft das Franz. Ministerium des Auswärtigen eine Untersuchung durch den Präfekten der Dordogne an und dieser forderte seinerseits die Unterbehörden von Sarlat auf, alles zu tun, was zur Erhaltung des Besitztums Dr. Hausers nötig erschien. Gleichzeitig wandte sich die Schweizer Gesandtschaft auch an Herrn Leo Lassagne, notaire [Notar] und maire [Bürgermeister] in Bugue (Dordogne) welcher Dr. Hauser immer sehr wohl gesinnt war, um von dieser berufenen Seite über die ganze Angelegenheit und den damaligen Zustand des Besitztums direkte Auskunft zu erhalten. Dieser war so freundlich, sich dieser Mühe zu unterziehen und antwortete am 26. September 1914 der Gesandtschaft folgendes [in deutscher Übersetzung]:

›Ich habe Ihren Brief vom 19. Sept. 1914 erhalten, und ich stehe nicht an, Ihnen zu sagen, daß ich die Haltung eines Teiles der Bevölkerung von Les Eyzies de Tayac gegenüber Herrn Otto Hauser bedaure, den ich immer für einen sehr aufrichtigen Freund meines Landes gehalten habe.

Ich bin überzeugt, daß Eifersucht und wenig loyale Gefühle allein zu der leichten Erregung geführt haben, die die schnelle Abreise von Herrn Hauser bewirkt hat...

Ich habe mich dafür eingesetzt, daß Herr Hauser als Schweizer Bürger betrachtet würde. Ich habe Herrn Hauser geschrieben, daß ich alles tun würde, was in meiner Macht stünde, die bedauerliche Meinung verschwinden zu lassen, die ihn von Les Eyzies weggehen ließ und die ihn in eine unerträgliche Situation bringen würde, falls er nach Les Eyzies zurückkäme.

Ich habe mit Bedauern davon Kenntnis genommen, daß auf höhere Anordnung die Koffer von Herrn Hauser durchsucht worden sind. Aber da ich überzeugt bin, daß Herr Hauser sich nichts vorzuwerfen hat, vom Standpunkt aus, auf den wir Franzosen uns jetzt stellen können, so bringt diese Maßnahme, so bedauerlich sie auch sei, Herrn Hauser gar keinen Nachteil.

Ich muß dieser Tage nach Les Eyzies fahren, und ich werde das Nötige tun, um alle Schlösser wieder in Ordnung zu bringen. Der Verwalter von Herrn Hauser hat sich übrigens schon damit befaßt und hatte provisorisch die Örtlichkeiten von Herrn Hauser verschlossen.

Aber am 5. August hat eine Gruppe von 4 anscheinend schon wenig empfehlenswerten Personen die Tafeln mit den Höhenangaben und die Anschläge auf Holz oder Blech zerstört, die Herr Hauser für wissenschaftliche Zwecke dieser Grabungen angebracht hatte ...

Die Durchsuchung, die am Wohnsitz von Herrn Hauser durchgeführt wurde, soll veranlaßt worden sein, so scheint es, durch eine Anzeige, die bei der Präfektur erfolgte, die Herrn Hauser anklagte, deutscher Nationalität zu sein und Spionage betrieben zu haben. Diese Anklage hält keiner Erörterung stand.

Auf alle Fälle besteht gegenwärtig keine Gefahr für die Güter von Herrn Hauser.‹ «[10]

Die erwähnte Durchsuchung fand am 25. August statt, wobei man die Schlösser an Hausers verschiedenen Gebäuden aufbrach und 1153 Briefe beschlagnahmte, um sie zur Handhabe gegen ihn zu benutzen. Am 9. Oktober kamen die an dieser Aktion Beteiligten wieder und nahmen den von ihnen angerichteten Schaden selbst auf. Sie schätzten ihn auf 200 Francs. Im November wurde 14 Tage lang Hausers Station Longueroche geplündert, und die Schweizer Gesandtschaft richtete am 14. Dezember

1914 erneut ein Schreiben an das französische Außenmini-
sterium, doch »den Schutz der Gebäude, des Mobiliars,
des Museums, der beweglichen Objekte und Werte zu ge-
währleisten, die Herrn Hauser gehören . . .« [11]

Nicht zuletzt wegen solcher Vorhaltungen veranlaßte
der Zivilgerichtspräsident in Sarlat am 24. April 1915,
Hausers gesamtes Eigentum in Les Eyzies gerichtlich zu
beschlagnahmen und damit unter staatliche Aufsicht zu
stellen. Schließlich wurde diese Maßnahme am 15. Mai
auch auf seine Besitztümer im ganzen Verwaltungsbezirk
von Sarlat und am 7. August 1915 auf das in Bellegard zu-
rückgehaltene Auto ausgedehnt. Zum Verwalter aller dieser Güter ernannte man jedoch bezeichnenderweise Hausers Erzfeind, den Lehrer Denis Peyrony! Nun konnte sich
Hauser leicht ausrechnen, worauf diese Maßnahmen im
Endeffekt hinausliefen. Peyrony selbst wandte sich nur
ein einziges Mal direkt an seinen Schweizer Kontrahenten, als er ihm mitteilte:

»Sehr geehrter Herr,
Durch ein Schreiben mit dem Datum vom 1. Mai 1916
beauftragt mich der Herr Präsident des Touring-Clubs
von Frankreich, in meiner Eigenschaft als Sequester-Ver-
walter Ihrer Güter in Frankreich, Ihnen zur Kenntnis zu
geben, daß der Verwaltungsrat dieses Vereins auf seiner
letzten Sitzung beschlossen hat, Sie als Mitglied des Touring-Clubs von Frankreich auf Lebenszeit zu streichen.«[12]
Dem Club galt Hauser nun ebenfalls als feindlicher Ausländer.

Seine Proteste gegen die Einsetzung Peyronys als Verwalter und die gerichtlichen Beschlagnahmungen überhaupt bewirkten nichts. Allerdings wurde der Lehrer
Ende 1916 oder Anfang 1917 in seiner Funktion als Sequester von einem Herrn Condamine aus Périgueux abgelöst. Vermutlich wollte Peyrony damit seine volle Hand-
lungsfreiheit gegenüber Hauser wiedergewinnen. Dieser
hörte, wie das »Memorial« berichtete, weiterhin wenig
Gutes aus der Dordogne:

»Da in der Folge immer wieder neue beunruhigende
Nachrichten über den Zustand des Besitztums einliefen

(speziell über weitere Plünderungen und Zerstörungen seiner Forschungsstationen, sogar Waldbrände sollen vorgekommen sein) und damit der Nachweis dafür hinlänglich erbracht zu sein schien, daß die Sequestration keineswegs geeignet war, die ungestörte Erhaltung des Besitztums zu garantieren, unternahm Dr. Hauser gegen Ende des Jahres 1917 durch Vermittlung von Herrn Lachenal in Genf und M. [onsieur] Deboysson, advocat in Sarlat einen Versuch, die Aufhebung der Sequestration beim Gerichte in Sarlat zu erwirken. Alle diese Anstrengungen waren jedoch bis heute erfolglos. Es konnten nicht einmal Versteigerungen, welche anfangs dieses Jahres über einen Teil des Hauserschen Vermögens angeordnet wurden, verhindert werden. Diese Versteigerungen sollen angeordnet worden sein, um die Mittel zur Deckung der für die Aufbewahrung des Automobils bis dahin entstandenen Spesen im Betrage von Fr. 1500.- aufzubringen. Aus den letzten privaten Berichten, die Herr Dr. Hauser erhalten hat, scheinen andere ähnliche Liquidationsmaßnahmen in Aussicht zu stehen und überdies wiederholten sich auch die Plünderungen bis in die jüngste Zeit. Demgemäß droht die Lage für das Besitztum Dr. Hausers immer gefährlicher zu werden.«[13]

Nach Flucht und Beschlagnahme der in Frankreich verbliebenen Güter war ihm die bisherige Existenzgrundlage entzogen. Die Frage, was er unternehmen würde, wenn er nicht mehr graben könnte, hatte er sich schon gestellt, als er 1912 und 1913 dicht vor dem Konkurs stand. Jetzt war eine Antwort auf diese Frage so dringend wie noch nie zuvor. An Bächler schrieb er am 11. September 1914: »Ich suche irgend eine Stelle, ganz gleich als was, mit meinem Arbeitseifer, meinem Organisationstalent kann ich mich jedem Betrieb anpassen aber verhungern will ich nicht.«

Anscheinend nahm er mehrmals Anlauf, eine Tätigkeit aufzunehmen, die mit Archäologie nichts zu tun hatte. In einem Nachruf auf Otto Hauser meinte Henri Bise, promovierter Jurist und Mitglied der Schweizerischen Gesellschaft für Urgeschichte, am 15. Januar 1933 in der »Tribune de Genève«: »Ruiniert, zog sich der unglückliche

Hauser nach Bern zurück, wo er Teilhaber einer Fabrik für landwirtschaftliche Geräte wurde. Er ging dann nach Deutschland und gab dort ein landwirtschaftliches Blatt heraus, um zu leben.« Doch Henri Bise ist mit solchen Angaben offenbar einem Irrtum erlegen; jedenfalls fanden sich keine Belege für seine Behauptungen. Überraschend ist dagegen, was mir Hausers Sohn Friedrich am 11. April 1982 über ein Vorhaben seines Vaters mitteilte: »Er war zur Einführung bei Siemens und hätte als Siemens-Direktor die Vertretung in der Türkei übernehmen sollen ... doch es gab Schwierigkeiten ... mein Vater war wohl auch dort nicht so diplomatisch, wie erforderlich ...« Die Verbindung zu Siemens ergab sich wahrscheinlich erst zu Beginn der zwanziger Jahre.

Vor seinen Gläubigern mußte Hauser auch nach seiner Flucht auf der Hut sein. Das Schicksal seiner materiellen Werte, auf die sie Anspruch erhoben, war zwar noch ungeklärt – ein Umstand, für den man ihn nicht haftbar zu machen vermochte. Anders lag der Sachverhalt, den eine Aktennotiz Hans Hahnes vom 28. November 1914 verdeutlicht: »Museumskustos Quente in Heiligengrabe – Uckermark hat als Faustfand für eine Geldsumme die s. [einer] Z. [eit] in der Hygiene-Ausstellung in Dresden ausgestellt gewesene Paläolithsammlung Hauser's in Besitz. Er will sie dem P. M. [Provinzialmuseum] für 5500 M. ablassen. Vorkaufsrecht von Quente zugestanden.« Als Gläubiger Hausers versuchte der Museumskustos durch Verkauf des »Faustpfands« zu seinem Gelde zu kommen.

In ähnlicher Weise konnten jene Schweizer Landsleute verfahren, die Hauser ebenfalls Geld geliehen hatten. In der Schweiz besaß er noch eine Menge wertvoller Funde aus seinen französischen Grabungsstationen. Um sie vor seinen Gläubigern in Sicherheit zu bringen, verlagerte er offenbar viele dieser Objekte nach Deutschland, wo sie ohne Gefahr zu veräußern waren. Für ein solches Verfahren spricht eine Nachricht, die Hauser am 18. Dezember 1915 aus Berlin an Bächler nach Sankt Gallen sandte: »... hier alles gut, Sammlung zu 25.000 Mk. verkauft etc. etc. , also auf lange Zeit frei zu wissenschaftlichem Schaffen.« Wer die Sammlung erwarb, verriet er allerdings nicht. Karl Friedrich Hormuth, zuerst Assistent, dann Leiter der Vorgeschichtlichen Abteilung am Zeughausmuseum der Stadt Mannheim, erinnerte sich am 23. November 1970 in einem Schreiben an den ehemaligen Direktor des Museums in Herne (Westfalen), Karl Brandt: »Bei Hauser ging es ja immer auf und ab. Er konnte das Geld einfach nicht zusammenhalten, dazu hatte er ja öfters Pech. Wir hatten bei ihm für 40 000.- Goldmark 1920/21 seine ausgewählte Sammlung guter Stücke gekauft. Bald darauf hat die Inflation das Geld gefressen.« Denkt man außerdem an die zahlreichen kleinen Schulsammlungen, die Hauser während der zwanziger Jahre in Deutschland vertrieb, so ist der Schluß berechtigt, daß er viele Funde aus der Schweiz über die Grenze brachte.

Im Basler Adreßbuch ist er 1915 nicht verzeichnet. Seine alte Wohnung in der Margarethenstrasse hatte er aufgegeben und hielt sich nun kurzfristig an anderen Orten auf: ab August 1914 in Zeglingen, Basel-Land, dann in Weissbrunn bei Zeglingen und schließlich ab Dezember in Binningen-Basel. Er zog also unstet hin und her und wohnte öfters in Hotels, ohne die Rechnungen zu bezahlen. Woher sollte er das Geld auch nehmen? So ließ er es darauf ankommen und machte weiter Schulden. Aber diesmal verlief das nicht ohne Komplikationen und öffentliches Aufsehen. Die Hoteliers bemühten die Polizei, und diese konfiszierte besonders schöne prähistorische Objekte aus Hausers französischen Stationen. Nach Auskunft von Prof. Dr. Roland Bay (am 17. Juni 1985), bis zu seiner Emeritierung Dozent für Kieferorthopädie und Anthropologie an der Universität Basel und bedeutender Schweizer Sammler von kulturhistorischen Objekten vieler Art, befanden sich die Stücke »bereits auf deutschem Boden, konnten jedoch auf Grund besonderer Grenzverhältnisse beim Badischen Bahnhof [in Basel] wieder auf Schweizer Gebiet gebracht werden«. In Deutschland hätten bereits Käufer auf sie gewartet. Auf zivilrechtlichem

Wege wurden dann die Funde versteigert, wobei unter anderen der Vater von Prof. Bay (ein Regierungsrat) sowie Dr. Paul Sarasin zahlreiche Artefakte erwarben.

Auch wegen solcher Ereignisse machte sich Hauser keine Hoffnungen, in der Heimat wieder festen Fuß zu fassen. Seinen Entschluß, sich deshalb nach Deutschland zu begeben, begründete er Bächler am 23. Januar 1915: ». . . ich sehe leider, dass ich in der Schweiz niemanden fand, der energisch in Bern eingetreten wäre; es werden mir alle möglichen Stellen offerirt, aber man ersucht mich immer ›neutral‹ zu bleiben, nicht etwa meinetwegen, gottbewahre, so wenig egoistisch ist man nicht, sondern weil es gewissen Leuten unangenehm wäre. Ich soll keine Stellung in Deutschland oder Belgien annehmen, soll ruhig in der Schweiz sitzen – aber niemand hat Geld um mir dieses ›Ruhigsitzen‹ zu zahlen, d. h. mir auf Unterlage meiner Rechte, die man mir nicht rauben kann, so viel vorzustrecken, um mein Leben zu fristen . . . drum habe ich mir gestern einen Reisepass auf ein Jahr erworben und werde in 8 Tagen losgondeln, dahin wo man mein Schaffen anerkennt, wo man Verständnis hat für das was ich geleistet habe.«

Es ging aber nicht nur darum, daß er sich in seiner Heimat zu wenig beachtet und anerkannt fühlte. Er traute dem Politischen Departement nicht zu, ihm bei den Franzosen zu seinem Recht zu verhelfen. Einerseits mußte der Bundesstaat darauf Rücksicht nehmen, daß ein beträchtlicher Teil seiner Bürger französisch sprach und sich Frankreich besonders eng verbunden fühlte. Andererseits war die Schweiz als neutrales Land verpflichtet, in einer politisch so brisanten Situation Zurückhaltung zu üben und alles zu unterlassen, was als einseitige Parteinahme für Hauser hätte aufgefaßt werden können. Deshalb mußten die zuständigen Behörden mit Fingerspitzengefühl handeln und durften sich nicht zu weit vorwagen.

Auf die schweizerische Bundesregierung konnte er sich also nicht verlassen. Als vermeintlich Deutschen schmähte man ihn; wegen seiner angeblichen Dienste für Deutschland wurde er verfolgt und bestraft. Wenn es seine Feinde so haben wollten, dann würde er sich nun tatsächlich so verhalten, wie sie es ihm vorwarfen, und bewußt die Karten des deutschen Reiches spielen. So ist es zu erklären, daß er der Broschüre, die er nach seiner Flucht im November 1914 verfaßte, den Titel »Ein Attentat auf deutsche Wissenschaft« gab. Damit rief er Assoziationen zu einem anderen Attentat wach, dem »Meuchelmord« in Sarajewo. War nicht beides gleich verabscheuungswürdig? Deutsche Zeitungen und Zeitschriften jedenfalls schlachteten den Titel der Broschüre und ihren Inhalt zur Stärkung vaterländischer Gesinnung eifrig aus. »Französischer Vandalismus. Zur Zerstörung der prähistorischen Siedlungen im Vézèretale« hieß ein Artikel über Hauser und sein Schicksal, den Dr. Adolf Heilborn am 10. Dezember 1914 im Heft 11 von »Reclams Universum« veröffentlichte.

Vor diesem Hintergrund sind Äußerungen Hausers in dem bereits erwähnten Schreiben an Bächler (23. Januar 1915) zu sehen: »Die franz. Regierung kann mir nichts anhaben, ich kann nicht der Spionage geziehen werden und wenn sie alle 30.000 Briefe lesen, die unten sind, es sei denn dass man einen gefälschten einschmuggelt und das wäre der Bande recht wohl zuzutrauen; etwas niedrigeres als einen Franzosen und einen Engländer gibt es ja in der ganzen Zoologie nicht wieder! und doch habe ich Land und Leute lieb dort unten und werde auch wieder hinkommen, aber stramm, nicht duckmäusig. Natürlich muss man mich entschädigen und dahingehende Vorarbeiten wären schon lange perfekt, wenn man in Bern etwas weniger ›schlotterhosig‹ wäre; . . . die grosse Abrechnung wird ja kommen, noch in diesem Jahre; – wo der Passivsaldo liegt, ist ja heute schon klar genug – und dann werden die irregeleiteten Franzosen so kirre sein, so windelweich um ihr täglich Brod winseln wie ausgehungerte Hunde – dann kommt der Hauser wieder – mit seinem festen Daumen – dann wird er ihnen erst recht zeigen, was man alles mit dem herrlichen Lande machen kann – er wird schweizer Bauern mitbringen und Geld verdienen, das habe ich alles ja schon im August machen wollen. Arbeitskräfte gibt es ja dann keine mehr im Lande drin; und will man mich abwimmeln, so ist eben alles schon vorbereitet, um meinen Posten miteinzubeziehen in die grosse Abrechnung und drum werde ich ja nun in etwa 20 deutschen Städten sprechen. –«

Naiv glaubte er, Deutschland würde nach einem siegreichen Krieg seine Rechnung mit begleichen. Um sich in diesem Sinne zu empfehlen, hielt er bis Juli zahlreiche Vorträge, wobei er zur Schilderung seiner Grabungen rund 100 Lichtbilder verwandte und pro Vortrag 120 Mark kassierte. Auf diese Weise vermochte er sich eine Weile gut über Wasser zu halten. Am 11. März 1915, teilte er Bächler stolz mit, »war Ehrensitzung für mich in Dresden & Vortrag v. mir in Anwesenheit des Königs«. In nationalistisch geprägten Kreisen von Adel und Bürgertum unterstützte man solche Veranstaltungen mit Wohlwollen. Sie ließen sich vortrefflich für die Stimmungsmache gegen Frankreich und zur Stärkung patriotischen Bewußtseins ausnutzen. In welches Fahrwasser sich Hauser dabei begab und wie geschickt er für Ideologien und Ziele vereinnahmt wurde, die gar nicht seine eigenen waren, demonstriert die »3. Kriegssitzung« der Gesellschaft für deutsche Vorgeschichte im großen Hörsaal des Museums für Meereskunde in Berlin am 8. Mai 1915.

In seiner Eröffnungsrede betonte deren Vorsitzender, Prof. Gustav Kossinna, die prähistorische Entwicklung Europas wäre »von größter Bedeutung für das Verständnis des heutigen Weltkrieges, sowohl für seine Entstehung, wie für die furchtbare, geradezu bestialische und teuflische Art, wie dieser Krieg von unseren Gegnern geführt wird. Man muß dazu die Vorgeschichte aller beteiligten Völker, vor allem die Rassenzusammensetzung kennen.« Denn in diesem Krieg stünden sich zwei Rassen gegenüber, als Feinde Deutschlands die mittelmeerländische, kleinwüchsige, dunkelfarbige, langschädelige Rasse, »deren paläolithische Ahnherren wir in den diluvialen Skeletten von Cro-Magnon erkennen müssen«. Sie kämpfe gegen die vom Brünn- oder Aurignac-Typ abstammende blonde, höher gewachsene indogermanische

Herrenrasse, »Träger vornehmer Rittergesinnung und eines ruhelosen Kulturfortschrittes«. Nordisch-indogermanischer Überlegenheit hätten die Romanen nur blinden Haß entgegenzusetzen. »Ihr eigenes Wesen ist aber das eines Herdenvolkes mit demokratischen, ja anarchistischen Neigungen.«[14] Bei den Franzosen käme »zu der Sucht der Selbstvergötterung noch der Wahn ihrer Unbesiegbarkeit und der Glaube an ihre geistige Überlegenheit«. In ihrer Wissenschaft führten nun Dichter wie Maurice Barrès das Wort, entflammte er doch im Januar 1915 »ganz Paris und Frankreich durch einen Aufsatz im ›Echo de Paris‹ mit dem packenden Titel ›Der Kampf um die Asche der Toten‹, der den Fall ›Otto Hauser‹ behandelte.« Mit Hausers Hilfe wollten die Deutschen auch in bezug auf die älteste Periode der Vorgeschichte eine Spitzenposition erobern. Aber der sogenannte Schweizer Archäologe sei ein Fresser und Säufer und ein »›vollkommener Ignorant, der nur durch sein vieles aus Deutschland ihm zugestecktes Geld seine Ausgrabungen ermöglichte, nur deutsche Gelehrte dabei zu Rate zog und alles Ausgegrabene nach Deutschland verkaufte‹ (was nicht wahr ist). Herr Hauser hat tatsächlich die deutsche Wissenschaft darum bevorzugt, weil er von ihr die beste Ausnutzung seiner epochemachenden neuen Funde erwarten durfte; eine Erwartung, worin er sich nicht getäuscht hat ... Wir aber konnten ihn für seinen ungeheuren Kostenaufwand entschädigen, indem wir ihm die beiden berühmten Skelette abkauften. Der Aufsatz von Barrès schließt mit dem Satze: ›Welch ein Symbol – eine Rasse von Spionen, die sich auf eine Rasse von Kavalieren stürzt, um sie ihrer Urkunden, ihrer Ahnen zu berauben!‹«[15]

Wegen der politischen Lage in Europa hätte er, Kossinna, »eine im Jahre 1913 geplante internationale Tagung für Vorgeschichte in Köln verhindert. Denn wie hätte ich noch 1913 französischen oder englischen Gästen auf deutschem Boden Schmeicheleien sagen können. Unmöglich. Nicht nur Regierung, Heer, gemeines Volk haben in Frankreich im allgemeinen ihre Unkultur und ihre niedrige Denkweise enthüllt, sondern ... auch die gebildeten Stände, sogar die Vertreter der Wissenschaft. Für dieses entartete Volk voll Unkultur und rassenmäßigem, daher ewigem Hasse gegen uns haben wir nur Verachtung übrig und hoffentlich beim Friedensschluß eine vernichtende Strafe!«[16]

Der von nationalistischen und rassistischen Parolen strotzenden Rede Kossinnas, die den Ausfällen von Maurice Barrès nicht nachstand, folgte Hausers Vortrag »Aus den Fundstätten des diluvialen Menschen im Vézèretal«. Darin setzte er Kossinnas Tiraden zwar nicht fort, machte aber aus seinem Groll wegen der gegen ihn gerichteten französischen Maßnahmen keinen Hehl. Lob und Aufmerksamkeit seiner deutschen Zuhörer waren Balsam für sein gekränktes Ehrgefühl und stärkten ihm den Rücken. Am meisten befriedigte sein starkes Bedürfnis nach Anerkennung, Rechtfertigung und Unterstützung eine »Sympathiekundgebung«, die im April 1915 auf Initiative von Dr. Adolf Heilborn zustande kam und von den wichtigsten deutschen Zeitungen abgedruckt wurde. Obwohl Hauser diese Aktion lebhaft begrüßte, war sie für ihn gleichfalls ein zweischneidiges Schwert, da sie ihn erst recht als quasi Deutschen ausgab und gerade das pries, was ihm französische Vorgeschichtsforscher zur Last legten. In der Stellungnahme hieß es nämlich: »Weil Hauser trotz verlockender Angebote des Auslandes seine wertvollsten Funde uns Deutschen als den seiner Ueberzeugung nach besten Sachkennern überwies, weil er mehrfach den Rat und die Hilfe deutscher Autoritäten sich bei seinen Arbeiten erbat, weil er offen bekannte, er habe sich ›nach besten Kräften bemüht, der deutschen Wissenschaft ein treuer Diener zu sein‹, ist er jetzt das Ziel maßloser Verfolgungen und Beschimpfungen seitens der Franzosen geworden, die ihn, den Bürger der neutralen Schweiz, als ›preußischen Spion‹ und ›deutschen Agenten‹ bezeichnen, um sich so mit einem Schein von Recht in den Besitz seiner zweifellos noch viele wertvolle Funde bergenden, durch Pachtvertrag oder Kauf erworbenen Grabungsstätten setzen zu können.«[17]

Außer Heilborn unterschrieben diese Kundgebung 26

namhafte deutsche und österreichische Anthropologen, Prähistoriker, Zoologen und Geologen, Kossinna und Klaatsch einbegriffen. Andere angesehene Wissenschaftler wie Max Verworn, Carl Schuchhardt und Albrecht Penck, um dessen Zustimmung sich Hauser besonders bemühte, fehlten jedoch! Warum Penck nicht mitmachte, blieb selbst Hauser unklar.

Mit Schuchhardt war es gerade zu einer neuen Kontroverse gekommen. Am 20. Februar 1915 hatte dieser auf einer Sitzung der Gesellschaft für Anthropologie, Ethnologie und Urgeschichte Hausers Schilderung seiner Flucht und der Ereignisse danach kritisch beleuchtet und dabei versucht, die Wogen der Erregung über diese Vorfälle zu dämpfen. Maßnahmen gegen das Eigentum des Schweizers als Vandalismus zu deklarieren, hielt Schuchhardt für unangemessen, trotz Vernichtung der Emailleschilder an den Fundorten, des gewaltsamen Eindringens in die Gebäude, der Beschlagnahme von Briefen sowie Peyronys und Peyrilles Entschluß, »in die Hauserschen Abris von Longueroche und La Micoque zu gehen und sich dort einige gute Fundstücke zu holen ... Weiter ist«, meinte Schuchhardt, »nach allen bisherigen Nachrichten nichts geschehen. Wenn Hauser am Schluß seiner Broschüre sagt: ›Mein Lebenswerk liegt zerschmettert am Boden‹, so spricht er von etwas Ideellem; seine Häuser und seine Abris stehen aufrecht. Und die französische Aussprengung, Hausers ganzer Besitz werde eingezogen, beruht nur auf der Hoffnung, daß er der Spionage überführt werden könne, was aber natürlich für jede vernünftige Justiz ausgeschlossen ist ... Wir haben ... die Überzeugung, daß ihm sein rechtmäßiger Besitz nach dem Kriege nicht vorenthalten werden kann.«[18] Aus all den genannten Gründen würde sich die Gesellschaft für Anthropologie nicht an Protesten gegen den vermeintlichen französischen Vandalismus beteiligen.

Das war eine mutige und löbliche Absicht. Dennoch bleibt der Eindruck, daß Schuchhardts Ruf nach Mäßigung in den politischen Auseinandersetzungen und Urteilen von seiner ablehnenden Haltung gegenüber Hauser mitbestimmt wurde. Zwischen den Zeilen klang an, dieser solle sich nicht so aufspielen, was er erlitten, sei in Wirklichkeit gar nicht so schlimm, alles renke sich schließlich wieder ein. Aber daran glaubte Schuchhardt wohl selbst nicht; dazu kannte er Hausers Situation in Frankreich zu gut. Hier bemäntelte und beschwichtigte er. In Artikeln gegen Hauser wurde er dann auch prompt in dem Sinne zitiert, daß er die Erklärungen des Schweizers Lügen gestraft habe. Dies veranlaßte wiederum Hauser, an die »großen deutschen Zeitungen . . . den Wortlaut einer Berichtigung zu übersenden«, in der er die Ausschreitungen gegen sein Besitztum nochmals erläuterte.

Nun meldete sich auch der Jesuit Ferdinand Birkner zu Wort, Prof. für Anthropologie an der Universität München und Kustos der dortigen anthropologisch-prähistorischen Staatssammlungen, um in der katholischen Wochenschrift »Natur und Kultur« zu bekunden, »daß die übertriebene Reklame für O. Hauser eine gedeihliche Fortentwicklung der Erforschung des Urmenschen zu gefährden imstande ist«[19]. Zu schädlicher Propaganda gehöre die von Dr. Adolf Heilborn angeregte »Sympathieerklärung«. Demgegenüber vertrete Prof. Schuchhardt offenbar jene Meinung, »die man in den maßgebenden Kreisen Berlins zur Angelegenheit Hauser sich gebildet hat«[20]. Dann zählte Birkner die alten Vorbehalte gegen Hauser und dessen Tätigkeit auf: Bedenken wegen der Ausgrabungen in Vindonissa, Zweifel an der Echtheit der Silberpfanne, Ermahnungen zur Wahrheitsliebe durch Prof. Keller sowie Obermaiers Vorwürfe. Daher fand es Prof. Birkner begreiflich, »daß die französischen Forscher die Tätigkeit Hausers nicht nur nicht begrüßten, sondern im Gegenteil darnach trachteten, sie unmöglich zu machen. Ein zu diesem Zwecke in Aussicht genommenes Denkmalschutzgesetz konnte bei den gesetzgebenden Körperschaften nicht zur Annahme gebracht werden. Es ist deshalb psychologisch erklärlich, daß man bei Ausbruch des Krieges die Gelegenheit wahrnahm, sich, wenn möglich, des Ausländers zu entledigen. Ob das gelingen wird, muß erst die Zukunft lehren.«[21] Verständlicherweise hielten es die französischen Behörden, nachdem alle anderen Versuche gescheitert waren, für ihre Pflicht, »die Gelegenheit eines Krieges zu benützen, um die Tätigkeit des lästigen Ausländers weiterhin zu verhindern«[22]. Hauser schrieb daraufhin höhnisch an Birkner: »Es ist mir sehr angenehm, daß Sie mit Ihrem Namen die einfältigen Verleumdungen decken; Leute Ihres Schlages sind schlimmer als Landesverräter.«[23]

In der Schweiz hatte man die Veröffentlichungen in der deutschen Presse aufmerksam verfolgt. Mancher Eidgenosse war von den unverhüllten Vorwürfen peinlich berührt, die in einigen Beiträgen gegen Schweizer Behörden wegen allzu lascher Behandlung von Hausers Beschwerden laut wurden – ein Effekt, den Hauser einkalkuliert und beabsichtigt hatte. Von Deutschland wollte er Druck auf die Berner Regierung ausüben lassen, um sie zu entschlossenerem Vorgehen gegen die französischen Maßnahmen anzustacheln. Um solchen Vorhaltungen die Spitze abzubrechen und zugleich Hauser anzugreifen, veröffentlichten die »Basler Nachrichten«, die unter dem Einfluß der Vettern Sarasin auf den umstrittenen Landsmann sowieso nicht gut zu sprechen waren, Birkners Artikel am 23. Juli 1915. Allerdings ließ die Zeitung am 31. Juli Hauser ebenfalls zu Wort kommen. In seiner Entgegnung erklärte er Birkners Haltung mit dessen Zugehörigkeit zum Jesuitenorden und erwähnte, daß der Artikel in Deutschland seit Wochen aus dem Verkehr gezogen sei.

Vielleicht waren amtliche deutsche Stellen nicht nur über die Angriffe des Münchner Professors gegen Hauser, sondern ebenso über den Schlußabsatz in dem Beitrag Birkners entrüstet, der einen durchaus versöhnlichen und beherzigenswerten Wunsch aussprach: »Hoffen wir, daß der Fall Hauser nicht den durch eine Kriegspsychose auch in der französischen Gelehrtenwelt entstandenen Haß gegen alles Deutsche noch vermehrt; denn die Wissenschaft von der Erforschung des paläolithischen Menschen kann nur dann gefördert werden, und gedeihlich sich weiterentwickeln, wenn die Forscher und Gelehrten derjenigen Länder, in welchen paläolithische Funde gemacht werden

269

oder zu erwarten sind, gegenseitig sich unterstützen und uneigennützig zusammenarbeiten. Die Wissenschaft überhaupt, besonders aber die Wissenschaft vom Urmenschen ist nicht national, sondern international, jeder Versuch, sie in nationale Grenzen einzuzwängen, führt statt zur Förderung zu einer Schädigung derselben.«[24]

Obwohl sich Hausers französische Widersacher ausdrücklich auch auf Birkner beriefen und ihn zitierten, haben sie jedoch dessen Wunsch nach Vernunft und Augenmaß glatt überlesen. Dagegen stimmten sie in Ton und Argumentation meist erstaunlich mit den Ausfällen der deutschen Nationalisten und Rassisten überein. Auf beiden Seiten benutzte man den »Fall Hauser«, um mit ihm die eigene Suppe zu kochen und ihn als besonders treffenden Beweis für die Richtigkeit der eigenen Anschauungen zu präsentieren. In dieser Beziehung tat sich besonders Prof. Louis Capitan hervor, wobei er unverkennbar den Ansichten von Maurice Barrès huldigte.

Am 9. November 1914 eröffnete er eine Vorlesungsreihe über »Prähistorische Anthropologie« mit einem Vortrag über »Die Psychologie der jetzigen Deutschen«, der im März 1915 in der Zeitschrift »Revue Anthropologique« publiziert wurde. Was die Deutschen auszeichne, meinte Capitan, sei ein übermäßiger, ja krankhafter Stolz, der sich auf alle Zweige menschlicher Kenntnisse beziehe und sowohl auf einer überproportionalen Entwicklung der Intelligenz als auch auf dem verhängnisvollen Einfluß des Alkohols beruhe. Als Beispiel dafür nannte Prof. Capitan den »berühmten Hauser«, einen deutschen Agenten Schweizer Nationalität, bei dem eines Tages Prof. Klaatsch weilte, um das Skelett des Mannes von Combe Capelle auszugraben. Doch Klaatsch unterließ es, Capitan dazu um Hilfe zu bitten, obwohl er wußte, daß dieser ebenfalls in Les Eyzies zugegen war. Zwei Tage nach der Hebung lud ihn Klaatsch jedoch ein, das Skelett bei seinem Kameraden Hauser zu besichtigen, was Capitan natürlich nicht tat. Offenbar verstand Klaatsch nicht, daß er sich in jener Angelegenheit als doppelter Flegel benahm. Er bestach sogar den Aufseher der Höhle Les

Combarelles, um in ihr Abdrücke von den Gravierungen machen zu dürfen. Von ihnen fertigte er Gipsabgüsse an und verkaufte sie an deutsche Museen. (In Wirklichkeit nahm Max Verworn solche Abdrücke vor.) Ein derartiges Verhalten kennzeichnete Capitan als ethnisch bedingt. Deutsche wollten alles besitzen, was an wichtigen Dingen vorhanden ist, und wenn sie dabei noch Handel treiben und die Franzosen betrügen könnten, um so besser. Auch bei dem Kauf des Frauenreliefs aus Laussel offenbarte sich die deutsche Psychologie: ein absoluter Mangel an Takt, an Maß, an Empfindlichkeit, Höflichkeit, Gerechtigkeit und Achtung des Eigentums, charakteristisch für eine Geisteshaltung primitiver Niedrigkeit wie etwa bei dem Moustérien-Menschen. Den Deutschen fehlten eben alle Formen des nicht materiellen Empfindens; sie seien deshalb oft betrügerisch, lügnerisch, brutal und grausam.

Das Aprilheft 1915 der »Revue Anthropologique« setzte die Ausführungen Capitans mit dem Beitrag »Die deutsche Kultur in Les Eyzies« fort. Capitan rühmte insbesondere seinen Schüler Denis Peyrony, den er die Prinzipien wirklich wissenschaftlicher Untersuchungen und die Methoden strenger Stratigraphie gelehrt hätte. Vorher wären solche Verfahren in der Dordogne unbekannt gewesen. Alle, die Grabungen von Capitan und Peyrony besuchten, wüßten, daß sich die Arbeit der französischen Prähistoriker durch Sorgfalt, Exaktheit, Methode, Klugheit, Klarheit und Kompetenz auszeichne. Von den Deutschen könnten die französischen Archäologen nichts lernen. Deren angebliche Überlegenheit auf dem Gebiet der Vorgeschichte sei nur eine größenwahnsinnige Anmaßung.

Wie Prof. Birkner zählte Capitan die Vorwürfe gegen Hauser auf und fügte hinzu, dieser habe sogar das Amphitheater von Vindonissa in die Luft gesprengt. Deshalb mußte er die Schweiz verlassen und begab sich 1898 nach Les Eyzies. Hier nahm sich der hilfsbereite Peyrony des groben, hinkenden, pausbäckigen Kindes an. Aber als Hauser, der sich nach deutscher Methode zunächst unterwürfig und geistlos verhielt, den Lehrer nicht mehr brauchte, wandelte sich sein Auftreten. Er bekämpfte Peyrony und das Ministerium der Schönen Künste, indem er so viele Fundstellen wie möglich pachtete und kaufte. Das dazu notwendige Geld, mit dem er auch seine skandalösen Orgien bezahlte, konnte er nicht allein aus dem Verkauf der Funde aufbringen, sondern er bekam es als Agent Deutschlands, als Repräsentant der germanischen Kultur und außerdem dafür, daß er als Besucher getarnte deutsche Spione durch das Land geleitete.

Nach dem Urteil Capitans war Hausers wissenschaftliche Tätigkeit mehr als mittelmäßig. Seine Angaben über La Micoque wimmelten von Irrtümern in Form einer anmaßenden Pedanterie. Er beschimpfte seine französischen Rivalen, publizierte farbige, aber nur von der Phantasie bestimmte Profile nach Daumenmaß, ließ Karten von Les Eyzies und Umgebung entwerfen, deren auffällige Buntheit einen Schlag aufs Auge bedeutete und die keinen wissenschaftlichen Wert besaßen. Hochmütig, skrupellos, Deutschland ganz ergeben, heftig und brutal mit den Schwachen, geistlos mit den Starken, ein geriebener Verführer der Zögernden, bei großen Anlässen sinnlos betrunken, alle Deutschen mit offenen Armen empfangend – Hauser war für Deutschland der erträumte Agent.

Mit derart pauschalen, zügellosen und gehässigen Ergüssen flocht sich Louis Capitan ein trauriges Ruhmesblatt. Ähnlich, obwohl nicht ganz so ausfallend und maßlos, äußerten sich andere bekannte französische Gelehrte. Die Zeitschrift »L' Anthropologie« veröffentlichte 1915 und später eine Reihe solcher Beiträge, in denen auch verschiedene, gegen Hauser gerichtete Artikel aus der französischen Presse zitiert wurden. In allen wiederholten sich die Vorwürfe, die man ihm vor allem wegen der Grabungen in den Windischer Fluren gemacht hatte. Offenbar schrieb man dabei einfach voneinander ab. So wirkten der Kampf um Vindonissa und die damit verbundenen Begleitumstände noch 17 Jahre später nach und schadeten Hausers Ansehen. Der Anthropologe Marcelin Boule versäumte es ebenfalls nicht, auf den überhöhten Preis für die Skelette von Le Moustier und Combe Capelle hinzuweisen, nach seiner Meinung eine geheime Subvention von Hausers Tätigkeit, die er im Auftrag Deutschlands in Frankreich ausführte. Viele Franzosen wüßten gar nicht, daß dem Moustérien-Skelett kein wissenschaftlicher Wert zukomme, denn weder die Ausgrabung noch die Auswertung und Zusammensetzung der Gebeine entsprächen wissenschaftlichen Kriterien. Leider wurde die Entdekkung von einem Ignoranten wie Hauser gemacht, und leider berief man keinen wirklich fähigen Gelehrten zur Bearbeitung von Schädel und Skelett. Das alles sollten endlich jene französischen Prähistoriker zur Kenntnis nehmen, die Hauser verteidigten.

Sachlich und fair waren solche Angriffe ebensowenig wie deutsche Stellungnahmen zu Hausers Flucht und zu dessen Gegnern in Frankreich. Dabei entluden sich die lange aufgestauten Gegensätze und Emotionen, was die unterschiedlichen Positionen nur noch mehr verhärtete. Für Hauser war das keineswegs günstig. Seine Feinde hatten rasch genug Material gesammelt, das ihn zwar nicht als Spion, aber als Freund Deutschlands auswies. Je stärker das Kaiserreich während des Krieges ins Hintertreffen geriet, um so mehr bekamen die Widersacher Hausers Oberwasser und desto geringer wurden seine Chancen, wieder in die Dordogne zurückkehren und dort seine Grabungen fortsetzen zu können. Da half auch das »Memorial über die Angelegenheit des Herrn Dr. phil Rudolf Otto Hauser von Wädenswil – Zürich, z. Zt. in Zürich, früher in Les Eyzies de Tayac (Departement Dordogne), Frankreich« des Fürsprechers Roth im Mai 1918 nichts. Die Schweizer Bundesregierung, über das Verhalten Hausers in Deutschland sicher verärgert, hielt es nicht für angebracht, am Ende des Krieges und danach für Hauser in Frankreich energisch zu intervenieren und sich dadurch eventuell außenpolitische Schwierigkeiten einzuhandeln. Kühl erklärte man, »es sei eben ein großer Fehler von mir begangen worden, daß ich 1915 in Deutschland und nicht in der Schweiz Vorträge gehalten habe«[25].

Über die weitere Entwicklung schrieb Hauser: »Am 18. Oktober 1919 berichtete der französische Außenminister an den Schweizer Gesandten in Paris, ich sei nachgewiesenermaßen germanophil, und Briefe, die ich zu Beginn des Krieges an meine französischen Freunde geschrieben habe, beweisen, daß ich nichts sehnlichster wünschte, als daß Frankreich untergehe.

Am 17. November 1919 war ich mit meinem Schweizer Anwalt und dem französischen Gewährsmann zu einer Konferenz im Politischen Departement zu Bern. Da wurde uns freundlich erklärt, mein Fall sei allerdings der interessanteste unter tausenden, aber man könne Frankreich deswegen doch nicht den Krieg erklären; es bliebe nichts anderes übrig, als sich dem französischen Gerichtsbeschluß zu fügen, und dabei bestehe ja dann immer noch die Möglichkeit, die Schuldigen um Entschädigung zu verklagen. Auch könne man nach erfolgter Liquidation ein Schiedsgericht sprechen lassen, aber mehr zu tun gehe nicht an.

Am 5. Februar 1920 teilte ich dem Departement mit, daß das französische Gericht die Liquidation meiner Besitzungen beschlossen habe. Darauf erhielt ich unter dem 10. Februar die Antwort, man habe mir bereits auseinandergesetzt, daß der Sequester in Frankreich eine gerichtliche Maßnahme sei, eine diplomatische Intervention komme nur in Betracht, wenn ein Gerichtsurteil sich offenbar als willkürlich herausstelle . . .[26]

Am 11. Juni 1921 hat der französische Staat auf Grund eines Urteils der Berufungsinstanz von Bordeaux, das mich unwiderruflich in die Reihe der »boches« [französisches Schimpfwort für Deutsche] rangierte, alle meine Besitzungen, Häuser, Bibliothek, Sammlungen, persönlichen Andenken und Kleidungsstücke, die während sieben Jahren sequestriert waren, ohne jede Entschädigung konfisziert und sich angeeignet. Dieser skandalöse Rechtsbruch ging unter den Augen der Schweizer Regierung, die Gewehr bei Fuß gestanden hat, ganz reibungslos vonstatten . . .[27]

Mein Besitz wurde in drei Lose geteilt, damit der wichtigste Abschnitt, die Ausgrabungen, leichter von meinen Gegnern erworben werden könnten. Ich werde in Frankreich vollkommen als feindlicher Deutscher behandelt . . .«[28] Alle Mobilien, Kleider, Wäsche, Silbergeschirr, wurden meistbietend versteigert, das mir an der Grenze abgenommene Automobil fand ebenfalls einen Abnehmer und, was das Schlimmste ist, eine sorgsam und mit großen Mitteln angelegte Fachbibliothek von zirka 1000 Bänden ging um den Preis von 120 Frs. in den Besitz von Lehrer Peyrony über! Am schmerzlichsten beklage ich, daß mir die außerordentlich wertvollen wissenschaftlichen Originalpläne weggenommen worden sind.«[29]

Zum Wert aller der beschlagnahmten und enteigneten Besitztümer führt das »Memorial« des Fürsprechers Roth aus: »Trotz der 16jährigen Tätigkeit Dr. Hausers sind die vielen Stationen noch lange nicht erschöpft. Die sämtlichen in Angriff stehenden Schichten bergen noch ein ungeheures Material und können bei fortgesetzter intensiver Ausbeute nach den Berechnungen Dr. Hausers erst in 10 bis 12 Jahren vollständig gehoben werden. Dabei wäre den höchstwahrscheinlicherweise noch zum Vorschein kommenden Schichten gar keine Rechnung getragen.«[30] Sein gesamtes Besitztum veranschlagte Dr. Hauser mit rund 500 000 Francs.

»Rechtlich ist die Sequestration des Hauser'schen Vermögens«, urteilte das »Memorial«, »ebenso unbegründet wie in tatsächlicher Hinsicht. Nach dem Dekret vom 27. September 1914 unterliegen dem Handelsverbote und der damit im Zusammenhang stehenden Sequestration ausschließlich die Angehörigen des deutschen Reiches und Österreich-Ungarns. Zu diesen gehört aber Dr. Hauser als echter Schweizer unter keinen Umständen. Und auch sein Unternehmen ist rein schweizerisch. Daher fehlt der ganzen Sequestration die wesentlichste rechtliche Voraussetzung . . . Dr. Hauser war immer ein ganzer Schweizer und hat sich auch in Frankreich nie etwas zu Schulden kommen lassen, das ihn als Schweizer begründetermaßen verdächtig machen könnte. Die ihm zur Last gelegten Vergehen beruhen auf blossem Schein und bestehen in Wirklichkeit nicht. Die Beschuldigungen sind ausschließlich auf die bekannten Intriguen zurückzuführen und hätten wahrscheinlich gar nie verfangen können, wenn der Krieg nicht in solchen Angelegenheiten in den kriegführenden Ländern ein unbefangenes Urteil ausserordentlich erschwert, ja fast unmöglich gemacht hätte. In diesem Sinne ist Dr. Hauser ein Opfer des Krieges geworden.«[31]

Obwohl Hauser während der Kriegsjahre bereits häufig in Deutschland weilte, hatte er seinen Wohnsitz bis 1921 noch in der Schweiz. Im Herbst 1915 zog er nach Basel in die Gundeldingerstrasse 69, im Sommer 1916 in die Gartenstrasse 67. Dem »Memorial« zufolge hielt er sich im Mai 1918 in Zürich auf, eventuell schon getrennt von seiner zweiten Frau. Seit 1913, als die Scheidung bevorzustehen schien, lebten die Ehepartner wahrscheinlich nur noch formal zusammen. Die Ereignisse nach der Flucht und Hausers viele Reisen nach Deutschland trugen offensichtlich nicht dazu bei, die gegenseitigen Bindungen wieder zu verstärken. Im Gegenteil. Als Hauser in Berlin die 20 Jahre jüngere Erna Bachmann näher kennenlernte, kam es bald zum offenen Bruch.

Erna Bachmann, am 4. Juni 1894 in Lübeck geboren, war das älteste von sieben Kindern des Redakteurs Franz Otto Bachmann und seiner Ehefrau Maria Friederike, geborene Kock. Am 9. Januar 1920 brachte sie Hausers vierten Sohn, *Friedrich* Adolf, zur Welt. Die Geburt dieses Kindes wird Hauser besonders berührt haben, war doch sein erster Sohn, Eduard Rudolf *Otto,* am 2. August 1918 in Genf verstorben (vielleicht während einer Grippeepidemie). Mit fast 46 Jahren wurde er nun noch einmal Vater. Dem Neugeborenen widmete er 1921 sein Buch »Leben und Treiben zur Urzeit«.

Trotz der zerrütteten Ehe weigerte sich Frau Magdalena Hauser eine Zeitlang, in die Scheidung, die jetzt ihr Mann anstrebte, einzuwilligen. Anfang Vierzig, mußte sie an ihre künftige Versorgung denken. Nach 17 notvollen und konfliktreichen Ehejahren, in denen sie vieles auf sich genommen hatte, einer anderen weichen zu müssen, war für sie besonders bitter. Auf Dauer konnte sie sich aber der Scheidung nicht widersetzen; diese wurde am

21. Mai 1921 vom Amtsgericht des Schweizer Kurortes Interlaken ausgesprochen. Ein Jahr später heiratete Otto Hauser zum dritten Male. In große finanzielle Not geraten, siedelte die geschiedene Magdalena zu ihrem kranken Vater nach Deutschland über, wo sich ihre Spur verliert. Es wirft kein günstiges Licht auf Hauser, daß er seiner zweiten Frau nicht aus ihren materiellen Schwierigkeiten half, obwohl er damals dazu offenbar in der Lage gewesen wäre. Andererseits benötigte er natürlich Geld für die Gründung der neuen Familie. Auch Frau Erna erwartete kein leichtes Leben mit ihm, aber sie war energisch und ließ sich nicht unterkriegen. Ihr Sohn Friedrich Hauser urteilte in einem Brief vom 11. April 1982 über das Verhältnis der Mutter zum Vater: »... sie half ihm sehr bei seiner Arbeit ... begleitete ihn auf den Vortragsreisen ... war seine Sekretärin ... schrieb die Manuskripte ... kümmerte sich um ›Haus, Hof und Kind‹ ... kannte sich in seinen Sammlungen aus ... half bei der Zusammenstellung von Schul- und anderen Sammlungen ... davon lebten wir ja auch ...«

Den Beistand seiner dritten Frau hatte Otto Hauser dringend nötig. Schon längst steckte er wieder tief in seiner Arbeit und mitten in Auseinandersetzungen, die an Heftigkeit und Schärfe alle bisherigen übertrafen. Anfangs wollte er seine Tätigkeit mit der des befreundeten Klaatsch abstimmen. Dieser verstarb jedoch am 5. Januar 1916 während eines Besuches bei seiner Schwester in Eisenach. Wehmütig informierte Hauser Emil Bächler darüber am 21. dieses Monats: »Er hatte immer etwas Herzdefekt und aus früher Jugend eine schwache Lungenstelle, das wusste ich schon seit 8 Jahren, nun kam Lungenentzündung, die hob sich aber dann traten plötzlich grosse Fieber ein, Delirium, er packte seine Kissen und wollte nach Berlin kommen und bald ging er für immer, der aufrechte liebe Klaatsch ...« Ohne den Schutz seines Förderers, dem er am 13. Januar 1916 in der »Frankfurter Zeitung« einen würdigen Nachruf widmete, war Hauser wieder stärker den Attacken seiner Feinde ausgesetzt. Vielleicht hätte Klaatsch auch mäßigend auf ihn einwirken und ihn so vor manchen nachteiligen Folgen seiner ungezügelten Gefühlsausbrüche bewahren können.

Mit dem Professor hatte er eine Arbeit beraten, die er schon 1913/14 ausführen wollte: seine Promotion. Damals bot sich aus zeitlichen und finanziellen Gründen keine Gelegenheit dazu. Nun war die Situation wesentlich günstiger: Er hatte mehr Muße und infolge des erwähnten Sammlungsverkaufs genügend Geld. Seine Schulden in der Schweiz beglich er offenbar nicht, und seine dortigen Gläubiger waren wohl auch nicht in der Lage, ihn dazu zu zwingen. Vermutlich hat er sie auf sein beschlagnahmtes Eigentum in Frankreich verwiesen.

Als Thema für die Promotion wählte er sich sein Lieblingskind, La Micoque. Über seine Grabungen dort besaß er die meisten Unterlagen, während schriftliche Aufzeichnungen über seine anderen Stationen in Frankreich geblieben waren. Mit Unterstützung von Prof. Gerlach wandte er sich wegen der Promotion an die Universität Erlangen.

Aber da gab es im Februar und März 1916 überraschend Widerstände, hinter denen Carl Schuchhardt steckte. Hauser erzählte: »Ich wartete in Nürnberg auf die Ladung zum Examen, als eines Abends ein Professor zu mir in das Hotel kam und mir mitteilte, es seien plötzlich Schwierigkeiten aufgetaucht: es habe jemand gegen meine Promotion in Deutschland protestiert, da ich ›nur Kaufmann sei‹. Der Herr erkundigte sich bei mir, ob ich nicht zufällig Material bei mir habe, das Aufschluß geben könnte über früher schon getätigte Intrigen. Ganz zufällig und zu meinem Glück hatte ich einen ganzen Koffer voller Dokumente mitgebracht, die jeden authentischen Aufschluß über meine Tätigkeit seit meiner Studienzeit gaben. Aus verschiedenen Andeutungen hörte ich heraus, daß die Opposition nur von jenem Berliner Gelehrten mit den ›zwei Seelen‹ herrühren konnte. Und wahrlich, ich hatte nicht daneben geraten. Sofort telegraphierte ich nach Berlin, wo zwei Herren sich zu dem Mann mit der Doppelseele begaben und unter dem Vorwand eines bevorstehenden Sammlungskaufes ein Gutachten über mich erbaten. Der Gelehrte, der noch wenige Tage vorher bei der Universitätsbehörde gegen meine Promotion opponiert hatte, schrieb sofort folgendes Gutachten: ›Berlin, den 2. März 1916. Herr Otto Hauser, der seit etwa 15 Jahren an den wichtigsten diluvialen Fundstätten Südfrankreichs Ausgrabungen macht, hat ein ungemein reiches Material unter g u t e r w i s s e n s c h a f t l i c h e r B e - o b a c h t u n g zutage gefördert; er hat noch beträchtliche Teile seiner Ausbeute, die auch starken finanziellen Wert darstellen, in seinem Besitz und ist eine Persönlichkeit, die besonders angesichts der Schwierigkeiten, in die die Kriegslage ihn gebracht hat, ernste Hilfe und Förderung verdient!‹«[1]

Dieses Gutachten, mit dem sich Schuchhardt selbst widersprach, übermittelten die zwei Herren telegrafisch nach Erlangen. Es wurde am 3. März während einer Senatssitzung vorgelegt und bewirkte, daß Hauser nun grünes Licht erhielt. Man lud ihn für den 22. März zur Prüfung ein. An diesem Tage schickte er Bächler ein Telegramm: »cum laude promoviert!« Er hatte das Doktorexamen »mit Lob« bestanden.

Seine Dissertationsschrift »Über eine neue Chronologie des mittleren Paläolithikums im Vézèretal speziell mit Bezug auf meine Ausgrabungen auf La Micoque« fand Beachtung und Anerkennung. Sogar Carl Schuchhardt bewertete sie recht positiv und nannte sie: »Eine sehr erfreuliche Veröffentlichung!«[2] Angesichts seines vorhergehenden Einspruchs wirkt seine lobende Besprechung merkwürdig. Aber sein Verhalten gegenüber Hauser war immer zwiespältig. In Wahrheit ärgerte es ihn, daß sich Hauser mit seiner Dissertation durchgesetzt hatte, und er scheute sich nicht, diesem am 31. Dezember 1920 zu schreiben: »Ich hielt Sie nicht für geeignet, an einer deutschen Universität zu promovieren, noch im preußischen Staatsdienst angestellt zu werden und habe aus dieser Auffassung Ihren Freunden gegenüber nie ein Hehl ge-

---

[1] *Anmerkungen siehe Anhang am Schluß des Bandes*

macht, so wenig wie meiner vorgesetzten Behörde gegenüber, der Generalverwaltung und dem Ministerium.«[3]

Geradliniger und wohlwollender verhielt sich Prof. Dr. Emil Werth, Geologe, Biologe und Mitarbeiter an der Kaiserlichen Biologischen Anstalt für Land- und Forstwirtschaft. Werth, eine bekannte und geschätzte Persönlichkeit, hatte auf einer Südpolarexpedition sowie in Australien und Vorderindien botanische, zoologische, geografische und geologische Studien getrieben, sich mit dem Eiszeitalter und mit Paläanthropologie befaßt. Daß er Hauser respektierte und dessen Arbeit würdigte, besaß Gewicht und war nicht einfach zu umgehen. »Es ist Hausers großes Verdienst«, betonte er, »unbeirrt von den landläufigen Vorstellungen über die typologische Gliederung des Paläolithikums, aus den Ergebnissen der bisher umfangreichsten an einer paläolithischen Station geleisteten wissenschaftlichen Ausgrabungstätigkeit den Schluß gezogen zu haben, zu dem allein ihn das in seinem Umfange fast unübersehbare Fundmaterial zwang.«[4] Dieser »Schluß« war, das alte Gliederungsschema von Gabriel de Mortillet zu durchbrechen und zwischen Moustérien und Aurignacien als neue Kulturstufe das Micoquien einzuführen.

Emil Werth rühmte auch die Tätigkeit des Schweizers überhaupt: »Die aus reicher Erfahrung eingegebene sorgfältige Hausersche Ausgrabungsmethode kann als vorbildlich für die Praxis des Diluvialforschers gelten. An ihrer Hand lernen wir in der vorliegenden Studie das komplizierte Profil von La Micoque bis in alle Einzelheiten kennen.«[5] Solche Hervorhebung Hausers reizte dessen Gegner Prof. Ferdinand Birkner zu entschiedenem Widerspruch. Wahrscheinlich glaubte er, durch Aufzählung alter Vorwürfe glaubwürdiger zu wirken und daher pauschal schlußfolgern zu können: »Obermaier hat im Jahre 1908 die erste Veröffentlichung über La Micoque ›völlig unwissenschaftlich‹ genannt. Auch über die vorliegende Schrift, die im Wesen nur eine Wiederholung der ersteren ist, läßt sich kein günstigeres Urteil fällen, wenn sie auch von einer deutschen Universität als Doktordissertation angenommen worden ist.«[6]

Darauf antwortete Werth Birkner ironisch mit abgewandelten Bibelsprüchen: »Mir scheint, er sieht den Splitter in des Bruders Auge und wird nicht gewahr des Balkens im eigenen Auge! . . . Der übrige Teil der Ausführungen Birkners«, setzte Werth hinzu, »berührt La Micoque nicht mehr und trägt überdies einen so scharf persönlichen Akzent, daß ich es Hauser selbst überlassen muß, dagegen die Stellung einzunehmen, die er für gut befindet. Ich möchte Birkner und anderen seiner Standesgenossen gegenüber mit den Worten schließen: Wer unter Euch ohne Sünde ist, der werfe den ersten Stein auf ihn!«[7]

Aber Werth vermochte nicht zu verhindern, daß La Micoque und das Micoquien bald zu einem ungewöhnlichen Streitfall wurden. Systematisch entwickelte Hauser seine Vorstellungen über die »Station Nr. 1« weiter und stellte dabei interessante Arbeitshypothesen auf. Was er sich bezüglich des Micoquien, seiner Herkunft und Verbreitung dachte, beruhte auf dem damaligen Kenntnisstand, der noch relativ gering war. Deshalb konnte es gar nicht ausbleiben, daß seine Interpretationen bald von vielen Seiten kritisch beleuchtet und angefochten wurden. Derartige Einwände liegen im Wesen der Sache und sind für eine echte wissenschaftliche Diskussion unerläßlich. Hauser suggerierte sich jedoch die Unanfechtbarkeit seiner Ideen und schoß mit seinen Behauptungen oft beträchtlich über die wirklichen Tatbestände hinaus. Seine Spekulationen galten ihm als Evangelium eigener Art. Wer daran zweifelte, den hielt er für beschränkt und uneinsichtig oder gar für böswillig.

Von 1929–1932 grub Denis Peyrony in La Micoque, wobei er, im Gegensatz zu Hauser, nur 6 verschiedene Schichten erschloß. Die oberste Schicht erkannten Henri Breuil und er als typisches Micoquien an. Henri Breuil gilt übrigens als »Vater« des Micoquien – zu Unrecht, da es Hauser aus der Taufe gehoben hat. Nach seiner Meinung gab es an diesem Fundort nur eine einzige gleichartige Kultur, während Breuil und Peyrony die Artefakte aus den Schichten V und III-I als Tayacien (nach dem Ort Tayac bei Les Eyzies) und Schicht IV als Alt-Moustérien bezeichneten. Dr. Gerhard Bosinski, Professor für Archäologie an der Universität Köln, kam 1970 jedoch nach Untersuchung der Funde Peyronys zu der Überzeugung, »daß in La Micoque mit Ausnahme des nicht klassifizierbaren Komplexes La Micoque I alle Fundschichten dem Micoquien angehören... Das von H. Breuil definierte Tayacien... findet in La Micoque keine Stütze...« Ebenso fehlen »stichhaltige Anhaltspunkte«[8] für ein Alt-Moustérien. Obwohl Prof. Bosinski Otto Hauser überhaupt nicht erwähnte, bilden seine Ausführungen eine glänzende Bestätigung für dessen Annahme, La Micoque repräsentiere insgesamt ein und dieselbe Kultur!

Archäologische Forschungen nach dem zweiten Weltkrieg führten zur Erkenntnis, daß während der mittleren Altsteinzeit nicht nur das Moustérien als Kulturstufe existierte, sondern daß es in Wirklichkeit einen Komplex moustérienähnlicher Kulturgruppen gab. Eine dieser Gruppen war das vor allem in Mittel- und Südosteuropa verbreitete Micoquien. Deshalb stieß Prof. Bosinski unter den Artefakten aus La Micoque auf Typen, die ihm bereits von anderen Fundstätten her bekannt waren. La Micoque, die namengebende Station, verkörpert das westlichste Vorkommen dieser Kultur und zugleich ihr ältestes Auftreten. Als Hauser in seiner »Station Nr. 1« grub, wußten die Archäologen von diesen Zusammenhängen noch nichts. Hauser spürte sie jedoch bereits 1916 auf. Ihm wurde klar, daß viele Werkzeuge aus ehemaligen Altsteinzeitsiedlungen in Deutschland Ähnlichkeiten mit den Micoquegeräten aufwiesen.

Diese Entdeckung erregte ihn. La Micoque war schon etwas Besonderes; das Micoquien und seine weiträumige Verbreitung schien noch wesentlich bedeutsamer. Er wäre nicht der Hauser gewesen, als den ihn Freund und Feind schätzten oder fürchteten, wenn er sich nicht mit aller Energie, Hartnäckigkeit und Verbissenheit auf die heiße Spur gestürzt hätte. Bald sah er an vielen Orten Micoquien, selbst da, wo es nicht vorhanden war, wo nur zufällige Ähnlichkeiten vorlagen oder wo er sich einfach irrte.

Schon 1916 trat er auf Grund der vermuteten deutschen Micoque-Funde für eine von der französischen Typologie möglichst unabhängige neue Klassifizierung der paläolithischen Artefakte ein. Nach Feuersteingeräten aus der ehemaligen Altsteinzeit-Niederlassung Kösten bei Lichtenfels in Bayern sprach er in bezug auf die entsprechenden anderen deutschen Vorkommen vom Typus Kösten-Micoque. Ihm rechnete er zahlreiche paläolithische Fundstellen zu, auch die allgemein bekannten von Ehringsdorf und Taubach bei Weimar sowie Markkleeberg bei Leipzig.

Die Idee von »seinem« Micoquien berauschte ihn geradezu und versetzte ihn fast in Ekstase. In dieser Stimmung schrieb er am 16. März 1916 kurz vor seiner Promotionsprüfung an Bächler einen Brief. Er schilderte darin seinen Auftritt vor der Anthropologischen Sektion der Naturhistorischen Gesellschaft Nürnberg tags zuvor:

»Ich habe in zündender Rede die Leute, die sonst immer apathisch dagesessen haben bei allen Sitzungen – so halt als Mitglied, damit man auch da war – aufgerüttelt ... so, dass sie ganz zusammenzitterten ... Wir haben den glänzendsten Anfang den man sich nur wünschen kann: den Formenkreis ›Kösten-Micoque‹ und zwar in grosser Manufaktvariation ... Es wird nicht schwer sein hier ein beinahe lückenloses genetisches Bild zu schaffen, aber ganz voraussetzungslose, exakte Grabungen sind dazu unerlässlich ... Ich sagte den Herren: ›In Ihrer nächsten Nähe ist Neuland. Die deutsch-österr. paläolithische Forschung hat das Glück, eine ungeheure terra incognita zu besitzen; sie muss und kann sich frei machen von westlicher Schablone, wenn nur erst für Prähistorie und Geologie ehrliche Kräftevereinigung besteht. Westeuropäische Chronologie gibt den Rahmen, aber das durchgearbeitete Bild muss deutsch gezeichnet sein und durch sich selbst wirken ...‹

– – – – tosender Beifall! ... Die Leute sahen mich hier zum ersten Male ›aufgeweckt‹; sie wunderten sich, dass ich das Paläolithikum beherrsche wie der Hindenburg seine Soldaten! Was ist da der Tata für ein armseliger

Wicht, der meint, ich verstehe von Stratigraphie nichts, armes Wurm!«

Mit »Tata« spielte Hauser auf einen alten Freund Heierlis an, Dr. Eugen Tatarinoff, Gymnasialprofessor in Solothurn und Sekretär der Schweizerischen Gesellschaft für Urgeschichte nach Heierlis Tod. Der überhebliche Ton des Briefes läßt ahnen, wie Hauser seine Widersacher künftig zu behandeln und zu titulieren gedachte: als armselige Wichte und arme Würmer! Gegen die Passivität und Interesselosigkeit führender Prähistoriker bezüglich noch ungeklärter typologischer Fragen wollte er nun radikal vorgehen: »... ich räume mit dieser Gleichgültigkeit auf und beschwöre eine Revolution herauf. Das wird köstlich ...«, kündigte er Bächler an. In Wirklichkeit verlor er das Augenmaß und überhob sich. Durch sein aggressives und provozierendes Verhalten entfesselte er einen Sturm gegen sich selbst.

Sogar der getreue Bächler wurde in diesen Konflikt mit hineingezogen. Am 18. April 1916 begutachtete er mit Hauser im Museum Sankt Gallen die Steinwerkzeuge aus dem Wildkirchli, einer Höhle am Ostabhang der Ebenalp des Säntis. Hauser reiste in der Erwartung an, bei Bächler ebenfalls das vorzufinden, was er suchte: den Köstentypus des Micoquien. Nach seiner Ansicht zeigten ihn die Wildkirchli-Geräte »in ganz hervorragend scharfer Ausprägung« [9]. Artefakte von anderen Schweizer Orten charakterisierte er gleichfalls die Kösten-Micoque. Aber Bächler und seine eidgenössischen Kollegen widersprachen. Bächler hielt seine Funde aus dem Wildkirchli für Beispiele eines besonderen »Alpinen Paläolithikums« der letzten Zwischeneiszeit, und davon ließ er sich auch von Hauser nicht abbringen.

Beide nahmen ihre Überzeugungen so ernst, daß ihre persönlichen Beziehungen bald schweren Schaden erlitten. Bedenkt man, was Hauser der Unterstützung durch Bächler alles verdankte, können die Konsequenzen aus dem Streit um sachliche Probleme nur als tragisch bezeichnet werden. Vermutlich fühlte sich Bächler in der Auseinandersetzung durch Hausers aufbrausende Art tief verletzt, und dieser konnte dem langjährigen Vertrauten die Ablehnung seiner Micoque-Ideen nicht verzeihen. Bächlers Widerstand faßte er nicht als redliches Festhalten an eigenen Vorstellungen, sondern als Treuebruch auf. Vom Wert unverrückbarer Treue ist in Hausers Veröffentlichungen und Briefen öfters die Rede.

Der Konflikt zwischen den zwei Landsleuten spitzte sich rasch zu. Am 10. September 1917 erhielt Bächler von der Universität Zürich »in Würdigung seiner hervorragenden Verdienste um die Förderung der Naturforschung in der Ostschweiz« die Ehrendoktorwürde. Hauser sandte ihm daraufhin am 11. September eine Ansichtskarte, auf der er die Anrede wegließ und nur schrieb: »Zur redlichen verdienten Promotion h. c. herzliche Glückwünsche. Dr. O. Hauser.«

Eine Gratulation kann man diesen im Telegrammstil gehaltenen Text kaum nennen. Die Stimmung zwischen den beiden Archäologen war auf dem Nullpunkt angelangt. Ein anderer Umstand kam noch hinzu, auf den mich Heinz Bächler am 24. Februar 1984 hinwies: »Diese Abkühlung der Beziehungen ist (mindestens zu einem wesentlichen Teil) darauf zurückzuführen, dass Hauser seine zweite Frau schlecht behandelte, was Emil Bächler nicht verstehen konnte.« Wie sehr dieser dem Landsmann aber auch wegen des umstrittenen Micoquien gram war, beweisen Zitate aus Emil Bächlers Veröffentlichungen über »Die Forschungsergebnisse im Drachenloch ob Vättis im Taminatale« (1923):

»Immer noch spukt das von *O. Hauser* in der Chronologie der paläolithischen Kulturstufen eingeführte ›*Micoqueien*‹, ein Phantasiegebilde schlimmer Art, weil es nicht die von ihrem Urheber selbst gerühmte Vereinfachung in der Zuweisung der Kulturstufen in das Eiszeitschema bringt, noch schlimmer ist es, *weil ein ›Micoqueien‹ als solches gar keine Berechtigung besitzt* . . . Ein für allemal muß ich auch eine Identifizierung des Wildkirchli mit dem Hauser'schen ›Micoqueien‹ von der Hand weisen.«[10]

Obwohl die meisten Prähistoriker und Geologen ebenfalls Bächlers Ansicht teilten, trat Hauser unbeirrt weiter für die von ihm konstatierte Kultur ein. Ihre Artefakte waren nach seinen Untersuchungen außer in Frankreich und Deutschland auch in Niederösterreich, Mähren, Kroatien, Ungarn, im nördlichen Bessarabien (heute Moldauische SSR) und Polen verbreitet. Daraus rekonstruierte er einen Wanderweg des Micoquien von Osten nach Westen bzw. von Nordosten nach Südwesten. Besichtigungen von mährischen Funden und Altsteinzeitniederlassungen im Herbst 1922 und 1923 sowie im Sommer 1924 bestärkten ihn in seinen Ansichten über Vorkommen und Ausdehnung der Micoque-Kultur. Seiner Meinung nach verkörperten ihre Vertreter einst eine besondere Rasse, die weniger urtümlich als die der Neandertaler gewesen wäre. Die zugewanderten Micoque-Leute hätten diese verdrängt oder sich mit ihnen vermischt. Während der letzten Eiszeit stießen dann die ebenfalls aus dem Osten anrückenden Jäger des Aurignacien auf die ältere Micoque-Bevölkerung, über die sie den Sieg davontrugen und mit deren Frauen sie Kinder zeugten. Daher fänden sich in Frankreich sowohl Skelette und Schädel von »reinrassigen« Aurignacmenschen (Combe Capelle) als auch von Nachkommen der Mischtypen (Chancelade und Crô-Magnon).

Aus diesen von ihm postulierten Zusammenhängen leitete Hauser 1926 vier »Diluvial-Archäologische Entwicklungskreise« ab. Der erste Entwicklungskreis sollte die Funde vom Prächelléen bis zum Moustérien umfassen und auf Neandertaler zurückzuführen sein. Zum zweiten zählte Hauser das Micoquien, das er fälschlicherweise ausschließlich in der letzten Zwischeneiszeit ansiedelte (und das Moustérien nur in der vorletzten Eiszeit, was ebenfalls nicht stimmt). Als Überreste von Micoque-Menschen sah er unter anderem einen Unterkiefer und ein Schädeldach aus den Travertinbrüchen von Ehringsdorf am südlichen Stadtrand von Weimar an – ein gar nicht so abwegiger Gedanke. Diese Funde zeichnen sich nämlich durch eine Mischung von neandertaloiden und moderneren sapiensartigen Merkmalen aus. Sie bezeugen deshalb aber keine eigenständige Micoque-Rasse, wie man heute auf Grund vieler neuer Entdeckungen weiß.

Dem dritten Entwicklungskreis schrieb Hauser Werkzeuge und Waffen des Aurignacien und Solutréen sowie die Aurignac-Leute zu, dem vierten das Magdalénien und die Crô-Magniden (die Menschen von Chancelade eingeschlossen). Jeder der vier Entwicklungskreise beruhte also nach seinen Vorstellungen auf einer besonderen Rasse. So schienen Herausbildung und Verlauf menschlicher Kulturen übersichtlich und schlüssig geordnet. Es war jedoch ein Trugbild, das Hauser, auf zu wenige Funde und Fakten gestützt, voreilig und phantasievoll ausmalte. Dazu zog er auch manche kühnen Hypothesen von Hermann Klaatsch über Abstammung und Entwicklung des Menschen mit heran.

Diesen schwankenden Pfad weitgespannter Spekulationen wollten selbst Fachleute nicht betreten, die Hauser wohlgesonnen waren. Bei zahlreichen Prähistorikern, Anthropologen und Geologen spielten in ihrem Verhalten gegenüber Hauser und seinen Theorien aber noch andere Gründe mit. Viele verübelten ihm sein provozierend selbstbewußtes Auftreten. Außerdem galt er trotz seines Doktortitels noch immer als Kaufmann und Antiquitätenhändler, zumal er weiterhin Funde veräußerte und deshalb mit einer Reihe von Sammlern in Verbindung stand. Für alle jene, die ihn während des Krieges für ihre eigenen Ziele ausgenutzt hatten, war er nun uninteressant geworden. Es gab Widerstände, ihn an einer Universität oder in einem Museum zu beschäftigen. (Er war zum Beispiel als Leiter des Weimarer Museums im Gespräch.) Schuchhardts Erklärung, Hauser sei für eine Anstellung im Staatsdienst ungeeignet, verfehlte sicher ihre Wirkung nicht. Daß er unbequem war, hatte sich allgemein herumgesprochen. Einen so widerborstigen und streitbaren Mann mochte sich keine Institution aufbürden. So wiesen ihm offizielle Stellen die kalte Schulter, und Hauser kam sich wieder einmal verraten und verlassen vor.

Darauf reagierte er in für ihn typischer Weise. Wenn ihn wissenschaftliche Einrichtungen unbeachtet ließen, würde er sie eben auf sich aufmerksam machen und sie zwingen, sich mit ihm auseinanderzusetzen. Unter den günstigeren Bedingungen der Weimarer Republik wuchs der Bildungshunger der bisher gesellschaftlich Benachteiligten gewaltig an. Sie wollten mehr als früher über historische und gesellschaftliche Zusammenhänge Bescheid wissen und die neuesten Erkenntnisse über Herkunft und Entwicklung des Menschengeschlechts erfahren. Dabei richtete sich die Aufmerksamkeit verstärkt auf Zeugen der Vergangenheit, die noch im Boden ruhten und Aufschlüsse über vergangenes Geschehen zu geben vermochten. Wem solche Funde gelangen, der wandte sich in der Regel zuerst an die Museen. Aber deren Mitarbeiter reagierten auf die Anfragen der Laien nicht immer geschickt, zuvorkommend und aufklärend genug und enttäuschten so die wißbegierigen Fragesteller.

Hauser dagegen war stets zu Auskünften und zur Hilfe bereit, wenn man ihn wegen archäologischer Probleme und Funde befragte. »Bei meinen Vortragsreisen in Deutschland«, erklärte er, »habe ich mit aufrichtiger Freude konstatieren können, daß das Interesse an der großen Menschheitsfrage unendlich viel größer ist als gewisse Gelehrtenkreise, die die Wissenschaft nur für sich allein in Pacht behalten möchten, zugeben. Die vielen und klugen Fragen nach den Vorträgen, die Zuschriften aus dem Reiche, die vielen Anfragen und Bitten um allerlei Auskünfte aus dem Felde haben mir bewiesen, daß es zur vornehmsten Pflicht eines Naturwissenschaftlers gehören muß, hinauszutreten in die breiteste Öffentlichkeit. Man ist nicht berechtigt, das aus Erfahrung und Beobachtung gewonnene Wissen nur für sich allein oder einen beschränkten Fachkreis zu verwerten. Jeder denkende Mensch hat vollen Anspruch darauf, belehrt zu werden und Klärung zu finden auf jene großen Fragen, die sein Inneres bewegen ... Und eben deshalb ist es eine Ungeheuerlichkeit, wenn ein Museumsdirektor in seinem Reiche sitzt, als ob er nur zur Ueberwachung seiner Schätze da wäre.«[11]

Bald fühlten sich Hausers beamtete Kollegen durch sein Engagement für archäologisch interessierte Laien allzusehr herausgefordert, unterließ er doch nichts, um ihre

vermeintliche oder tatsächliche Säumigkeit an den Pran-
ger zu stellen. Ihm aber warfen sie vor, er führe sich mit
seinem Unfehlbarkeitsanspruch wie der Papst auf, irre
sich jedoch häufig.

Als der Tischlermeister Adolf Spengler aus Sangerhau-
sen (nach dem später das dortige Heimatmuseum benannt wurde) Hauser um Bestimmung von Artefakten
bat, nahm er das zum Anlaß, ihre Fundorte selbst in
Augenschein zu nehmen. Spengler hatte viele Feuersteine
vom Bahndamm Sangerhausen-Nordhausen aufgelesen.
Über sie schrieb Hauser: »Es erwies sich, daß diese Steine
alle nach der Art paläolithischer Funde bearbeitet waren,
und nach mühseligen Nachforschungen kam man auf den
Ursprungsort dieser Artefakte. Das Schottermaterial für
die Bahndämme der Provinz Sachsen stammte zumeist
aus einer großen Kiesgrube bei T e u t s c h e n t h a l v o r
H a l l e a. d.   Saale. Hier sieht man denn auch die Lagerung der alten Feuersteinwerkzeuge in einer Tiefe von
6 bis 10 Meter. Die Kiesgrube heißt ›Feldbahn‹ und liegt
nahe am Bahnhof der genannten Eisenbahnstation. Viele
Jahrzehntausende sind über Deutschland dahingegangen,
seit da Urweltvölker gehaust und ihre Spuren für uns zurückgelassen haben.

Nach   dieser   ersten   Anregung   fand   dann
G. A. S p e n g l e r im Tale der › G o l d e n e n A u e ‹,
v o n H a l l e b i s z u m e h r w ü r d i g e n K y f f h ä u -
s e r und bis ins U n s t r u t t a l hinein, noch viele Stellen,
an denen ganz ähnliche Feuersteinwerkzeuge aus
Deutschlands Urzeit liegen ... Vom Juni bis September
1921 sind so von mir paläolithische Artefakte aus 3 0
m i t t e l d e u t s c h e n F u n d s t e l l e n f e s t g e s t e l l t
worden.«[12]

Das mangelnde Interesse führender Prähistoriker war
nach Hausers Ansicht schuld daran, daß seit anderthalb
Jahrzehnten waggonweise Artefakte von den herrlichsten
Fundplätzen abgefahren und als Schotter für Eisenbahn-
dämme, Straßen und Wege benutzt wurden. Manche der
Fundorte hielt er für ebenso bedeutsam wie seine Stationen in der Dordogne. Deshalb forderte er Fritz Wiegers

im September 1921 auf, die betreffenden Örtlichkeiten geologisch zu untersuchen, was dieser bald darauf auch tat.

Aber Wiegers schloß sich der Beurteilung Hausers nicht an. Er deutete die Fundplätze als Ablagerungen verschiedener Eiszeiten und die vermeintlichen Feuersteingeräte als natürliche Zufallsprodukte, entstanden durch Pressungen und Quetschungen in den Grund- und Endmoränen des Eises oder bei Umlagerungen in dessen Schmelzwasser. Solche Pseudoartefakte lagen schon seit langem aus eiszeitlichen Kiesen und Sanden Mitteldeutschlands vor. Daher wunderte sich Wiegers: »Es ist mir völlig unverständlich, wie Hauser angesichts dieses Materials von ›den schönsten Feuersteinwerkzeugen‹ und ›von den herrlichsten Fundplätzen‹ sprechen kann, zumal er nicht einmal in der Lage ist, auch nur bei einem Stück die Zugehörigkeit zu einer der bekanntesten Kulturperioden anzugeben.«[13] Vielleicht, vermutete Wiegers, irre sich Hauser, weil er nur über die südwestfranzösischen Fundstellen genauer Bescheid wisse, in denen wegen anderer geologischer Bedingungen keine derartigen Naturprodukte vorkämen.

Bei Hausers Interpretation der artefaktähnlichen Werkzeuge handelte es sich jedoch weniger um ein fachliches, sondern mehr um ein psychologisches Problem. Offenbar wollte er den offiziellen Vertretern von Archäologie und Vorgeschichte beweisen, daß sie es mit der Pflichterfüllung nicht so genau nahmen und sich zuwenig um Entdeckungen kümmerten, die er als bedeutsam ansah. Während es ihm als uneigennützigen, aber nicht beamteten und aus diesem Grunde in Not geratenen Forscher nur um die Sache selbst ginge, hätten die Herren in Amt und Würden vor allem ihr Prestige und ein geruhsames Dasein im Sinn. Aus dieser Beschaulichkeit wollte er sie aufschrecken. Wohl noch schwerer wog, daß er die Flucht aus Frankreich und die Enteignung seines dortigen Besitzes nicht zu verwinden vermochte. Aus diesem Grunde bereitete es ihm Genugtuung, wenn er in Deutschland auf Fundplätze aufmerksam machte, die in seinen Augen mit den französischen wetteifern und die Grundlage für eine deutsche Systematik altsteinzeitlicher Kulturen liefern konnten. So versuchte er, die französische Klassifizierung des Paläolithikums zu relativieren und deren regional beschränkte Gültigkeit hervorzuheben. Im Prinzip hatte er damit recht, obwohl seine Argumente wegen zu geringer Fakten auf schwachen Füßen standen.

Mit Hilfe seiner Hypothesen zimmerte er sich ein Bild urgeschichtlicher Entwicklungen, das zwar nur teilweise der Wirklichkeit entsprach, ihn aber vor Verzweiflung bewahrte und erneut ins öffentliche Gespräch brachte. Sicher haben nur wenige diese Hausersche Psychotherapie durchschaut. Auf sie durften sich die Prähistoriker natürlich auch nicht einlassen. Sie opponierten meist kräftig, wo Hauser klar über das Ziel hinausschoß. Gegen Widerspruch war dieser schon immer sehr empfindlich gewesen. Nun nahm er gegenteilige Meinungen noch viel persönlicher. Er deutete sie generell als Zweifel an seinen Fähigkeiten. Seine Reaktionen blieben deshalb nicht im Rahmen des Sachlichen, sondern uferten ins unkontrolliert Emotionale aus.

Zu besonders heftigen Auseinandersetzungen kam es um Funde aus der Lausitz. Als Hauser am 4. Februar 1925 vor der Anthropologischen Gesellschaft in Görlitz einen Vortrag hielt, zeigte ihm der Arbeiter Paul Bräuer aus Löbau einige artefaktverdächtige Feuersteine. Hauser glaubte, es seien micoqueartige Geräte. Er besuchte daraufhin im April die Fundorte rund um Löbau, stellte die angeblichen Steingeräte in Veröffentlichungen vor und präsentierte sie im Herbst in einer Ausstellung des Naturkundlichen Heimatmuseums Leipzig. Dort begutachtete sie auch Wiegers und lehnte ihre Echtheit in Bausch und Bogen ab. Seinem negativen Gutachten schlossen sich der Direktor des Landesmuseums für Vorgeschichte in Dresden, Dr. Bierbaum, und andere Fachleute an. Jetzt wandten sie sich gemeinsam gegen Hauser und zahlten ihm seine unqualifizierten Angriffe auf ihre Weise heim. Wiegers schrieb Artikel gegen Hausers Funddeutungen, und der Vertrauensmann für Bodenaltertümer der Sächsischen Oberlausitz, Dr. Frenzel, warnte vor dem Kauf Hauserscher Sammlungsstücke in der »Sächsischen Schulzeitung« und der »Leipziger Lehrerzeitung« – ein Verfahren, das Kurt Braune, Leiter der Prähistorischen Abteilung am Naturkundlichen Heimatmuseum Leipzig, empört als »planmäßige Hetze« [14] bezeichnete.

Diese Eskalation persönlicher Anschuldigungen wäre wahrscheinlich unterblieben, wenn sich Paul Bräuer offener und ehrlicher verhalten hätte. Im Auftrag und auf Kosten Hausers fuhr Karl Brandt im Herbst 1929 nach Löbau und sah bei Bräuer Artefakte, die der Finder noch niemandem gezeigt hatte. Nach Überzeugung von Brandt, Dr. Frenzel und einer extra gebildeten Kommission waren das echte Werkzeuge. Karl Brandt schätzte ihre Gesamtzahl auf 60 bis 70 – gegenüber rund 10 000 anderen wertlosen »Sammlungsstücken« Bräuers ein sehr geringer Prozentsatz. Ebenso wie Hauser nahm Brandt an, daß diese Geräte durch das vorrückende Eis aus Wohnplätzen nördlich des heutigen Löbau verfrachtet und dann an verschiedenen Stellen abgelagert worden wären. Ihr Alter und ihre kulturelle Zugehörigkeit sind jedoch unklar geblieben, und der Streit um ihre Echtheit ist noch nicht endgültig entschieden. Er müßte an Hand bestimmter Bräuerscher Funde in den Museen von Dresden, Löbau, Bautzen und Bremen sowie durch Vergleich mit eventuellen Neuentdeckungen in der Lausitz zu Ende geführt werden.

Aus Kies- und Sandgruben erhoffte sich Hauser auch weiterhin wichtige Funde. Ende der zwanziger – Anfang der dreißiger Jahre suchte er mit Hörern seiner Volkshochschulkurse die Umgebung von Berlin nach altsteinzeitlichen Werkzeugen und Geräten ab. Dabei wurden eine Menge »brandenburgischer Paläolithe« zusammengetragen, über die Hauser in Zeitungen und Zeitschriften berichtete. Auch diese Feuersteine waren offenbar fast alle Pseudoartefakte. Er gab sie jedoch, wie schließlich alle entsprechenden Entdeckungen aus Kies- und Sandaufschlüssen, als Zeugnisse des Micoquien-Ehringsdorfer-Formenkreises aus. Begeistert teilte er Karl Brandt in einem Brief vom 30. Mai 1930 mit: »Eben war einer meiner Hörer bei mir und brachte ganz aus meiner Nachbarschaft wunderbares Micoquien, ganz herrlich.« Resigniert schrieb Brandt dazu an den Briefrand: »Ich kann ihn einfach nicht davon abbringen. Er sieht anscheinend was er wünscht.«

Je weniger Anhänger Hauser auf seinen Irrwegen begleiteten, desto mehr glaubte er sich verkannt und bedroht. Manche Äußerungen in seinen Briefen sprechen von Verfolgungsängsten, die wahnhaften Charakter anzunehmen drohten. Auf alle, die enger mit ihm vertraut waren, wirkte diese Entwicklung wie der Ausgang einer Tragödie, die sich mit einer Groteske vermischte. Denn grotesk war es, wenn sich Hauser auf seine jahrzehntelange Erfahrung als Archäologe berief und zugleich Urteile über prähistorische Zusammenhänge und vermeintliche Artefakte fällte, die aus leicht einsichtigen Gründen falsch sein mußten. Wie er gegen Ende seiner Tage auftrat, bestimmte bei vielen die Meinung über sein gesamtes Leben und Tun und gab scheinbar jenen recht, die schon seit den ersten Spatenstichen in Vindonissa seine Qualifikation als Ausgräber und Wissenschaftler bestritten hatten.

DER SCHRIFTSTELLER

Ein beträchtlicher Teil von Hausers Wirksamkeit beruhte auch auf den an ein breites Leserpublikum gerichteten Veröffentlichungen, mit denen er gleichfalls bemerkenswerte Erfolge erzielte.

Hausers Fähigkeit, Ausgrabungen, Entdeckungen und früheres Geschehen lebendig, anschaulich und interessant zu schildern, zeigte sich bereits in seiner ersten Publikation, dem Bericht über das »römische Militärhospiz« auf der »Hasel« bei Baden. Für lange Zeit blieb das die einzige Veröffentlichung dieser Art. Die mit den eigenen Grabungen verbundenen Opfer an Zeit und Geld sowie die Sorgen und Nöte, die ihn immer wieder bedrückten, hinderten ihn dann jahrelang an solcher schriftstellerischen Tätigkeit. Was er über Vindonissa, seine Ausgrabungen im Périgord und als Führer zu den Fundorten herausbrachte, war mehr eine nüchterne Zusammenstellung von Fakten ohne besondere erzählerische Gestaltung. Das betraf auch seine Artikel über den Homo mousteriensis und aurignacensis. Erst nach seiner Flucht aus Frankreich drängte es ihn, als Schriftsteller die eigenen Erlebnisse, Erfahrungen, Ansichten und Leistungen ins rechte Licht zu setzen.

Den Anfang bildete in dieser Beziehung sein Buch »Der Mensch vor 100 000 Jahren«, dessen erste Auflage 1917 im renommierten Brockhaus-Verlag erschien. (1918 wurde es ebenfalls in Stockholm herausgegeben.) Der Inhalt des Buches ist wesentlich umfassender, als es sein Titel zum Ausdruck bringt. In lockerer Aufeinanderfolge erzählte Hauser von seiner ersten Fahrt in die Dordogne, von den Verhältnissen und Menschen im Périgord, den Fundstätten im Vézèretal und den systematischen Arbeiten ab 1905/06, der Entdeckung und Bergung der Skelette, den Forschungen in La Micoque, Laugerie-Basse und -Haute sowie anderswo. Beredt schilderte er die »Opferstätte«, den Verlauf der Eiszeiten, Menschen, Werkzeuge und Lebensweisen während des Paläolithikums, künstlerische Schöpfungen aus dieser Zeit, die Entwicklung der damaligen Kulturen, die »Kunst der Ausgrabung« usw. Insgesamt bot er also vieles und vielerlei, unterhaltsam und abwechslungsreich, Gefühl und Verstand gleichermaßen ansprechend. Noch niemand vorher hatte so schwungvoll, enthusiastisch und mitreißend über Urgeschichte berichtet. Für andere Gebiete gab es freilich schon eine allgemeinverständliche, fesselnde, vielgelesene Literatur. Wilhelm Bölsche zum Beispiel gewann eine große Leserschar für biologisch-naturwissenschaftliche Sachverhalte, und Bruno H. Bürgel begeisterte zahlreiche Menschen durch seine astronomischen Bücher, in denen er sehr verschiedene Gestaltungsmöglichkeiten nutzte.

Gefördert durch den gewaltigen Aufschwung von Wissenschaft und Technik seit der zweiten Hälfte des 19. Jh., war das allgemeine Bedürfnis nach Aufklärung, Informationen und Erkenntnissen ständig gewachsen. Man wollte jedoch nicht trocken belehrt, sondern einfühlsam und verständlich unterrichtet werden. Als Ausgräber, Entdecker und Augenzeuge besaß Hauser dabei gegenüber seinen Lesern eine besondere Autorität. In seinen Publikationen finden sich die wesentlichsten Merkmale moderner Sachliteratur, die mitunter journalistisch geprägt ist. Durch eigene Fotos der Grabungsstätten und Funde erfüllte er die Leserwünsche nach authentischen, dokumentarischen Bildern. Ob er mit allen seinen Hypothesen tatsächlich ins Schwarze traf, empfanden die Leser wohl gar nicht als so wichtig. Bereitwillig ließen sie sich von ihm in seine Arbeit und das Leben der Eiszeitmenschen einführen und mit Land und Leuten im Périgord bekanntmachen. Von den meisten Fachgelehrten wurden seine Bücher und Broschüren allerdings nicht beachtet, weil es keine wissenschaftlichen Abhandlungen im strengen Sinne des Wortes waren. Selbst populäre Bücher zu schreiben, hielten sie vielfach für unangemessen und unter ihrer professoralen Würde. Hinter solchem Hochmut verbarg sich freilich oft das Unvermögen, Fakten und Zusammenhänge ähnlich wie Bölsche, Bürgel und Hauser darstellen und vermitteln zu können.

Carl Schuchhardt ging als einer der wenigen Gelehrten auf Hausers Start als populärwissenschaftlicher Schriftsteller oder, wie man nach neuerer Terminologie sagen könnte, als Sachbuchautor, ein. »Die verehrte ›Vossische Zeitung‹«[1], begründete er seine Stellungnahme, »wünscht eine Aeußerung von mir über Otto Hausers vielgelesenes kleines Buch ›Der Mensch vor 100 000 Jahren‹. Es ist erfreulich«, fuhr er fort, »daß solch ein Thema heute so starke Beachtung findet. Das war nicht immer so. Es gab viel Gleichgültigkeit und Mißtrauen.« Dann skizzierte er den Werdegang des Verfassers und erkannte an: »Hauser ist ein guter Feuilletonist. Er versteht die Kunst, in erzählender Form den Leser einzuführen und zu fesseln.« Als kritikwürdig hob er demgegenüber hervor: »Hauser ist etwas schnellfertig mit weittragenden Hypothesen, sei es, daß er sie von anderen übernimmt oder selber kühnlich aufstellt.« Und durch seinen Umgang mit dem Verfasser wußte er: »Leute, die zu Steigerungen, zu Uebertreibungen neigen, pflegen hier und da einen mißtrauisch prüfenden Blick auf ihre Zuhörer zu werfen, ob sie auch gläubig folgen oder etwa jemand zu zweifeln oder gar zu spotten beginne. Aehnliches bemerken wir bei Hauser . . . Gegen solche Abtrünnigkeit wehrt sich Hauser gewöhnlich im voraus, indem er sich in die Brust wirft: ›So schuf ich mir einen sicheren Blick und ein voraussetzungsloses Urteil.‹« Etwas gönnerhaft fügte Schuchhardt hinzu: »Aber wir wollen nicht undankbar und ungerecht sein. Hauser ist ein Mann der Tat, der sein Ziel erreichen will. Ein solcher ist anders konstruiert als feingeistige Philosophen oder Philologen.«

Als »Feingeist« war Schuchhardt jedoch verärgert, daß Hauser »nur seine eigenen Ausgrabungen« beschrieben und nicht einmal erwähnt hatte, wo sich die Skelette des Mousteriensis und Aurignacensis nun befanden. »Auch

---

[1] *Anmerkungen siehe Anhang am Schluß des Bandes*

darin zeigt sich wieder der robuste Ichmensch, der nur sich kennt und was er geschaffen.« Die Besprechung schloß Schuchhardt mit der mahnenden Warnung: »Hauser kündigt weitere Schriften von sich an, auch ein Handbuch der Paläolithik. Möge er bei ihrer Abfassung bedenken, daß seine Stärke bis jetzt liegt in der Erzählung seiner eigenen Erfahrungen, daß aber zu allgemein-wissenschaftlicher Darstellung eine Objektivität gehört, die nur durch umfassenden Ueberblick und rücksichtslose Selbstkritik erworben wird.« Genau das lag aber gar nicht in Hausers Absicht. Er wollte vor allem darüber schreiben, was e r für richtig hielt, und dabei keine Selbstkritik üben, sondern sein Licht leuchten lassen!

In »Urmensch und Wilder« (Untertitel: »Eine Parallele aus Urwelttagen und Gegenwart«) ging es Hauser um den Nachweis, daß urweltliche Bräuche, Verhaltensweisen, Techniken usw. noch heute bei manchen »Naturvölkern« anzutreffen sind. Er erläuterte das durch Vergleiche in bezug auf Wohnung, Nahrung, Feuernutzung, Waffen, Jagd, Kleidung, Schmuck, Sprache, soziale Gliederung, Kunst und Kult. Dazu begab er sich auf das weite Feld der Völkerkunde, wobei er das ethnologische Material der Zusammenarbeit mit seinem »lieben Freunde Dr. med. Adolf Heilborn« [2] verdankte. Gerade zu einer Zeit, als er wegen des sich abzeichnenden Verlustes seines Eigentums in Frankreich, wegen der Streitigkeiten um die Kultur des Micoquien und anderer Widrigkeiten besonders angespannt, reizbar und aggressiv war, gelangen ihm überraschend poetische und romantische Schilderungen, die freilich unserem heutigen Geschmack nicht mehr so recht entsprechen:

»Man muß jene Silbernächte des Südens miterlebt haben, um zu verstehen, welchen Eindruck der Vollglanz des Nachtgestirns im wenig komplizierten Geiste des Altsteinzeitmenschen ausgelöst haben muß. Nach der Hochglut des Tages bringt die Dämmerung Kühlung. Am Ufer des Flusses steigen leichte Nebel auf und weben einen zarten Schleier zwischen Wasser und Ufer, als ob das Gesicht der steigenden Nacht zu verhüllen wäre. Die Felsen der alten Siedlungen versinken allmählich im Graudunkel der Nacht, und die Gegend nimmt spukhafte Gestalt an. Da hellt sich langsam die Kuppe eines Felsens, ihre Konturen werden erkennbar, auf dem Wasser spielt tanzend und hüpfend ein silberner Schein – über den grauen Hang kommt das Licht und steigt, bis schließlich in wunderbarer reiner Klarheit hoch über der Landschaft der volle Mond ersteht.

Eine neue Welt geht auf, die Welt der Nacht, und sie hat ein ganz anderes Gesicht als die Welt des Tages. Neugierig guckt da das Nachtgestirn in eine Grotte – zündet dort in alle Ecken, huscht wieder weiter ... dort über dem alten Abri zeigt sich der Schattenriß eines Urmenschen: ein großmächtiger Schädel mit fliehender Stirn und zurückweichendem Kinn. Scharf zeichnet der Mond die Umrisse aus dem Fels heraus, das Bild ist wie der Kopf des Moustiermenschen – eine Vision aus dem Reiche der Vorwelt: Hoch über den alten Grotten, in denen noch heute unzählige Schätze verborgen im Erdboden ruhen, erscheint im Jahr ein paarmal, durch den Vollmond geweckt, der alte Urmensch wieder. Er sieht sich sein millionenjähriges Reich an. Von Crô-Magnon aus habe ich manchmal den alten Burschen zeigen können, und wem das Glück geblüht hat, Les Eyzies im klaren Mondglanz zu sehen, hat mit mir bewundernd vor dieser Vision gestanden. Und wer die Stimmung begriff, dem habe ich wohl auch meinen Wagen angekurbelt, und wir sind in mitternächtlicher Stunde langsam, geräuschlos an den Felswänden entlang geglitten, straßauf, straßab um Kurven und Ecken, unter uns das silberglänzende Band der alten Vézère, nach Moustier hin und zurück nach den Laugerien: mit uns allen war wortloses Staunen, wir sind den huschenden Schatten gefolgt, vermeinten zu sehen, wie die alten Grotten sich wieder belebten, das Land in heilige Stille gehüllt, kein Ton des Lebens, von weitem nur ab und zu eines Käuzchens Schrei – und mit uns das ruhige, gleiche Lied des Motors.«[3]

Infolge der kriegs- und nachkriegsbedingten Umstände erschien »Urmensch und Wilder« zuerst in Schweden und dann in Deutschland, ausgestattet mit Zeichnungen des Berliner Künstlers Carl Arriens, der eine Reihe Hauserscher Publikationen illustrierte.

Hauser wandte sich auch ganz bewußt an Jugendliche, weil er wußte, daß diese für seine Grabungen und alles, was damit zusammenhing, leicht empfänglich und begeisterungsfähig waren. In seinem Buch »Leben und Treiben zur Urzeit« schilderte er die Ausgrabungen als Abenteuer besonderer Art, den Bedürfnissen der Jugend entsprechend, die selbst gern an spannenden Unternehmungen teilnehmen und sich bewähren will. Wieder schritt Hauser die schon in den vorhergehenden Büchern aufgegriffenen Themen ab, aber variiert, anders zusammengestellt, mit neuen Akzenten versehen und eben jugendgemäß:

»Mit meinen kleineren und größeren Lesern werde ich in Höhlen und Grotten hinabsteigen; Nachtvögel und Fledermäuse können uns nicht abschrecken, uns gruselt nicht. Immer werden wir etwas entdecken, nie werden wir uns vertreiben lassen. Wir wollen tief in den Boden eindringen; zusammen ausgraben, Felsblöcke sprengen und hineinschauen in die geheimnisvollen Tiefen alter, längst verschollener Zeiten. Ich werde die leblosen Steine zum Reden bringen. Sie sollen die herrlichen Gegenden des Urzeitparadieses vor unseren Augen erstehen lassen, und ihr sollt sehen, wie es vor mehr als 100 000 Jahren auf unserer Erde ausgesehen hat. Mit Hacken und Spaten, Schaufeln und Schiebkarren wollen wir uns wappnen, dazu mit dem freudigen Mut des Forschers und Suchers. Jungfrohes Hoffen soll uns die Fron der täglichen Mühe erleichtern, und die Arbeit im Schweiße des Angesichts wird sich in Freude verwandeln, wenn wir die ersten Erfolge sehen.«[4]

Sicher fühlte sich Hauser geschmeichelt, als ihn der Verlag Hoffmann und Campe bat, ein Buch für seine Reihe der »Lebenswerke« zu schreiben. Die neue Veröffentlichung erhielt den Titel »Ins Paradies des Urmenschen. Fünfundzwanzig Jahre Vorweltforschung«. Selbstbewußt hob Hauser hervor: »Wenn ich auch noch nicht im Greisenalter stehe, sind mir mit meinen 46 Jahren doch Erfolge beschieden gewesen, die dieser ›Lebenswerke dritten Band‹ vollauf rechtfertigen.« Er wollte »nicht nur von den Freuden« eines »Forscher- und Entdeckerdaseins« plaudern, sondern auch von den »vielfachen Hemmnissen«, die er »aus dem Wege zu räumen gezwungen war«[5].

Erstmals berichtete er etwas ausführlicher von seiner Kindheit und Jugend, den Ausgrabungen in der Schweiz und den Verhältnissen in Südwestfrankreich um die Jahrhundertwende. Daran schloß er Grabungen und Entdeckungen im Périgord an, ließ sich über Freunde und Feinde, Unterstützungen und Widerstände, Kosten, Gewinne und Verluste aus, schilderte die Auseinandersetzungen um die Lehre von Abstammung und Entwicklung des Menschen, seine Promotion, den Kampf um das Micoquien und die Anerkennung deutscher Kiesgrubenfunde. Eine Biographie im eigentlichen Sinne war das nicht, ebensowenig ein systematisch und umfassend dargestelltes Lebenswerk. Allzu Persönliches und Privates blieb verborgen. Genaueres über Herkunft, Eltern und Großeltern erfährt man nicht; die drei Ehefrauen und die Söhne werden mit keinem Wort erwähnt. Statt dessen charakterisierte sich Hauser als den zwar erfolgreichen, doch ständig von Mißgunst, Neid und Feindschaft verfolgten Archäologen, wobei er nicht zu Unrecht darauf verwies, »daß die Steine, die man auf meine Bahn rollte, nicht so sehr mich trafen und hinderten, als die Sache«[6]. Auf die Fundstätten im »Paradies der Urzeit« nahm er diesmal nur knapp Bezug. Offenbar wollte er nicht wiederholen, was er schon in seinen anderen Büchern erläutert hatte. Dennoch liest sich die biographisch-archäologische Mischung meist kurzweilig und spannend, nicht zuletzt deshalb, weil sie Hausers Wesen, Verhaltensweisen und Ansichten besonders deutlich macht.

Nach diesen Sachbüchern schrieb Hauser die Erzählung »Dort wo der Menschheit Wiege stand!«. Ihre Haupthelden sind Hermann Crusius, außerordentlicher Professor für Anthropologie an einer deutschen Universität, und der früh verwaiste Karl Lenz, Schüler und »Pflegesohn«

des Professors. Crusius ist Hermann Klaatsch nachgestaltet, trägt aber ebenfalls Züge Otto Hausers, der sich wohl zugleich als Karl Lenz fühlte. Daneben tauchen andere, Hauser gut bekannte Personen auf: sein erster Vorarbeiter Leyssales, dessen Sohn Gabriel, die »Alte von Le Moustier« und Adolf Heilborn als Klarborn, Professor für Anthropologie und außerdem Südseeforscher.

Crusius und Lenz suchen schon seit längerer Zeit im Vézèretal nach den Überresten von Altmenschen. Endlich stoßen sie in einem Abri auf Schädel und Skelett eines Neandertalers. Der Fund bestätigt die Voraussagen von Crusius – Klaatsch über Aussehen und Gestalt früher Menschenformen und rechtfertigt damit den Gelehrten gegenüber seinen Gegnern. Deren Sprachrohr ist der junge, an jesuitischer Schule erzogene Ludwig Haller. Als ehrgeiziger, gerade promovierter Anthropologe zieht er unter dem Decknamen »Anthropos« in Artikeln unermüdlich gegen Crusius und dessen ketzerische Ansichten zu Felde. Gönner und Förderer Hallers sind Geheimrat Benz, Verleger einer stark kirchlich geprägten Zeitung, und der Redakteur Dr. Schumann. Aber alle ihre gemeinsamen Machenschaften helfen nichts, dank des Skelettfundes bleiben Crusius und seine gute Sache am Ende doch siegreich. Selbst Haller, der auf Eva, die Tochter von Crusius, angesetzt und durch ihre Reize beinahe in seinem Vorhaben, dem Vater zu schaden, wankend wird, vermag daran nichts zu ändern und muß schließlich dem biederen, zuverlässigen Karl Lenz den Platz zu Evas Seite überlassen. Das Happy-End feiert Crusius mit einer pathetischen Rede an das junge Paar, in der Hauser sein eigenes Credo zum Ausdruck bringt:

»In der Erde Schoss ruht die Wahrheit, dort allein finden wir Kraft und Erfüllung ... nichts wird zum ›Wunder‹, alles ist eisern Gesetz.

Den Menschen, den ich in alter, grauferner Vergangenheit Schicht hob, er war Lebewesen; klein, schwach im Vergleich zu den Tieren, von denen er Nahrung und Unterhalt suchte, aber was in ihm wohnte, war Keim zur Entwicklung. Und das, meine Freunde, ist ›Schöpfung‹,

das ist erhabene Lehre, dass in dem plumpen Primitiv-
menschen ein Etwas steckt, das ihn vom Tiere abzog, in
höhere Bahnen trieb.

Daseinskampf bestimmte die Formen, die er äusserlich
annehmen musste, Anpassung bildete einst sein Denken
und liefert uns die Beweisführung, deren wir bedürfen,
dass ein hohes Gesetz der Natur Umbilden und Fortschritt
erzwang.

Ueberall wo wir hinsehen ist Werden und Wachsen,
Entwickeln in und um uns.

Glücklich der Mensch, der sich durchgerungen hat, die
Wahrheit zu sehen; dann findet er Gottum im reinsten
Sinne.«[7]

Durch Erkenntnis der Wahrheit »Gottum« zu finden –
das war auch Klaatschs Glaube. Am Schluß seiner Studie
über »Entstehung und Entwicklung des Menschengeschlechts« (1902) führte er aus: »Wenn Gott der Inbegriff
der Wahrheit ist, so muß auch jegliche Erforschung der
Wahrheit als ein Gottesdienst gelten.«[8] Aber weder
Klaatsch noch Hauser meinten das religiös-christlich,
sondern philosophisch-pantheistisch, von der Vorstellung
ausgehend, Gott sei keine Person, das Göttliche liege jedoch allem und jedem zugrunde. Pantheistischen, auf den
Philosophen Spinoza (1632–1677) zurückgehenden Lehren hatte Goethe ebenfalls angehangen. Sie wurden von
vielen Wissenschaftlern geteilt, auch von Wilhelm Bölsche, Bruno H. Bürgel und Adolf Heilborn. Im philosophischen Sinne vertraten diese also keinen konsequenten
Atheismus und Materialismus, obwohl sie sich kirchlich-
konfessionell nicht gebunden fühlten und der katholischen wie evangelischen Kirche distanziert oder ableh-
nend gegenüberstanden.

Die Entwicklung der Lebewesen und insbesondere die
des Menschen beschäftigte Hauser immer wieder. »Dort
wo der Menschheit Wiege stand« blieb allerdings sein einziger Versuch, dem großen Thema belletristisch gerecht
zu werden. Schöngeistige Literatur im eigentlichen Sinne
war nicht Hausers Stärke. Seine Erzählung ist nicht ohne
Spannung und interessantes Lokalkolorit. Motive, Cha-

raktere und Verhaltensweisen sind jedoch meist klischee-
haft angelegt, die Dialoge wirken teilweise gespreizt, höl-
zern und pathetisch.

Bemerkenswerter war ein anderes Unternehmen, weil
es zeigte, daß sich Hauser bemühte, mit den jeweils mo-
dernsten Mitteln sein Anliegen publik zu machen. Er
nutzte die Möglichkeiten, die nun der Film bot. Ende September 1923 war sein »Schöpfungsgeschichte« genannter
Stummfilm fertiggestellt. Bei den Aufführungen gab Hauser selbst die nötigen Erklärungen. Leider ist der Film
später anscheinend verlorengegangen. In seinen zahlreichen Veröffentlichungen erwähnt ihn Hauser merkwürdigerweise nicht. Dennoch fand der Film zumindest zeitweilig eine starke Resonanz. Aus Karlsbad teilte Hauser dem
Urologen Dr. Fritz Böhme in Dresden, mit dem er wegen
Fundverkäufen häufig korrespondierte, am 31. März 1924
mit:

» . . . ich mußte nach Bodenbach um da im besten Kino
in 4 Tagen je 2x zu meinem Film zu reden. Ohne mich nur
zu fragen, hat der Theaterbesitzer prolongiert & aus den 8
Vorträgen nunmehr 5 Tage à 4 Vorträge gemacht. 20 Mal!
In alle Vorstellungen zusammen bringen wir mehrere tausend Hörer . . .«

Am liebsten wäre es ihm gewesen, wenn eine Firma
den Film übernommen und ihm die Rechte für die Aufführungen abgekauft hätte. Bemühungen in dieser Richtung schlugen jedoch fehl. Darüber berichtete er
Dr. Böhme in dem Brief vom 31. März: »Die Film-Firma
Nitsche Leipzig wollte den Film haben, aber irgend ein
dort sitzender ›wissenschaftl.‹ Beirat hat ihn verekelt.« Es
gelang ihm auch nicht, Geldgeber für weitere »Kultur-
filme« zu gewinnen. Die »Schöpfungsgeschichte« konnte
er aber noch öfters in verschiedenen Städten vorführen.
In seiner Broschüre »Was ist Urgeschichte?« (1923) verwies Hauser darauf, »daß als Gegengewicht zu meinen
nun im Entstehen begriffenen naturwissenschaftlichen
Filmen eben in der Schweiz eine Aktiengesellschaft begründet worden ist mit dem handelsgerichtlich eingetra-
genen Ziel, Filme zu bauen, die ›Moral und Bildung auf

dem Boden der katholischen Weltanschauung fördern‹ –
das ist wohl deutlich genug, und alle Anzeichen sprechen
dafür, daß auch auf anderen Gebieten der Kampf um die
Wahrheit erneut einsetzen wird.«[9]

Ob es sich bei der Schweizer Aktiengesellschaft tatsächlich um eine Reaktion auf seine Absicht handelte, naturwissenschaftliche Filme zu drehen, darf bezweifelt werden. Hauser glaubte ja, von überallher gäbe es gezielte
Aktionen gegen ihn und seine Bestrebungen. Um seine
Ansichten auf verschiedene Weise verbreiten zu können,
knüpfte er Verbindungen zu einem proletarischen Verlag
an, der ihm politisch kaum nahestand, mit dem er sich
aber in der antiklerikalen Haltung eins wußte. Die »Buchhandlung ›Freiheit‹ G. m. b. H. « in Berlin, in der auch
»Dort wo der Menschheit Wiege stand« erschien, brachte
1922 die Hauserschen Broschüren »Die Urentwicklung
der Menschheit«, »Der Aufstieg der ältesten Kultur«, »Urwelttiere« und »Gebräuche der Urzeit« heraus. Sie enthalten manche Äußerungen, die man so von Hauser nicht erwartet hätte. In »Die Urentwicklung der Menschheit«
heißt es zum Beispiel mit Anspielung auf das Festhalten
am »Märchen von Adam und Eva«:

»Die sozialistische Jugenderziehung ist
gerade dazu berufen, hier Wandel zu
schaffen. Es ist ein Unsinn zu behaupten, das Volk
könne nur durch die Weiterführung der alten Glaubens-
sätze im Zaum gehalten werden. Es gibt höhere Gesetze
als die von Menschen gemachten Kirchenverordnungen:
die Naturgesetze. Nach ihnen allein entsteht das Leben
und damit der Mensch. Ich glaube nicht, dass wir gerade
auf das ›Geschöpf nach Gottes Ebenbilde‹ besonders stolz
zu sein brauchen; denn was diese Ebenbilder in dem
furchtbarsten aller Kriege geleistet haben, und was wir an
Unterdrückung des freien Denkens durchmachten und
immer noch erleben, macht dieses ›Ebenbild‹ zu einer
Zerrgestalt ... Wenn die Jugend erkennt, wie ungeheuer
wichtig es ist, dass im Aufbau der Pflanzen, Tiere und
Menschen eherne Gesetze bestehen, die einfach von keiner menschlichen Unbotmässigkeit umgestossen werden

können, so wird sie inne werden, wie sie nur vorwärtskommen kann, indem sie sich in einer bestimmten Disziplin selber den Naturgesetzen unterwirft.«[10] Offenbar wähnte Hauser, daß dadurch auch die schwierigsten gesellschaftlichen Probleme zu lösen wären. Damit ging er freilich an den existierenden Machtverhältnissen in Staat und Gesellschaft vorbei.

Verwunderlich ist Hausers Bezug auf die s o z i a l i s t i - s c h e Jugenderziehung, denn mit sozialistischem Gedankengut und der Arbeiterbewegung war er sicher nicht vertraut. Hier machte er vermutlich dem Verlag Zugeständnisse und schwamm auf der Woge gerade vorherrschender Ideen mit. Sein Urteil über den ersten Weltkrieg unterscheidet sich außerdem sehr von vorhergehenden Äußerungen. »Gross ist Deutschland, gross seine gute Sache, würdig und edel die Haltung des ganzen Volkes«, hatte er am 5. Februar 1915 aus Berlin an Emil Bächler geschrieben. Durch Verlauf und Ausgang des Krieges war er ernüchtert worden und zu realistischeren Einsichten gelangt.

Ab 1923 erschienen die erwähnten Broschüren in mehreren Auflagen bei der »Thüringer Verlagsanstalt und Druckerei G. m. b. H., Jena«, ergänzt durch »Der Aufstieg der menschlichen Kultur« und »Was ist Urgeschichte?«. »Eines sehenden Meisters Hand«, lobte Hauser, »hat alle diese sechs Hefte lebendig – frisch illustriert; ein Künstler und Forscher zugleich: Carl Arriens in Berlin. Auf jahrelangen Reisen in fernen Weltteilen sah er, wie kaum ein zweiter, das Leben einfacher Wilden und sein Stift hielt fest, was mancher vor und nach ihm nie erkannte.«[11] Arriens veröffentlichte im gleichen Verlag das Buch »Mosaik des Völkerlebens«, das in die »Sammlung O. Hauser« aufgenommen wurde. Ihr Motto hieß »Wachsen Schaffen Werden«. Herausgeber war die »Vereinigung zur Popularisierung der Naturwissenschaften und verwandter Gebiete«. Wer alles zu dieser Vereinigung gehörte, welche Wirksamkeit sie im einzelnen entfaltete, wie sie sich finanzierte, welchen Rechtsstatus sie besaß, ließ sich bisher nicht erhellen. Ihr Leiter war Otto Hauser; seine »Sammlung« wurde von der »Sektion II: Literarische Abteilung« betreut.

Hausers Verbindungen zur proletarischen Buchhandlung Freiheit und zur Thüringer Verlagsanstalt sowie viele seiner Stellungnahmen brachten ihn bei konservativen Gelehrten noch mehr in Verruf. Da sie sich von ihm herausgefordert und angegriffen fühlten, behaupteten sie kurzerhand, er sei Kommunist geworden, womit er sich in ihren Augen selbst gerichtet hatte. Das Gerücht machte die Runde; auch Emil Bächler merkte in seinen Lebenserinnerungen an, der Landsmann wäre »in Gesellschaft der Kommunisten« geraten. Hauser selbst setzte sich gegen diese Zuordnung erbost zur Wehr. Da ihn der Weimarer Regierungsrat Koch ebenfalls als Kommunist bezeichnet hatte, antwortete er ihm am 23. Mai 1927 in einem aufschlußreichen Brief:

»Ich bin weder Kommunist noch Sozialist; ich gehöre keiner Partei an und habe mich in meinem ganzen Leben nie politisch betätigt oder auch nur einmal an irgendeiner politischen Versammlung in irgendeinem Lande der Welt teilgenommen. Politik interessiert mich nie und ich habe auch nie den Versuch gemacht, durch Politik und ›diplomatisches‹ Verhalten mich irgendwo und irgendwie in die Gunst von irgendwem zu setzen ... Zu Ihrer Beruhigung sei gesagt, daß ich abonniert bin auf die ›Deutschland‹ und die ›Leipziger Neuesten Nachrichten‹ zwei Blätter, die wohl auch Ihnen ungefährlich und nicht kommunistisch erscheinen dürften.«

Trotz aller Anfeindungen gab er nicht klein bei, sondern war erstaunlich vielfältig tätig. Auf Briefbögen findet sich der Aufdruck: »›GAEA‹ Naturwissenschaftliche Korrespondenz (Urgeschichte – Menschenkunde – Erdgeschichte – Sternkunde)«. Herausgeber der Korrespondenz, der sich der Berliner Verlag Heinrich Worms annahm, war Otto Hauser. Eine weitere Verbindung ergab sich für ihn zu dem Leipziger Schulbilderverlag F. E. Wachsmuth. Bei ihm brachte er zwei Anschauungstafeln unter, die Carl Arriens nach seinen Angaben gestaltete und für die er Textbücher verfaßte. Die erste Tafel

(1926) »Vom Urmenschen und seiner Welt zum Menschen der Gegenwart« stellte die anthropologische und kulturelle Entwicklung in zehn Stufen dar. Dagegen zeigte die zweite Tafel »Höhlenleben zur älteren Steinzeit« (1927) einen Abri, in dem Menschen Werkzeuge aus Stein und Knochen anfertigten, Felle bearbeiteten, Beute heranschleppten, ein Herdfeuer nährten und das Bild eines Rens an die Felswand gravierten. Beide Tafeln wurden viel gekauft und hielten sich lange im Anschauungsmaterial der Schulen.

Zusammen mit Carl Arriens spielte Hauser auch den Vorreiter für moderne Werbepraktiken kapitalistischer Industrien, die gleichfalls gern bekannte Persönlichkeiten vor ihren Karren spannen. Für die Firma Erdal-Kwak (Schuhpflegemittel, Bohnerwachs und Metallputz) schrieb er kurze Texte zu zwei Album-Serienbildreihen »Aus den Anfängen der Kultur«.

Mit den vielen Artikeln in Zeitschriften und Zeitungen stellten alle diese Veröffentlichungen seit 1917 eine gewaltige Arbeitsleistung Hausers dar. In der Mitte der zwanziger Jahre trat er mit zwei weiteren Werken vor die Öffentlichkeit: »Die große zentraleuropäische Urrasse« und »Urgeschichte«. Beide enthielten die Summe seiner bisherigen Erfahrungen und Überlegungen.

Das zuerst genannte Buch bot zunächst eine leicht veränderte Fassung seiner Dissertation über La Micoque aus dem Jahre 1916, da, laut Hauser, »der Ruf nach einer Neuauflage immer dringender«[12] wurde. Auf der Promotionsschrift baute er seine Ansichten über das Micoquien, dessen Vorkommen und Ausbreitung sowie über die Träger der Micoque-Kultur auf. »Zu diesen Ausführungen kann nur mitreden, wer im Lesebuch der Urzeit geblättert hat«, wehrte er vorsorglich Kritik an seiner Interpretation altsteinzeitlicher Entwicklung ab. »Museumsschau hilft da nicht zur Erkenntnis; man muß in tausendfältiger Übung des Urmenschen Schaffen in den auf uns gekommenen Schichten seiner Wohnstätte herausgeholt haben, um überhaupt beurteilen zu können, wie hoch der eine oder andere Stamm eines Fundbezirkes gestanden habe ... Wie wenig ahnen doch die Stubengelehrten von den wirklichen Zusammenhängen zwischen Menschform und Handwerk in Urzeitfernen!« Dabei läge »mancher Dinge Erklärung ... weit einfacher – draußen ... beim Urmenschen selber ... in den Schichten seiner Lebensüberreste ... nicht in der Trennung von Theorie und Praxis ... wohl aber in der Z u s a m m e n a r b e i t.«[13]

Um das Buch »Urgeschichte« schreiben zu können, hatte er sich durch eine fast unübersehbare Materialfülle gearbeitet, die er in erstaunlicher Dichte gerafft, einprägsam, bildhaft, gewandt und flüssig ausbreitete. Dabei erörterte er die von ihm postulierten vier »Entwicklungskreise«, die er an Hand zahlreicher Abbildungen wortreich und energisch gegen alle Zweifler verteidigte. Dem Untertitel des Buches entsprechend, beabsichtigte er, nur auf »Grundlage praktischer Ausgrabungen und Forschungen« zu berichten und zum ersten Male »die älteste Urgeschichte des Menschen vom Standpunkte praktischer Forschung aus« zu beurteilen. »Alle bisherigen deutschen Veröffentlichungen über die Altsteinzeit«, behauptete er, »sind in keinem einzigen Falle von einem praktischen Forscher ausgegangen. Sie waren zumeist nur ein Extrakt aus fremdem Lehr- und Lesestoff ... und kamen nicht aus dem lebendigsten Anschauungsunterricht hervor, den nur jahrzehntelange praktische Grabungstätigkeit bieten kann.« Als »Gegner der Verwertung rein theoretischer Spekulationen auf einem Gebiete, das nur durch Tatsachenfunde Klärung« zu finden vermöge, ginge er allein »vom Standpunkt der praktischen Diluvial-Archäologie« aus, auf die er seine »eigenen Forschungen«[14] gründe. Aber in Wahrheit theoretisierte er nicht weniger als andere Fachgelehrte auch.

Mit 370 Seiten wurde »Der Erde Eiszeit und Sintflut« (1927) Hausers umfangreichstes Buch, das im Prinzip die gleichen Themen zum Inhalt hatte wie die »Urgeschichte«. Sein Stil war nun noch plastischer und unterhaltsamer geworden. »Ich erzähle kurz einiges«, wandte er sich an die Leser, »was in gelehrten Büchern fachwissenschaftlich auch behandelt steht; aber ich will das in

Verbindung bringen mit jenem urgewaltigen Werdeprozeß, aus dem heraus dann langsam höher organisiertes Leben, Pflanzen und Tiere, und schließlich der Mensch, heranreift ..., um so das Interesse an naturwissenschaftlicher Betrachtungsweise anzuregen, denkenden Menschen zum Ansporn und dem Wunsche Ausdruck gebend, daß wir mehr Ehrfurcht vor dem Leben und seinen vielgestaltigen Formen gewinnen ... Und dann liegt mir die Aufgabe am Herzen, neuestes aus der Entwicklung d e u t - s c h e r Urgeschichtsforschung heranzuschaffen ... W e r s e i n e S c h o l l e l i e b t , m u ß i h r e G e s c h i c h t e kennen und diese Geschichte muß hinabführen zu den Vorfahrenzuständen unseres heutigen Geschlechtes. Die Liebe zur Heimat kann kaum besser gefördert werden, als wenn wir Achtung und Beachtung jenen Kulturzuständen schenken, die in ihrem logischen Aufbau erst zu historischen Daten führen konnten.«[15]

Um diesem großen Vorhaben besser gerecht zu werden, ließ er auch Fachleute auf verschiedenen Gebieten mit zu Wort kommen. Das erfolgreiche Buch wurde über fünfzigmal besprochen! Der Verfasser, schrieb das »Philologenblatt«, »zeichnet hier in lebendiger Anschaulichkeit die Momente auf, die zu den Grundlagen des menschlichen Aufstieges geworden sind und aus denen heraus die Entwicklung des Denkens und der Anfang ältester Religion herauskristallisiert wird ... Hauser hat mit diesem Buch eine groß angelegte Zusammenfassung seiner wissenschaftlichen Ansichten gegeben; ohne Zweifel ein packendes Werk, das der Geograph und Historiker sowohl wie der Biologe mit großem Nutzen im Unterricht verwerten können.«[16]

Bemerkenswert ist auch das Sammelwerk »Neue Dokumente zur Menschheitsgeschichte«, das Hauser 1928 in seinem eigenen, in Weimar gegründeten »Verlag für Urgeschichte und Menschforschung G. m. b. H. « herausgab, »unter Mitwirkung von Fachleuten der praktischen und theoretischen Paläo-Anthropologie und ihren Grenzgebieten«. Hauser lud weitere Interessenten zu umfassender Teilnahme ein: »Wir geben gerne jeder auf wissenschaftlicher Praxis erarbeiteten Meinung Raum, ohne uns damit im voraus mit den zum Ausdruck gebrachten Schlußfolgerungen unserer Mitarbeiter zu identifizieren.« Seine Erwartungen waren hoch: »Wir hoffen, daß schon der I. Band ›Neue Dokumente zur Menschheitsgeschichte‹, dem in zwangloser Folge weitere Bände folgen sollen, auch dazu beitragen darf, den Drang nach Erkenntnis zu fördern . . .« [17] Doch er hatte sich wieder einmal verkalkuliert. Der Verlag ging pleite, eine Fortsetzung der »Dokumente« wurde unmöglich.

Nach diesem Disaster, unter dem Druck großer finanzieller Schwierigkeiten, raffte sich Hauser zu seinem letzten Buch auf, das 1929 mit dem Titel »Urwelt« in der beliebten »Büchergilde Gutenberg« erschien. Die ihn bewegenden Themen brachte er diesmal in bunter Folge zur Sprache, berichtend, erzählend, schildernd, argumentierend, vielfach auf Erlebnisse in der Dordogne zurückgreifend. Am Schluß von »Urwelt« formulierte er als Quintessenz seiner Lebensanschauung: »Wie von der Spitze eines hohen Berges aus betrachten wir alles, was kosmisch gebunden und abhängig vom Weltengeschehen weit unter uns liegt. Da und dort hängen noch Nebelstreifen, noch nicht von der Sonne des Wissens und Erkennens durchleuchtet, aber vieles liegt klar:

Ein großes Werden, von der Alge zum Tier und zum Menschen. Unwiderleglich eine naturverbundene Entwicklung ohne Stillstand und zielsicher vorwärts!« [18]

So, wie Briefe über Hausers Situation zwischen 1911 und 1914 die beste Auskunft geben, lassen Briefe auch am besten alle jene Umstände erkennen, die sein letztes Lebensjahrzehnt bestimmten. Dennoch unterscheiden sich die von ihm in beiden Lebensperioden verfaßten, mit Hand und mit Maschine geschriebenen Briefe und Karten zum Teil beträchtlich. Je älter er wurde, desto weniger achtete er auf gewandten Stil, klaren Ausdruck, Mäßigung bei der Wortwahl und auf grammatische und orthographische Richtigkeit. Offensichtlich hat er die meisten Schreiben nicht noch einmal auf Fehler durchgelesen. Die flüchtige und unkontrollierte Art, in der er seine Korrespondenz führte, steht in einem merkwürdigen Gegensatz zu dem sprachlichen Gestaltungsvermögen, das bis zuletzt seine Bücher auszeichnet. Man könnte mitunter meinen, Briefe und Publikationen stammten von ganz verschiedenen Personen.

Einer seiner Kunden war Dr. Fritz Böhme, der in Dresden eine Privatklinik für Urologie besaß. Mit ihm stand er seit 1919 oder sogar schon früher in Verbindung. Er verkaufte ihm restliche Funde aus seinen früheren französischen Stationen, aber auch Material, für das er den Zwischenhändler spielte. Am 14. Februar 1925 klagte er dem Arzt: »... von den bessarab. Funden hätte ich lieber nicht die Mission übernommen, sie zu verkaufen, aber man bat mich in Briefen so sehr, so dringend, aus Not, um die weiteren Arbeiten zu sichern – dass ich schliesslich zusagte und eine Mühe übernahm, die mir nie bezahlt werden kann.« Und am 14. Dezember 1925 schrieb er Böhme: »Mit herzlichem Dank bestätige ich die RM. 100.- für die mährischen Funde« und »eine Anzahlung von 200.- an die Löbauer Sammlung.« Von dem bereits erwähnten Paul Bräuer hatte er nämlich ebenfalls Objekte zum Weiterverkauf erhalten. »Nur um dem Finder einen Dienst zu erweisen will ich ihn für 350.- Mk veräussern«, hatte er dem Urologen schon am 21. Juli 1925 versichert; »alle Arbeiten und genaue Beschreibung jeden Fundes« besorge er ohne Entgelt selbst.

Es ist erwähnenswert, daß er die Verbindung zu jenen französischen Freunden und Bekannten aufrecht erhielt, die ihm gleichfalls Altsteinzeit-Artefakte zusandten. Das geschah bis kurz vor seinem Tode. Noch am 23. Juni 1931 benachrichtigte er einen gewissen Beauvet: »Gestern bin ich von einer kleinen Reise zurückgekehrt und habe Ihre beiden Kisten vorgefunden . . . Das Material setzt sich insgesamt zusammen aus Studienstücken 4. Qualität . . . Ich nehme immer solche Stücke, die man gut und gern als Proben verwenden kann. Heute abend werde ich zur Post gehen, und ich werde direkt an Ihre Wohnanschrift die Summe von 1240.- Francs überweisen. Wenn es ein nächstes Mal Stücke 1. und 2. Qualität gibt (unter den anderen), werde ich gern mehr zahlen.«

Oft hob Hauser seine Uneigennützigkeit, seinen Idealismus und sein Bestreben hervor, am Aufbau der Sammlungen anderer mitzuwirken. So beteuerte er Dr. Böhme am 19. Februar 1926: »Das ist kein Vorschlag eines ›Händlers‹, sondern eines Menschen der heilige, ehrliche Freude daran hat, I h r e Sammlung zu etwas Gutem auszubauen; Idealismus, ich weiss es wohl, aber ich schätze Sie viel zu sehr, als dass ich Ihnen ›Händlerpropositionen‹ machen könnte; die Funde sind mir viel zu lieb, als dass ich sie krämerhaft behandeln könnte.«

Seine aufdringliche Werbung setzte er am 3. März fort: »Sie werden die Sachen immer viel billiger bekommen als andere; können Sie sich dann nicht entschliessen die Gelegenheit zu fassen (denn in etwa 2 Jahren wird Ihnen kein Mensch mehr ähnliches bieten können) so haben Sie wenigstens gesehen was da war, und ich tat meine Pflicht; ich habe immer, auch als es mir gut ging, die Sammeltätigkeit von Museen und Privaten als Vollidealist gefördert, innerlich befriedigt, freilich nicht kaufmännisch gedacht . . . ich werde Sie von Zeit zu Zeit mit einer An-

sichtssendung behelligen, aber nicht als ›Altertumshänd-
ler‹, sondern als Informationsstelle über Art und Gestaltung des vorhandenen Material.«

Da Otto Hauser selbst nicht mehr nach Frankreich reisen konnte oder wollte, sandte er seine »Boten« dorthin.
Im März 1926 zeichnete der Museumsassistent Karl Hormuth an Ort und Stelle ein Profil der Ablagerungen im
Abri von Miremont, Hausers ehemaliger Station 59, »mit
zwei Fundhorizonten des Aurignacien«[1]. Möglicherweise
hat Hormuth selbst in dem Abri gegraben. Jedenfalls gelangte Hauser in den Besitz neuer Stücke aus Miremont.
Vermutlich bildeten sie den »Werkstatt-Ganzfund«, der
»aus 220 Stücken von hervorragender Schönheit und Sel-
tenheit«[2] bestand. Zu den Besonderheiten zählten ausneh-
mend große Feuersteinkerne, von denen ungewöhnlich
lange Klingen abgeschlagen worden waren, und eine fuß-
ähnliche Lampe oder Farbreibschale mit einer Tierskulp-
tur auf der Rückseite. Auch auf neue Entdeckungen unterhalb des Abris von Combe Capelle machte Hormuth Hauser aufmerksam. »Seither«, gab dieser bekannt, »ist die
Fundstelle gründlich ausgeräumt und die wichtigsten und
besten Objekte gingen in den Besitz meiner Gattin über.«[3]
Hatte Hormuth das Material mitgebracht?

Wie schon früher, bot Hauser den Schulen kleine
Sammlungen an, mit 6 und 15 Artefakten zu 35 und 65
Reichsmark, sowie Einzelstücke zwischen 4 und 20 Mark.
Sein Hauptinteresse galt jedoch zahlungskräftigen Privatleuten wie Dr. med. Böhme und den kleinen und großen
Museen. Aufschlußreich ist sein Briefwechsel mit dem Be-
treuer der Reißschen Sammlungen in Mannheim,
Prof. Wilhelm Föhner. »Lassen Sie mich nun rein
menschlich zu Ihnen reden, nicht von Geld, von ›Geschäft‹; glauben Sie mir, ich fühle mich wohler dabei . . .«,
wandte er sich am 3. Mai 1927 beschwörend an diesen.
»Und da meine ich halt, Sie, dem ich immer ganz rück-
haltlos alles schrieb, werden gewisslich mit mir empfin-
den können, dass ich das verd . . . ›verkaufen‹ ja nur übe,

---

[1] *Anmerkungen siehe Anhang am Schluß des Bandes*

weil wir leben müssen ... dass ich aber als anständiger Mensch, der ich zu sein glaube, ab und zu ein Quintchen ganz reinen Idealismus schöpfen muss, und den kann ich bei meiner Armut darin finden, dass ich so billig wie möglich einem Institut, an dem ich Freunde habe, etwas ganz Besonderes zuhalte ...«

Aber Föhner dachte gar nicht daran, so ohne weiteres Hausers Angebot, einen großen weißen Feuersteinkern und die Lampe (beziehungsweise Farbreibschale), von Miremont für 1500 Mark zu übernehmen. Nach zähem Feilschen mußte Hauser, der das Geld dringend benötigte, die zwei Objekte für 1300 Mark hergeben. Für diese Summe kam ein Mannheimer Mäzen, der Geheime Kommerzienrat August Röchling, auf, der schon vorher für eine Solutréen-Kollektion Hausers die Mittel zur Verfügung gestellt und 1917 der Stadt Mannheim für den Kauf der Sammlung des Malers Gabriel von Max 100 000 Mark gestiftet hatte.

Trotz der Honorare für die vielen Veröffentlichungen und die zahlreichen Lichtbildervorträge, die er in großen und kleinen Städten für 100 – 200 Mark hielt, und trotz der Erlöse aus den Sammlungsverkäufen steckte Hauser fast ständig in Geldnot. »... die wirtschaftlichen Gewalten biegen mich armen Teufel wie ein Rohr im Winde!« gestand er Dr. Böhme am 27. September 1925. »Und doch arbeite ich mit meiner guten Frau was das Zeug hält, aber immer wieder kommen Einbussen, Verluste, Fehlschläge, Nichteingehen fester Abmachungen u. s. w. «

Mehrmals pumpte er Fritz Böhme an. Einmal war es der Umzug von Berlin nach Weimar im Herbst 1925, den er nicht gleich finanzieren konnte, dann mußte er zu Vorträgen, ohne zunächst das Geld für Bahnfahrten und Hotelrechnungen zu besitzen, oder er brauchte Geld für den Ankauf von Sammlungen. Um zu sparen, leisteten sich die Hausers keine eigene Wohnung, sondern wohnten fast stets zur Untermiete. In die fatalste Lage gerieten sie, als im Herbst 1928 der »Verlag für Urgeschichte und Menschforschung G. m. b. H. « pleite ging. Hauser hatte eine Bürgschaft für 20 000 Mark übernommen, die er, als sie plötzlich von ihm gefordert wurden, nicht aufzubringen vermochte. Verzweifelt schrieb er am 25. November 1928 an Karl Brandt:

»... ich bin in furchtbarer Lage ... in wenigen Tagen entscheidet es sich und wer ist schuld? ich, meine Frau, weil wir schufteten wie besessen, Tag um Tag und keine Pause, immer in der Meinung, man sehe dann unseren Bucherfolg ... und nun ist da ein Grosser, Millionär, der ausser am Geld nur noch am Sekt Freude hat, uns Wissenschaftler auslacht, Kohlemagnat, der viel versprochen hat und recht wenig gehalten der Mann hat als Sport das Stürzen von Direktoren etc. ... und nun soll so etwas über den Zusammenbruch auch bei mir geschehen ... Totensonntag, jawohl, wirklich, glück ich die Toten!«

Der Konkurs traf auch jene Mitarbeiter, die bereits Beiträge zur Veröffentlichung fertiggestellt hatten. Dazu notierte der schon im Kapitel »Gewinn und Verlust« zitierte Ingenieur Keil aus Quedlinburg: »Inzwischen hatten sich Dr. Hausers Verhältnisse in Weimar heillos zugespitzt. Es war zu gerichtlichen Auseinandersetzungen zwischen ihm und seinen Geldgebern gekommen. Am 4. Mai 1929 mußte er mir mitteilen, daß er ›ausgeklagt‹ sei. Das war auch für mich betrüblich, denn zum geplanten II. Band der ›Dokumente‹ hatte ich einen Beitrag schon geliefert, der mit 200 RM honoriert werden sollte. Jetzt verlor ich die. Dr. Hauser aber teilte mir am 8. Mai 1929 mit, daß er nach Berlin verziehe, hüllte sich aber auch dabei in dickes Geheimnis. Es wurde August, ehe ich wieder in direkte Beziehungen zu ihm trat, was nicht ohne Schärfe abgegangen ist.«[4]

Wegen der 20 000 Mark wurde er von Angehörigen der Freimaurerloge verklagt. Er schwieg sich jedoch darüber aus, ob und wie er sich aus der Schlinge zu ziehen vermochte. Nicht nur der Konkurs des Verlages und die daraus erwachsenden Folgen lieferten seinen Gegnern willkommene Munition. Durch Unbedachtheit gegenüber anderen, gepaart mit gesteigerter Großsprecherei, brachte er sich zusätzlich in Verruf. »Leider ist unser armer verstorbener Freund nicht ganz ohne Schuld daran«, räumte Studienrat Steinebach am 15. Januar 1933 in einem Brief an Karl Brandt ein, »er war in der Wahl seiner Freunde oft kindlich unvorsichtig und ihnen gegenüber dann leichtfertig offenherzig, weihte manchen, der es nicht verdiente, viel zu sehr in seine Geheimnisse ein. So hat er im Streit mit den Logenbrüdern in dem Thüringer Verlagsprozess nicht nur gesagt, sondern geschrieben schwarz auf weiß, daß an dem ›Steingeschäft‹ 200 % zu verdienen wären. Ich weiß nicht, wie mir wurde, als mir das s. Z. vor Gericht in Erfurt, wo ich zu Gunsten Dr. Hausers auftrat, aus den Akten vorgelesen wurde. Er selbst hatte damit gerichtsnotarisch gemacht einmal die geschäftliche Ausbeutung wissenschaftlicher Funde, zum zweiten ungeheuerliche Gewinne. Daß das alles nicht so wörtlich zu nehmen, darauf kam es den Leuten nicht an, Schwarz auf Weiß stand es da. Natürlich sind diese u. ähnliche unbedachte Äußerungen verbreitet worden und von den Widersachern ausgeschlachtet worden . . .«

Hausers Großmannssucht und das Verlangen, von anderen bedingungs- und kritiklos bewundert und anerkannt zu werden, kennzeichnen seinen narzißtischen Charakter. Grob und undiplomatisch fuhr er auch Leute an, mit denen er sich eigentlich gutstellen mußte, die es jedoch wagten, ihm gegenüber sachlich begründete Zweifel zu äußern. Dr. Fritz Böhme zum Beispiel hatte ihn wegen der umstrittenen Echtheit der Löbauer Funde befragt. Entrüstet antwortete ihm Hauser am 17. Februar 1925: » . . . und da Ihre Fragestellung genau so war, wie wenn ein dummer Museumsmann Sie dazu ermuntert hätte, so zog ich meine Schlüsse; denn letzten Endes bin ich sehr wohl berechtigt, recht ärgerlich zu werden, wenn man meine Gutachten verdächtigt; Wie würden Sie es denn als Medizinmann halten!!«

Mit dem Brustton der Überzeugung rühmte er seine eigenen Fähigkeiten (14. Februar 1925): »Wenn ich, Dr. O. Hauser, einen Paläolithen als solchen begutachte, dann kam das Gutachten aus Wissen, aus Können, aus sauberen Händen . . .« Wie in nachtwandlerischer Sicherheit glaubte er immer das Richtige zu erkennen (22. Fe-

318

bruar 1925): »Ich bestimme, dank der Uebung natürlich und nicht durch Theorie, die echten Retuschen auch bei Dunkelheit, durch das Gefühl von Daumen, Zeige- und Mittelfinger der rechten Hand und wenn es ganz böse Spitzfindigkeiten sind, durch Abtasten mit dem kleinen Finger ...«

Solche Behauptungen riefen auch bei den ihm Wohlgesonnenen Unbehagen und Mißfallen hervor. Der Quedlinburger Ingenieur Keil rückte »dieser spezifisch Hauser'schen Renommisterei ... rechnerisch zu Leibe ... Als Beweis seiner unbedingten Sachverständigkeit ... hat er mir einmal geschrieben, er habe in den letzten 14 Tagen 5000 Paläolithe beurteilt.« Pro Tag nahm Keil eine zehnstündige Arbeitszeit an, in 14 Tagen also 140 Arbeitsstunden, in denen dann für die Prüfung jedes einzelnen der 5000 Artefakte 100,8 Sekunden zur Verfügung gestanden hätten. Während dieses kurzen Zeitraums mußte jedes Stück »ausgewickelt, begutachtet und wieder eingewickelt werden! Und das zehn Stunden lang ununterbrochen! Das ist nicht mehr Beurteilung, sondern Massenmord! – Und 5000 Paläolithe! Findet man denn die Dinger schubkarrenweise? Daß solche Münchhausiaden nicht das Vertrauen fördern ist klar!«[5]

Auch durch seine »Kraftworte« stieß Hauser seit Beginn der zwanziger Jahre viele vor den Kopf oder machte sie sich zu Feinden. Eine kleine Blütenlese aus seinen Briefen genügt zur Verdeutlichung: »diese Idiotenstelle aus Dresdens Museum« – »die obskure Mentalität jener Museumsfatzken« – »ich beziehe nicht Staatsgehalt zum Faulenzen und Intrigieren wie viele Museumsbeamte!« – »Museumstölpel« – »das Gekläff dieser Buben« – »stinkende Kloakenwürmer«. Was die so »Titulierten« ihrerseits von Hauser dachten, zeigt ein Brief, der Hubert Schmidt vom Museum für Völkerkunde in Berlin am 9. Januar 1922 an Hauser verfaßte:

»Sehr geehrter Herr Doktor! Auf Ihr Schreiben vom 23. 12. 1921 erwidere ich ganz ergebenst, folgendes: Es ist unmöglich, auf die Einzelheiten eines Schreibens einzugehen, das von den gröbsten, in ihrer Formulierung sogar masslosen Beleidigungen einzelner Fachgenossen und ganzer Gruppen von solchen geradezu strotzt. Der Schreiber solcher Herzensergüsse richtet sich selbst. Man muss und wird sich nur wundern, dass Sie – wie es scheint – glauben, auf solche Weise Recht und Wahrheit auf Ihre Seite ziehen zu können. Sie entspricht keineswegs den Gepflogenheiten bei wissenschaftlichen Discussionen unter Fachgenossen.« Dem Direktor des Provinzialmuseums Halle, Dr. Hans Hahne, teilte Hubert Schmidt mit: »Der zweite Brief Hausers ist so hanebüchen und grenzt an eine durch Nervenüberreizung entstandene Sinnlosigkeit, dass ich Hauser geschrieben habe, dass ich auf solche Briefe nicht antworte.«

»Nervenüberreizung« – diese Diagnose traf zwar zu, aber sie entschuldigte die »masslosen Beleidigungen« nicht. Je länger Hauser eine derartige Ton- und Gangart beibehielt, desto mehr wandte man sich von ihm beleidigt oder achselzuckend ab. Er selbst machte allerdings ebenfalls bittere Erfahrungen, nicht zuletzt mit Menschen, denen er vertraut und für die er sich eingesetzt hatte. Groß war seine Enttäuschung über Paul Bräuer. Bitter schrieb er am 1. März 1926 an Dr. Fritz Böhme: »Sobald Bräuer sah, daß ich seine Sache zur Anerkennung durchgekämpft hatte, mit viel Mühe und Geldopfern und 12 Monate Arbeit, und da dann ein Gesetz kommen sollte, wollte er uns alle miteinander hinters Licht führen, indem er plötzlich erklärte, die Keile seien nicht genau bezeichnet, sie seien aus der Lausitz, aber er wolle die Fundorte nicht preisgeben, ausser, wenn ich ihm behilflich gewesen wäre seine dunkeln Wege zu teilen.«

Der Streit um die Echtheit der Lausitzer Funde führte auch zu einem Gerichtsverfahren, von dem Hauser Böhme am 3. Mai 1927 berichtete. Typisch sind hier wiederum die durch Unkonzentriertheit und Hast entstandenen orthographischen Fehler:

»Herr Volkschulleher Dr. Frenzel zu Bautzen, der s. Z. für nötig befunden hatte gegen mich alle deutschen Prähistoriker mobil zu machen und von dem ich dann schrieb, er sei ein Lump, da er meine Existnez untergraben wolle, hatte Klage gestellt jnd ich zwei Gegenklagen; am 20. April war Termin in Löbau; der Gegner als Erst- kläge hatte sich zuerst auf den richterlichen Vorschlag eines Vergleiches zu äussern und bot subito Vergleich an. Dass er an Museumsherren Briefe gegen mich geschrie- ben hätte und dafür gesorgt hätte, dass man bei mir nicht kaufe, leugnete er . . .«

Selbst gegenüber seinen engen Vertrauten verhielt sich Hauser in zunehmendem Maße hochfahrend, poltrig und aggressiv. Seinen »Schüler« Karl Brandt rügte er oft we- gen vermeintlich vorschneller oder falscher Schlüsse. Mit- unter mahnte er ihn aber auch in rührend-naiver Weise, ohne sich dabei der unfreiwilligen Komik seiner Argu- mente bewußt zu sein, wie in dem Brief vom 17. Juli 1930: »Dass Sie sich krank fühlen tut mir herzlich leid; ich war nie der Ansicht, wie Sue, dass Ihre Gesundheit auf 80 Jahre deute; dazu gehört mehr: nahrhafte Suppen essen, keine Maragarine, kein Rauchen, den Körper nähren, dann geht auch das Temperament ruhigere Bahnen . . .«

Infolge der vielen Streitereien, in die er sich verwik- kelte, entstanden wilde Gerüchte um ihn und seine Fami- lie, von manchen seiner Gegner vermutlich mit hämi- schem Eifer weiter verbreitet. Ende 1926 versandte Hau- ser Briefe mit gleichem Text unter dem Titel » D e r W e i h n a c h t s m a n n – – – – – bei mir«. »Am 21. Dezbr. 1926«, heißt es in dem Schreiben, »erhielt ich von einem im Ausland wirkenden deutschen Professor die Mitteilung, er hätte in den letzten Tagen mehrfach Gele- genheit gehabt, schützend vor meine Ehre zu treten; denn in der Presse hätte eine Notiz gestanden, dass meine Gat- tin auf auffällige Art gestorben sei und dass man ihren Leichnahm nunmehr exhumiert habe!!! . . . Was hat man in den letzten 4 Jahren gegen mich geschleudert? Ver- leumdung wegen Fälschungen von Schriften!! Betrug, Zahlunsbefehle für gar nicht schuldige Summen, üble Nachrede wegen Selbstmord Dritter, Unwissenschaftlich- keit und nun noch Mord! . . . So sieht der Kampf gegen mich aus und s o steht die Standesehre und die Menttliät gewisser Gegner!«

Ob alle die genannten Beschuldigungen tatsächlich gegen ihn erhoben wurden, oder ob er sich manches nur einbildete, läßt sich nicht mehr entscheiden. Wahrscheinlich steigerte er sich allmählich in einen Verfolgungswahn hinein. Bemerkungen wie die im Brief vom 17. Juli 1930 an Karl Brandt legen das jedenfalls nahe: »Ich stehe in einem ungeheuerlichen Kampf, so recht eigentlich ›Feme‹, brutal, gemein, hinterhältig . . . Sie ahnen ja gar nicht was gewisse Kreise an Geheimwegen haben; falsche Briefe, Aktendiebstahl von Hohen protegiert, falsche Telephonate aus weitentlegenen Städten, Irreführungen der klügsten Leute . . .«

Durch seine vielen Veröffentlichungen und Vorträge fand er aber immer wieder neue Verehrer und Freunde. Sogar der Rundfunk bat ihn um archäologische Beiträge. Am 12. September 1930 schrieb Hauser an Karl Brandt, daß er am 19. und 26. dieses Monats im »Jugendradio« und am 10., 17., 24. und 31. Oktober in der »Deutschen Welle« sprechen solle. Seit dem Herbst 1929 war er außerdem als Dozent an der Lessing-Hochschule, an der Volkshochschule Groß-Berlin und in einer Vortragsreihe in der Archenhold-Sternwarte in Berlin-Treptow tätig.

Aus seinen Hörern bildete sich ein Stamm interessierter Laien, mit denen er die brandenburgischen Kiesgruben nach paläolithischen Artefakten durchsuchte. Einer seiner Berliner Hörer, Karl Otto, erinnerte sich in einem (unveröffentlichten) Beitrag zum Gedächtnis an Otto Hauser im Januar 1948: »Tausend Pläne hatte Hauser . . ., . . . so wollte er noch eine Zeitschrift ›Die Urzeit‹ gründen als Fachorgan für die Verbreitung seiner Erkenntnisse usw. . . .«[6] Während der Weltwirtschaftskrise blieben derartige Vorhaben allerdings Utopie. Außerdem hätte er sich mit der Zeitschrift finanziell sicher genauso die Finger verbrannt wie mit seinem Verlag. Die Absicht, ein Buch über paläolithische Funde in Deutschland herauszubringen, ließ sich ebenfalls nicht mehr verwirklichen.

Scharf griff Hauser Thesen von Hermann Wirth an, einem der Wegbereiter des Germanenkults und Rassenwahns. Gegen sie wandte er sich unter anderem in einer

Neuauflage seiner Broschüre »Die Urentwicklung der Menschheit« (1930): »Im Jahre 1928 trat durch das Buch [von] Wirth, ›Aufgang der Menschheit‹, eine ganz bestimmt nicht klärende Auffassung über einfachste Striche auf Knochen und an Felswänden des Magdalenien in Erscheinung. Einfache Kerbstriche, wie ich sie natürlich auch beobachtet hatte und zu Hunderten fand, sollen nun als ›Ruinen‹ erklärt werden; man geht sogar so weit, jene einfachen Zählstriche als die ersten Schriftzeichen überhaupt zu deuten und ihnen den Sinn späterer Runen unterzulegen, indem man sie als allererste Schriftzeichen für ›Gottesjahr‹ oder ›Gottessohn‹ ausgibt... Die Grundlagen zu solchen Trugschlüssen entstammen u. a. einer absichtlich gefälschten Ausgrabungsstelle eines aus dem Schuldienst entlassenen Lehrers, der auch einmal in Les Eyzies wohnte, eines gewissen Lucas. Die Belege für diese Fälschung sind in meiner Hand.«[7]

Noch deutlicher wurde Hauser in einem Brief vom 30. März 1929 an Prof. Kaiser in Plauen. Darin spottete er über die »Magdalenien-Runen«, auf die nun das Hakenkreuz zurückgeführt werden sollte, bedauerte die »Klerikalisierung« der Urgeschichtsforschung und schlußfolgerte: »... getreulich hilft [dabei] das Hakenkreuz mit und das besorgt jetzt Wirth. Glauben Sie wirklich, daß der Wahrheit unserer Wissenschaft durch diese Herren gedient wird...?«

Auf Hausers Ablehnung des Faschismus wies auch Karl Otto hin: »Für seine Freunde und für die Urgeschichte selbst starb er zu früh, und doch gerade zur rechten Zeit. Kam doch die große Nacht über Deutschland. Hauser hätte nicht hier bleiben und schweigen können.«[8] Über dessen Frau Erna führte Karl Otto am 22. Mai 1948 in einem Brief an Karl Brandt aus: »Sie war vom 1. Tage an gegen die Nazis eingestellt und hat aus dieser ihrer Meinung nie ein Hehl gemacht. Sie glaubte auch nie an den Sieg.«

Gesundheitlich ging es mit Hauser 1931/32 rasch bergab. Er wurde so unleidlich, daß schließlich ernsthafte Spannungen zwischen ihm und seiner Frau entstanden und ihre Ehe gefährdeten. Erna Hauser erläuterte diese Situation in einem Schreiben an Müller-Brauel vom 11. August 1937: »Mein Mann war in seinem letzten Lebensjahre ein richtiger Polterer, der mit jedem einzelnen Menschen Krach machen musste, das war krankhaft, und ich blieb davon auch nicht verschont. Leider wusste und konnte man doch nicht ahnen, dass es eine krankhafte Erscheinung war, und so wollte ich eben auch mit dem Kopf durch die Wand und mir nichts bieten lassen, und das alles lediglich um unseres Jungen wegen, der damals 12 Jahre alt war und dem mein Mann gegenüber Grossvatermanieren hatte.«

Trotz Hausers schlechter Gesundheit kam sein Tod am 14. Juni 1932 für alle überraschend. Der Landschaftsarchitekt E. Pepinski erzählte in der Zeitschrift »Der Weltkreis«: »Zehn Tage vor seinem Scheiden schrieb er mir launige, hoffnungsvolle Zeilen mit dem Verbot, niemandem von seiner Erkrankung Mitteilung zu machen und weitere acht Tage vor diesem Brief, in den letzten Maitagen, pflegten wir bei einem Schoppen Mosel noch programmatische Gespräche für die Sommerarbeit mit seinen Schülern, zu denen er überaus große Zuneigung hegte und die ihn nun so sehr vermissen werden.«[9]

Genaueres über Hausers Lebensende teilte Studienrat Steinebach am 22. August 1932 Karl Brandt mit: »Schlaganfall im Juni, langsame Erholung, plötzlich Angina, Herzschwäche, Schluß. Ich hatte immer so etwas gefürchtet, und Hauser war je selbst in den letzten beiden Jahren oft genug von Todesahnungen befallen: Wohl besonders infolge mangelnder Bewegung war die Arterienverkalkung längst gefahrdrohend, wie ich von Ärzten wußte, und dabei die wahnsinnigen Aufregungen der notvollen letzten Zeiten!«

Der Tod des so oft Geschmähten rief kein großes Echo mehr hervor. »Die Berliner Zeitungen«, berichtete Karl Otto, »brachten über das tragische Ableben von Hauser nur ganz kurze Nachrufe von wenigen Zeilen. Die Einäscherung fand, dem Wunsche des Verstorbenen entsprechend, in aller Stille statt. Die Beisetzung der Urne erfolgte am 30. Juni 32 um 1/2 12 Uhr auf dem Wilmersdorfer Urnenfriedhof bei prächtigem Sonnenschein. Ausser seiner Gattin und den nächsten Familienangehörigen hatte sich eine kleine Schar Freunde eingefunden, die dem Forscher und schlichten Menschen Hauser das letzte Geleit gaben. So sprach Kurt B r a u n e , Museumsdirektor in Leipzig, kurze Worte des Gedenkens ... Nach ihm sprach der langjährige Freund Georg K a i m , Oberstudiendirektor am Sophien Gymnasium zu Berlin, ... im Namen des Proletariats Hauser den Dank aus für die selbstlose und liebevolle Art, in der er sich jener Kreise angenommen, die aus der Tiefe zum Licht streben ... 6 Wochen später verkündete der Nachwelt ein Granitstein die von Hauser zu Lebzeiten festgelegte Inschrift: ›Mein Leben gab ich der deutschen Wissenschaft. Anerkennung fand ich keine, aber das Bewußtsein Gutes geschafft und gewollt zu haben.‹ «[10]

Zu Ehren des Verstorbenen veröffentlichte Kurt Braune einen sachlich-abwägenden Nachruf in der Zeitschrift »Urania«, der als fundierte Wertung von Leben und Werk Otto Hausers seine Gültigkeit behalten hat:

»Er gehörte zu den wenigen Vorgeschichtsforschern, denen es Herzenssache ist, die Ergebnisse ihrer Arbeit gemeinverständlich darzustellen. Ja, er war geradezu d e r Altsteinzeitforscher, der mit seinen Broschüren, Büchern und Vorträgen die meisten und stärksten Anregungen in alle Bevölkerungsschichten getragen hat. Im besonderen war ihm daran gelegen, die proletarischen Kreise zu erfassen; denn er wußte nur zu genau, daß dort ein wahrer Hunger nach neuen Erkenntnissen, vor allem über die älteste Kulturentwicklung der Menschheit, bestand ...

Diese Tätigkeit Hausers, nämlich die Popularisierung seiner Spezialwissenschaft, ist ihm von ›zünftigen Wissenschaftlern‹ viel verdacht worden. Wir haben aber alle Ursache, gerade diese Seite Hauserscher Arbeit anzuerkennen und ihm hoch anzurechnen ... Mag auch diese und jene Behauptung Hausers durch künftige Erkenntnisse korrigiert werden müssen – welchem Forscher erginge das nicht ebenso! – davon kann man schon jetzt über-

zeugt sein, daß die Erforschung der älteren Steinzeit
Deutschlands o h n e Hausers kleine und größere Schriften nicht den Umfang angenommen und die Erfolge gebracht haben würde, wie das in den Jahren nach dem
Kriege der Fall gewesen ist.

Wenn ich Hausers schriftstellerische Leistungen zuerst
gewürdigt habe, so nicht etwa deshalb, weil sie größer
wären, als seine Bedeutung für die prähistorische Wissenschaft im besonderen. Mit dieser ist Hausers Name für immer verknüpft durch die Entdeckung jener beiden altsteinzeitlichen menschlichen Skelette ... Kein anderer vor
und nach Hauser hat auf paläolithischem Gebiete derart
umfangreiche und systematische Ausgrabungen veranstal-
tet ...

Von der offiziellen Wissenschaft hat Hauser in den letzten Jahren allerdings leider wenig Anerkennung erfahren.
Er wurde im Gegenteil oft in recht unschöner Weise angegriffen oder totgeschwiegen, das letztere allerdings ohne
Erfolg. Sein Kampf gegen pfäffische Unduldsamkeit und
jesuitische Verschleierungsversuche klarer wissenschaftlicher Erkenntnisse hat ihm nicht gerade die besondere
Liebe jener Kreise eingetragen. Wenn auch Hauser, gereizt durch die häufig unsachlichen und wenig schönen
Angriffe, manchmal eine spitze Feder geführt hat, keiner
seiner Gegner kann ihm die Ehrlichkeit seines Wollens,
die Offenheit seines Handelns und sein Ringen um Wahrheit aberkennen. Als ein unerbittlicher Wahrheitssucher,
als ein seiner Wissenschaft mit wahrhaft fanatischer Liebe
ergebener Forscher und volkstümlicher Schriftsteller wird
er in den Herzen der bildungshungrigen Arbeiterschaft
fortleben.«[11]

Hauser und die Nachwelt

Nach Hausers Tod gingen die Bemühungen, sein Werk lebendig zu erhalten, und der Streit um seine Person, seine Ausgrabungen und Entdeckungen weiter – bis heute.

Zu Ehren des Verstorbenen veranstalteten die Freunde im Oktober 1932 in Düsseldorf eine Ausstellung paläolithischer Funde aus deutschen Gebieten, ein Hauser »noch in den letzten Lebenstagen beschäftigender Lieblingsplan«, wie Steinebach am 22. August 1932 an Karl Brandt schrieb. »Wir haben uns an sehr viele bes. von Dr. Hauser stammende Adressen gewandt und durchweg begeisterte Zustimmung und bereitwillige Mitarbeit gefunden.«

Werner Mey, Mitarbeiter am Museum für Vor- und Frühgeschichte in Berlin (West), berichtete Karl Brandt am 7. Juni 1967 auch von einer anderen Aktion zum Gedächtnis Hausers: »Noch am Tage der Beisetzung schloß sich eine Gruppe von uns zu einer Arbeitsgemeinschaft zusammen, die seinen Namen trug. Sie hatte den Zweck, sowohl das Gedenken an die Person und Arbeit wachzuhalten als auch in gemeinsamer Arbeit das Studium des Paläolithikums weiter zu betreiben. Leider machten politische Gründe im Jahre 1935 die Auflösung der Arbeitsgemeinschaft notwendig, doch blieb der Kontakt zwischen den Teilnehmern noch bis in die 50er Jahre hinein bestehen.« Den braunen Machthabern war die Tätigkeit des Hauser-Kreises offenbar nicht geheuer. Außerdem gehörten ihm zwei Männer jüdischer Abstammung an, was der Arbeitsgruppe besonders angelastet wurde. Einer von den beiden hieß Guter; er machte sich vor allem um die Sammlung und Bewahrung von Artefakten verdient. Vermutlich wurde er später ins KZ Theresienstadt verschleppt.

Offiziell war von Otto Hauser nun kaum noch die Rede. Die Büchergilde Gutenberg gab 1934 zwar wieder sein

Buch »Urwelt« heraus, aber unverändert und ohne neue Einleitung, weil sie Kosten sparen wollte. Am 2. April 1936 veröffentlichte dann Rudolf von Elmayer-Vestenbrugg in der Zeitschrift »Illustrierter Beobachter« einen Artikel mit dem Titel »Aus der Urgeschichte der Menschheit«, in dem er ausführlich die zwei großen Skelettfunde Hausers erläuterte und eine bis dahin unbekannte Episode erzählte:

»Nach dem Kriege hat Poincaré einmal unmittelbar an die Museumsleitung in Berlin schreiben lassen, daß in Frankreich ein außerordentliches Interesse für die beiden Skelette herrsche und daran die Anfrage geknüpft, ob es nicht möglich sei, sie einmal für einige Zeit nach Paris zu schicken. Die Antwort des Museums lautete, daß die Skelette unter Aufwendung der größten Mühe und Behutsamkeit aus dem alten Hause in das unmittelbar daneben gelegene neue Museumsgebäude ... überführt werden mußten; bei einer Reise nach Paris würden sie dort vermutlich nur als Knochenhäufchen ankommen und in diesem Zustande den französischen Gelehrten nutzlos sein. Die Museumsleitung lud aber die französischen wissenschaftlichen Kreise in verbindlichen Worten ein, nach Berlin zu kommen, wo ihnen alle Möglichkeiten eines eingehenden Studiums zur Verfügung stünden.«[1]

Auch Frau Erna Hauser war bestrebt, im Sinne ihres verstorbenen Mannes zu wirken, indem sie versuchte, Ausstellungen seiner Funde zu organisieren und für seine Ansichten und Bücher zu werben. Friedrich, ihr Sohn, trat aber nicht in die Fußstapfen seines Vaters, sondern nahm ein Ingenieurstudium auf. Anfang 1943 wurde das Haus, in dem die Hausers in Berlin-Wilmersdorf wohnten, während eines Bombenangriffs schwer beschädigt. Deshalb siedelte Frau Hauser zusammen mit ihrem Sohn an den Bodensee über. Da sie seit ihrer Heirat Schweizer Staatsbürgerin war und auch Friedrich die gleiche Staatszugehörigkeit besaß, durften beide schließlich in die Schweiz ausreisen. Dort verstarb Erna Hauser am 1. April 1945.

---

[1] *Anmerkungen siehe Anhang am Schluß des Bandes*

Besonderes Aufsehen erregte das Schicksal der Skelette von Le Moustier und Combe Capelle. Ihre Schädel waren ausgelagert, die zerbrechlicheren anderen Gebeine aber in einen gewölbeartigen Raum gebracht worden, der sich im Gebäude des ehemaligen Kunstgewerbemuseums, Prinz-Albrecht-Str. 7, dem Sitz des Staatlichen Museums für Vor- und Frühgeschichte, befand, das bei dem Luftangriff am 3. Februar 1945 ausbrannte. »An den Wänden des Raumes«, schrieb der Anthropologe Prof. Dr. Gerhard Heberer, »standen hohe Regale, in denen Funde verschiedener Kulturperioden und geographischer Herkunft (Troja, Ägypten, Havelland u. a.) abgestellt waren. Bei dem Brande hielt zwar die Decke des Gewölbes, aber innerhalb des Raumes stürzte alles brennend übereinander. Zuletzt bildete sich eine etwa 30 – 50 cm hohe Trümmerschicht auf dem Boden, die dann ausglühte.«[2]

Gemeinsam mit seinem Kollegen, dem Anthropologen Dr. Gottfried Kurth, räumte Prof. Heberer vom 12. bis 17. September 1955 die Brandreste innerhalb des Gewölbes auf und barg, was von den Skeletten noch übriggeblieben war. So wurden der Neandertaljüngling und der Aurignacjäger zum zweiten Male ausgegraben – unter deprimierenden Umständen. Die Identifizierung der Gebeine (in dem Raum waren auch noch andere Skelette untergebracht gewesen) versuchte Gerhard Heberer Anfang Januar 1956. Alle waren durch die Hitze mehr oder weniger stark geschrumpft, manche zerbrochen oder völlig zu Asche geworden. Resigniert stellte er fest: »Es ist leider eine Tatsache: D i e S k e l e t t e v o n C o m b e C a - p e l l e u n d L e M o u s t i e r s i n d f ü r d i e W i s s e n - s c h a f t v e r l o r e n ! Was von ihnen blieb, kann nur noch als Mahnzeichen dafür aufbewahrt werden, was unsere Generation aus diesen prachtvollen unwiederbringlichen Funden gemacht hat.«[3]

Prof. Heberers Schlußfolgerung bewahrheitete sich aber dank der Fortschritte auf naturwissenschaftlichen und technischen Bereichen nicht ganz. Der Anthropologe Dr. Bernd Herrmann erläuterte dazu: »Die Leichenbranduntersuchung hat in den letzten Jahren beachtliche Fortschritte gemacht. Auf der Grundlage dieser neuen Erkenntnisse sind die verbrannten Skeletreste von Combe Capelle bearbeitet worden. Es sollte dabei vor allem geprüft werden, inwieweit die Ergebnisse der Erstbearbeitung des Skeletts durch Klaatsch und Hauser nachvollzogen werden können, um den Leistungsstand der modernen Leichenbrandanalyse zu demonstrieren ... Insgesamt zeigen die Ergebnisse der Untersuchung der verbrannten Skeletreste von Combe Capelle eine gute Übereinstimmung mit dem Befund der Erstbearbeitung durch Klaatsch und Hauser.«[4] Weiter führte Bernd Herrmann aus: »Das überraschend positive Ergebnis ermutigte uns, in Fortsetzung des Begonnenen auch die Reste des postcranialen [nach dem Schädel folgenden] Skelettes von Le Moustier so weit wie möglich wiederherzustellen, wobei für spezielle Fragestellungen Vertreter wissenschaftlicher Nachbardisziplinen gewonnen werden konnten ... Die überkommenen Skelettelemente haben sicher nicht mehr ihren ursprünglichen Quellenwert; ihr heutiger Zustand unterscheidet sie aber qualitativ nicht sonderlich von dem einer Reihe anderer Neanderthaler.«[5]

Zusammen mit anderem Museumsgut wurden die Schädel von Combe Capelle und Le Moustier nach dem Kriege in die UdSSR überführt. Im Jahre 1958 erhielt die Regierung der DDR von dort einen Teil der Bestände des ehemaligen Staatlichen Museums für Vor- und Frühgeschichte zurück. Unter ihnen fand man bei Magazinierungsarbeiten im Oktober 1965 den Schädel von Le Moustier. Die Kriegswirren hatten ihn stark mitgenommen; er war zerbrochen, und einige Teile fehlten. Der Schädel des Mannes von Combe Capelle blieb bisher unauffindbar.

Obwohl die Überreste des Moustier- und des Combe-Capelle-Jägers allgemeine Aufmerksamkeit erregten, war es schwierig, Otto Hauser selbst erneut ins öffentliche Gespräch zu bringen. Zu seinem 15. Todestag wollte Karl Otto mit Hilfe Bruno H. Bürgels einen Artikel in den Berliner Zeitungen publizieren – ohne Erfolg. Auch die Gedenkschrift zu Ehren Hausers, die Otto auf Anraten Bürgels verfaßte, wurde nicht gedruckt. 1948 erschien jedoch im Märzheft der Zeitschrift »Urania« der Artikel Karl Brandts »40 Jahre Urmensch von Le Moustier«. Weitere Arbeiten Brandts über Hauser und dessen Ausgrabungen schlossen sich an, so der Aufsatz »Zum 60. Entdeckungstag des Neandertalers von Le Moustier«. Den wissenschaftlichen Nachlaß Hausers konnte er 1954 von dessen Sohn Friedrich für die Abteilung Vor- und Frühgeschichte des Focke-Museums Bremen erwerben. Unter anderem besteht er aus 360 Glasnegativen im Format 13 x 18 und rund 200 Diapositiven im Format 9 x 10 Zentimetern.

Brandt bemühte sich auch darum, daß abwertende Urteile über Otto Hauser abgeschwächt oder fallengelassen wurden. Das gelang ihm zum Beispiel bei einem sehr erfolgreichen Sachbuch, in dem die Forschungen zur Entwicklungsgeschichte des Menschengeschlechts erzählt werden. Darüber informierte Karl Brandt Friedrich Hauser am 22. März 1954:

»Für heute teile ich mit, dass im Dez. 1953 ein dickes Buch mit dem Titel Ich suchte Adam erschienen ist. Verfasser Herbert Wendt, Verlag Grote Hamm . . . Ihr Herr Vater konnte natürlich nicht übergangen werden. Die Darstellungsweise passte mir nicht und ich habe dem Verfasser freundlich erklärt, dass seine Darstellung nicht stimme. Glücklicherweise ist es ein verständiger Mann und er ging auf meine Vorschläge ein . . . Die Abschnitte Homo Moust. und Aurignaciensis werden in der zweiten Auflage ganz anders aussehen. Das also ist erreicht. Dem Verfasser habe ich allerhand Unterlagen geliefert . . .«

Von Karl Brandt stammt die schon genannte erste umfangreichere Publikation »Otto Hauser – die Tragik eines Urgeschichtsforschers« (1970). Zu den Gründen seines Engagements meinte er: »Wenn ich gefragt würde, warum ich das Wagnis unternehme, für O. Hauser einzutreten, so müßte ich antworten: ich habe schon frühzeitig das Unrecht gegen ihn erkannt. Aber auch meine Erkenntnis, daß durch die Nichtanerkennung Hausers für die Wissenschaft wertvolle Hinweise verloren gingen, ist für mich ausschlaggebend. Viele seiner wichtigen Ausgrabungsfunde, ganz gleich, wie er sie deutete, brachten wissenschaftliche Fortschritte.«[6]

Trotz aller Bemühungen Brandts um eine differenzierte Betrachtensweise von Leben und Werk Hausers wurden über diesen weiterhin pauschal-abschätzige Urteile gefällt, auch in der Arbeit von Hans Geer »Unveröffentlichte Fundkomplexe aus den Grabungen Otto Hausers in der Ur- und Frühgeschichtlichen Sammlung der Universität Erlangen-Nürnberg«, mit der Geer 1971 promovierte.

Hauser, schrieb der Verfasser, »rühmte sich der Anlage exakter Profile..., der genauen Einmessung der Schichten und behauptete, auf den Artefakten genau deren Position im Schichtverband angegeben zu haben, ließ die Fauna von Experten bestimmen, achtete auf Konchylien, fertigte Fotos vom Fortgang der Grabung und zog ethnologische Vergleiche. Gewiß, selbst wenn man in Betracht zieht, daß Hauser bei einigen seiner Grabungsstellen auch vor Sprengungen nicht zurückschreckte..., es dürfte zu seiner Zeit bedeutend schlechter organisierte Grabungen gegeben haben, über die man heute hinwegsieht und sie nicht mehr erwähnt.«[7]

Hans Geer räumte zwar ein: »In letzter Konsequenz kann man Hauser weder seine zahlreichen Irrtümer noch die Unterlassungen einer Publikation der von ihm ausgegrabenen Stationen zur Last legen, da er bei Kriegsausbruch 1914 alle seine Pläne, Notizen und Aufzeichnungen verlor.« Dennoch schlußfolgerte Geer: »Aber weder der größte Enthusiasmus für die urgeschichtliche Vergangenheit des Menschen, den Hauser zweifellos besaß, noch auch sein Einsatz bedeutender eigener Geldmittel für die urgeschichtliche Forschung macht den unverzeihlichen Dilettantismus entschuldbar, mit dem sich Hauser... auf die Erforschung prähistorischer Denkmäler stürzte.« Worin dieser spezifische »Dilettantismus« bestanden haben soll, erläuterte Geer allerdings nicht. Statt dessen wärmte er den alten Vorwurf wieder auf, »daß O. Hauser gleichzeitig mehrere Grabungsstationen von angelernten Arbeitern graben ließ, ohne eine beständige, richtige Aufsicht über die Grabungen zu führen und daß er bereits während der noch laufenden Grabungen die Funde verkaufte«[8]. Diese wurden, »soweit sich dies übersehen läßt, niemals von den Aufkäufern publiziert. Sie verschwanden mehr oder weniger spurlos.«[9] War das etwa Hausers Schuld?

In der Schweiz tat man sich mit einer sachgerechten Würdigung Otto Hausers ebenfalls schwer. Nach dessen Tod erschien am 15. Januar 1933 in der Tribune de Genève ein bemerkenswert positiver Nachruf von dem Juristen Dr. Henri Bise: »Ein Irrtum ist wiedergutzumachen. Das schmerzliche Leben von Otto Hauser, dem Schweizer Prähistoriker.« Darin ging Dr. Bise hart mit bestimmten französischen Urgeschichtsforschern ins Gericht und resümierte: »Kurz, der Raub des Werkes, des Vermögens und der Bibliothek des schweizerischen (nicht deutschen) Prähistorikers Hauser ist eine rechtliche Schande gewesen, begangen mit Hilfe des Krieges von Peyrony, Capitan und ihrer Clique, die sich all dessen bemächtigen wollten. Diese Strandräuber haben von der Fremdenfeindlichkeit am Anfang des Krieges profitiert, um mit einem Schlag ihre finsteren Machenschaften zum Erfolg zu führen. Sollte die französische Wissenschaft nicht ehrlich ihren Irrtum zugeben hinsichtlich eines Mannes, der das Beste seiner Existenz der Vorgeschichte von Frankreich geopfert hat?«

Großen Widerhall fanden die mahnenden Worte von Dr. Henri Bise in der Schweiz freilich nicht. Hauser war dort kein Thema mehr, obwohl manche eine grundlegende Veröffentlichung über den umstrittenen Landsmann begrüßt hätten. So schrieb der damalige Präsident der Schweizer Gesellschaft für Urgeschichte, der Elektroingenieur Matter aus Baden, am 23. Juni 1941 an Emil Bächler: »Es ist eigentlich schade um diesen Mann, der sicher Grosses wollte und an seiner unbändigen Natur zu Grunde ging. Er verdiente es trotzdem, dass ihm mit einer eingehenden Biographie in der Schweiz ein Denkmal gesetzt würde. Er ist ja schliesslich einer der Unsrigen gewesen. Ich habe das Gefühl, dass sich recht interessante Momente ergeben würden. Daß ihn die Kanonen der

Schweiz. Urgeschichte befehdeten, ist echt schweizerisch.«

Matters Wunsch ging nicht in Erfüllung, doch in einem Brief Friedrich Hausers an Karl Brandt (vermutlich vom Februar 1949) heißt es: »In der Tagespresse erschien hier eine Mitteilung im vorigen Jahr zur 40. Wiederkehr der Entdeckung des Mousteriensis. Ein Bekannter, der in der Landesbehörde selber tätig [ist] und daher den Lauf der Dinge kennt, bemüht seit längerem sich beim Gemeinderat der Stadt Zürich, dass eine neue Strasse meines Vaters Namen erhält, der Entscheid ist jetzt dann bald zu erwarten.« Er fiel negativ aus, da es bereits seit längerer Zeit zu Ehren eines Namensvetters eine »Hauserstrasse« gab.

Um 1980 plante Radio Studio Bern ein Hörspiel über die Entdeckung der Skelette von Le Moustier und Combe Capelle. Dazu wurden auch verschiedene Aufnahmen gemacht. Das Hörspiel wurde aber nicht fertiggestellt und gesendet.

Hausers Sohn Alexander hatte den Nachruf von Dr. Henri Bise mit der Bitte um Kenntnisnahme an Prof. Raymond Vaufrey geschickt. Dieser antwortete Bise 1933 in der Zeitschrift »L'Anthropologie«, indem er sich auf die Beschuldigungen Hausers durch Jakob Heierli, Conrad Keller und Hugo Obermaier berief und Hauser bezichtigte, dank seiner »gewaltigen finanziellen Mittel«[10] die Fundschichten nur ausgeplündert und die beiden berühmten Skelette für teures Geld an Deutschland verkauft zu haben. Sein Besitztum in Frankreich wäre ordnungsgemäß an Interessenten veräußert worden. »Die französischen Prähistoriker«, schloß Prof. Vaufrey, »haben ihr Erbe – kurzum die Wissenschaft überhaupt – verteidigt, wie sie es konnten, gegen die Unternehmungen eines Kaufmanns ohne irgendeine wissenschaftliche Vorbildung.«[11]

Prof. Vaufrey nahm seine Kollegen außerdem vor der Meinung in Schutz, sie hätten, ähnlich wie Otto Hauser, Handel mit prähistorischen Objekten getrieben. Manche von ihnen verkauften jedoch Funde in großem Umfang. So erklärte Hans Müller-Brauel in einem Briefe vom

23. November 1933 an Dr. Walther Adrian auf dessen Anfrage, ob er ihm einen Faustkeil besorgen könne:
»Schade, dass Sie mit Ihrer Frage nicht vor 3 Jahren kamen. Da hatte ich p e r s ö n l. d. Gelegenheit ›unter der
Hand‹ (sie waren geklaut a u s der 1914 von den Franzosen g e r a u b t e n Slg Hauser, die 490 000 Mk wert
w a r , – wohl von einem ›getreuen Verwalter‹ des Hau-
sergutes. Da habe ich die Gelegenheit wahrgenommen
und mir als rein p e r s ö n l. Studienmaterial n e u n Kisten aus Les Eyzies kommen lassen. Sie kosteten . . . so im
Durchschnitt 100 Mk die Kiste. Da habe ich mir eine sehr
schöne Slg rangekooft . . .«

Auf Geschäfte mit urgeschichtlichen Altertümern wies
Hauser in dem Schreiben vom 23. Juni 1931 an seinen
französischen Bekannten Beauvet hin: »Breuil besitzt nach
den Nachrichten, die mir letztlich zugegangen sind, ein
Vermögen von 4 Millionen Francs; ein Amerikaner, der
mit ihm gearbeitet hat, erzählt so allerhand von ihm!!
Hier in Deutschland betreibt Breuil einen ungewöhnlichen Handel mit jeder Art von Antiquitäten; gegenwärtig
versucht er, eine Sammlung von Bronzen aus Spanien für
50 000 Mark zu verkaufen!! . . . Übrigens haben er und
Peyrony auf ihre Rechnung ein Skelett verkauft (aus
Frankreich), eine klassische Ausgrabung, wie man mir in
Chicago sagte. Gute Geschäfte.«

Entlarvend sind auch Ausführungen des schon in anderem Zusammenhang zitierten Professors Dr. Roland Bay,
der sich seit 1934 jährlich längere Zeit in Les Eyzies aufgehalten hat. Er war Gründungsmitglied der dortigen Prähistorischen Gesellschaft und mit Denis Peyrony und Henri
Breuil, der häufig seine Gastfreundschaft genoß, eng bekannt. In den dreißiger Jahren lebten noch viele Leute,
die mit Hauser Umgang hatten und mit denen
Prof. Dr. Bay sprach. Am 17. Juni 1985 teilte er mir mit:

»Ich habe bei meinen ausgedehnten und bisweilen herz-
lichen Kontakten zu Einwohnern von Les Eyzies den Eindruck erhalten, dass diese Hauser gegenüber durchwegs
sehr positiv eingestellt waren. Es wurde mir wiederholt
versichert, dass Hauser beispielsweise auch Arztkosten

seiner Ausgräber etc. übernommen habe. Allgemein hiess es, dass Hauser gegenüber der Bevölkerung nur gut gewesen sei. Viele Leute haben direkt mit Hochachtung von Hauser gesprochen. Ganz wichtig ist auch die Tatsache, dass Hauser bei der Bevölkerung als Schweizer und <u>nicht</u> als Deutscher gegolten hat. Ich bin in den Jahren meiner ersten Besuche in Les Eyzies so quasi als Kollege von Otto Hauser begrüsst worden. Die Bevölkerung hat mich sehr herzlich aufgenommen und ich pflegte bis heute nur gute und zu gewissen Personen sogar allerbeste Kontakte in Les Eyzies.

Fest steht, dass Hauser für die Herren Breuil und Peyrony u. a. auch ein finanzieller Konkurrent war. Hauser war eben auch geschäftstüchtig. Ich will damit nicht sagen, dass bei Breuil und Peyrony das Handeln an erster Stelle kam, das gewiss nicht, aber sie taten es auch und zwar sehr ausgiebig. (Viele Stücke in eigener Privatsammlung.) Insbesondere Peyrony war ein guter Kaufmann, er hat genau so wie Hauser sehr schöne Stücke verkauft und zwar zur persönlichen Bereicherung. Nach den Auskünften von Maurice Vidal, wohnhaft in Plazac, die er mir mehrmals bestätigt hat, verkauften Abbé Breuil und Denis Peyrony das Magdalénien-Hockerskelett im Abri Cap Blanc im Vallée de la Beune bei Les Eyzies nach Amerika. Das jetzt ausgestellte Skelett ist eine Fälschung. Als Fachanthropologe kann ich das beurteilen. Zweitens verkaufte Denis Peyrony das von Maurice Vidal ausgegrabene mesolithische (Laurentenien) Skelett vom Abri Barbeau im Seitental des Abri Cellier (bei Le Ruth bei Moustier). Das im Museum von Les Eyzies ausgestellte Skelett ist ebenfalls eine rezente [neuzeitliche] Fälschung. Das hat mir eine bei der Ausgrabung anwesende Frau bestätigt. Maurice Vidal (heute gestorben) betätigte sich geschäftstüchtig als sogenannter Reiseführer und war eben ›Verkäufer‹ (aber nie von Skeletten).

Es war in gar keiner Weise ratsam, mit Breuil oder Peyrony über Hauser zu sprechen. Ich habe mich danach gerichtet, denn schliesslich wollte ich mir ja gute Ausgangsvoraussetzungen und ein mir wohlgesinntes Umfeld schaffen. Beide haben Hauser sprichwörtlich gehasst, wie dies unschwer auch aus anderen Quellen zu belegen ist. Peyrony hat das Haus von Hauser unten an der Strasse, an den Abri von Laugerie-Haute angebaut, übernommen; man könnte auch sagen: sich ›überschreiben‹ lassen ... Bezeichnenderweise hat Peyrony auch das umfangreiche Hauser-Mobiliar übernommen, inklussive Stühle, Bett etc. Praktisch alles im Hause Peyrony gehörte zum früheren Eigentum von Hauser. Vater Peyrony hat auch das Land vis à vis (Landstreifen zwischen Strasse und Vézère) sagen wir einmal ebenfalls ›übernommen‹ ... so quasi requiriert. Sein Sohn Elie hat nun auf diesem Land ein Haus gebaut.«

Nach Berichten von Prähistorikern lagern im Magazin des Museums von Les Eyzies noch viele Kisten mit Funden Hausers, ungeöffnet und unbearbeitet. Allein von La Micoque soll es dort rund 20 000 nicht katalogisierte Artefakte geben. An ihre Sichtung und wissenschaftliche Untersuchung hat sich noch niemand herangewagt – seit 1914. Von Hausers in Les Eyzies verbliebenen Fundprotokollen, Notizen, Profilaufnahmen und Plänen der Fundstätten sowie sonstigen Unterlagen wurde offenbar nie Gebrauch gemacht. Daß aber von bestimmter Seite noch immer gegen Hauser polemisiert wird, beweist eine Vitrine, die im Sommer 1985 im Museum von Les Eyzies aufgestellt wurde. In ihrem oberen Teil werden die von ihm geborgenen Skelette von Le Moustier und Combe Capelle beschrieben. Den unteren Teil der Vitrine nimmt folgender Text ein:

»Der Skandal der Verkäufe an das Ausland

Es gibt kein Gesetz über die Ausgrabungen. Jedermann kann ausgraben, wie und wo auch immer, und er kann mit seinen Ausgrabungen machen, was er will.

Seit dem Tod von Lartet bis zum Jahre 1913 sind die Ausgrabungsstätten der Vézère der Plünderung preisgegeben und Gegenstand gewinnbringenden Handels.

So war es unter anderem auch mit gewissen fossilen Menschen: – – dem Neandertaler († 50 000 Jahre

v. Chr.), dem ersten Skelett aus dem mittleren Paläolithikum. 1908 in Le Moustier entdeckt.

– – dem ältesten Homo sapiens sapiens († 35000 Jahre v. Chr.), 1909 in Combe Capelle (Tal der Couze) entdeckt.

Die zwei Skelette sind von ihrem Finder an das Museum in Berlin für die Summe von 130 000 Goldmark verkauft worden. Davon hat der Kaiser einen Teil aus seiner Privatschatulle finanziert.

Der Skandal ist unermeßlich. Er nimmt nationale und internationale Ausmaße an.«

Auf solche und andere Stellungnahmen gegen Otto Hauser hat Dr. Karl Heinz Brandt in einer Buchbesprechung die beste Antwort gegeben:

»Die hier und anderswo immer wieder auftauchenden Verunglimpfungen Hausers müssen einem unbefangenen und objektiven Betrachter schlicht als unsachlich erscheinen. Bei einer Generation, die persönlich und weltanschaulich (!) mit dem schwer körperbehinderten Hauser kollidiert war, mag eine Ablehnung vielleicht noch verständlich erscheinen. Wenn sich aber die jetzt führende Generation weder um Abbau noch um Richtigstellung bemüht, macht sie sich einfach zum Mittler von Fußtritten aus den Gräbern jener abgetretenen Generation. Das ist zumindest fahrlässig.«[12]

Anhang

11. April 1840:
Geburt von Eduard Hauser in Esslingen-Egg

15. Oktober 1846:
Geburt von Susanna Meier in Männedorf

19. August 1869:
Geburt von Anna Seline Brändli (Otto Hausers erster Ehefrau) in Wädenswil

27. Juni 1871:
Heirat von Eduard Hauser und Susanna Meier in Thalwil

27. April 1874:
Geburt von Rudolf *Otto* Hauser in Wädenswil

8. April 1878:
Geburt von Magdalena Dietlmayr (Otto Hausers zweiter Ehefrau) in Straubing

1890–1892:
Otto Hauser Schüler des Instituts Dr. Bodmer-Ryffel in Stäfa

1892–1894:
Studium von Altphilologie, Geschichte und Archäologie an der Universität Basel

4. Januar 1894:
Geburt des ersten Sohnes Eduard Rudolf *Otto* in Burghalden (Ober-Elsaß)

4. Juni 1894:
Geburt von *Erna* Franziska Bachmann (Otto Hausers dritter Ehefrau) in Lübeck

1894–1898:
Studium an der philosophischen Fakultät der Universität und der Eidgenössischen Technischen Hochschule in Zürich

27. März 1895:
Heirat von Otto Hauser und Anna Seline Brändli in Wädenswil

340

Sommer 1895:
   erste selbständige Grabungen vor allem im Kanton Aargau
27. November 1895:
   Geburt des zweiten Sohnes Friedrich *Richard* in Zürich
Sommer und Herbst 1896:
   Erkundungen auf dem Gelände des ehemaligen Römerlagers Vindonissa
Anfang Mai 1897:
   Beginn der Grabungen auf dem Gelände Vindonissas
Anfang August bis Mitte Dezember 1897:
   Entdeckung und teilweise Freilegung der Ruine des Amphitheaters
10. August 1897:
   Fund der »Silberpfanne«
April 1898:
   erste Fahrt in die Dordogne; Probegrabungen
Mai 1898:
   Letzte Arbeiten Hausers auf dem Gelände Vindonissas
24. August 1898:
   Hausers Mutter stirbt in Wädenswil
29. September 1898:
   Geburt des dritten Sohnes Karl *Alexander*
3.–15. Dezember 1898:
   Ausstellung und Verkauf der Vindonissa-Funde im »Helmhaus« in Zürich
1899:
   erneute Reise in die Dordogne; kleinere Grabungen
Um 1900:
   Otto Hauser und seine Familie in Rüschlikon bei Zürich
Ende 1902/Anfang 1903:
   Übersiedlung nach München
19. Dezember 1903:
   Scheidung von Hausers erster Ehe
1904:
   Eröffnung eines Antiquitätengeschäfts

11. April 1904:
Heirat Otto Hausers und Magdalena Dietlmayrs in München
Sommer 1905:
In Les Eyzies lernt Hauser Prof. Paul Girod kennen
1906:
Umzug von München nach Basel
Mai–Juli 1906:
Entdeckung der eigentlichen Siedlung und zahlreicher Keilspitzen auf La Micoque
Anfang 1907:
Hauser pachtet in der Dordogne über 20 Fundstellen
Frühjahr 1907:
Freilegung der Werkstätte der Knochenschnitzer in Laugerie-Basse
20. Mai 1907:
Entdeckung der »Wildfanggruben« nahe Laugerie-Haute
Ende Juli/Anfang August 1907:
Sonderausstellung von Hausers Funden im Prähistorischen Museum zu Köln
7. März 1908:
Leyssales stößt in Station 44 auf menschliche Extremitätenknochen
10. April 1908:
Eine amtliche Kommission bestätigt die Unberührtheit der fossilen Gebeine in Station 44
12. August 1908:
Prof. Klaatsch und Hauser bergen das Skelett des Homo mousteriensis Hauseri
26. August 1909:
Laganne entdeckt den Schädel des Mannes von Combe Capelle
11. September 1909:
Klaatsch und Hauser bergen das Skelett des Homo aurignacensis Hauseri
Anfang 1910:
Geldsammlung zum Kauf der beiden Skelette für das Völkerkundemuseum in Berlin

11. August 1910:
Hauser kauft das Besitztum des Grafen Lachapoulie für 35 000 Francs
10. September 1910:
Kauf des Besitztums der Familie Leyssales für 8 000 Francs
21. September 1910:
»Le Matin« veröffentlicht einen Artikel gegen Hauser
Ende September 1910:
Hauser beschwert sich wegen des Grabungsverbots bei dem zuständigen Minister in Paris. Viele einflußreiche Franzosen unterstützen ihn
November 1910:
Hauser gewinnt in Schaffhausen einen Prozeß gegen das Bankhaus Zündel und Bosshard
Anfang Februar 1911:
Hauser bemüht sich vergeblich um seine Naturalisation in Frankreich
März 1911:
Das Ministerium zieht den Gesetzentwurf wegen der Ausgrabungen zurück
25. Juli 1911:
Adrien Guébhard verteidigt Hauser in seinem Artikel »Die Kirche und die Vorgeschichte«
Sommer 1911:
Beginn der »Kosmos-Reisen« in die Dordogne
Seit 1911:
Hauser gerät immer mehr in finanzielle Schwierigkeiten
Herbst 1912:
Dr. Wiegers, Dr. Hilzheimer und Prof. Schuchhardt auf »Grabungsexpedition« bei Hauser in Les Eyzies
Sommer 1913:
Hauser steht vor dem Bankrott
31. Dezember 1913:
In Frankreich tritt ein abgemildertes Gesetz über Ausgrabungen in Kraft
Februar 1914:
Vortragsreise durch zehn deutsche Städte

24. April 1914:
Tod von Hausers Vater in Esslingen
Mai–Juli 1914:
Entdeckung und teilweise Ausgrabung des »Opferplatzes« in der Laugerie-Intermédiaire
2. August 1914:
Hauser muß mit Frau und Sohn aus Les Eyzies fliehen
6. August 1914:
Hauser bittet in Bern das Departement des schweizerischen Bundesrates um Unterstützung gegen französische Maßnahmen
25. August 1914:
Durchsuchung von Hausers Wohn-, Arbeits- und Sammlungsräumen in Les Eyzies. Beschlagnahme von 1153 Briefen. Denunziation als Spion
24. April, 15. Mai und 7. August 1915:
Verfügungen französischer Behörden zur Beschlagnahme von Hausers Eigentum
22. März 1916:
Promotion Hausers über La Micoque an der Universität Erlangen. Beginn des Streits um die von ihm eingeführte Kultur des Micoquien
Seit 1916:
Intensive schriftstellerische Tätigkeit. Zahlreiche Vorträge. Erneut Handel mit prähistorischen Objekten
Anfang 1917:
Versteigerung eines Teils des Hauserschen Eigentums in Frankreich
2. August 1918:
Hausers erster Sohn Eduard Rudolf *Otto* stirbt in Genf
9. Januar 1920:
Geburt von Hausers viertem Sohn *Friedrich* Adolf
18. Mai 1921:
Scheidung von Hausers zweiter Ehe
Frühjahr 1921:
Adolf Spengler übergibt Otto Hauser auf Bahndämmen und in Kiesgruben gesammelte Feuersteine. Beginn eines langen Streits um vermeintliche Artefakte aus Kiesgruben

11. Juni 1921:

Der französische Staat konfisziert Hausers gesamten Besitz in der Dordogne auf Grund des Urteils der Berufungsinstanz von Bordeaux

30. Juni 1922:

Otto Hauser und *Erna* Franziska Bachmann heiraten in Berlin-Wilmersdorf

1922–1924:

Reisen nach Mähren zum Studium der dortigen Altsteinzeitfunde

4. Februar 1925:

Paul Bräuer zeigt Hauser in Kiesgruben der Oberlausitz gesammelte Feuersteine

Oktober/November 1925:

Familie Hauser zieht aus Berlin nach Weimar um

1. Mai–1. Dezember 1926:

Ausstellung der von Hauser für echt gehaltenen Artefakte aus deutschen Fundorten im Naturkundemuseum Leipzig

1928:

Hauser gründet in Weimar den »Verlag für Urgeschichte und Menschforschung G.m.b.H.«

August 1928:

Familie Hauser zieht nach Oßmannstedt bei Weimar um

Ab Pfingsten 1929:

Familie Hauser wieder in Berlin (Charlottenburg, Schöneiche, Wilmersdorf)

1929/30:

Vorträge Hausers an der Volkshochschule in Neukölln sowie an der Archenholdsternwarte in Treptow

18. November 1931:

Hausers zweiter Sohn Friedrich *Richard* stirbt in Kilchberg

14. Juni 1932:

Tod Otto Hausers in Berlin-Wilmersdorf, Aachener Str. 40

30. Juni 1932:

Beisetzung der Asche Otto Hausers auf dem Wilmers-

dorfer Urnenfriedhof. Am gleichen Tage Gründung der
»Arbeitsgemeinschaft Otto Hauser«

Frühjahr 1943:

Zum Teil ausgebombt, siedelt Frau Hauser mit ihrem
Sohn zunächst nach dem Bodensee und später in die
Schweiz über

3. Februar 1945:

Hausers erste Frau stirbt in Zürich

1. April 1945:

Tod Erna Hausers in Zollikon

4. Juni 1983:

Hausers vierter Sohn *Friedrich* Adolf stirbt in Baden/
Aargau

Veröffentlichungen Otto Hausers

In chronologischer Reihenfolge.
Angeführt werden nur die Erstauflagen.

Bücher

Vindonissa.
Das Standquartier römischer Legionen. Zürich 1904
Die neuesten Ausgrabungen auf La Micoque
(Dordogne) und ihre Resultate für die Kenntnis der paläolithischen Kultur. Schaffhausen, Basel 1907
La Micoque.
Die Kultur einer neuen Diluvialrasse. Leipzig 1916
Der Mensch vor 100 000 Jahren.
Leipzig 1917
Ins Paradies des Urmenschen.
25 Jahre Vorweltforschung. Hamburg, Berlin 1920
Urmensch und Wilder.
Eine Parallele aus Urwelttagen und Gegenwart. Berlin 1921
Leben und Treiben zur Urzeit.
Das unsere Jugend kennen sollte. Berlin 1921
Dort, wo der Menschheit Wiege stand.
Eine Erzählung. Berlin 1922
Urgeschichte
auf Grundlage praktischer Ausgrabungen und Forschungen. Jena 1925
Die große zentraleuropäische Urrasse.
La Micoque – Ehringsdorf – Byči skála – Předmost – Kišla Nedžimova. Langensalza 1925
Der Erde Eiszeit und Sintflut.
Ihre Menschen, Tiere und Pflanzen. Berlin 1927
Urwelt.
Berlin 1929

Über eine neue Chronologie
des mittleren Paläolithikums im Vézèretal, speziell mit
bezug auf meine Ausgrabungen auf La Micoque. Leipzig 1916

HAUSER ALS HERAUSGEBER

Neue Dokumente
zur Menschheitsgeschichte. Band 1. Weimar 1928

BROSCHÜREN

Ein römisches Militär-Hospiz.
Separatabdruck aus dem Wochenblatt des Bezirkes
Meilen. Stäfa 1897

Das Amphitheater Vindonissa.
Verfaßt als erste, vorläufige Publikation der Gesellschaft »Pro Vindonissa«. Stäfa 1898

Der Kampf um Vindonissa.
(Aktenmäßige Darstellung. Im Auftrag der Gesellschaft
»Pro Vindonissa«.) 1898

Fouilles scientifiques dans la Vallée de la Vézère.
Auszug aus der Zeitschrift L'Homme Préhistorique,
6. Jahrgang, Nr. 2, Paris 1908

Le Périgord Préhistorique.
Guide pour les excursions dans les Vallées de la Vézère
et de la Dordogne et pour l'étude de leurs stations préhistoriques. Le Bugue 1911

Ein Attentat auf deutsche Wissenschaft.
1914

Die Urentwicklung der Menschheit.
Berlin 1922

Der Aufstieg der ältesten Kultur.
Berlin 1922

Urwelttiere.
Berlin 1922

Gebräuche der Urzeit.
Berlin 1922

Der Aufstieg der menschlichen Kultur.
   Jena 1923
Was ist Urgeschichte?
   Jena 1923
Urzeit und Völkerkunde.
   Jena 1924

TEXTHEFTE ZU ANSCHAUUNGSTAFELN FÜR SCHULEN
(gestaltet von Carl Arriens)

Vom Urmenschen und seiner Welt zum Menschen der Gegenwart.
   Leipzig 1926
Höhlenleben zur älteren Steinzeit.
   Leipzig 1927

ARTIKEL
(Auswahl)

Einladung zur Exkursion nach dem Vézèretal.
   Mai/Juni 1908. Mit Bemerkungen von Max Verworn und Adrien de Mortillet
Erwiderung.
   (Auf die Besprechung von »La Micoque« durch Hugo Obermaier). – In: Korrespondenzblatt der Deutschen Gesellschaft für Anthropologie, Ethnologie und Urgeschichte, 39. Jahrg., Nr. 7, S. 52, Braunschweig 1908
16 Jahre deutscher Forschung in Frankreich. Meine Flucht.
   – In: Die Umschau. Wochenschrift über die Fortschritte in Wissenschaft und Technik. 19. Jahrg., S. 63–71, Frankfurt a. M. 1915
Aus den Fundstätten des diluvialen Menschen im Vézèretal.
   – In: Mannus, Bd. VII, Heft 1/2, S. 190–198, Würzburg 1915
Auf Urmenschenspuren.
   – In: Zeitgeist. Beiblatt zum Berliner Tageblatt. 24. Mai 1915
Antwort von Otto Hauser zum Fall Hauser.
   – In: Basler Nachrichten, 31. Juli 1915
Hermann Klaatsch.
   Ein Nachruf. – In: Frankfurter Zeitung, 60. Jahrg.,

13. Januar 1916

Das Micoquien-Hauser in Deutschland.
   – In: Zeitschrift für Ethnologie, 48. Jahrg., S. 89–92, Berlin 1916

Neue Funde aus der Grotte Cotencher in Neuenburg.
   – In: Zeitschrift für Ethnologie, 48. Jahrg., S. 297–300, Berlin 1916. Dazu Nachtrag Hausers zu seinem Briefe vom 25. Oktober 1916, ebenfalls S. 300

Neue Funde aus der älteren Steinzeit in Mitteldeutschland.
   – In: Die Umschau, 25. Jahrg., S. 477–478, Frankfurt a. M. 1921

Entdeckung von zwölf neuen Fundstätten der älteren Steinzeit in Mitteldeutschland.
   – a. a. O., S. 604

Die großen Funde von Löbau in Sachsen.
   – In: Die Umschau, 29. Jahrg., S. 588–590, Frankfurt a. M. 1925

Das Museum für Urgeschichte zu Weimar und seine Bedeutung für die Entwicklungsgeschichte des Menschen.
   – In: Thüringer Heimatkundliche Blätter. Beilage der Allgemeinen Thüringischen Landeszeitung Deutschlands. Januar, Nr. 1, Weimar 1926

Aus Menschheits Morgen.
   – In: Die Gartenlaube, Nr. 33, S. 645–648, Leipzig 1926

Die Stellung des Weibes in der ältesten Urzeit.
   – In: Geschlechtscharakter und Volkskraft, S. 57–76, Darmstadt und Leipzig 1929

Gedanken zur ältesten Kunst.
   – In: Urania, 7. Jahrg., S. 230–236, Jena 1930/31

Menschheitswege.
   – In: Atlantis, Heft 3, S. 171–176, Berlin 1931

Klaatsch, Hermann; Hauser, Otto:
Ein altdiluvialer Skelettfund, Homo mousteriensis Hauseri.
   – In: Archiv für Anthropologie, Neue Folge, Band VII, Heft 4, S. 287–297, Braunschweig 1908

Homo Aurignacensis Hauseri.
   – In: Prähistorische Zeitschrift 1, Heft 3/4, S. 273–338, Leipzig 1910

LITERATURNACHWEIS

Auswahl. Vor allem Werke, aus denen zitiert wurde.
Daten zu Briefen und Zeitungsartikeln
finden sich in der Regel im Text.

Acta 1:
Acta betreffend die Beschaffung privater Mittel zur Erwerbung der Hauserschen Skelette, Vol. 1, Pars I A. 18. – Akten des Königlichen Museums für Völkerkunde; jetzt im Museum für Vor- und Frühgeschichte, Berlin (West), Schloß Charlottenburg

Acta 2:
Acta betreffend die Erwerbung zweier Skelette von O. Hauser, Vol. 2, vom 2. 11. 1909 bis Ende 11, Pars I A. 18. – a. a. O.

Acta 3:
Acta betreffend die Erwerbung zweier Skelette von O. Hauser, Vol. 3, vom 1. 1. 1912 bis ..., Pars I A. 18. – a. a. O.

Acta
betreffend die Erwerbung eines skulptierten Steines aus Laussel, Pars I A. 23. – a. a. O.

Asmus, G.:
Kritische Bemerkungen und neue Gesichtspunkte zur jungpaläolithischen Bestattung von Combe Capelle Périgord. – In: Eiszeitalter und Gegenwart, Band 15, S. 181–186, Öhringen/Württ. 1964

Bächler, E.:
Die Forschungsergebnisse im Drachenloch ob Vättis im Taminatale. – In: Jahrbuch der St. Gallischen Naturwissenschaftlichen Gesellschaft, 59. Band, S. 79–118, St. Gallen 1923

Bächler, E.: Dordogne 1909 (unveröffentlichte Tagebuchaufzeichnungen)

Bächler, E.:
Erinnerungen aus einem Forscherleben. 1935 (zum größten Teil noch unveröffentlicht)

Bandi, H.-G.:
Die Schweiz zur Rentierzeit. Frauenfeld 1947

Baumgartner, Th.:
Vermessungsarbeiten für die paläolithischen Ausgrabungen in Südwestfrankreich. – In: Zeitschrift des Vereins Schweiz. Konkordatsgeometer, Nr. 2, S. 32–34, Winterthur 1909

Bégouen, H.:
Hauser et la science allemande. – In: L' Anthropologie, 26. Jahrg., S. 293–295, Paris 1915

Bégouen, H.:
Suite de l'affaire Hauser. – In: a. a. O., S. 480–488

Birkner, F.:
Der Fall Hauser und die deutsche Wissenschaft. – In: Natur und Kunst. Katholische Wochenschrift, 12. Jahrg., S. 425–428, München 1914/15

Birkner, F.:
Hausers Micoquien. – In: Korrespondenzblatt der Deutschen Gesellschaft für Anthropologie, Ethnologie und Urgeschichte, 49. Jahrg., Nr. 1/4, S. 7–12, Braunschweig 1918

Bohn, O.:
Die silberne Schöpfkelle aus Vindonissa. – In: Anzeiger für Schweizerische Altertumskunde, Neue Folge, 27. Band, Heft 3, S. 129–135, Zürich 1925

Bosinski, G.:
Bemerkungen zu der Grabung D. Peyronys in La Micoque. – In: Fundamenta. Monographien zur Urgeschichte, Reihe A, Band 2, S. 52–56, Köln/Wien 1970

Bosinski, G.:
Die mittelpaläolithischen Funde im westlichen Mitteleuropa. – In: Fundamenta. Monographien zur Urgeschichte, Reihe A, Band 4, Köln/Graz 1967

Boule, M.; Vallois, V.:
Fossile Menschen. Grundlinien menschlicher Stammesgeschichte. Baden-Baden 1954

Brandt, K.:
Otto Hauser – Die Tragik eines Urgeschichtsfor-

schers. – In: Mannus, Neue Folge, Band 1, Witten-Ruhr 1970

Brandt, K.:
Um die Anerkennung der Altsteinzeitfunde von Löbau (unveröffentlichtes Manuskript)

Brandt, K.:
Zum 60. Entdeckungstag des Neandertalers von Le Moustier. – In: Bremer Archäologische Blätter 5, S. 7–16, 1969

Braune, K.:
Otto Hauser, ein Pionier altsteinzeitlicher Forschung. – In: Urania, 8. Jahrg., S. 375, Jena 1931/32

Capitan, L.:
Encore Hauser et les allemands. – In: Revue anthropologique, 25. Jahrg., S. 360–372, Paris 1915

Capitan, L.:
La Kultur allemande aux Eyzies. – a. a. O., S. 120–133

Capitan, L.:
La psychologie des allemands actuels. – a. a. O., S. 67–76

Curtius, E. R.:
Maurice Barrès und die geistigen Grundlagen des französischen Nationalismus. Bonn 1921

Drößler, R.:
Die Venus der Eiszeit. Entdeckung und Erforschung altsteinzeitlicher Kunst. Leipzig 1967

Drößler, R.:
Kunst der Eiszeit. Von Spanien bis Sibirien. Leipzig/ Wien 1980

Elmayer-Vestenbrugg, R. von:
Aus der Urgeschichte der Menschheit. – In: Illustrierter Beobachter, 11. Jahrg., Folge 14, S. 518–520, München, 2. April 1936

Feyerabend, L.:
Die älteste Besiedelung der sächsischen Oberlausitz. – In: Dresdner Nachrichten, Nr. 403, 28. August 1925

Frey, H.:
Stäfa. Band 2, Stäfa 1969

Geer, H.:
Unveröffentlichte Fundkomplexe aus den Grabungen Otto ·Hausers in der Ur- und Frühgeschichtlichen Sammlung der Universität Erlangen-Nürnberg. Dissertationsdruck 1971

Girod, P.:
La Micoque. – In: Congrès préhistorique de France, compte rendu de la troisième session – autun 1907, S. 224–227, Paris 1928

Girod, P.; Massénat, E.:
Les stations de l'age du renne dans les vallées de la Vézère et de La Corrèze. Paris 1900

Girod, P.:
Les stations de l'age du renne dans vallées de La Vézère et de La Corrèze. Paris 1906

Guébhard, A.:
L'Église et la Préhistoire. – In: La Grande Revue, Nr. 500, Paris, 25. Juli 1911

H. de Cro-Magnon (M. Didon):
»Barbaros« (Collaboracion germana). – In: L'Anthropologie, 26. Jahrg., S. 170–171, Paris 1915

H. de Cro-Magnon (M. Didon):
Un attentat contre la science. – a. a. O., S. 171–176

Hahne, H.:
Hermann Klaatsch zum Gedächtnis. – In: Mannus, Band 7, Heft 3/4. S. 366–375, Würzburg 1916

Heberer, G.:
Bericht über die Bergung der Skelettreste von Combe Capelle und Le Moustier aus dem Brandschutt des Berliner Museums für Vor- und Frühgeschichte. Bericht über die 5. Tagung der Deutschen Gesellschaft für Anthropologie in Freiburg i. Br., 5.–7. April 1956, Homo Suppl, S. 67–72, Göttingen/Berlin/Frankfurt 1957

Heierli, J.:
Der Fall Nüęsch. – In: Neue Zürcher Zeitung, 20. Juni 1908

Heierli, J.:
Vindonissa. I. Quellen und Literatur. Aargau 1905

Heilborn, A.:
Ein Attentat auf die Wissenschaft. – In: Vossische Zeitung, Berlin, 17. November 1914

Heilborn, A.:
Französischer Vandalismus. Zur Zerstörung der prähistorischen Siedlungen im Vézèretale. – In: Reclams Universum, 31. Jahrg., Heft 11, Leipzig, 10. Dezember 1914

Herrmann, B.:
Das Combe Capelle-Skelet. Eine Untersuchung der Brandreste unter Berücksichtigung thermoinduzierter Veränderungen am Knochen. – In: Ausgrabungen in Berlin, 3. Jahrg., S. 7–69, Berlin (West) 1972

Herrmann, B.:
Über die Reste des postcranialen Skelettes des Neandertalers von Le Moustier. – In: Zeitschrift für Morphologie und Anthropologie, Jahrg. 68, 2, S. 129–149, Stuttgart, Juli 1977

Hesse, H.; Ullrich, H.:
Schädel des »Homo Mousteriensis Hauseri« wiedergefunden. – In: Biologische Rundschau 4, S. 158–160, Jena 1966

Heuberger, S.:
Aus der Baugeschichte Vindonissas und vom Verlaufe ihrer Erforschung. Brugg 1909

K. G.:
Eine Fahrt nach den Wohnstätten des diluvialen Menschen im Vézèretal. – In: Kosmos, 8. Jahrg., Heft 12, S. 450–454, Stuttgart 1911

Keil, E.:
Meine Sammlung Ostharzer Paläolithe (unveröffentlichtes Manuskript, abgeschlossen am 23. Juni 1944)

Klaatsch, H.:
Der Werdegang der Menschheit und die Entstehung der Kultur. Herausgegeben von A. Heilborn. 2. Aufl., Berlin/Leipzig/Wien/Stuttgart 1922

Klaatsch, H.:
Die Aurignac-Rasse und ihre Stellung im Stammbaum der Menschheit. – In: Zeitschrift für Ethnologie, 42. Jahrg., S. 513–577, Berlin 1910

Klaatsch, H.:
Die Fortschritte der Lehre von der Neandertalrasse. – In: Ergebnisse Anatomischer Entwicklungsgeschichte 17, S. 431–462, 1909

Klaatsch, H.:
Die neuesten Ergebnisse der Paläontologie des Menschen und ihre Bedeutung für das Abstammungsproblem. – In: Zeitschrift für Ethnologie, 41. Jahrg., S. 537–580, Berlin 1909

Klaatsch, H.:
siehe auch *Hauser, O.*

Klaatsch, H.; Lustig, W.:
Morphologie der paläolithischen Skelettreste von La Rochette. – In: Archiv für Anthropologie, Neue Folge, Band 13, S. 81–129, Braunschweig 1914

Kossinna, G.:
Der neue französische Gesetzentwurf über archäologische und paläontologische Ausgrabungen. – In: Mannus, Band 2, S. 323–330, Würzburg 1910

Kossinna, G.:
Sitzungsberichte 1915. – In: Mannus, Band 7, S. 187–190, Würzburg 1915

Messikommer, H.:
Die Pfahlbauten von Robenhausen. Zürich 1913

Moetefindt, H.:
Die Vorgeschichte in der französischen Deputiertenkammer. – In: Mannus, Band 2, S. 269 – 274, Würzburg 1910

Müller, W.:
Der Schädel des Homo Mousteriensis Hauseri wieder in Berlin. – In: Prähistorische Zeitschrift 43/44, S. 1, Berlin (West) 1965/66

Nachrichten:
Professor Verworn. – In: Mannus, Band 4, S. 459–460, Würzburg 1912

Nüesch, J.:
Das Schweizersbild, eine Niederlassung aus paläolithischer und neolithischer Zeit. 2. Aufl., Zürich 1902

Nüesch, J.:
Der Fall Nüesch. (Eine Entgegnung.) Neue Zürcher Zeitung, 28. Juni 1908

Obermaier, H.:
Der Mensch der Vorzeit. Berlin/München/Wien 1912

Obermaier, H.:
O. Hauser: La Micoque (Dordogne) und ihre Resultate für die Kenntnis der paläolithischen Kultur. – In: Korrespondenzblatt der Deutschen Gesellschaft für Anthropologie, Ethnologie und Urgeschichte, 39. Jahrg., Nr. 3, S. 23/24, Braunschweig 1908

Otto, K.:
Auf der Suche nach dem Urmenschen ... Zum Gedächtnis an den Diluvial-Archäologen Dr. phil. Otto Hauser, 1948 (unveröffentlichtes Manuskript)

Otto, K.:
Aus der Arbeitsgemeinschaft für Ur- und Vorgeschichte, Berlin. Dr. O. Hauser, Diluvial-Archäologe, am 14. 6. 1952 zum Gedächtnis (unveröffentliches Manuskript)

Pepinski, E.:
Dr. Otto Hauser. – In: Der Weltkreis. Zeitschrift für Völkerkunde, Kulturgeschichte und Volkskunde, Band 3, Heft 2, S. 52–53, Berlin 1932

Peyrony, D.:
A propos des fouilles de La Micoque et des travaux récents parus sur ce gisement. – In: Revue de l'école d'anthropologie de Paris, 18. Jahrg., Nr. 11, S. 380–382, Paris 1908

Peyrony, D.:
Étude comparée des deux niveaux quaternaires de La Micoque (Dordogne). – In: Bulletin de la Société de Géographie de Bordeaux, S. 3–11, Bordeaux, 15. April 1908

Professor Verworn:
– In: Mannus, Band 4, S. 459–460, Würzburg 1912

Rehlen, W.:
Fund eines Neandertalskeletts in Südfrankreich, des
»Homo Mousteriensis Hauseri«. – In: Korrespondenz-
blatt der Deutschen Gesellschaft für Anthropologie,
Ethnologie und Urgeschichte, 40. Jahrg., Nr. 4, S. 29/30,
Braunschweig 1909

Reinhardt, L.:
Der Fund des ältesten Eiszeitmenschen. – In: Reclams
Universum 25, 26. Jahrg., S. 609–614, Leipzig 1909

Reinhardt, L.:
Die neuaufgefundenen ältesten Skulpturen der
Menschheit. – In: Illustrierte Zeitung, Nr. 3484,
S. 639–642, Leipzig, 7. April 1910

Roth:
Memorial über die Angelegenheit des Herrn
Dr. phil. Rudolf Otto Hauser von Wädenswil – Zürich,
z. Zt. in Zürich, früher in Les Eyzies de Tayac (Departement Dordogne) Frankreich. Bern, Mai 1918 (unveröffentlichtes Manuskript)

Schuchhardt, C.:
Aus Leben und Arbeit. Berlin 1944

Schuchhardt, C.:
Der Mensch vor 100 000 Jahren. – In: Sonntagsbeilage
Nr. 24/25 zur Vossischen Zeitung Nr. 317, Berlin, 24. Juni
1917

Schuchhardt, C.:
Mitteilung über das Schicksal des Hrn. Hauser in Süd-
frankreich. – In: Zeitschrift für Ethnologie, 47. Jahrg.,
Heft 1, S. 94/95, Berlin 1915

Schuchhardt, C.:
Über O. Hauser: La Micoque. Die Kultur einer neuen
Diluvialrasse. Leipzig 1916. – In: Prähistorische Zeit-
schrift, Band 8, S. 172–174, Leipzig 1916

Stamm, H.:
Dr. Jakob Nüesch. Erinnerungen aus seinem Leben.
Schleitheim 1915

Vaufrey, R.:
Résurrection inattendue de l'affaire Hauser. – In: L'Anthropologie, 43. Jahrg., S. 202–205, Paris 1933

Verworn, M.:
Archäolithische und paläolithische Reisestudien in Frankreich und Portugal. – In: Zeitschrift für Ethnologie, 38. Jahrg., Heft 4/5, S. 611–655, Berlin 1906

Verworn, M.:
Bericht über eine Ausgrabungsreise in Frankreich. – In: Korrespondenzblatt der Deutschen Gesellschaft für Anthropologie, Ethnologie und Urgeschichte, 39. Jahrg., Nr. 1/2, S. 13–15, Braunschweig 1908

Verworn, M.:
Prähistorische Reisestudien in Belgien und Frankreich. – In: Korrespondenzblatt ..., 41. Jahrg., Nr. 5, S. 36–40, und Nr. 6, S. 42–44, Braunschweig 1910

Verworn, M.:
Reisestudien im Vézère-Tal. – In: Korrespondenzblatt ..., 44. Jahrg., Nr. 6/7, S. 58–60, Braunschweig 1913

Virchow, H.:
Diskussion. – In: Zeitschrift für Ethnologie, 41. Jahrg., S. 580–584, Berlin 1909

Virchow, H.:
Skelet von Le Moustier. – In: Anatomischer Anzeiger 88, S. 261–274, Jena 1939

Vischer, F. Th.:
Auch Einer. Eine Reisebekanntschaft. Berlin o. J.

Weinert, H.:
Der Schädel des eiszeitlichen Menschen von Le Moustier in neuer Zusammensetzung. Berlin 1925

Wendt, H.:
Ich suchte Adam. Roman einer Wissenschaft. 3. Aufl. Hamm 1953

Werth, E.:
Die Kultur von La Micoque. – In: Korrespondenzblatt der Deutschen Gesellschaft für Anthropologie, Ethnologie und Urgeschichte, 50. Jahrg., Nr. 1/4, S. 10–12, Braunschweig 1919

Werth, E.:
Hausers Micoquien. – In: Korrespondenzblatt ..., 47. Jahrg., Nr. 10/12, S. 71/72, Braunschweig 1916

Wiegers, F.; Schuchhardt, C.; Hilzheimer, M.:
Eine Studienreise zu den paläolithischen Fundstellen der Dordogne. – In: Zeitschrift für Ethnologie, 45. Jahrg., S. 126–160, Berlin 1913

Wiegers, F.:
Neue und vermeintliche Funde paläolithischer Artefakte aus dem Diluvium Sachsens. – In: Zeitschrift für Ethnologie, 54. Jahrg., S. 29–40, Berlin 1922

Wiegers, F.:
Zur Frage der ältesten Besiedelung der Oberlausitz. – In: Dresdner Nachrichten, 15. Januar 1926

Wilke, G.:
Der neue Skelettfund des Homo Aurignacensis Hauseri. – In: Mannus, Band 1, S. 252–257, Würzburg 1909

Willi, J.:
Die Zweierbeziehung. Spannungsursachen, Störungsmuster, Klärungsprozesse, Lösungsmodelle. Reinbek bei Hamburg 1980

Ziegler, P.:
Aus der Geschichte des Hauses Zum Eisenhammer. – In: Allgemeiner Anzeiger vom Zürichsee/Grenzpost, Nr. 144, S. 15, 25. Juni 1986

ANMERKUNGEN

Nachweis der Zitate
(sofern nicht schon im Text erfolgt)

SCHATTEN ÜBER DER KINDHEIT

1	Hauser, Ins Paradies ..., S.15.
2	Brandt, Otto Hauser ..., S.18.
3	Willi, Die Zweierbeziehung ..., S.68.
4	Willi, a.a.O., S.70/71.
5	Willi, a.a.O., S.72.
6	Hauser, Der Mensch ..., S.3/4.
7, 8, 9	Hauser, Ins Paradies ..., S.17.
10	Hauser, a.a.O., S.15.
11	Hauser, Der Mensch ..., S.3.
12, 13	Hauser, Ins Paradies ..., S.15.
14	Hauser, a.a.O., S.15/16.

FRÜH ÜBT SICH

1, 2	Frey, Stäfa, Bd.2, S.318.
3	Hauser, Ins Paradies ..., S.16.
4	Hauser, Der Mensch ..., S.4.
5	Willi, Die Zweierbeziehung ..., S.80.
6	Hauser, Ins Paradies ..., S.19.
7, 8	Hauser, a.a.O., S.20.
9, 10	Hauser, a.a.O., S.24.
11	Hauser, a.a.O., S.22.
12	Hauser, a.a.O., S.23.
13	Hauser, a.a.O., S.24.
14, 15	Hauser, a.a.O., S.23.
16	Hauser, a.a.O., S.18.
17	Hauser, a.a.O., S.24.
18	Hauser, a.a.O., S.25.

1	Hauser, Ein römisches Militärhospiz, S.1.
2	Heuberger, Aus der Baugeschichte …, S.294.
3, 4, 5	Hauser, Der Kampf …, S.4.
6	Hauser, a.a.O., S.6.
7	Heuberger, Neue Zürcher Zeitung, 27. 1. 1898.
8	Heierli, Vindonissa …, S.66.
9	Hauser, Der Kampf …, S.7.
10	Hauser, Ins Paradies …, S.29.
11	Hauser, a.a.O., S.30/31.
12, 13	Hauser, a.a.O., S.34.
14	Hauser, Der Kampf …, S.10.
15	Hauser, a.a.O., S.12.
16	Hauser, a.a.O., S.14.
17	Heierli, Vindonissa …, S.67.
18	Hauser, a.a.O., S.14.
19	Heierli, a.a.O., S.67.
20	Hauser, Das Amphitheater …, S.15.
21	Hauser, Vindonissa …, S.22.
22	Heierli, a.a.O., S.66.
23	Hauser, Ins Paradies …, S.40.
24	Hauser, a.a.O., S.42.
25, 26	Hauser, Vindonissa …, S.1.
27	Heierli, a.a.O., S.67.
28	Hauser, a.a.O., S.20.
29	Hauser, Das Amphitheater …, S.11.
30	Heierli, a.a.O., S.94.
31	Hauser, Ins Paradies …, S.39.
32	Hauser, a.a.O., S.43.
33, 34	Hauser, a.a.O., S.44.
35	Hauser, Das Amphitheater …, S.22.
36	Bohn, Die silberne Schöpfkelle …, S.130.
37	Bohn, a.a.O., S.129.

ZWISCHENSPIEL

1	Hauser, Ins Paradies ..., S.45.
2	Hauser, a.a.O., S.36.
3	Hauser, a.a.O., S.39.
4	Hauser, a.a.O., S.45.
5	Hauser, Der Mensch ..., S.11.
6	Hauser, a.a.O., S.12.
7	Hauser, a.a.O., S.13.
8	Hauser, a.a.O., S.15.
9, 10	Hauser, a.a.O., S.16
11	Hauser, a.a.O., S.17/18.
12, 13	Hauser, a.a.O., S.19.
14	Hauser, a.a.O., S.18.
15	Hauser, Ins Paradies ..., S.50.
16	Verworn, Archäolithische ..., S.638.
17	Hauser, a.a.O., S.70.
18	Hauser, Der Mensch ..., S.19.

ZU NEUEN UFERN

1	Hauser, Ins Paradies ..., S.198.
2	Hauser, a.a.O., S.204/205.
3	Hauser, a.a.O., S.193/194.
4	Hauser, Der Mensch ..., S.20.

LA MICOQUE

1	Hauser, Ins Paradies ..., S.194/195.
2	Hauser, a.a.O., S.96.
3	Hauser, Urwelt, S.136/137.
4	Hauser, La Micoque (1907), S.19.
5	Hauser, a.a.O., S.5.
6	Hauser, Urgeschichte, S.108.
7	Hauser, Ins Paradies ..., S.60.
8	Hauser, a.a.O., S.67.
9	Hauser, Urwelt, S.135.
10	Hauser, Der Mensch ..., S.41.

11   Baumgartner, Vermessungsarbeiten ..., S.33.
12   Baumgartner, a.a.O., S.34.
13   Hauser, Urwelt, S.132.
14   Hauser, Ins Paradies ..., S.128.
15   Hauser, Der Mensch ..., S.64.
16   Hauser, Ins Paradies ..., S.57.
17   Hauser, La Micoque (1907), S.6.

Am Ziel

1   Verworn, Ausgrabungsreise ..., S.14.
2   Verworn, Archäolithische ..., S.645.
3, 4   Verworn, Ausgrabungsreise ..., S.14.
5   Verworn, a.a.O., S.13.
6   Hauser, Ins Paradies ..., S.178.
7   Obermaier ; O.Hauser: La Micoque, S.23/24.
8   Hauser, Erwiderung, S.52.
9   Hauser, Der Mensch ..., S.28.
10   Hauser, a.a.O., S.29.
11   Hauser, a.a.O., S.29/30.
12   Klaatsch ; Hauser, Ein altdiluvialer Skelett-
     fund ..., S.288.
13   Hauser, Ins Paradies ..., S.178.
14   Klaatsch ; Hauser, a.a.O., S.288.
15   Hauser, Ins Paradies ..., S.109.
16   Hauser, a.a.O., S.194.
17   Klaatsch ; Der Werdegang ..., S.287.
18   Klaatsch, a.a.O., S.288/289.
19   Klaatsch, a.a.O., S.XXXI.
20   Hauser, Hermann Klaatsch. Ein Nachruf ...
21   Virchow, Diskussion ..., S.580.
22   Virchow, Skelet ..., S.262.
23, 24   Virchow, a.a.O., S.265.
25   Hauser, Ins Paradies ..., S.109.
26   Virchow, Diskussion ..., S.581.
27   Virchow, Skelet ..., S.266.
28   Virchow, Diskussion ..., S.581.
29   Virchow, Skelet ..., S.266/267.

30   Klaatsch ; Hauser, Ein altdiluvialer Skelett-
        fund ..., S.289.
31   Klaatsch, Die Fortschritte ..., S.448.
32, 33 Virchow, Diskussion ..., S.582.
34   Virchow, Skelet ..., S.267.
35   Hauser, Ins Paradies ..., S.110.
36   Virchow, Skelet ..., S.267.
37   Hauser, Der Mensch ..., S.33.
38   Hauser, a.a.O., S.31.
39, 40 Hauser, a.a.O., S.32/33.
41   Hauser, Der Erde Eiszeit ..., S.118/119.
42   Hauser, Der Mensch ..., S.36.
43   Hauser, a.a.O., S.37.
44   Hauser, Ins Paradies ..., S.179.
45   Klaatsch ; Hauser, Ein altdiluvialer Skelett-
        fund ..., S.289–292.
46   Klaatsch, Die Fortschritte ..., S.454.
47   Hauser, Der Erde Eiszeit ..., S.119.

KÖNIG DER DORDOGNE

1, 2   Hauser, Ins Paradies ..., S.115.
3   Hauser, a.a.O., S.193.
4   Hauser, a.a.O., S.200.
5   Hauser, Der Erde Eiszeit ..., S.222.
6   Hauser, Ins Paradies ..., S.180.
7   Wilke, Der neue Skelettfund ..., S.254.
8   Verworn, Prähistorische Reisestudien ..., S.44.
9, 10   Verworn, a.a.O., S.40.
11   Verworn, a.a.O., S.44.
12   Hauser, Der Mensch ..., S.50.
13   Hauser, a.a.O., S.48/49.
14   Hauser, a.a.O., S.51.
15   Bächler, Erinnerungen ..., S.74.
16   Bächler, a.a.O., S.75.
17   Bächler, a.a.O., S.76/78.
18   Hauser, Leben und Treiben ..., S.161.
19   Hauser, a.a.O., S.162.
20   Bächler, a.a.O., S.81.

21   Bächler, a.a.O., S.81/82.
22   Hauser, Der Mensch ..., S.53.
23   Hauser, Leben und Treiben ..., S.162.
24   Hauser, a.a.O., S.164/165.
25   Hauser, a.a.O., S.167.
26   Hauser, a.a.O., S.168.
27   Wilke, Der neue Skelettfund ..., S.254.
28   Bächler, Erinnerungen ..., S.84.
29   Bächler, a.a.O., S.85.
30   Hauser, Ins Paradies ..., S.182.
31   Hauser, a.a.O., S.184.
32   Bächler, Erinnerungen ..., S.75.
33   Hauser, Ins Paradies ..., S.217.

Nach Berlin gehen diese Schätze

1   Schuchhardt, Aus Leben ..., S.295.
2   Virchow, Skelet ..., S.272.
3   Acta 2, Gutachten F.von Luschan.
4, 5 Schuchhardt, Aus Leben ..., S.296.
6   Acta 2, Gutachten Waldeyer.
7   Acta 2, Gutachten von Luschan.
8   Schuchhardt, a.a.O., S.296/297.
9   Schuchhardt, a.a.O., S.297.
10   Hauser, Ins Paradies ..., S.218.
11   Schuchhardt, a.a.O., S.300.
12   Schuchhardt, a.a.O., S.297.
13   Hauser, Urgeschichte, S.89.
14   Hauser, a.a.O., S.86.
15   Hauser, Leben und Treiben ..., S.249/250.
16   Hauser, Der Erde Eiszeit ..., S.243.
17   Hauser, Ins Paradies ..., S.171.
18   Hauser, Leben und Treiben ..., S.191.
19   Roth, Memorial ..., S.19.
20   Moetefindt, Die Vorgeschichte ..., S.270.
21   Hauser, La Micoque (1907), S.7.
22   Hauser, a.a.O., S.5.
23   Hauser, Der Mensch ..., S.20.
24   Hauser, Leben und Treiben ..., S.192.

25   Hauser, a.a.O., S.192/193.

26   Kossinna, Der neue französische Gesetzentwurf ..., S.324/325.

27   Kossinna, a.a.O., S.329.

28, 29   Guébhard, L' Église ..., S.355.

30   Guébhard, a.a.O., S.356.

31   Guébhard, a.a.O., S.357.

32   Guébhard, a.a.O., S.358.

33   Guébhard, a.a.O., S.359.

34, 35   Guébhard, a.a.O., S.362.

36   Hauser, Ein Attentat ..., S.19.

37   H. de Cro-Magnon, Un attentat ..., S.176.

38, 39   Hauser, Ins Paradies ..., S.221.

Gewinn und Verlust

1   Keil, Meine Sammlung ..., S.10/11.

2   Hauser, Ins Paradies ..., S.128.

3   Hauser, Der Mensch ..., S.20.

4   Hauser, Ins Paradies ..., S.129.

5   Bächler, Erinnerungen ..., S.80.

6   Roth, Memorial ..., S.23.

7   Hauser, a.a.O., S.219/220.

8   Hauser, Leben und Treiben ..., S.194.

9   Roth, a.a.O., S.4.

10   Werbeblatt der Kosmos-Gesellschaft in Stuttgart.

11   Hauser, 16 Jahre deutscher Forschung ..., S.66.

12   Bächler, Erinnerungen ..., S.79.

13   Roth, Memorial ..., S.23.

Erfahrungen mit Besuchern

1   K.G., Eine Fahrt nach den Wohnstätten ...,
S.452.

2   Hauser, Ins Paradies ..., S.187.

3   Hauser, a.a.O., S.185.

4   Hauser, a.a.O., S.65.

5   Hauser, a.a.O., S.190/191.

6   Hauser, a.a.O., S.172.

7   Schuchhardt, Aus Leben ..., S.298.
8   Schuchhardt, a.a.O., S.303.
9   Hauser, a.a.O., S.171/172.
10   Hauser, a.a.O., S.173/174.
11   Hauser, a.a.O., S.174.
12   Schuchhardt, a.a.O., S.305/306.
13   Hauser, a.a.O., S.175.
14   Verworn, Reisestudien ..., S.59.
15   Verworn, a.a.O., S.60.
16   Nachrichten: Professor Verworn, S.459.
17   Nachrichten ..., S.460.
18   Hauser, Ein Attentat ..., S.17/18.

DEM ABGRUND ENTGEGEN

1   Roth, Memorial ..., S.27.
2   Hauser, Ins Paradies ..., S.236.
3   Hauser, a.a.O., S.249/250.
4   Hauser, Der Mensch ..., S.88.
5   Hauser, a.a.O., S.89.
6   Hauser, Aus den Fundstätten ..., S.193.
7   Hauser, Der Mensch ..., S.89.
8   Hauser, Aus den Fundstätten ..., S.193.
9   Hauser, Leben und Treiben ..., S.256.
10   Hauser, Der Mensch ..., S.90.
11   Geer, Unveröffentlichte Fundkomplexe ...,
     S.178/179.
12   Hauser, Ein Attentat ..., S.17.
13   Hauser, Urgeschichte, S.206.
14   Vaufrey, Résurrection inattendue ..., S.204.

FLUCHT UND ENTEIGNUNG

1   Hauser, Ein Attentat ..., S.20.
2   Hauser, a.a.O., S.2.
3   Hauser, a.a.O., S.1.
4   Hauser, a.a.O., S.3/4.
5   Hauser, a.a.O., S.4/5.
6   Hauser, a.a.O., S.12/13.

7   Hauser, Ins Paradies ..., S.229.
8   Roth, Memorial ..., S.16.
9   Hauser, Ein Attentat ..., S.16.
10   Roth, a.a.O., S.12–14.
11   Roth, a.a.O., S.14.
12   Roth, a.a.O., S.17.
13   Roth, a.a.O., S.18.
14   Kossinna, Sitzungsberichte 1915 ..., S.188.
15   Kossinna, a.a.O., S.189.
16   Kossinna, a.a.O., S.190.
17   Hauser, Ins Paradies ..., S.235.
18   Schuchhardt, Mitteilung über das Schicksal ...,
     S.94/95.
19   Birkner, Der Fall Otto Hauser ..., Nachschrift,
     S.428.
20   Birkner, a.a.O., S.426.
21   Birkner, a.a.O., S.427.
22, 23, 24   Birkner, a.a.O., S.428.
25   Hauser, Ins Paradies ..., S.230/231.
26   Hauser, a.a.O., S.230.
27   Hauser, a.a.O., S.237.
28   Hauser, a.a.O., S.229.
29   Hauser, a.a.O., S.227/228.
30   Roth, Memorial ..., S.21/22.
31   Roth, a.a.O., S.28/29.

Tragödie und Groteske

1   Hauser, Ins Paradies ..., S.223.
2   Schuchhardt, Über O.Hauser ..., S.172.
3   Hauser, Ins Paradies ..., 3. Auflage, Jena 1925,
     S.185.
4, 5   Werth, Hausers Micoquien ..., S.71.
6   Birkner, Hausers Micoquien, S.11.
7   Werth, Die Kultur ..., S.11/12.
8   Bosinski, Bemerkungen ..., S.55.
9   Hauser, Die große zentraleuropäische ..., S.86.
10   Bächler, Die Forschungsergebnisse ..., S.93/94.
11   Hauser, Ins Paradies ..., S.247/248.

12   Hauser, Leben und Treiben ..., S.210/211.

13   Wiegers, Neue und vermeintliche Funde ..., S.39.

14   Brief vom 22. Januar 1926 an Dr. Fritz Böhme in Dresden.

Der Schriftsteller

1   Schuchhardt, Der Mensch ..., 24. Juni 1917, Sonntagsbeilage Nr. 24/25 zur Vossischen Zeitung.

2   Hauser, Urmensch ..., S.7.

3   Hauser, a.a.O., S.147/148.

4   Hauser, Leben und Treiben ..., S.6.

5, 6   Hauser, Ins Paradies ..., S.12.

7   Hauser, Dort, wo der Menschheit ..., S.157/158.

8   Klaatsch, Der Werdegang ..., S.IX.

9   Hauser, Was ist Urgeschichte?, S.7/8.

10   Hauser, Die Urentwicklung ..., S.4/5.

11   Hauser, Urzeit und Völkerkunde, S.3.

12   Hauser, Die große zentraleuropäische ..., S.10.

13   Hauser, a.a.O., S.197.

14   Hauser, Urgeschichte, S.11.

15   Hauser, Der Erde ..., S.2/3.

16   Angeführt auf Werbematerial Hausers.

17   Hauser, Neue Dokumente ..., S.9.

18   Hauser, Urwelt, S.185.

Die letzten Jahre

1   Hauser, Der Erde ..., Tafel XIV.

2   Hauser, Neue Dokumente ..., S.135.

3   Hauser, a.a.O., S.140.

4   Keil, Meine Sammlung ..., S.13.

5   Keil, a.a.O., S.12.

6   Otto, Auf der Suche ..., S.16.

7   Hauser, Die Urentwicklung ..., Jena 1930, S.18/19.

8   Otto, a.a.O., S.16.

9   Pepinski, Dr. Otto Hauser †, S. 52.
10   Otto, Aus der Arbeitsgemeinschaft ... (ohne Sei-
     tenzahl).
11   Braune, Otto Hauser ..., S. 375/376.

HAUSER UND DIE NACHWELT

1   Elmayr-Vestenbrugg, Aus der Urgeschichte ...,
     S. 518/519.
2   Heberer, Bericht über die Bergung ..., S. 67.
3   Heberer, a. a. O., S. 68.
4   Herrmann, Das Combe-Capelle-Skelet, S. 57.
5   Herrmann, Über die Reste ..., S. 129.
6   Brandt, Otto Hauser ..., S. 7.
7   Geer, Unveröffentlichte Fundkomplexe ..., S. 5.
8   Geer, a. a. O., S. 6.
9   Geer, a. a. O., S. 7.
10   Vaufrey, Résurrection ..., S. 203.
11   Vaufrey, a. a. O., S. 205.
12   Brandt, Otto Hauser ..., S. 146.

Bei der Arbeit an der Biographie Otto Hausers ist mir von vielen Seiten Unterstützung zuteil geworden, ohne die ich dieses Buch nicht hätte schreiben können.

Zuerst danke ich sehr herzlich meiner Frau, die mich mit viel Geduld und Verständnis von anderer Arbeit entlastete und auf eigene Freizeit verzichtete, damit ich mich ganz der gestellten Aufgabe zu widmen vermochte. So schuf sie mir die Voraussetzungen für umfangreiche Nachforschungen und für die schriftstellerische Tätigkeit selbst.

Besonderen Dank schulde ich ebenfalls Herrn Friedrich Hauser (†) und dessen Sohn Clemens Hauser in Wettingen. Beide erteilten mir wichtige Auskünfte und stellten mir wertvolle Unterlagen zur Verfügung.

Als entscheidend und unerläßlich für meine Arbeit erwies sich die Hilfe der Herren Dr. Volker Toepfer, früher Mitarbeiter und stellvertretender Direktor des Landesmuseums für Vorgeschichte Halle, Dr. Karl Heinz Brandt, Landesarchäologe der Freien Hansestadt Bremen, Emil Bächler, Mittelschuldirektor i. R. in St. Gallen, und Peter Schwab in Dübendorf bei Zürich. Ihrer sehr engagierten und großzügigen Unterstützung verdanke ich die meisten der für die Biographie herangezogenen Briefe, Manuskripte, Fotos und anderen Materialien. Sowohl Herr Dr. Brandt wie Herr Bächler machten mich dabei mit aufschlußreichen Unterlagen aus familiärem Besitz bekannt. Gar nicht hoch genug einzuschätzen sind Mühe und zeitlicher Aufwand, die Herr Peter Schwab bei seinen umfassenden Recherchen, einer umfangreichen Korrespondenz sowie bei der Vermittlung der aufgespürten Dokumente und Quellen in der zuvorkommendsten Weise auf sich nahm.

Außerordentlich wertvoll war mir auch die Hilfe weiterer Damen und Herren, von denen ich insbesondere danke:

Herrn Prof. Dr. Roland Bay, Orselina, für wichtige Auskünfte; Herrn René Burgauer, Genf, für die Beschaffung von Dokumenten; Frau Edith Burkert, Zeitz, für umfangreiche Übersetzungsarbeiten; Herrn Prof. Dr. Werner Coblenz, Dresden, für Bereitstellung von Briefen, Manuskripten und Zeitungsartikeln; Frau Manuela Freyberg, Zeitz, für ihre unermüdliche Hilfe und Einsatzbereitschaft bei der Reinschrift der Hauser-Biographie, der Abschrift, Sammlung und Archivierung der verschiedenen Materialien sowie der Zusammenstellung des Registers; Frau Ruth Freyberg, Zeitz, für die Fernleihe von Publikationen; Herrn Erhard Geißler, Halle, für die Übersetzung schwieriger Texte; Frau Marieluise und Herrn Klaus Herzig, Berlin (West), für Unterstützung bei der Materialsuche; Herrn Dr. Karl Peschel, Jena, für Hilfe bei der Auffindung von Hauser-Materialien; Frau Veronika Schneider, Halle, für langjährige Unterstützung bei der Bereitstellung von Literatur; Frau Maria Sonntag, Basel, für die Beschaffung vieler Zeitungsartikel und Fotos sowie für die Erlaubnis zur Veröffentlichung eigener fotografischer Aufnahmen; Herrn Birk Uhlmann, Berlin, für seine Bemühungen um Hauser-Material; Herrn Dr. Burger Wanzek, Berlin (West), für seine Hilfsbereitschaft bei der Vermittlung von vielen Briefen und anderen, Otto Hauser betreffenden Unterlagen; Herrn Dietrich Wegner, Neckarbischofsheim, für zahlreiche Hauser-Dokumente und Auskünfte; Herrn Peter Ziegler, Wädenswil, für Nachforschungen, Hinweise, Materialien und Fotos.

Mein Dank gilt weiterhin dem Mitteldeutschen Verlag, daß er sich so bereitwillig der umfangreichen Hauser-Biographie und ihrer Ausstattung mit Fotos angenommen hat, meiner Lektorin, Frau Susanne Schmidt, für ihre Mitarbeit, sowie den Museen und Institutionen, die mir in vielfältiger Weise Hilfe leisteten.

Rudolf Drößler

REGISTER

PERSONEN

Virchow (Frau) *117, 127*
Virchow, Rudolf *115–117*
Vischer, Friedrich Theodor
  28, 360
Vollert *200*

Wachsmuth, F. E. *307*
Waldeyer, Wilhelm *156–159*
Weinert, Hans *132, 360*
Wendt, Herbert *331*
Werth, Emil *281, 282, 359*
Wiegers, Fritz *211–214, 218,*
  290–292, 343, 360
Wilhelm II. (Kaiser) *60, 162,*
  179

Wilke, Georg *139, 140, 141,*
  149, 156, 360
Willi, Jürg *16, 17, 25, 361*
Wirth, Hermann *322, 323*
Woermann, Karl *231*
Worms, Heinrich *307*
Wüst, Ewald *118, 119, 125,*
  127

Zeller-Werdmüller, H. *48, 50,*
  53
Zündel und Bosshardt *190,*
  192–194, 196, 201, 343

FRÜHERE GLIEDERUNG DER IM BUCH GENANNTEN PALÄOLITHISCHEN KULTUREN
(nach französischen Fundorten)

Ältere Altsteinzeit:	Chelléen
	Acheuléen
	Moustérien
Jüngere Altsteinzeit:	Aurignacien
	Solutréen
	Magdalénien

Das Micoquien war nach Ansicht Hausers eine Kultur zwischen Moustérien und Aurignacien. Es ist jedoch, wie das Moustérien, eine Kultur der damals noch nicht klassifizierten Mittleren Altsteinezeit.

Ausgrabungen von Otto Hauser, Archäologe.

Stratigraphisches Profil von La Micoque
Les Eyzies, Dordogne, Frankreich.

Das Profil entspricht der Abscisse x = 23 und der Ordinate
y = 10–30 des für die Ausgrabung der Micoque angewandten Ko-
ordinatensystems. Die Vertikalausdehnungen stützen sich auf das
Nivellement général mit dem Meeresspiegel als Nullpunkt.
Die Nummern entsprechen den in den betreffenden Schichten gefundenen Artefakten und sind auf jedem einzelnen Fundstück vermerkt.

Les Eyzies, 11. April 1908   Maßstab 1 : 100

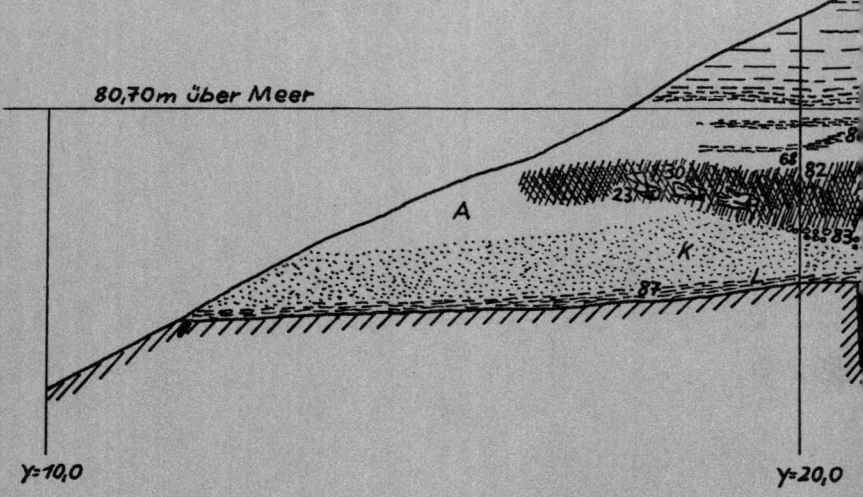